Margret Langenmayr, Christine ter Haar

Kompetenzen

Deutsch für sozialpädagogische Berufe

4. Auflage

Bestellnummer 6616A

Bildungsverlag EINS
westermann

Das Schülerbuch enthält fiktive Internet- und E-Mail-Adressen zu Übungszwecken. Der Verlag übernimmt keine Verantwortung für eine evtl. spätere Belegung dieser Adressen durch Dritte.

An dieser Stelle soll betont werden, dass wir mit diesem Buch Erzieherinnen und Erzieher ansprechen wollen. Wir werden uns aber der besseren Lesbarkeit wegen im Folgenden auf die weibliche Form beschränken, was uns die Erzieher hoffentlich nachsehen werden.

Bildquellenverzeichnis

Fotos

akg-images GmbH, Berlin: S. 277; bopicture (Björn Hänssler)/Bildungsverlag EINS: S. 8, 9; Deutsche Verlags-Anstalt/Julia Braun: 285; Nadine Dilly/Bildungsverlag EINS: S. 27, 124; dpa Picture-Alliance GmbH, Frankfurt: S. 172 (akg images), 275 (Leemage), 278, 283.1 (dpa), 283.2 (dpa), 284.1 (dpa); Fotolia.com: S. 13 (AVAVA), S. 26 (Robert Kneschke), 91 (Anja Greiner Adam), 129 (Noam), 142 (WavebreakmediaMicro), 169 (Franz Pfluegl), 184 (DIDEM HIZAR), 214 (Primagefactory), 226 (B. Wylezich), 227 (bilderbox), 244 (Denyo0815), 270 (Thomas Bethge), 287 (Anton Maltsev); Evi Hämmerle: S. 284.2; MEV Verlag GmbH, Augsburg: S. 48.1, 48.2, 48.3, 48.4, 48.5, 48.6, 48.7; Irmgard Maria Ostermann: S. 280; Peter Peitsch, Hamburg: S. 289; Project Photos GmbH & Co. KG, Walchensee: S. 134, 158; Marcus Schlaf: S. 281; Christian Schlüter/Bildungsverlag EINS: S. 37, 39, 57, 75, 87, 121, 167, 197, 235, 257, 258; Gunnar Seitz Photography: S. 286

Karikaturen/Zeichnungen

Angelika Brauner/Bildungsverlag EINS: S. 99.2; Reinhold Löffler, Dinkelsbühl: S. 24, 127, 136; Cornelia Kurtz/Bildungsverlag EINS: S. 11, 59, 99.1, 102, 105.1, 105. 2, 106.1, 106.2, 106.3, 107.1, 107.2, 108.1, 108.2, 108.3, 215

Umschlag

Fotolia.com: U1.1 (WavebreakmediaMicro), U1.2 (BillionPhotos.com), U1.3 (Robert Kneschke)

service@bv-1.de
www.bildungsverlag1.de

Bildungsverlag EINS GmbH
Ettore-Bugatti-Straße 6-14, 51149 Köln

ISBN 978-3-8237-**6616**-2

westermann GRUPPE

Inhaltsverzeichnis

III Mit Kindern und Jugendlichen professionell Gespräche führen

IV Teamgespräche führen

V Partizipationsprozesse anregen und begleiten

VI Mit Eltern zusammenarbeiten

VII Dokumentarische Texte verfassen

VIII Öffentlichkeitswirksame Texte schreiben

IX Berufliche Kompetenzen kommunizieren

X Sachtexte analysieren

XI Argumentative Texte verfassen

XII Lesen – fremde Welten entdecken

Anhang

Vorwort

Das Deutschbuch „Kompetenzen" wurde für die 4. Auflage vollständig überarbeitet und aktualisiert. Dabei wurden die neuesten Entwicklungen in der Praxis berücksichtigt. So wurde z. B. durchgängig auf die Arbeit mit unter Dreijährigen und mit Kindern und Jugendlichen eingegangen, deren Erstsprache nicht Deutsch ist. Lerninhalte, die nach den aktuellen Lehrplänen jetzt zusätzlich im Deutschunterricht gefordert werden, wurden neu aufgenommen, wie z. B. Portfolio, Pressemitteilung, Website, E-Book und das Erstellen einer fachbezogenen Arbeit. Auch Textvorlagen wurden weitgehend ausgetauscht. An dieser Stelle möchten wir uns bei Franz Haider und Eva Killmann von Unruh bedanken. Sie gewährten uns Einblick in ihre Unterrichtsvorbereitungen zum Thema Pressemitteilung und stellten uns neben Aufgaben auch die darauf bezogenen Bearbeitungsergebnisse von Studierenden zur Verfügung.

Im Deutschunterricht geht es immer um sprachliche Verstehens- und Verständigungsprozesse. Daraus ergibt sich die Perspektive, aus der heraus die beruflichen Anforderungen an die Erzieherin zu betrachten sind. Das dazu notwendige Fachwissen ist in diesem Buch für Studierende an Fachschulen/Fachakademien für Sozialpädagogik und für Schüler/-innen an sozialpädagogischen Berufsfachschulen sowie für Studierende der Bachelorstudiengänge aufbereitet. Die Erarbeitung soll jedoch nicht im Selbststudium geschehen. Ziel des Buches ist es, die Studierenden dabei zu unterstützen, sich mit den Inhalten des Unterrichts in Eigenarbeit noch einmal aktiv auseinanderzusetzen und sich auf diesem Weg das Wissen nachhaltig anzueignen.

Es bleibt Aufgabe des Unterrichts, den Studierenden die Möglichkeit zu geben, die Kompetenzen zu entwickeln, um dieses Wissen in einer beruflichen Handlungssituation fachgerecht anwenden zu können. Dazu gehören vor allem personale, soziale und methodische Kompetenzen, die ein Lehrbuch nicht vermitteln kann. Anregungen für eine solche Kompetenzentwicklung finden sich teilweise in den Aufgaben, die sich den Kapiteln anschließen. Lehrkräfte und Studierende sollten immer wieder gemeinsam überprüfen, inwieweit es gelingt, das didaktische Konzept des Unterrichts auf die Praxis hin auszurichten. Dabei kommt der Vernetzung mit anderen Fächern ein großer Stellenwert zu. Deshalb wurden Aufgaben, die sich dafür besonders eignen, mit dem Zeichen ▬ gekennzeichnet.

Es würde uns freuen, wenn das Buch auch weiterhin für viele Studierende auf ihrem Weg zur professionellen Erzieherin hilfreich ist.

Dr. Margret Langenmayr   Christine ter Haar

I Lernmethodische Kompetenzen erweitern

1 Voraussetzungen für erfolgreiches Lernen

Worum geht es?

Wer eine Ausbildung zur Erzieherin beginnt, muss viel lernen – auch viel theoretisches Wissen. Auf das, was man lernt, soll man später in der Praxis zurückgreifen können. Es genügt also nicht, nur auswendig zu lernen und das so Gelernte dann schnell wieder zu vergessen. Vielmehr kommt es darauf an, möglichst effektiv zu lernen. Das geht umso leichter, wenn man die eigenen Lernprozesse bewusst steuern und reflektieren kann. Dies ist auch die Grundlage für lebenslanges Lernen.

Erfolgreiches Lernen hängt zum einen mit der eigenen Motivation zusammen. Zum anderen ist Lernen ohne Gedächtnis nicht möglich. Entsprechende Grundinformationen darüber, wie das Gedächtnis funktioniert, sind daher eine Voraussetzung für erfolgreiches Lernen. In diesem Kapitel geht es daher darum,

- *einige Bedingungen für erfolgreiches Lernen kennenzulernen und*
- *eine Vorstellung von der Funktionsweise unseres Gedächtnisses zu bekommen.*

An welches Vorwissen/welche Vorerfahrungen können Sie anknüpfen?

1.1 Lernmotivation

Beim Lernen spielt es eine große Rolle, ob einen die Inhalte, mit denen man sich auseinandersetzt, interessieren oder nicht: Ist dies der Fall, dann behält man diese Inhalte erheblich besser, als wenn man dazu keinerlei Bezug hat.

Das hat etwas zu tun mit der eigenen Motivation zum Lernen. Wenn es für Sie bedeutsam ist, ein bestimmtes Wissen zu haben, werden Sie auch viel eher bereit sein, sich für dessen Aneignung anzustrengen, d. h. zu lernen. Darauf können „äußerliche" Gründe Einfluss haben, wie die gute Note im Abschlusszeugnis, oder „innere" Gründe, wie z. B. Kinder begleiten und fördern zu wollen. Dementsprechend spricht man von „extrinsischer" oder „intrinsischer" Motivation.

Je höher die eigene Motivation zum Lernen ist, umso erfolgreicher kann jemand lernen. Die Motivation hängt wiederum von den eigenen Zielen ab: Was möchten Sie mit dem Lernen für sich persönlich „gewinnen"?

Aufgabe

Suchen Sie in einem Fachbuch oder im Internet eine Definition für die Begriffe „extrinsische" und „intrinsische Motivation".

Die Lernpsychologie hat herausgefunden, dass wir etwas viel besser behalten, wenn unser Lernen mit positiven Gefühlen verbunden ist. Der Lernerfolg, d.h. die Nachhaltigkeit des Lernens, steigt dann an, wenn Sie sich als Lernende in der Lernsituation wohlfühlen.

Tipp

Als Studierende sollten Sie sich nicht scheuen, schulische Unterstützungsangebote, z. B. durch Klassenlehrer, Beratungslehrer oder kollegiale Beratung in der Praxisstelle bzw. Lerngruppe, zu nutzen, wenn Sie Schwierigkeiten beim Lernen haben. Genauso sollten Sie auf einen angenehmen Arbeitsplatz, an dem Sie sich wohlfühlen, achten.

Aufgaben

1. *Setzen Sie sich mit Ihrer Lernmotivation auseinander. Stellen Sie dazu die Inhalte, die Sie in den verschiedenen Fächern oder Lernfeldern in den nächsten Wochen lernen sollen, in einer Tabelle nach dem folgenden Muster zusammen und schätzen Sie dann Ihre Lernmotivation ein:*

Lernthemen	Sehr hohe Motivation	Hohe Motivation	Mittlere Motivation	Geringe Motivation	Sehr geringe Motivation	Gar keine Motivation
Das Lernen lernen	?	?	?	?	?	?

2. *Suchen Sie sich dann eine Lernpartnerin, vergleichen Sie Ihre Einschätzungen und tauschen Sie sich darüber aus, wie Sie Ihre Motivation erhöhen oder aufrechterhalten können.*

1.2 Funktionsweise unseres Gedächtnisses

Aufgabe

Informieren Sie sich über den Unterschied zwischen Kurzzeit- und Langzeitgedächtnis.

Hierarchischer Aufbau des Informationsflusses

Beim Lernen geht es darum, Informationen vom Kurzzeitgedächtnis in das Langzeitgedächtnis zu überführen. Allerdings ist die Speicherkapazität des Kurzzeitgedächtnisses begrenzt, es kann nur ca. 7 Informationen aufnehmen. Das können wir uns so vorstellen, als habe es 7 Schubladen. Wer die Ausbildung zur Erzieherin macht, muss sich in der Regel aber mehr als 7 Begriffe zu einem Thema einprägen. Die Frage ist nun, wie viel wir in die einzelnen Schubladen hineinlegen können. Wenn man Oberbegriffe findet, die mehrere Informationen zusammenfassen, können wir das Kurzzeitgedächtnis sozusagen überlisten. Ein ganz einfaches Beispiel kann das verdeutlichen: Statt die Begriffsreihe „Kopf, Arme, Beine, Rumpf, Hals" zu lernen, prägen wir uns den Begriff „Körperteile" im Sinne eines Oberbegriffs ein. Oft müssen wir erst ordnen und auswählen, um den angemessenen Oberbegriff zu finden: z. B. Kopf, Hut, Arme, Jacke, Beine, Schuhe, Rumpf, Rock, Hals, Pullover – ? Auf diese Weise können wir die Lerninhalte strukturieren.

Manchmal muss man sich erst etwas abmühen, um einen Oberbegriff zu finden, der die zu verarbeitenden Informationen erfasst und abstrahiert, damit sich die Menge der Informationen reduzieren lässt. Anschaulich wird das an dem folgenden Beispiel, bei dem eine Zahlenreihe auswendig gelernt werden soll:
1945193919181914

Ordnet man die Zahlen wie folgt an
– 1945 1939 1918 1914 –,

ist es kein Problem mehr, sie sich zu merken, denn die Jahreszahlen der letzten beiden Weltkriege kennt jeder. Durch dieses Beispiel wird anschaulich, dass das Strukturieren des Lernstoffs hilft, ihn zu reduzieren: Man muss sich nur 4 Zahlen merken statt 16!

Es ist aber nicht nur für das Einfädeln von Lernstoff ins Kurzzeitgedächtnis wichtig, diesen gut zu strukturieren, sondern auch für das Abspeichern im Langzeitgedächtnis. Gut strukturierter Lernstoff wird viel leichter behalten als unstrukturierter, weil dieser sich dadurch reduziert und daher Gedächtniskapazität gespart wird (vgl. Schräder-Naef, 2002, S. 21). Man weiß heute, dass unverbundenes und rein assoziatives Wissen ohne den Aufbau von Handlungs- und Denkstrukturen nicht in bestehendes Vorwissen integriert wird und zu wenig vernetzt ist (vgl. Schräder-Naef, 2002, S. 21). Daher ist es so wichtig, die Lerninhalte gut zu strukturieren, und zwar hierarchisch: Ober- und Unterbegriffe werden dabei einander zugeordnet. Dadurch werden die Lerninhalte zugleich reduziert. Denn wenn Sie die Oberbegriffe wissen, fallen Ihnen die dazugehörigen Punkte leichter ein, weil man sie zu einem erheblichen Teil ableiten kann. Dabei hilft auch die Fähigkeit zur Assoziation. Denn unser Gedächtnis ist nicht nur hierarchisch strukturiert, sondern hat auch eine vernetzte Struktur.

Die vernetzte Struktur des Informationsflusses

Wir können uns unser Gedächtnis wie ein riesiges Netz vorstellen, in dem durch die Aufnahme neuer Informationen neue Verknüpfungen entstehen, die sich an bereits vorhandene Gedankenverbindungen (Assoziationen) anbinden lassen (vgl. Frick/ Mosimann, 2006, S. 49). Dies geht so schnell, dass wir in der Regel nichts davon merken. Dadurch, dass die Informationen netzwerkartig verarbeitet werden, sind sie später vielfältig abrufbar.

Wollen wir die Informationen im Langzeitspeicher wiederfinden, gelingt dies daher umso besser, wenn die Begriffe, die wir dabei verwenden, den Charakter eines Schlüsselworts haben. Ein „erinnerndes Schlüsselwort" (oder eine erinnernde Schlüsselphrase) bündelt in sich eine lange Reihe spezieller Bilder und gibt bei Abruf dieselben Bilder zurück (vgl. Buzan, 1993, S. 97). **Schlüsselwörter** bündeln also Bilder bzw. Gedankengänge. Sie dienen als Impulse, mit denen sich einmal gespeicherte Gedankenbilder immer wieder abrufen lassen. Prägt man sich beim Lernen gut gewählte Schlüsselwörter ein, dann wecken diese umfangreiche Erfahrungs- und Empfindungsreihen in unserem Gedächtnis.

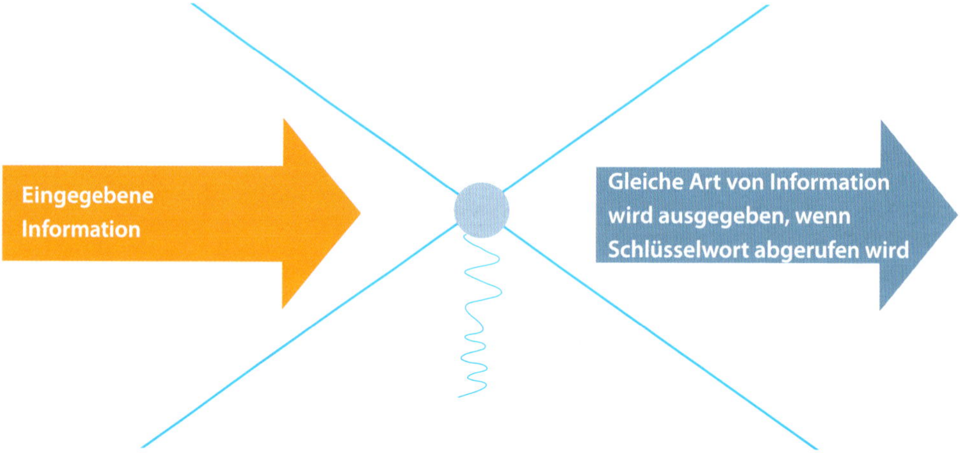

(Grafik nach Buzan, Tony: Kopftraining, München, Wilhelm Goldmann Verlag, 1993, S. 97)

Unser Gehirn arbeitet auf diese Weise mit Schlüsselbegriffen, die miteinander verknüpft und zu neuen Erkenntnissen verbunden werden, denkt aber nicht in Wort- oder Satzreihen. Es versucht, jede neue Information mit früheren Erfahrungen zu verknüpfen. Je vielfältiger eine Information verknüpft (assoziiert) ist, umso größer ist die Chance, sich wieder an sie zu erinnern.

Für das Lernen ist es daher sehr wichtig, das Vorwissen, das man schon hat, zu aktivieren. Wenn man sich darüber klar wird, was man zu einem Thema schon weiß, können sich neue Lerninhalte mit dem schon vorhandenen Wissen oder entsprechenden eigenen Erfahrungen verknüpfen. Deshalb werden Sie in diesem Buch zu Beginn jeder Lerneinheit daran erinnert, Ihr Vorwissen und Ihre Vorerfahrungen dazu zusammenzutragen.

Einlegen von Pausen

> ***Wichtig***
> *Der Erfolg des Lernens, d. h., wie nachhaltig Sie über das Wissen verfügen, das Sie erlernt haben, hängt von zwei Dingen ab:*
> 1. *wie aktiv Sie sich mit dem Lernstoff auseinandersetzen und*
> 2. *wie Sie Ihre Zeit, die Sie mit aktivem Lernen verbringen wollen, sinnvoll planen.*
>
> *Sie lernen effektiver, wenn Sie*
> 1. *kürzere Lernetappen statt einzelner langer machen und*
> 2. *dabei rechtzeitig Pausen einlegen.*
> *(Vgl. Schräder-Naef, 2002, S. 27)*

Die meisten Menschen können ca. 20 Min. hochkonzentriert arbeiten und nach 1½ Stunden lässt die Konzentration nach. Es ist daher sinnvoll, bereits nach 30 – 40 Minuten eine Pause von 5 – 10 Minuten zu machen. Wenn Sie sich etwas zum Trinken holen und sich dabei kurz bewegen, können Sie Ihren Leistungsabfall auf ein Minimum verringern. Nach einer sehr langen Pause steigt die Leistungskurve nicht dementsprechend wieder an, weil die Erholung zu Beginn einer Pause am stärksten ist. Deshalb hat es keinen Sinn, lange „durchzuhalten", weil Sie dann zu müde werden und eine längere Pause einschalten müssen, die Sie aber nicht mehr auf das vorangegangene Leistungshoch bringt.

Die Notwendigkeit, Pausen zu machen, hat auch etwas mit der Funktionsweise unseres Gedächtnisses zu tun. Messungen von Gehirnströmen haben nämlich ergeben, dass dem bewussten Lernen eine Phase des unbewussten Lernens folgt. Man spricht hier von „Nachwirkzeit".

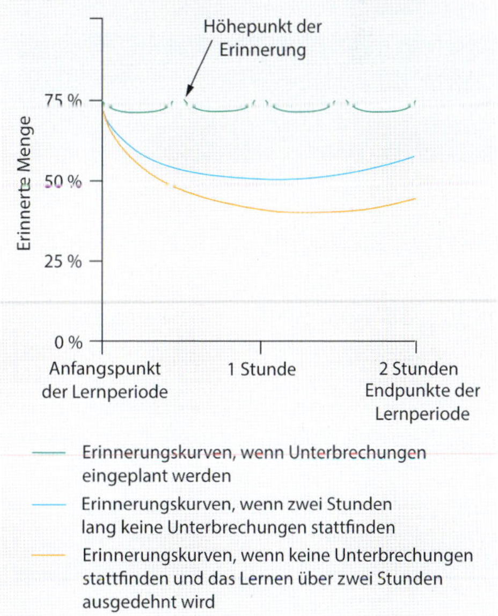

Erinnerung während des Lernens mit und ohne Unterbrechungen. Eine Lernperiode zwischen 20 und 50 Minuten erbringt das beste Verhältnis zwischen Verständnis und Erinnerung.

(Grafik aus: Buzan, 1993, S. 70)

Beim Lernen über eine längere Zeitdauer hat das Gehirn keine Ruhe für das Nachwirkenlassen (vgl. Frick/Mosimann, 2006, S. 45).

Fehlt diese Möglichkeit, dann verhindert der neue Lernstoff ganz oder teilweise das Verarbeiten des vorher Gelernten (= rückwirkende Hemmung). Gleichzeitig verhindert das Nachwirken des zuerst Gelernten das Einprägen der neuen Inhalte (= vorauswirkende Hemmung). Damit hängt es auch zusammen, dass es sinnvoll ist, nach einiger Zeit auf einen anderen Inhalt überzuwechseln, der von dem vorher Gelernten stark abweicht, statt ähnliche Inhalte hintereinander zu lernen. Es kommt sonst zur Überlagerung von ähnlichen Lerninhalten, d.h., im Gedächtnis kommt es bei der Einordnung des Lernstoffs zu Verwechslungen. Sie sollten sich also z. B. nach einer Lerneinheit im Fach Psychologie mit Lerninhalten aus einem musischen Fach oder der mathematisch-naturwissenschaftlichen Erziehung beschäftigen.

Folgende Arten von Pausen haben sich im Allgemeinen bewährt (vgl. Schilling, 2015):

Gedanken-/Verschnaufpausen:	Damit können Sie eben Gelerntes abschließen und Verarbeitungsprozesse im Gehirn nachwirken lassen.
Minipausen:	Sie sollten ca. alle 30 Minuten gemacht werden und ca. 5 Minuten dauern. Günstig für diese Minipausen ist es, vom Arbeitsplatz aufzustehen, sich zu lockern, zu entspannen, ein paar kurze Gymnastik- oder Bewegungsübungen zu machen.
Kurzpausen:	Spätestens nach 2 Stunden des Lernens sollten Sie unbedingt eine Pause von 15 bis 20 Minuten einlegen, den Arbeitsplatz verlassen, einfach nichts oder etwas Angenehmes tun, etwas trinken und (etwas Leichtes) essen.
Freizeitpausen:	Nach 3 bis 4 Stunden Lernen können Sie sich 1 bis 2 Stunden erholen und die Freizeit genießen.

Tipp

Während Sie eine Pause machen, sollten Sie keine anderen Informationen aufnehmen, also z. B. Zeitung lesen, in einer Zeitschrift blättern oder fernsehen.

Wiederholen – Verankerung des Gelernten

Zusätzlich zu den Pausen ist auch das Wiederholen des Gelernten für den Lernerfolg entscheidend. Unmittelbar nach dem Lernen erinnern Sie sich sehr gut, dann aber fällt die Behaltenskurve steil ab. Deshalb ist es so wichtig, das Gelernte zu wiederholen.

Dabei sollten Sie planmäßig vorgehen, damit es Ihnen gelingt, so viel zu behalten, wie Sie unmittelbar nach Abschluss des Lernens präsent hatten. Empfohlen wird, bereits 10 Minuten nach einer einstündigen Lernperiode etwa 10 Minuten lang den Lernstoff zu wiederholen. Das hat den Effekt, dass Sie die Erinnerung für ungefähr einen Tag auf dem Höchststand halten (vgl. Buzan, 1993, S. 74). Dabei können Sie Ihre Notizen, z. B. ein Mindmap, überarbeiten und eine endgültige Fassung erstellen oder eine der unten beschriebenen aktiven Lernmethoden anwenden. Am nächsten Tag sollten Sie ca. 2 bis 4 Minuten lang die Lerninhalte wiederholen. Damit „sichern" Sie die Inhalte für ca. eine Woche (vgl. Buzan, 1993, S. 74). Dabei notieren Sie sich z. B. alles, an das Sie sich erinnern, auf einem Blatt und vergleichen dies dann mit Ihrem Mindmap. Nach einer Woche wiederholen Sie den Lernstoff erneut in der beschriebenen Weise, also ca. 2 Minuten lang, dann wieder nach ca. einem Monat. Jetzt haben Sie gute Chancen, dass das Gelernte im Langzeitgedächtnis verankert ist.

Folgerungen für das Lernen

- **Vorwissen aktivieren**
  Für das Lernen ist es aufgrund der vernetzten Struktur unseres Gedächtnisses wichtig, das Vorwissen zu einem Lernstoff zu aktivieren, weil dadurch die Anknüpfstellen für die neuen Informationen bewusst werden.

- **Assoziationstechniken nutzen**
  Setzen Sie beim Lernen Ihre Fähigkeit zum Assoziieren ein, z. B. indem Sie gezielt mit Schlüsselbegriffen arbeiten oder sich mit entsprechenden Methoden vertraut machen, wie z. B. Clustern und Mindmaps.

- **Mit bildhaften Vorstellungen arbeiten**
  Weil Schlüsselwörter im Gehirn mit bildhaften Vorstellungen verknüpft sind, kann sich die Behaltensquote von Lerninhalten erhöhen, wenn Informationen in Bildern wiedergegeben werden (z. B. auch in Grafiken, Diagrammen). Das setzt aber voraus, dass wir die Inhalte verstanden haben. Die Verankerung im Langzeitgedächtnis intensiviert sich, weil Bilder zahlreiche Assoziationen auslösen. Deshalb können Bilder helfen, sich an Inhalte leichter zu erinnern. Sinnvoll ist es, wenn Sie sich die Bilder selbst ausdenken.

- **Den Lernstoff strukturieren**
  Wissen, das ausschließlich assoziativ zusammenhängt, wird zu wenig im Langzeitgedächtnis verankert. Daher sollten die Inhalte des Lernstoffs strukturiert werden, d. h., Sie sollten versuchen, dafür einen Aufbau von eher abstrakten Oberbegriffen und konkreten Unterpunkten zu finden. Gleichzeitig ist darauf zu achten, dass die Oberpunkte Schlüsselwortcharakter haben, damit es dem Gehirn leichter fällt, dazugehörige Inhalte damit zu assoziieren.

- **Planmäßig lernen: sinnvoll Pausen machen und Lerninhalte planmäßig wiederholen**
  Die Art und Weise, wie Sie als Lernende Ihre Pausen machen, trägt erheblich zum Erfolg des Lernens bei.

Da Sie sich bei neuen Inhalten stets auf früher erworbenes Wissen zurückbeziehen, ist es wichtig, dass Sie dieses auf möglichst hohem Niveau präsent haben. Dies gelingt Ihnen nur, wenn Sie, wie oben beschrieben, planmäßig wiederholt haben.

Tipp

Nehmen Sie beim Lernen auch Ihren eigenen Biorhythmus bewusst wahr, z. B. ob Sie besser vormittags oder abends lernen können. Zumindest an unterrichtsfreien Tagen können Sie das berücksichtigen.

Aufgaben

1. *Stress gilt als der größte Risikofaktor für Vergesslichkeit. Welche Schlussfolgerungen ziehen Sie für sich persönlich daraus?*
2. *Stellen Sie noch einmal die Punkte zusammen, die Voraussetzung für erfolgreiches Lernen sind, und setzen Sie dazu Ihren bisherigen Lernstil in Beziehung. Wo finden Sie Übereinstimmungen, wo Abweichungen, was könnten Sie ändern?*
3. *Informieren Sie sich darüber, was ein Lerntagebuch ist, und erproben Sie dies für sich.*
4. *Suchen Sie im Internet Informationen, wie Erzieherinnen bei Kindern die Entwicklung lernmethodischer Kompetenzen unterstützen können. Worauf kommt es hier an?*

2 Aktive Lernmethoden kennenlernen

Worum geht es?

In der Erzieherinnenausbildung wird in erster Linie eigenständiges Lernen gefordert, an dem die Studierenden aktiv beteiligt sind. Nur dann können Sie als Studierende das Wissen, das Sie sich erarbeitet haben, bewahren. Dazu kommt, dass die beruflichen Anforderungen an eine Erzieherin heute außerordentlich komplex sind. Es ist nicht möglich, in einer beruflichen Situation einen Inhalt aus dem Psychologie-Unterricht abzurufen und nur auf dieser Grundlage die Anforderung zu bewältigen. Gefragt ist vielmehr die Verknüpfung ganz unterschiedlicher Wissensbestände, um so gezielt, eigenständig und verantwortlich handeln zu können. Damit dies gelingt, muss jeder seine bisherige Art zu lernen überdenken und seinen eigenen Lernstil finden. Deshalb geht es in diesem Kapitel darum,

- *rezeptive, d. h. passiv aufnehmende, von aktiven Lernmethoden unterscheiden zu können und*
- *verschiedene aktive Lernmethoden kennenzulernen.*

An welches Vorwissen/welche Vorerfahrungen können Sie anknüpfen?

2.1 Tiefe Formen der Informationsverarbeitung

Für den Lernerfolg ist entscheidend, selbst aktiv zu sein, weil nur dann die neuen Informationen im Gehirn ausreichend vernetzt werden. Man spricht auch von Tiefenverarbeitung im Gegensatz zu flachem Lernen. Bei flachen Formen der Informationsverarbeitung gehen Sie rein mechanisch mit dem Lernstoff um, ohne ihn dabei gedanklich zu verändern, wie z. B. beim Auswendiglernen. Da schauen Sie vielleicht vor einer Prüfung zum wiederholten Male die gleiche Auflistung von Begriffen an, ohne dadurch die Behaltensquote langfristig zu erhöhen. Viel effektiver ist eine sogenannte tiefe Verarbeitungsform, bei der Sie den Stoff zum Beispiel neu strukturieren, durch Beispiele veranschaulichen, verändern u. Ä. Hierzu sehen Sie im Folgenden einige Informationen, die drei Oberpunkten zugeordnet werden können. Damit erhalten Sie ein Muster, wie man Lernstoff strukturiert lernen kann. Wenn man sich diese drei Oberpunkte einprägt, lassen sich die Unterpunkte – auch wenn man sie nicht alle „auswendig" im Kopf hat – gut entwickeln. Unser Gedächtnis unterstützt uns dabei durch seine assoziativen Fähigkeiten.

Informationen bewusst aufnehmen bzw. wiedergeben

- sich die Gliederung des Lernstoffs verdeutlichen
- Text bzw. Unterrichtsmitschrift markieren
- das Wichtige frei mit eigenen Worten formulieren/jemandem den Lernstoff erzählen
- den zu lernenden Stoff zusammenfassen, z. B. in Form eines Resümees für eine Fachzeitschrift
- ein Mindmap zum Lernstoff anlegen

Informationen verändern, bewerten, anwenden

- die neuen Informationen mit dem vergleichen, was man vorher schon dazu wusste
- formulieren, welches die wichtigsten fünf Aussagen sind, und zwar:
  - für sich selbst
  - für eine Person, die in diesem Bereich gar keine Vorkenntnisse hat, z. B. die Mutter eines Kleinkindes
- Frage- und Antwortkärtchen zum Thema entwickeln
- die Informationen anwenden, d. h. eine entsprechende Aufgabenstellung in der Praxis suchen und lösen
- Beispiele aus der Praxis suchen, in denen die Bedeutung der neuen Lerninhalte deutlich wird
- Gegenargumente suchen

Nach subjektiver Bedeutsamkeit des Lernstoffs suchen

- den neuen Lernstoff mit eigenen Erfahrungen in Verbindung bringen
- überlegen, was den Freund/die Freundin daran interessieren könnte
- andere Studierende befragen, worin für sie die subjektive Bedeutsamkeit des Lernstoffs liegt

Tipp

Machen Sie sich immer wieder Gedanken über die Art und Weise, wie Sie lernen. Dadurch gelingt es Ihnen immer besser, Ihr Lernen bewusst zu steuern, sodass Sie viel nachhaltiger lernen. Vergleichen Sie dazu auch die Ausführungen zum Portfolio in der Ausbildung in Kap. VII 3.

Aufgabe

- *Probieren Sie die folgende Möglichkeit kooperativen Lernens aus: Bilden Sie eine Vierergruppe und teilen Sie sich einen wichtigen Lernstoff auf. Jeder übernimmt einen Teil. Wenn jeder sich diesen Stoff angeeignet hat, treffen Sie sich wieder und jeder übernimmt für sein Gebiet die Expertenrolle und erklärt den anderen diese Inhalte. Geben Sie sich am Schluss wechselseitig eine Rückmeldung.*

2.2 Zu Lerninhalten assoziieren: ein Cluster anfertigen

Eine gute Methode, wie man die Fähigkeit des Gehirns zum vernetzten Denken nutzen kann, ist das Anlegen eines Clusters. Diese Methode wurde Anfang der 80er-Jahre von Gabriele Rico als eine Methode des kreativen Schreibens entwickelt. Das Cluster ist auf den ersten Blick der Methode des Mindmappings sehr ähnlich (siehe Kap. I 2.3). Beide Methoden aktivieren die rechte Gehirnhälfte. Beim Clustern geht es aber in erster Linie um die Ideenfindung, vergleichbar mit anderen Brainstorming-Verfahren, bei denen die Fähigkeit unseres Gehirns zum Assoziieren genutzt wird. Dabei wird im Gegensatz zum Mindmapping bewusst darauf verzichtet, Begriffe logisch zu ordnen. Das Cluster berücksichtigt also im Gegensatz zum Mindmap die hierarchische Struktur unseres Gedächtnisses nicht, Ober- und Unterbegriffe werden nicht unterschieden. Es geht ausschließlich darum, die eigenen Ideen assoziativ „fließen" zu lassen.

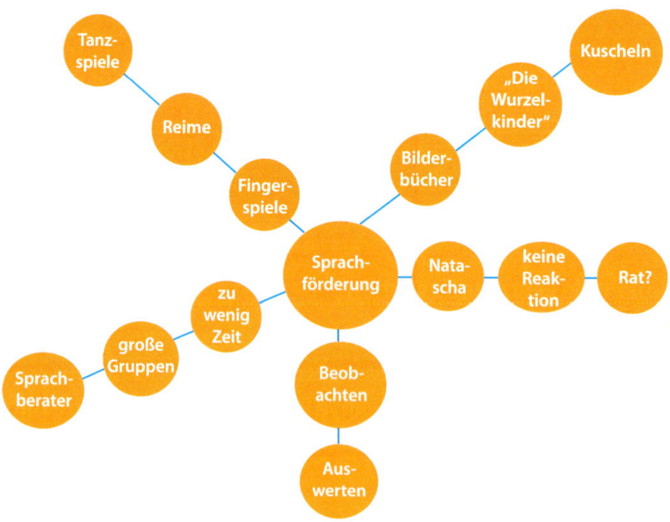

Die Methode des Clusterns ist ein Verfahren, mit dem man z. B. das eigene Vorwissen zu einem neuen Lernthema oder eine erste Ideensammlung für eine schriftliche Ausarbeitung zusammentragen kann. Dabei gehen Sie wie folgt vor: In die Mitte eines Blatts schreiben Sie ein Kernwort, also das Thema/Schlüsselwort, zu dem Sie erste Ideen sammeln möchten. Dieses kreisen Sie ein. Von dieser Mitte ausgehend bilden Sie nun Gedankenketten, indem Sie Ihre Assoziationen zu dem Kernwort festhalten. Jeden einzelnen Gedanken, den Sie zum Kernwort notieren, kreisen Sie wieder ein und verbinden ihn mit einer Linie mit dem Kernwort. Wenn Ihnen zu einer Assoziationskette nichts mehr einfällt bzw. Sie einen Gedanken haben, der zu den vorhergehenden nicht passt, sondern „neu" ist, gehen Sie zurück zur Mitte und beginnen zum selben Kernwort eine neue Gedankenkette.

Wichtig ist, dass Sie Ihre Assoziationen frei fließen lassen und Ihre Einfälle nicht bewerten – es gibt kein „richtiges" oder „falsches" Cluster.

2.3 Strukturierung des Lernstoffs in einem Mindmap

Wenn ein komplexer Lerninhalt vor einer Klausur mit einem kurzen Blick auf eine Zusammenfassung noch einmal „aufgefrischt" werden kann, so ist das beruhigend. Gelingen kann das allerdings nur, wenn diese Zusammenfassung selbst erarbeitet wurde (tiefe Informationsverarbeitung). Allerdings spielt es beim „Auffrischen" des Gelernten auch eine Rolle, welche Gestalt diese Zusammenfassung hat. Wenn einzelne Aspekte eines Sachverhalts und deren Zusammenhänge grafisch in einer klaren Struktur veranschaulicht werden, so lassen sich diese besser einprägen. Eine solche grafische Struktur entspricht einem Netzwerk. Wenn Sie gedanklich ein solches Netz überblicken und dessen Verknüpfungspunkte kennen, haben Sie das Thema, um das es geht, verstanden. Es gibt unterschiedliche Methoden, ein solches Netzwerk anzulegen.

Aufgabe

Informieren Sie sich mithilfe des Internets, was ein Begriffsnetzwerk ist und wie Sie ein solches erstellen können. Arbeiten Sie anschließend ein Begriffsnetzwerk zu einem Lerninhalt aus, mit dem Sie sich zurzeit gerade beschäftigen.

Im Folgenden wird nur auf das Mindmap als eine Form eines Netzwerks eingegangen, weil es sich nicht nur zum Lernen, sondern auch zum Planen und Präsentieren, z. B. im Team, eignet. Ein Mindmap entspricht besonders gut der Arbeitsweise unseres Gedächtnisses, weil es hierarchisch aufgebaut ist und gleichzeitig Schlüsselwörter miteinander verknüpft.

Wörtlich übersetzt heißt Mindmap „Gedankenatlas". Ein solcher „Gedankenatlas" ähnelt in seiner Anlage dem Cluster. Der Unterschied liegt darin, dass die zunächst assoziativen Ideen und Einfälle begrifflich nach Ober- und Unterpunkten angeordnet werden. Entwickelt wurde die Methode des Mindmappings von Tony Buzan.

Um ein Mindmap zu entwickeln, gehen Sie wie folgt vor:

- In die Mitte einer großen Seite wird das Thema, um das es geht, entweder mit einem Begriff oder mit einem farbigen Bild dargestellt.
- Von diesem Themenbegriff in der Mitte werden „Hauptäste" in die verschiedenen Richtungen angelegt. Zunächst zeichnet man den Ast, dann schreibt man darauf den Begriff, der einem zu dem Thema einfällt.
- Die Wörter sollen in Druckschrift mit Großbuchstaben auf die Äste geschrieben werden (möglichst ein Wort pro Linie). Beim Nachlesen gibt die Druckschrift ein fotografisches Bild, dies ist leichter lesbar.
- Von den eingezeichneten „Hauptästen" können weitere Zweige abgehen, auf denen die verschiedenen Hauptgedanken weiter untergliedert werden. Von diesen weiterführenden Linien können wieder andere ausgehen usw.
- Wenn Ihnen zu Beginn der Arbeit noch unklar ist, welche Oberbegriffe/„Hauptäste" sinnvoll sind, ist es hilfreich, im ersten Schritt ein Cluster zu erstellen, in dem Sie alles festhalten, was Ihnen einfällt. Im zweiten Schritt kann das Cluster in ein Mindmap umgearbeitet werden, d. h., es wird festgelegt, welche Begriffe des Clusters auf den „Hauptästen" stehen sollen.

Tipp

Symbole wie z. B. Pfeile, geometrische Figuren, kleine Bilder, gemalte Ausrufe- oder Fragezeichen sind für die Erfassung des Inhalts hilfreich.

Was sind die Vorteile eines Mindmaps?

- Legt man ein Mindmap an, dann ist man dabei nicht nur aktiv (= tiefe Informationsverarbeitung), sondern man hierarchisiert und strukturiert den Lernstoff auch, indem man übergeordnete Begriffe auf den Hauptästen mit untergeordneten auf den Nebenästen verbindet. Dadurch bereitet man die Lerninhalte so auf, dass sie im Gedächtnis gut gespeichert werden können.
- Ein Mindmap offenbart Lücken. Aufgrund der grafischen Darstellung ist sehr leicht zu erkennen, welche Gedanken bereits gut und welche bisher wenig entwickelt sind.
- Durch die Verwendung von Schlüsselwörtern kann man sich auf das Wesentliche konzentrieren; gleichzeitig werden Zeit (zum Erstellen und Lesen) und Raum (auf dem Papier) gespart.
- Ein Mindmap eignet sich hervorragend zur Wiederholung des Lernstoffs.
- Das Mindmap kann organisch wachsen; durch die Möglichkeit weitere Verästelungen einzutragen, ist es stets für Erweiterungen offen.

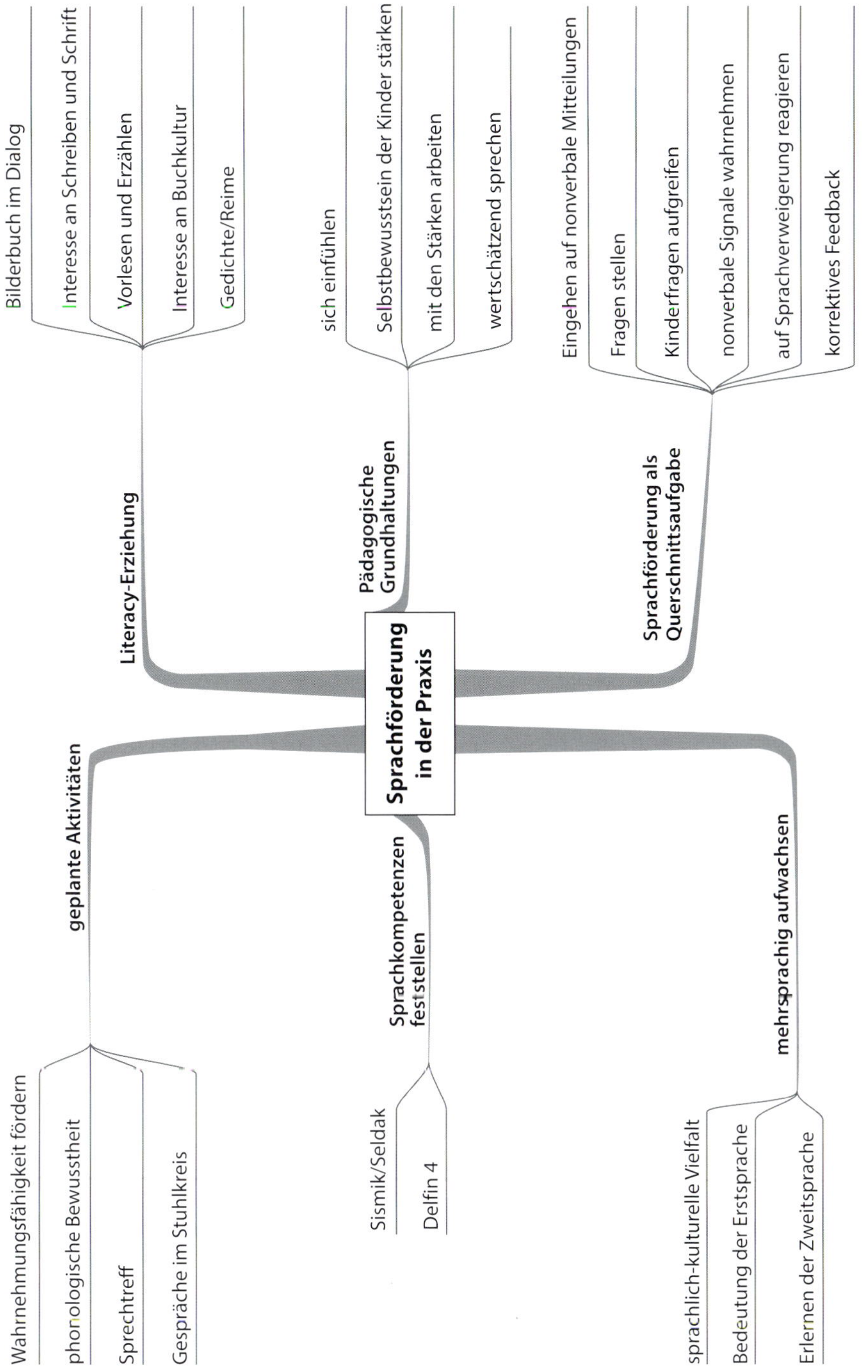

Tipp

Wenn Sie ein Mindmap anlegen, dann immer im Querformat (DIN A4 oder DIN A3).

3 Durch Mitschreiben lernen

Worum geht es?

Eine gute Unterrichtsmitschrift entlastet das Gedächtnis und ermöglicht jederzeit die Wiederholung der Unterrichtsinhalte. Dies ist vor allem für die Vorbereitung auf Leistungsnachweise und Prüfungen wichtig. In diesem Kapitel geht es daher darum,

- *zu erfahren, wie eine gute Mitschrift optisch aussehen kann, und*
- *sich klar zu machen, worauf es inhaltlich beim Mitschreiben ankommt.*

An welches Vorwissen/welche Vorerfahrungen können Sie anknüpfen?

Aufgabe

- *Informieren Sie sich über die Zielsetzung des Protokollschreibens (vgl. Kap. VII 1) und klären Sie den Unterschied zur Mitschrift.*

Ihre Mitschrift muss so gestaltet sein, dass Sie sie auch zu einem späteren Zeitpunkt, z. B. vor einer Prüfung, als Lerngrundlage nutzen können. Worauf kommt es dabei an?

Klare Struktur der Mitschrift

Für das Ablegen von neuem Wissen in unserem Gedächtnis ist es wichtig, dass dieses strukturiert ist, weil dies der Funktionsweise unseres Gedächtnisses entspricht (vgl. Kap. I 1.2). Bei der Mitschrift kommt es deshalb vor allem auf eine **gute Strukturierung** an. Von daher ist Folgendes wichtig:

- beim Zuhören Aufbau und Gliederung des Stoffs zu erkennen und in der Mitschrift festzuhalten.
- besonders darauf zu achten, welche Strukturwörter der Vortragende benutzt: deshalb, obwohl, weil, um zu ..., daraus ergibt sich ... Ebenso sollten Sie auf die Einführung und den Abschluss von Hauptpunkten, z. B. durch Hinweise erstens, zweitens ... achten.
- Beispiele nur dann zu notieren, wenn sie für das Verständnis und das Behalten besonders hilfreich sind.

Nacharbeit der Mitschrift

Nacharbeit ist das A und O. Ziel der Nacharbeit ist es, die Mitschrift so weiterzuentwickeln, dass sie für eine spätere Prüfungsvorbereitung o. Ä. geeignet ist. Verdeutlichen Sie dabei vor allem die Struktur des Lernstoffs.

Tipp

Lernpsychologische Untersuchungen zeigen, dass man sich nach 24 Stunden an 50 % der Inhalte, die man in einem Vortrag gehört hat, nicht mehr erinnern kann – sie sind unwiederbringlich vergessen. Deshalb sollten Sie nach Möglichkeit Ihre Unterrichtsmitschrift noch am gleichen Tag überarbeiten!

Aufgabe

Beim Mitschreiben sollten Sie nicht nur aufmerksam zuhören, sondern auch eine aktive und fragende Grundhaltung einnehmen. Tauschen Sie sich über Ihre Erfahrungen dazu aus. Klären Sie auch, was jedem von Ihnen bei der Entscheidung hilft, welche Inhalte notiert werden sollen.

Gute Lesbarkeit der Mitschrift

- Alle Blätter auf die gleiche Weise einteilen (Platz für Gliederungshinweise und Ergänzungen freihalten).
- Ein System von Abkürzungen sowie Symbolen zur Markierung von Besonderheiten entwickeln.

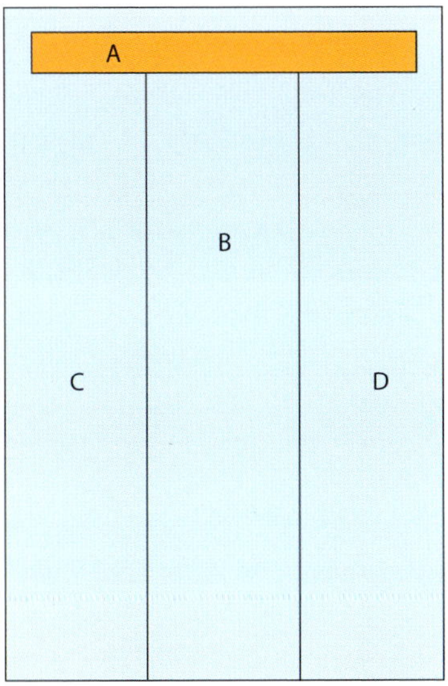

A = Name Lehrer/-in bzw. Fach, Datum
B = Notizen
C = Gliederungshinweise
D = Ergänzungen beim Überarbeiten

Tipp

Beschriften Sie die Blätter nur einseitig! Dann können Sie bei der Nachbearbeitung auf der Rückseite des Blatts Änderungen (z. B. eine bessere Strukturierung des Stoffs) oder Ergänzungen festhalten.

Aufgabe

Schreiben Sie in der nächsten Deutschstunde mit, arbeiten Sie diese Mitschrift nach und vergleichen Sie Ihr Ergebnis mit dem Ihrer Mitstudierenden. Bedenken Sie bei diesem Vergleich, dass es darum geht, dass Sie Ihren eigenen Lern- und Arbeitsstil finden.

4 Informationen finden und auswählen

Worum geht es?

Die Praxis der Erzieherinnen in den unterschiedlichen Arbeitsfeldern verändert sich fortlaufend. Lebenslanges Lernen ist daher auch für die Erzieherin notwendig. Deshalb geht es in diesem Kapitel darum, sich zu informieren,

- *wie man sich über fachliche Entwicklungen auf dem Laufenden hält,*
- *wie man sich zur Vertiefung über spezielle fachliche Fragen informiert und*
- *wie man gezielt nach Lösungen für aktuelle Probleme sucht.*

An welches Vorwissen/welche Vorerfahrungen können Sie anknüpfen?

4.1 Gezielte Informationssuche

Im Internet

Der erste Weg, sich zu informieren, ist heute in der Regel die Internetrecherche. Dabei stellen sich allerdings zwei Probleme: Wie finde ich die Informationen, die ich brauche? Wie kann ich die Qualität und damit die Zuverlässigkeit der Informationen beurteilen?

Die erste Herausforderung besteht in einer möglichst scharfen Eingrenzung der Suchergebnisse, denn es nützt nichts, wenn eine unüberschaubare Menge an möglichen Internetseiten ausgegeben wird.

„Einige Strategien dafür könnten so aussehen:

- möglichst genaue Suchbegriffe verwenden
- mehrere Suchkriterien verknüpfen: wenn in das Suchfeld zwei oder mehr Begriffe eingegeben werden, dann werden nur Texte gesucht, die alle diese Begriffe enthalten
- nach Wortgruppen suchen lassen: wenn man die Suchbegriffe in Anführungszeichen einschließt, wird nach Texten gesucht, die diese Begriffe in dieser Reihenfolge enthalten
- bestimmte Wörter ausschließen: normalerweise durch ein Minus vor dem Suchbegriff, das macht natürlich nur Sinn, wenn auch noch andere Begriffe vorhanden sind, nach denen gesucht wird."

(Lohr, 2009, S. 13–15)

Es ist sinnvoll, eine Recherche in mehreren Suchmaschinen zu machen, da die Anbieter durchaus unterschiedliche Seiten haben und die Suchergebnisse auch unterschiedlich gewichtet werden. Dabei kommt es darauf an, dass Sie sich ein Bild darüber machen, wie zuverlässig die Ergebnisse sind und ob sie den neuesten Stand der Fachdiskussion widerspiegeln. Davon können Sie z. B. ausgehen, wenn Sie eine der speziellen Seiten für Erzieherinnen besuchen, z. B. Fachforen oder Homepages von Berufsverbänden, Fachverbänden, Forschungsinstituten und Universitäten. Auf diesen Seiten wurde bereits eine Vorauswahl der Texte getroffen und Sie können davon ausgehen, dass diese eine fachliche Qualität haben.

Bei anderen Seiten kommt es darauf an, wer die Informationen ins Netz gestellt hat. Im Impressum sollte angegeben sein, wer für die Seite verantwortlich ist und zu welchem Zeitpunkt sie ins Netz gestellt wurde. Daraus lassen sich Rückschlüsse auf die Seriosität der Informationen und deren Aktualität ziehen. Sie können auch prüfen, ob die Informationen sich auf anderen Websites ebenfalls finden lassen. Das spricht dafür, dass sie korrekt sind. Allerdings ist man nicht davor gefeit, dass die Seiten voneinander kopiert wurden oder sich dieselben Fehler auf verschiedenen Seiten finden. Daher muss man hier darauf achten, dass es sich wirklich um zwei separate Quellen handelt (vgl. Lohr, 2009, S. 14).

Tipp

Websites, die von unbekannten Privatpersonen oder von Anbietern, die etwas verkaufen wollen, ins Netz gestellt werden, sollten Sie erst einmal skeptisch betrachten.

In Bibliotheken

- Bei der Suche in elektronisch erfassten Beständen sollten Sie die unterschiedlichen Möglichkeiten nutzen: den alphabetischen Verfasserkatalog, wenn der Autor bekannt ist, und den Schlagwortkatalog, wenn Sie noch keine Literaturangaben haben – dabei auf zielführende Schlagwörter (nicht zu weit, nicht zu eng) achten.

- Sie können ebenfalls die jüngsten Jahrgänge der entsprechenden Fachzeitschriften auf passende Beiträge oder Buchbesprechungen (= Rezensionen) durchsehen (dabei das Jahresregister nutzen).
- Weitere Literaturangaben lassen sich in auf das Thema bezogenen Fachbüchern neueren Datums sowie in Fachzeitschriftenaufsätzen, Handbüchern oder Lexika ermitteln.

Um in einer Bibliothek ein Buch bestellen zu können, ist es notwendig, die bibliografischen Angaben zu kennen (vgl. Kap. XI 2.2).

Tipp

Ein wichtiger Grundsatz bei der Literatursuche: Verwenden Sie nur Literatur, bei der Sie sicher sind, dass sie inhaltlich aktuell und auf dem neuesten fachlichen Entwicklungsstand ist. Prüfen Sie daher zuerst das Erscheinungsjahr des Fachbuches bzw. der Fachzeitschrift. Wenn es länger als 10 Jahre bei Fachbüchern und 5 Jahre bei Fachzeitschriften zurückliegt, suchen Sie unbedingt nach neueren Informationen. Das gilt auch für die Aktualität von Veröffentlichungen im Internet.

Aufgabe

Sammeln Sie gemeinsam Möglichkeiten, sich fachlich zu informieren.

4.2 Geeignete Fachbücher auswählen

Haben Sie schon einmal ein Fachbuch zur Hälfte durchgearbeitet und dann festgestellt, dass es doch nicht genau auf die Fragen eingeht, die Sie bearbeiten wollen? Oder dass es doch für Sie zu schwer ist und Sie zu viel Zeit für die Erarbeitung brauchen, weil es für eine ganz andere Zielgruppe (z. B. für Studenten im Fach Psychologie) geschrieben ist? Dann ist es schade um die Zeit, die Sie umsonst investiert haben. Wie können Sie das vermeiden?

Sie können sich schnell und gezielt einen Überblick über ein Fachbuch verschaffen und dabei feststellen, ob es für die jeweilige Zielsetzung geeignet ist. Dabei prüfen Sie der Reihe nach das Folgende:

Vorwort, Klappentext und Buchrückseite
Sie enthalten oft wichtige Informationen über Inhalt, Aufbau und Zielsetzung des Buches und damit auch über den angesprochenen Leserkreis (Studierende und Fachleute, Eltern, Wissenschaftler etc.).

Inhaltsverzeichnis und Kapitelüberschriften
Sie spiegeln die Schwerpunkte eines Buches wider. Wie ausführlich und wie differenziert sind einzelne Themenkreise dargestellt? Es ist ein Unterschied, ob das Kommunikationsmodell nach Schulz von Thun sehr kompakt auf einer Seite oder mit sehr differenzierten Anwendungsbeispielen auf vier Seiten erläutert wird. Was jeweils gebraucht wird, hängt von der eigenen Zielsetzung ab.

Sachregister
Im Sachregister sind in alphabetischer Reihenfolge inhaltliche Stichwörter zur Thematik des Buches genannt. Man kann einen Sachbegriff auswählen, zu dem man schon etwas Vorwissen hat, und schlägt dann die entsprechenden Seiten nach, um sie zu überfliegen. So fällt es leichter zu entscheiden, ob das Buch geeignet ist oder nicht, weil man den Schwierigkeitsgrad der Sprache beurteilen kann. Hat das Buch kein Sachregister, so überfliegt man das erste Kapitel, um sich einen Eindruck zu verschaffen.

Erst wenn das Buch einer solchen Überprüfung standhält und Sie zu dem Schluss kommen, dass es für die Zielsetzung geeignet ist, sollten Sie damit arbeiten – oder es wieder in das Bibliotheksregal zurückstellen!

Tipp

Fachbücher muss man nicht von vorne bis hinten lesen! Ein Fachbuch enthält oft Gedankengänge, die für den Leser – im Moment – nicht interessant sind. Man liest daher nur das, was für das eigene Lern- bzw. Informationsziel von Bedeutung ist.

Aufgabe

Überlegen Sie sich eine Fragestellung und stellen Sie sich vor, dass Sie darüber Ihre Mitstudierenden informieren sollen. Suchen Sie sich dann dazu 3 Fachbücher und prüfen Sie nach den oben vorgeschlagenen Schritten, ob diese dafür geeignet sind.

4.3 Sich fachlich auf dem Laufenden halten

Durch Fachzeitschriften

Für eine Erzieherin, die in der Praxis professionell arbeiten will, ist die regelmäßige Lektüre einer Fachzeitschrift ein „Muss". Warum? Zum einen, weil die Informationen und Beiträge in Fachzeitschriften immer auf dem aktuellsten Stand sind. Der

Grund hierfür besteht darin, dass der Zeitraum zwischen Abgabe des Manuskripts und Veröffentlichung in der Fachzeitschrift nur wenige Wochen beträgt, während der Herstellungsprozess eines Fachbuches erheblich länger dauert.

Zum anderen sind die grundsätzlichen Zielsetzungen von Fachzeitschriften für jede Erzieherin bedeutsam.

Diese wollen in kurzen Beiträgen

- über aktuelle Entwicklungen in Theorie und Praxis informieren und dazu Stellung beziehen (dabei beziehen sich die meisten Fachzeitschriften auf ein bestimmtes Arbeitsfeld, wie z. B. auf Tageseinrichtungen für Kinder, auf den Bereich der Erziehungshilfe oder auf die Jugendarbeit. Dadurch ist bereits eine gezielte Themenvorauswahl gegeben),
- praktische Anregungen für die pädagogische Arbeit mit den Kindern, die Zusammenarbeit mit den Eltern, die Team- und Öffentlichkeitsarbeit geben,
- ihre Leserinnen für berufspolitische Fragen sensibilisieren, die den Status der Erzieherin und ihr Ansehen in der Öffentlichkeit betreffen,
- zur fachlichen Weiterbildung durch Besprechungen von Fachbüchern, durch die Ankündigungen von wichtigen Fortbildungen/Fachtagungen/Kongressen sowie von Ausstellungen motivieren und
- den Einsatz von Medien durch Empfehlungen von Kinder- und Jugendbüchern oder Computerspielen erleichtern.

Aufgabe

Stellen Sie eine Liste von sozialpädagogischen Fachzeitschriften zusammen, die nicht nur gedruckt erscheinen, sondern auch fachliche Beiträge im Internet zugänglich machen. Berücksichtigen Sie dabei auch evtl. anfallende Kosten. Wählen Sie eine Fachzeitschrift aus, die Sie in einer Tageseinrichtung für Kinder abonnieren wollen, und formulieren Sie einen entsprechenden Antrag an den Träger der Einrichtung, in dem Sie die Notwendigkeit des Abonnements für die Qualitätsentwicklung der Einrichtung begründen.

Tipp

Gewöhnen Sie sich schon während Ihrer Ausbildungszeit an, regelmäßig, d. h. alle ein bis zwei Monate, die Fachzeitschriften in Ihrer Schulbibliothek bzw. deren Internetseiten durchzusehen.

Durch Buchrezensionen

Fast alle Fachzeitschriften enthalten regelmäßig Buchbesprechungen (= Rezensionen), in denen die Leser eine Darstellung des Inhalts eines Fachbuches erhalten sowie eine Stellungnahme zu dessen Qualität. Dadurch ist es für eine Erzieherin leichter, sich aus den vielen Neuerscheinungen diejenigen herauszusuchen, die für die Weiterentwicklung der eigenen Praxis geeignet sein könnten. Sie können auch im Internet nach Besprechungen von pädagogischen Fachbüchern suchen. Zum Beispiel hat das Online-Handbuch Kindergartenpädagogik eine spezielle Seite, auf der Fachbücher besprochen werden oder zumindest eine kurze Inhaltsangabe gegeben wird.

Tipp

Bedenken Sie bei jeder Rezension, dass die Bewertungen subjektiv sind, jemand anders also eventuell zu einer anderen Einschätzung kommen würde. Dies ist besonders bei Besprechungen von Kinder- und Jugendbüchern von Bedeutung.

Aufgaben

1. *Verfassen Sie selbst eine Rezension zu einem Fachbuch Ihrer Wahl.*
2. *Was halten Sie von der folgenden Werbung einer Fachzeitschrift: „fachlich fundiert, aber verständlich"?*
3. *Vergleichen Sie Sprache und Layout unterschiedlicher Fachzeitschriften, wie z. B. „Kleinstkinder in Kita und Tagespflege", „Welt des Kindes", „TPS", „klein&groß", „KiTa aktuell", „unsere jugend". Diskutieren Sie, wie sich dies auf das Interesse möglicher Leser auswirkt.*

Durch regelmäßigen Besuch einschlägiger Internetseiten

Je nachdem, in welchem Arbeitsfeld Sie arbeiten, gibt es unterschiedliche Internetseiten, mit denen Sie sich fachlich über neue Entwicklungen informieren und auf dem Laufenden halten können, z. B. das Online-Handbuch Kindergartenpädagogik, die Seiten der Weiterbildungsinitiative Frühpädagogische Fachkräfte WiFF oder die Seiten des deutschen Bildungsservers für Erzieherinnen. Außerdem können Sie die Seiten der einschlägigen Fachverlage besuchen oder sich deren Newsletter zur regelmäßigen Information bestellen.

5 Strategien, um sich Texte zu erarbeiten

Worum geht es?
*Zum entdeckenden und aktiven Lernen gehört es, sich fachliche Texte **eigenständig** zu erarbeiten. Das gelingt umso besser, je mehr methodisches Wissen Sie dazu haben und je gezielter Sie dieses anwenden. Daher geht es in diesem Kapitel darum,*

- *sich über unterschiedliche Strategien zu informieren, wie Sie sich fachliche Texte aktiv erarbeiten können und wie Sie auf diese Weise lernen können, und*
- *zu lernen, Methoden danach beurteilen zu können, wie wirkungsvoll sie das Behalten von Informationen unterstützen.*

An welches Vorwissen/welche Vorerfahrungen können Sie anknüpfen?

Sich Textinhalte eigenständig und möglichst tiefgehend zu erarbeiten, hat immer das Ziel, langfristiges Behalten zu unterstützen (vgl. dazu Kap. I 1). Welche Strategie Sie wählen, ist daher davon abhängig, wofür Sie die Informationen brauchen. Geht es darum, sich als Erzieherin zu einer bestimmten Frage zu informieren? Wollen Sie eine Präsentation ausarbeiten? Müssen Sie während der Ausbildung für eine Schulaufgabe oder Prüfung lernen? Oder wollen Sie z. B. später als Erzieherin Ihr Fachwissen auf den neuesten Stand bringen?

Erste Schritte der Texterarbeitung

Vorwissen aktivieren

Ein erster wichtiger Schritt ist es, sich über das eigene Vorwissen zum Thema klar zu werden, weil Ihr Gehirn dadurch die „Andockstellen" für die neuen Lerninhalte aktiviert. Was weiß ich schon über diese Thematik? Welche praktischen Erfahrungen habe ich dazu gemacht? Sehr geeignet dazu ist die Methode des Clusterns (siehe Kap. I 2.2).

Fragen formulieren

Vor diesem Hintergrund sollten Sie jetzt Fragen formulieren: Was wissen Sie noch nicht, wüssten es aber gerne oder was halten Sie für wichtig, zu wissen?

„Die wichtigste eigene Aktivität ist das Fragen. [...] Fragen wecken das Interesse, erhalten die Motivation, fördern die eigene Aktivität und tiefenorientierte Auseinandersetzung, sind der Motor des Lernens und steuern gleichzeitig die Richtung."

(Schräder-Naef, 2002, S. 94)

Versuchen Sie mindestens drei Fragen zum Text zu formulieren, die Sie nach der Lektüre zu beantworten versuchen.

Fremdwörter nachschlagen

Egal welches Lernziel Sie haben: Als Erstes müssen Sie Fremdwörter und Ihnen nicht bekannte Fachwörter klären. Dazu gibt es die folgenden Möglichkeiten:

- Das Wort lässt sich aus dem Kontext erschließen, d. h. aus dem Sinn der dieses Wort „umgebenden" Sätze.
- Sie können in einem Lexikon nachschlagen oder online eine Begriffserklärung suchen.
- Manchmal lässt sich ein Wort auch dadurch erklären, dass man assoziiert und ähnlich klingende Wörter sucht, wie das, welches nicht bekannt ist. So kann man sich z. B. die Bedeutung des in diesem Zusammenhang ungewöhnlichen Wortes „plakatiert" (S. 32, Z. 81) erschließen, wenn man es in Zusammenhang mit dem Wort „Plakat" bringt: Es geht darum, etwas auszustellen, es besonders hervorzuheben.

Schwierige Satzkonstruktionen auflösen

In manchen Texten stehen Bandwurmsätze, deren Sinn man nur schwer nachvollziehen kann. Hier ist es hilfreich, einen solchen langen Satz in mehrere kurze Sätze aufzuteilen. Dies ist auch ein guter Weg, wenn Sätze sehr abstrakt formuliert sind: Man versucht, sie in knappe Sätze aufzulösen und dabei zu konkretisieren.

Aufgabe

Im Folgenden ist ein Fachbeitrag aus einer sozialpädagogischen Fachzeitschrift abgedruckt. An diesem Text können Sie verschiedene Strategien, sich einen Text zu erarbeiten, ausprobieren. Kopieren Sie sich diesen, und klären Sie die Textstellen, die Sie nicht verstehen, entsprechend den obigen Hinweisen. Wählen Sie dann eine der im Folgenden beschriebenen Methoden aus, mit der Sie sich die Textinhalte erarbeiten wollen.

Suzette Esser-Keutmann/Fabian Esser

Bindung und Beziehung in der Kita – Teil 1

Mutter und Säugling stellen ein selbstregulierendes System dar, in welchem die Bindung zwischen Mutter und Kind nur einen komplexen Teil des Systems „Beziehung" ausmacht. Das heißt: „Beziehung" ist das übergeordnete System, welches sich aus einer Vielzahl von Facetten zusammensetzt, wie z. B. Affektregulation, Kommunikation emotionaler Bedürfnisse, Regulation physiologischen Verlangens, Lernen, Spiel, Selbstregulation. „Bindung" stellt somit ein Subsystem im System „Beziehung" dar, sodass diese beiden Begriffe nicht synonym verwendet werden sollten. Bindung bezeichnet eine individuelle, emotionale Verbindung zwischen zwei Personen, welche sich durch die Beziehung beider zueinander organisiert und beide Personen über eine größere Zeitspanne und unabhängig vom jeweiligen Aufenthaltsort miteinander verbindet.

Bowlby betrachtet das Bindungssystem zwischen Mutter (bzw. primärer Bezugsperson) und Säugling als ein nach der Geburt aktiviertes, angeborenes, primär-motivationales System. *„Eine der zentralen Aussagen von Bowlbies Theorie ist, dass der menschliche Säugling die angeborene Neigung hat, die Nähe einer vertrauten Person zu suchen. Fühlt er sich müde, krank, unsicher oder allein, so werden Bindungsverhaltensweisen wie Schreien, Lächeln, Anklammern und Nachfolgen aktiviert, welche die Nähe der vertrauten Person wiederherstellen sollen." (Dornes, 2000).* Somit stellt das Kind stets den aktiven Part der Beziehung dar, das KIND tritt in Interaktion zur Bezugsperson, wenn es seine Bedürfnisse (Hunger, Durst, Nähe, Geborgenheit, Schutz etc.) befriedigt wissen will. *„‚Feinfühliges Verhalten' der Bezugsperson besteht darin, dass diese in der Lage ist, die Signale des Kindes wahrzunehmen (z. B. sein Weinen), sie richtig zu interpretieren (z. B. als Suche nach Nähe und Körperkontakt) und sie auch angemessen und prompt zu befriedigen. Dies geschieht in den vielfältigen alltäglichen Interaktionen unzählige Male." (Brisch, 2013).* Erlebt ein Säugling bei seinen Interaktionsversuchen mit der Mutter (bzw. primären Bezugsperson) jedoch nur eine inkonsistente oder nicht ausreichende Bedürfnisbefriedigung, so führt dies häufig zu einer unsicheren Bindung.

Demgegenüber wird sichere-autonome Bindung als Gleichgewicht zwischen Bindung und Exploration betrachtet. *„Danach wird eine positive sozial-emotionale Entwicklung* *entscheidend davon beeinflusst, dass Sicherheits- oder Bindungsbedürfnisse und Erkundungs- oder Autonomiebestrebungen gleichermaßen und ausgewogen befriedigt werden." (Bowlby, 1969; Ainsworth, Blehar, Waters und Wall, 1978; Stayton, Ainsworth und Main, 1973; Waters, 1982).* Erfolgt gerade in Bedrohungssituationen oder besonders ängstigenden Situationen keine adäquate oder hinreichende oder gar widersprüchliche Bedürfnisbefriedigung, so entsteht häufig eine Bindungsstörung. Bindungsstörungen lassen oftmals die eigentlichen Bedürfnisse eines Kindes nach Bindung nicht mehr zutage treten, da sie zu erheblichen Verzerrungen im kindlichen Verhalten führen. Im Extremfall entwickeln sich daraus manifeste psychopathologische Verhaltensmuster. Diese führen primär in sozialen Interaktionen zu deutlichen Beziehungs- und Interaktionsstörungen, welche sich selbst bedingen. Die Kinder erleben Ablehnung im sozialen Miteinander durch die Eltern, Erzieher, Lehrer und Peers, sie erleben Ausgrenzung und tendieren zu aggressiven Verhaltensmustern. Als Reaktion auf derartiges Verhalten kommt es zu Reglementierungen und Kontrollen durch das soziale Umfeld dem Kind gegenüber. Somit verwässert sich der Blick auf den Zusammenhang zwischen dem augenscheinlichen Verhalten und der primären Interaktions- und Bindungsstörung. Diese Verhaltensdynamik, welche vom Kind und dem sozialen Umfeld (Eltern, Erziehern, Lehrer) konstituiert wird, bildet nicht die Grundlage der Diagnostik, sondern es wird allein das Kind als psychisch auffällig oder gar krank plakatiert.

Spätere Bindungen und Beziehungen

Die Interaktionsebene zwischen (Groß) Eltern, Kindern und Enkeln ist geprägt vom selbst erlebten Bindungsstil und den daraus resultierenden Beziehungsmustern. So lässt der Verlust an Sicherheit in der eigenen Biografie die Person nach einem hohen Maß an Sicherheit für die eigenen Nachkommen streben. Das ängstliche kontrollierende Verhalten solcher Eltern führt bei den Kindern zu einem häufig überwachsamen und ängstlichen Verhalten mit dem Resultat einer problematischen Individuation und Ablösung. Je nachdem auf welchen Erfahrungen die Wahrnehmung der Eltern, was als Belastungen empfunden wird und was nicht, beruht, kann dies bei Kindern dazu führen, dass sie ihre eigenen Probleme als unwesentlich einstufen. Dies kann zu Empathieverlust und somit zu weitreichenden Folgen in Bezug auf ihre Bindungs- und Beziehungsfähigkeit führen. Es kommt aber nicht nur lerntheoretisch zur Weitergabe von Bindungsstörungen und damit oftmals verbundenen Traumatisierungen, sondern auch höchstwahrscheinlich genetisch. Man spricht auch vom epigenetischen Mechanismus. *„Der Epigenetik kommt für die transgenerationale Weitergabe von Traumata ebenfalls eine entscheidende Rolle zu. Mithilfe von Methylgruppen wirkt Epigenetik direkt am DNA-Molekül. Methylgruppen werden wie Schlösser an bestimmten Basenpaaren platziert oder davon gezielt entfernt. Diese Prägung am Pro motor stellt ein Gen auf ‚An' oder ‚Aus'." (G. Breitenbach, H. Requardt, 2013).* So zeigt eine DNA-Untersuchung der Hirnzellen von Personen, welche als Kinder vernachlässigt oder missbraucht worden waren, dass das Schlüsselgen in bestimmten Hippocampuszellen nicht mehr funktionierte, obwohl es unbeschadet war, aber es war „aus"-geschaltet. In einer Kontrollgruppe ohne frühkindliche Traumatisierung war dieses Gen angeschaltet. Neuere Studien beschäftigen sich mit der Hypothese, inwieweit solche Veränderungen auch weitervererbt werden. In Tierversuchen wurde eine Weitergabe veränderter Methylierungsmuster über vier Generationen bereits nachgewiesen.

Ausblick

Im 2. Teil widmen wir uns der Frage, wie sich eine qualitative Beziehung zu einem Kind in einem institutionellen Umfeld aufbauen lässt, also zu einer nicht-mütterlichen Bezugsperson und welche Faktoren dabei wesentlich sind. Wir geben Antwort auf die Frage: „An wie viele Personen kann sich ein Kind binden?“ sowie „Sind mehrere, verschiedene Bindungspersonen für ein Kind von Vor- oder Nachteil?” Darüber hinaus werfen wir einen Blick auf die Arbeit von Emmi Pikler mit Säuglingswaisen in einem ungarischen Kinderheim. Außerdem wird das herausfordernde Aufgabenprofil der Erzieherin als Beziehungsvorbild und Beziehungsbereiterin näher betrachtet und begründet, warum die qualitative Beziehungsarbeit der Erzieherin von solch großer Bedeutung ist.

Literatur:

Ainsworth, M.D., Blehar, M.C., Waters, E., Wall, S. Patterns of attachment (1978): A psychological study of the strange situation. Hillsdale, N. J.: Erlbaum.

Bowlby, J. (1969): Attachment and loss. Vol. 1: Attachment. New York: Basic Books.

Bowlby, John: Bindung als sichere Basis. Grundlagen und Anwendung der Bindungstheorie. Ernst Reinhardt Verlag. München 2008

Breitenbach, G., Requardt, H. (2013): Komplex-systemische Traumatherapie und Traumapädagogik. Kröning: Ansanger

Stayton, D., Ainsworth, M. D. S., Main, M (1973): Development of separation behavior in the first year of life. Developmental Psychology, 9, 226 – 235

Waters, E. (1982): Persönlichkeitsmerkmale, Verhaltenssysteme und Beziehungen: Drei Modelle von Bindung zwischen Kind und Erwachsenen. In K. Immelmann, S. Barlow, L. Petrinovich, M. Main (Hsrg.), Verhaltensentwicklung bei Mensch und Tier (pp. 721-750). Berlin: Parey.

(Esser-Keutmann, Suzette/Esser, Fabian: Bindung und Beziehung in der Kita – Teil 1, in: KiTa aktuell, Fachzeitschrift für Leitungen, Fachkräfte und Träger der Kindertagesbetreuung, Ausgabe Bayern, 27. Jg., 06/2015, S. 140 f.)

Aufgabe

- *In diesem fachwissenschaftlichen Text geht es um psychologische und naturwissenschaftliche Inhalte. Sprechen Sie die fachlich zuständigen Lehrkräfte darauf an, mit Ihnen über diesen Text zu diskutieren.*

Tipp

Interessiert Sie der zweite Teil des Textes? Sie können ihn in der KiTa aktuell, Ausgabe Bayern, Heft 07-08/2015 nachlesen.

Texte markieren

Markieren heißt, mit einem Textmarker die Informationen im Text anzustreichen (oder mit einem Stift zu unterstreichen), die im Hinblick auf das vorher festgelegte Leseziel von Bedeutung sind. Wenn Sie den Text später wieder zur Hand nehmen, enthält er für Sie zusätzliche Mitteilungen wie z. B. „Dies ist wichtig“. Dadurch reduzieren Sie die Textinformationen auf die wesentlichen Punkte, die für Sie von Bedeutung sind und die Sie behalten wollen.

Worauf ist zu achten?

- Beim Markieren suchen Sie aktiv nach den **wichtigen Informationen** im Text, die Sie von den unwichtigen unterscheiden müssen. Das setzt eine gewisse Vertrautheit mit dem jeweiligen Thema voraus.
- Markieren ist nur dann sinnvoll, wenn **sparsam** markiert wird. Wird zu viel markiert, geht die Zielsetzung des Markierens, nämlich bedeutsame Informationen hervorzuheben, verloren.

Tipp

Entwerfen Sie ein eigenes Symbolsystem, mit dessen Hilfe Sie sich Definitionen, Merksätze, Zusammenhänge, Begründungen, Unklarheiten, Kritik etc. am Rand vermerken: Pfeile, Kreise, Dreiecke, Fragezeichen, Ausrufezeichen, Blitze u. Ä.

Markieren Sie einen Text, dann sind Sie zwar aktiver, als wenn Sie ihn nur lesen, denn die eigene Aktivität liegt darin, die Textinformationen zu reduzieren. Sie formulieren aber nicht mit eigenen Worten. Daher unterstützt man beim Markieren die Fähigkeit, die Inhalte zu behalten, nicht so nachhaltig, als wenn man sich die gedankliche Struktur des Textes herausschreibt: Was ist die These, was sind die Begründungen dafür? Welche Gegenargumente werden aufgegriffen? Welche Ursachen oder Folgen werden benannt? Dazu kann man sich z. B. ein Mindmap erarbeiten (siehe Kap. I 2.3).

Tipp

Als Faustregel für sparsames Markieren kann gelten, ein bis zwei Schlüsselwörter pro Absatz hervorzuheben.

Notizen machen

Wenn Ihnen ein Buch selbst gehört oder Sie einen wichtigen Fachaufsatz für sich kopiert haben, können Sie Notizen direkt in die Textvorlage einbringen. Im Folgenden dazu einige Anregungen:

- Sie können sich Merksätze/kurze Zusammenfassungen neben, über oder unter den Text schreiben oder auf Haftetiketten notieren, die Sie an den Rand kleben.
- Da es für das Behalten wichtig ist, neue Informationen mit Vorkenntnissen zu verknüpfen, können Sie sich entsprechende Hinweise – auch bildhafter Art – notieren.
- Die aktive Aneignung neuer Inhalte wird weiterhin dadurch unterstützt, dass Sie sich Fragen dazu ausdenken. Solche, die man noch nicht beantworten kann, notieren Sie sich, um die Wissenslücken festzuhalten bzw. bald füllen zu können.
- Sie notieren sich Anwendungsbeispiele, eigene Erfahrungen etc.

Tipp

Wenn Sie für eine Prüfung lernen, dann versuchen Sie sich Notizen für einen Spickzettel zu schreiben und diesen so lange zu reduzieren, bis er winzig klein ist (gelber Klebezettel). Mit Sicherheit werden Sie ihn nicht brauchen, da Sie bereits beim Erstellen desselben alles Wichtige so lernen, dass Sie es gut behalten können.

Textinformationen in einem Mindmap festhalten

Wie man ein Mindmap anlegt, ist oben in Kap. I 2.3 genau beschrieben. Alles, was dort gesagt ist, gilt auch, wenn man ein Mindmap zu einem Text anlegt. Der einzige Unterschied ist, dass man die Inhalte nicht selbst entwickelt, sondern vom Text her erarbeitet.

Im Einzelnen gehen Sie wie folgt vor:

- Das Thema des Textes bzw. ein entsprechendes Bild schreiben Sie in die Mitte eines großen Blatts (zweckmäßig ist das DIN-A3-Querformat).
- Auf den Hauptästen notieren Sie die Begriffe bzw. Schlüsselwörter, die den Hauptpunkten des Textes entsprechen.
- Auf den Verzweigungen halten Sie mit einem Schlüsselwort fest, welche Inhalte Sie jeweils zuordnen.

Texte zusammenfassen

Beim Zusammenfassen eines Textes ist die Eigenaktivität größer als beim Markieren, denn das Merken der neuen Informationen wird stärker unterstützt. Genau wie beim Markieren reduzieren Sie dabei die Textinformationen und erleichtern dadurch Ihrem Gedächtnis das Behalten.

Worauf kommt es an?

- Voraussetzung für das Zusammenfassen ist, zwischen bedeutsamen und unbedeutenden Informationen zu unterscheiden.
- Wichtige Informationen müssen verdichtet werden. Sie fassen nicht zusammen, wenn Sie einen Sinnabschnitt nacherzählen. Vielmehr geht es darum, zusammengehörige Einzelaussagen in einer allgemeinen Aussage auszudrücken und damit **zusammen**zufassen. Oft ist es hilfreich für eine Zusammenfassung, erst einmal den einzelnen Textabschnitten eine Überschrift zu geben.

Tipp

Zusammenfassen fällt leichter, wenn Sie sich eine Person vorstellen, die Sie über das Textthema informieren wollen.

Aufgabe

Im Folgenden erhalten Sie einen Vorschlag für eine Zusammenfassung der ersten beiden Absätze des Textes: Esser-Keutmann, Suzette/Esser, Fabian: Bindung und Beziehung in der Kita – Teil 1 (in: KiTa aktuell, Fachzeitschrift für Leitungen, Fachkräfte und Träger der Kindertagesbetreuung, Ausgabe Bayern, 27. Jg., 06/2015, S. 140 f.). Prüfen Sie, inwiefern Ihnen diese Zusammenfassung einleuchtet, und fassen Sie dann die nachfolgenden Absätze des Textes selbst zusammen. Vergleichen Sie Ihr Ergebnis mit dem Ihrer Nachbarin.

„Versteht man die Beziehung zwischen Mutter und Säugling als ein sich selbstregulierendes System mit vielen Teilaspekten, dann ist die Bindung zwischen der Mutter (bzw. der wichtigsten Bezugsperson) und dem Kind ein wesentlicher Aspekt davon. Der Forscher Bowlby geht davon aus, dass es beim Säugling angeboren ist, eine Bindung zur Mutter (bzw. zur wichtigsten Bezugsperson) aufzubauen und er dafür besondere Verhaltensweisen zur Verfügung hat. Der Säugling ist also der aktive Partner in der Beziehung und es kommt entscheidend darauf an, dass die Mutter (bzw. die wichtigste Bezugsperson) die Signale des Kindes feinfühlig wahrnimmt, sie richtig deutet und auch angemessen befriedigen kann. Gelingt das nicht, so kann es zu einer unsicheren Bindung kommen."

Wenn Sie in einem Text wichtige Informationen finden, die z. B. für Ihre Prüfungsvorbereitung wichtig sind, dann können Sie diese zusammenfassen und auf einer Karteikarte im Format DIN A5 oder A6 aufschreiben. Tragen Sie dabei immer ganz oben auf der Karteikarte ein Schlagwort bzw. einen Oberbegriff ein und schreiben Sie Ihre Zusammenfassung darunter. Auf diese Weise können Sie sich im Laufe der Ausbildung ein Karteikartenlexikon anlegen, das Ihnen die Prüfungsvorbereitung sehr erleichtert. Wichtig ist auch, dass Sie die Quelle vermerken, um die Informationen eventuell im ursprünglichen Zusammenhang noch einmal nachlesen oder zitieren zu können (vgl. Kap. XI 2.2).

Projektidee
Planen Sie einen Workshop „Lernen lernen" für sechs- bis zehnjährige Kinder.

II Sprachkompetenz entwickeln – Kinder und Jugendliche sprachlich fördern

1 Sprachentwicklung und Spracherwerb von Kindern
2 Mehrsprachig aufwachsen
3 Sprachförderung in pädagogischen Alltagssituationen
4 Das Konzept der Literacy-Erziehung
5 Kreatives Schreiben
6 Die Sprachkompetenz von Kindern feststellen

Sprachkompetenz ist eine Schlüsselqualifikation, Grund dafür ist der nachweisbare Zusammenhang zwischen Bildungschancen und Sprachkompetenz.

Ob und wie Heranwachsende in der Lage sind,

- auszudrücken, was sie möchten, denken und fühlen,
- Beziehungen aufzunehmen und mit anderen zu sprechen,
- die Schule zu meistern und sich berufliche Möglichkeiten zu erschließen,

hängt entscheidend davon ab, ob Kinder in den ersten Lebensjahren ihre sprachlichen Fähigkeiten ungestört entwickeln konnten. Bei Kindern aus vom Bildungswesen nicht erreichten Familien, aus Migrantenfamilien und bei Flüchtlingskindern ist das oft nicht der Fall. Deswegen ist es eine zentrale Bildungsaufgabe, besonders diese Kinder dabei zu unterstützen, Sprachkompetenz zu entwickeln. Beobachten die sozialpädagogischen Fachkräfte allerdings sprachliche Defizite, die eine „normale" Sprachentwicklung fraglich erscheinen lassen, müssen Fachdienste bzw. Heilpädagogen und Logopäden herangezogen werden.

1 Sprachentwicklung und Spracherwerb von Kindern

Worum geht es?
Sprechen lernen vollzieht sich nicht automatisch. Bis ein Kind sprechen kann, muss es viel lernen und es braucht dabei Unterstützung. Im Folgenden geht es darum,

- *sich zu informieren, wie die Begriffe „Sprache" und „Sprachkompetenz" im Rahmen sprachlicher Bildung im Elementarbereich verstanden werden, und*
- *Basiswissen über Sprachentwicklung zu erwerben.*

An welches Vorwissen/welche Vorerfahrungen können Sie anknüpfen?

Sprache und Sprachkompetenz

Aufgabe

Was verbinden Sie mit dem Begriff „Sprache"? Tauschen Sie sich in der Lerngruppe darüber aus und notieren Sie wichtige Gesichtspunkte.

Erzieherinnen begleiten und unterstützen die sprachliche Entwicklung von Kindern. Damit scheint ihre Aufgabe klar umrissen. Wer allerdings Kinder beobachtet, weiß, dass sie sich auf vielfältige Weise verständlich machen. Unter den 100 Sprachen der Kinder (vgl. Malaguzzi, 2016) ist die Wort-Sprache nur eine, aber sie ist elementar für Bildung und Bildungsprozesse. Deswegen ist es die Aufgabe von sozialpädagogischen Fachkräften, in erster Linie diese Wort-Sprache der Kinder zu fördern, ohne dass damit nonverbale Kommunikationsmöglichkeiten entwertet werden.

Ausgangspunkt der folgenden Überlegungen ist die (naheliegende) Frage: Wozu brauchen Menschen Sprache? Von der Antwort auf diese Frage hängt ab, wie jeweils Fördermaßnahmen konzipiert werden, bzw. das vorgestellte Förderkonzept wird von daher erst verständlich.

Die genannte Ausgangsfrage: „Wozu brauchen Menschen Sprache?" scheint eine rhetorische Frage zu sein. Sprache ist notwendig, um sich zu verständigen und miteinander eine gemeinsame Sache zu machen, fachsprachlich: miteinander zu kommunizieren (lat. communicare – etwas gemeinsam machen, vgl. auch zum Folgenden Kap. II 2).

> ***Beispiel:***
> *Der Begriff Kommunikation ist vielschichtig, die verschiedenen Teilleistungen, die er umfasst, lassen sich gut im Kommunikationsverhalten von Kindern erfassen: Levi, 1;5 Jahre, redet nicht sonderlich viel, aber am Abend, wenn er müde und/oder hungrig bzw. durstig ist, rennt er hinter seiner Mutter her und redet geradezu auf sie ein: „Mischfäschen, Mischfäschen, Bei, Appelmus", und zwar so lange, bis die Mutter auf ihn reagiert, je nach Situation mit : „Du möchtest ein Milchfläschchen? Und Brei mit Apfelmus? Ah, du bist müde und willst essen? Ich mache dir gleich eins", oder: „Nein, das ist noch zu früh, du musst noch ein bisschen warten." Und Levi versteht genau, was die Mutter sagt: Verweigert sie ihm das Milchfläschchen, rennt er weiter jammernd hinter ihr her, in der Hoffnung, sie zu erweichen; hat er verstanden, dass er gleich die Flasche bekommt, strahlt er und weicht ihr nicht von der Seite.*

Anhand dieses Beispiels lässt sich gut erfassen, was Sprache leistet, wozu Kommunikation dient (vgl. Mensing, 2009, S. 6–11). Es geht darum,

- andere verstehen zu lernen.
  (Wechselseitig gilt das für Levi und die Mutter.)
- sich miteinander in Handlungen zu koordinieren.
  (Auf der Basis eines gemeinsamen Begriffsverständnisses – Milchfläschchen, Brei mit Apfelmus – lernt das Kind im Gespräch mit der Mutter etwas einzufordern; Sprechen ist die Voraussetzung dafür, dass Mutter und Kind sich im Tun koordinieren; für das Kind bedeutet das, dass es dadurch seinen Handlungsspielraum zu erweitern lernt.)
- sich selbst verstehen zu lernen.
  (Im Gespräch mit der Mutter erfährt das Kind, wie sie sein Schreien nach dem Milchfläschchen sprachlich bewertet: „Du hast Durst, Hunger, du bist müde" o. Ä. Es lernt damit auch sich selbst, hier seine Bedürfnisse, besser zu verstehen.)

- die Welt zu verstehen.
(Das Verständnis dessen, was eine Milchflasche ist, wozu sie da ist usw., entsteht erst im sprachlichen Kontakt von Levi mit anderen Menschen, der Mutter, dem Vater, den Geschwistern, der Erzieherin. Sie benutzen diesen Begriff, erklären ihn, korrigieren Levi, wenn er ihn falsch benutzt. Levi erfährt etwas über die Welt und kann sich nun, da er den Begriff in seiner Bedeutung erfasst hat, sogar Gedanken darüber machen.)

Verallgemeinernd lässt sich sagen: Miteinander zu leben, ist nur möglich, wenn Menschen miteinander handeln, und dazu müssen sie miteinander sprechen. Auf diese Weise ist es möglich, eigene Handlungsspielräume zu erweitern und sich die Welt zu erschließen. Sprache ist kein Selbstzweck, sondern sie ist Werkzeug für Interaktion und die notwendig damit verbundene Kommunikation. Von daher ist es sinnvoll, Sprachkompetenz in konkreten Handlungssituationen zu fördern, die Kinder zum Sprechen herausfordern, weil diese für sie wichtig oder interessant sind.

Eine bedeutende Rolle für die Sprache spielt die Grammatik. Sprache als Werkzeug für Kommunikation und Interaktion hat tatsächlich eine handwerkliche Seite: Sie ist auch ein Regelwerk, in dem vorgegeben wird, wie Wörter richtig betont werden (z. B. Hérkunft, Vógel) oder Sätze korrekt konstruiert werden („Ich gehen gern in Kita" → „Ich gehe gerne in die Kita"). Damit kommt die Struktur von Sprache in den Blick: Satzbau, Betonung, Sprachmelodie, Artikulation. Diese Strukturen kennenlernen und beachten zu lernen, gehört auch zur Sprachkompetenz. Aufgabe der Erzieherin ist es, zur sprachlichen Bildung (im oben dargelegten umfassenden Verständnis von Sprache) von Kindern beizutragen. In diesem Zusammenhang spielt der Begriff „Sprachkompetenz" eine Schlüsselrolle.

Aufgabe

Klären Sie die Bedeutung des Begriffs „Kompetenz" mit Ihrer Lehrkraft vom Fach Pädagogik. Recherchieren Sie dazu auch im Internet, z. B. auf der Website des Bundesinstituts für Berufsbildung (BIBB).

Im Bayerischen Bildungs- und Erziehungsplan (Der Bayerische Bildungs- und Erziehungsplan für Kinder in Tageseinrichtungen bis zur Einschulung, 2012, S. 43) wird formuliert: „Kompetenz erlebt man, wenn man Aufgaben oder Probleme aus eigener Kraft bewältigt." Bezogen auf sprachliche Bildung geht es um die Kompetenz, Sprache als Instrument für Kommunikation und Interaktion einzusetzen und dabei auf grammatische Regeln zu achten. Es ist eine bewusste Entscheidung, in der erzieherischen Praxis auf Methoden des herkömmlichen Sprachunterrichts zu verzichten. Isolierte Übungen etwa zu Wortschatz oder Grammatik haben in diesem Konzept keinen Platz. Leitend ist das Grundverständnis, dass Erzieherinnen „Kooperationspartner für die Kinder" und keine Trainer für isolierte Sprachfertigkeiten sind (vgl. Mensing, 2009, S.11). Was heißt das konkret im Zusammenhang mit der Entwicklung von Sprachkompetenz?

Wenn Kinder, deren Erstsprache nicht Deutsch ist, z. B. Bilderbuchbetrachtungen lieben, orientiert sich die Erzieherin an dieser Vorliebe. Sie setzt bei jeder Bilderbuchbetrachtung aber bewusst auch Förderstrategien aus der Literacy-Erziehung (siehe Kap. II 4) ein und führt mit den Kindern sprachanregende Dialoge, um zur Erweiterung ihrer Sprachkompetenz beizutragen.

Insgesamt gibt es im Rahmen dieses Ansatzes von Sprachförderung folgende Förderbereiche:

- nonverbale Aspekte von Sprache und Kommunikation (z. B. nonverbale Signale anderer Kinder zu verstehen)
- Motivation und Fähigkeit zur mündlichen Kommunikation, zum Dialog (z. B. eigene Gefühle mitzuteilen und zu verstehen)
- Entwicklung von Literacy (z. B. Bilderbücher zu betrachten)
- Zwei - und Mehrsprachigkeit (z. B. Sprachtrennung bei einem mehrsprachig aufwachsenden Kind zu unterstützen)

Tipp

Weiterführende Informationen zu Kommunikation finden Sie in Kap. III. Nutzen Sie auch die Möglichkeit, Ihr pädagogisches, psychologisches und heilpädagogisches Vorwissen zu rekapitulieren.

Sprache
Sprache ist ein Werkzeug für Kommunikation (d. h. ein Werkzeug, um andere zu verstehen, sich selbst zu verstehen und die Welt zu verstehen) und sie ermöglicht Interaktion zwischen Menschen. Zugleich besitzt sie Strukturen (Grammatik, Artikulation, Betonung), die beachtet werden müssen.

Sprachkompetenz
Der Begriff bezieht sich auf das sprachliche Vermögen von Kindern in sprachrelevanten Situationen. Unter Sprache wird dabei mehr als nur die Wortsprache verstanden. Sprachkompetenz umfasst auch nonverbale Aspekte von Sprache und Kommunikation sowie die Motivation und Fähigkeit zur mündlichen Kommunikation und zum Dialog und die Entwicklung von Literacy und Mehrsprachigkeit.

Wie eignen sich Kinder Sprache an?

Aufgabe

Informieren Sie sich über Spracherwerbstheorien. Informationen finden Sie z. B. auf der Internetsetseite des deutschen Bildungsservers.

Dass ein Kind sprechen lernt, ist eine selbstverständliche Erwartung vieler Eltern. Dabei ist ihnen oft kaum bewusst, welch ein komplexer Prozess dies ist. Lernt ein Kind sprechen, leistet es Erhebliches: Es muss sich die Regeln für die einzelnen sprachlichen Strukturen wie Laut-, Wort- oder Satzbildung und die Regeln ihres Zusammenspiels aneignen. Die Regeln der Lautbildung zu kennen reicht nicht aus: Sprechen verlangt z. B. Laute zu Wörtern und Wörter zu Sätzen zusammenzusetzen usw.. Wie gelingt kleinen Kindern diese Mammutaufgabe?

Es steht fest, dass Sprache nicht einfach über Imitation gelernt wird (vgl. Grimm, 2012). Das Kind lernt auch keine einzelnen Vokabeln. Es eignet sich seine Muttersprache nicht so an, wie Sie in der Schule eine Fremdsprache gelernt haben, nämlich auf dem Weg eines gesteuerten Spracherwerbs Wort für Wort, Regel für Regel. Aus der Fülle der Forschungsergebnisse kristallisiert sich nach Grimm als wesentliche Erkenntnis heraus, dass das „sprachliche Handeln eine zutiefst biologische Angelegenheit ist". Es fliegt Kindern nicht von außen zu, sondern ist „im menschlichen Entwicklungssystem genetisch verankert". Das Regellernen ist keine bewusste Angelegenheit, darüber denkt das Kind nicht nach. Das Kind eignet sich die Regeln der Sprache auf „implizite Weise" an. Grimm beschreibt diesen Aneignungsprozess in einem Bild: Das Kind wächst in sprachliche Handlungsformen hinein. Hineinwachsen schließt ein, dass dieser Prozess einerseits genetisch verankert ist, andererseits nicht automatisch verläuft, dass er Zeit braucht, dass das Kind sich etwas erschließen muss, dass es förderliche und weniger förderliche Bedingungen dafür gibt. Hierzu die wichtigsten Aspekte:

- **Sprache wird im interaktiven Austausch erworben.**
  Die Entwicklungspsychologin Grimm geht, wie gesagt, davon aus, dass ein Kind Sprache mit all ihren Regeln auf implizite Weise erwirbt und dies nur möglich ist, wenn das Kind ein Gegenüber hat, mit dem es im stetigen Austausch steht. Dieses Gegenüber kann nicht irgendeine beliebige Person sein, mal diese, mal jene, sondern muss jemand aus seiner Umgebung sein, der für das Kind wichtig ist. In diesem Austausch probiert es aus, wie Sprache funktioniert. Seine Fehlversuche korrigiert es dadurch, dass die Bezugspersonen mit ihm korrekt sprechen und es so die richtige Ausdrucksweise, die korrekte grammatische Form allmählich in seine Sprache einbaut. Nur durch dieses Wechselspiel von miteinander sprechen und zuhören kann ein Kind in sprachliche Handlungsformen hineinwachsen.

- **Lernen geschieht in Beziehung zu Personen.**
  Wenn Sie Ihre Ausbildung unter dem Aspekt betrachten, wo Sie viel und gerne lernen, dürften immer auch die Lehrkräfte, die Sie mögen und bei denen Sie Interesse an Ihrer Person gespürt haben, eine Rolle spielen. Ähnlich, aber viel fundamentaler ist dieser Sachverhalt bei kleinen Kindern. Lernmotivation, Lerninteresse eines Kindes hängen davon ab, ob es ausreichend Geborgenheit, Zuwendung und Aufmerksamkeit von seinen primären Bezugspersonen erfährt. Dies ist so etwas wie der Nährboden frühkindlicher Lernprozesse. Das gilt auch für den Prozess des Spracherwerbs. Ein Kind entwickelt Freude daran, sprechen zu lernen und sich mitzuteilen, wenn die Erzieherin emotional zugewandt und dialogfähig ist.

- **Kinder lernen „Sinn-orientiert".**
  Kinder steuern den Spracherwerbsprozess. Sie lernen Sprechen in Zusammenhängen, die für sie Sinn machen und die ihren Bedürfnissen entsprechen und sich an ihren Interessen orientieren (vgl. Fuchs/Siebers, 2002, S. 52).

  Die Sprachanregungen durch die Erwachsenen sind umso wirkungsvoller, je mehr sie die aktuellen Bedürfnisse des Kindes aufnehmen, für das Kind Sinn ergeben und diesem Eigenaktivität ermöglichen. Nicht die Erzieherin fördert Kinder optimal, die ihnen eine Anregung nach der anderen präsentiert, sondern diejenige, die der Eigenaktivität der Kinder Raum gibt und sie z. B. durch eine sprachanregende Umgebung unterstützt.

  Schon Kleinstkinder wollen ihre Umgebung erkunden. Ein kahler Raum, in dem es nichts zu sehen bzw. zu entdecken gibt, regt ein kleines Kind nicht an, diese Umgebung zu erforschen. Entdeckt es aber einen bunten Ball, wird es dahin robben und sich mit diesem Gegenstand beschäftigen, vorausgesetzt, die Erzieherin ist in seiner Nähe und gibt ihm die notwendige emotionale Sicherheit für diese „Expedition". Voraussetzung ist auch, dass sie mit ihm im „Gespräch" bleibt (*„Ja, das ist ein Ball!"*) und so auch sprachliches Lernen anregt.

  In dieser wie in anderen Lernsituationen ist es wichtig, auch nonverbale Signale wahrzunehmen (etwa interessierte Blicke, Bewegungen in Richtung Ball) und darauf einzugehen (*„Ja, da hinten liegt ein schöner Ball!"*).

Phasen der Sprachentwicklung

Eltern sind gerührt, wenn ihr Kind zum ersten Mal „Mama" oder „Papa" sagt, und sie realisieren oft nicht, dass dies der Anfang einer rasanten Entwicklung ist. Für die erzieherische Praxis ist relevant, dass es für diese Entwicklung ein biologisches Zeitfenster gibt und dass dem Kind nur während der relativ kurzen Zeit bis zu ungefähr fünf Jahren diejenigen Lernmechanismen zu Verfügung stehen, die einen ungestörten Aufbau der sprachlichen Kompetenz erlauben (vgl. Grimm, 2012, S. 40). In dieser sensiblen Phase ist das Lerntempo der Kinder atemberaubend: Mit ca. 18 Monaten beherrschen Kinder in der Regel 50 Worte, Sechsjährige haben sich einen Wortschatz von über 50 000 Wörtern angeeignet, der bis zum 16. Lebensjahr auf 60 000 Wörter anwachsen wird.

Um nur einige Entwicklungsschritte in diesem Prozess zu verdeutlichen (wobei es große individuelle Unterschiede geben kann):

Alter	Entwicklungsschritte
8–10 Monate	Wortverständnis (erste Worte)
10–13 Monate	Wortproduktion
18–20 Monate	Wortexplosion
Ab 28 Monate	Grammatik

(vgl. Grimm, 2012, S. 31)

Zwischen ein und zwei Jahren erweitert ein Kind seine Äußerungen von Einwortäußerungen („*Ball*") über Zweiwortäußerungen („*Ball habe*") auf Dreiwortäußerungen („*Michi Ball habe*"). Die Äußerungen werden genauer und eindeutiger. Im Anschluss an die Ein-, Zwei- und Dreiwortäußerungen fangen Kinder an, Satzketten zu bilden, und ab vier Jahren sind sie in der Lage, komplexere Satzgefüge zu produzieren. Noch vor seinem fünften Geburtstag verfügt ein Kind weitgehend über die Grammatik (vgl. Dittmann, 2002). Die Artikel gebrauchen Kinder z. B. praktisch fehlerfrei. Am schwierigsten ist es für sie, die vier Fälle richtig zu bilden („*mit den Ball spielen*").

In dieser tabellarisch dargestellten Entwicklung gibt es eine Zäsur: Mit 18 Monaten sollen die Kinder ca. 50 Worte beherrschen. Können sie dies, gilt das als Kriterium einer störungsfreien Sprachentwicklung. Es gibt allerdings Kinder, die auch mit 24 Monaten den Schwellenwert von 50 Worten noch nicht erreicht haben und sich auch nicht in Mehrwortsätzen äußern, sogenannte Late Talkers. Grimm weist darauf hin, dass dies laut Untersuchungen für 13 bis 20 % der Zweijährigen zutreffe. Allerdings hole die Hälfte dieser Kinder bis zum Ende des dritten Lebensjahrs den Sprachrückstand wieder auf. Dies seien die sogenannten Late Bloomers (vgl. Grimm, 2012, S. 104 f.).

Für pädagogische Fachkräfte ist es daher sehr wichtig, die Sprachentwicklung der Kinder aufmerksam zu beobachten. Ist die Wortproduktion der Kinder ab 24 Monate weiterhin deutlich eingeschränkt, muss bis zum 4. Lebensjahr geklärt werden, ob z. B. eine behandlungsbedürftige spezifische Sprachentwicklungsstörung (SSES) vorliegt. Bei mehrsprachigen Kindern kann sich diese in der Erst- und Zweitsprache manifestieren (vgl. Lüdtke/Stitzinger, 2013, S. 6). Dazu gibt es von Fachleuten erstellte Elternfragebögen und Testverfahren. Eine SSES ist von großer Trageweite für die weitere Entwicklung der Kinder, z. B. für ihren schulischen Erfolg. Je früher sie diagnostiziert wird, desto größer ist die Erfolgschance für eine Therapie.

Unter dem Gesichtspunkt der Lernfähigkeit stellen damit die ersten Lebensjahre auch einen optimalen Zeitpunkt dar, die sprachlichen Kompetenzen von Kindern zu fördern.

Sprachverstehen und Sprechfähigkeit
Wenn Sie an Ihren Fremdsprachenunterricht denken, fällt Ihnen wahrscheinlich ein, dass Sie die Fremdsprache schneller verstanden haben, als dass Sie sie sprechen konnten. Diese Beobachtung lässt sich verallgemeinern: In der Sprachentwicklung geht das Sprachverstehen immer der Sprechfähigkeit voraus. Für Sie als sozialpädagogische Fachkraft heißt das, dass Sie davon ausgehen müssen, dass ein Kind immer mehr versteht, als es spricht.

Erweiterung des Sprachgebrauchs

Die oben skizzierten Phasen der Sprachentwicklung vermitteln nur eine erste Vorstellung davon, wie der Wortschatz wächst und wie sich sprachliche Strukturen entwickeln. Im Laufe der ersten Lebensjahre lassen sich noch zwei wesentliche Entwicklungsschritte im Sprachgebrauch des Kindes als Folge kognitiver Prozesse feststellen, die für Sprachfördermaßnahmen relevant sind.

Kinder bauen Symbolwissen auf

Eine wichtige Etappe auf dem Weg des Sprachlernens findet ab ca. 10 Monaten statt, wenn Kinder erste Wörter bilden und sich allmählich ein Wissen darüber entwickelt, dass sich Sprache und Wirklichkeit unterscheiden:

Wir sind gewohnt über Dinge zu reden, die uns vor Augen sind: Unsere Sprache, die wir den Tag über reden, ist unmittelbar bezogen auf das Handgreifliche, das wir mit unseren Sinnen erfassen. Man kann auch sagen, die Sprache hat Bezeichnungscharakter. Das ist das, was jeder von uns als Kind mühsam erlernt hat. Für bestimmte Dinge gelten bestimmte Wörter. Der runde bunte Gegenstand in der Hand der Mutter zum Beispiel wird Ball genannt. Immer, wenn das Kind den Ball sieht, sagt es das Wort Ball. Das Kind kann, wenn es anfängt die Sprache zu erlernen, die Bezeichnung und den wirklichen Gegenstand noch nicht voneinander unterscheiden. Dies geschieht erst zu einem späteren Zeitpunkt.

Eines Tages sagt dann das Kind Ball, obwohl der Ball gar nicht da ist. In diesem Stadium fängt das Kind an zu begreifen, dass das Wort und der Gegenstand zwei verschiedene Dinge sind, zwischen denen jedoch eine Beziehung besteht. Zum Beispiel die, dass wenn man Ball sagt, die Mutter geht und ihn holt [...]. Von Jahr zu Jahr, je älter das Kind wird, begreift es besser, dass die Sprache nicht die Wirklichkeit selbst ist, sondern die Wirklichkeit bezeichnet, symbolisiert. Mithilfe der Sprache ist es daher möglich, sich über die Wirklichkeit zu verständigen.

Das Wort Ball steht als Symbol für den Gegenstand Ball. Kinder, die den Symbolcharakter der Sprache begriffen haben, haben gleichzeitig gelernt, nicht einfach nach einer Sache zu greifen, sondern mithilfe der Sprache nach dieser Sache zu fragen. Die Sprache hat vermittelnde Funktion. Das Wort Ball als Symbol für den Gegenstand Ball macht es möglich, sich über den Gegenstand Ball mit anderen zu verständigen. Anderenfalls müsste das Kind immer den Ball dabei haben, auf ihn zeigen, wenn es im Gespräch um einen Ball geht.

(Weinberger, 1973, S. 87)

Kindern lernen „nichtsituationsgebunden" zu sprechen

Je älter ein Kind wird, desto besser kann es die Möglichkeiten der Sprache erfassen bzw. nutzen. Für den Sprachgebrauch ist der entscheidende Durchbruch die Fähigkeit, über Dinge oder Sachverhalte zu sprechen, die einer der beiden Gesprächsteilnehmer nicht kennt, also etwas zu erzählen, was für den anderen neu ist.

> ***Beispiel:*** *Ein Kind in der Kita kann die Praktikantin fragen, ob es den Ball, der im Flur in einem Korb liegt, mit in den Garten nehmen darf, z. B. so: „Kann ich den mitnehmen?" Es muss sprachlich gesehen über die Frage hinaus nicht viel erklären (höchstens seine Gründe nennen), denn beide – Praktikantin und Kind – sehen den Ball im Flur liegen und das Kind zeigt darauf. Für beide ist auch klar, dass es darum geht, den Ball in den Garten mitzunehmen, denn dahin gehen jetzt alle – ein entsprechender Hinweis ist also überflüssig. Dieses Sprechen ist also an die konkrete Situation gebunden.*

Solche situativen Verweise sind aber nicht möglich, wenn das Kind der Praktikantin vom Familienurlaub in Italien erzählen will und wie es dort mit wildfremden Kindern Fußball gespielt hat. Was auf den ersten Blick einfach erscheint, nämlich dass das Kind die Personen benennt und den Spielort beschreibt, darüber spricht, wie sie zusammen gespielt haben, ist genau besehen sprachlich höchst anspruchsvoll. Das Kind muss nämlich so erzählen, dass die Praktikantin sich eine konkrete Vorstellung vom Erzählten machen kann. Und das setzt sprachlich einiges voraus, denn jetzt muss das Kind anders reden. Was es der Praktikantin erzählt oder ihr zu erklären versucht, bezieht sich nicht mehr direkt auf einen außersprachlichen Bezugspunkt (den Raum, in dem die Erzieherin steht, das gemeinsame Wissen von Erzieherin und Kind). Räume, Personen, Situationen und Inhalte (wie die Erzählung über das Ballspiel in Italien oder die Erklärung der Spielregeln) müssen sprachlich eingeführt und ggf. ausgeschmückt werden.

Fachlich gesprochen muss das Kind nichtsituationsgebunden sprechen (dekontextualisierte Sprache). Dies geschieht dann, wenn Kinder erzählen und versuchen, das Erlebte für andere, die nicht dabei waren, nachvollziehbar zu machen.

> Im Alltag des Kindergartens, wo immer sehr viel Sichtbares und Greifbares und Bekanntes passiert, gewöhnen sich viele Kinder daran, sprachliche Botschaften stets durch den direkten Bezug zu ihrer unmittelbaren Umgebung zu verstehen und zu produzieren; sie lernen nicht in der hier beschriebenen Weise zu abstrahieren. Diese Abstraktionsfähigkeit sowie das Interesse an sprachlich vermittelten Botschaften, die Geduld und die Fähigkeit, diese zu verstehen und zu interpretieren, sind eine wesentliche Voraussetzung für die spätere Lesekompetenz und für das Schreiben von Texten. Auch die sprachgebundene Fantasie wird angeregt: Kinder erfahren, wie man mit Sprache erfundene oder schlicht ‚andere' Welten herholen oder herbeizaubern kann.
> *(Ulich, 4/2003, S. 5 f.)*

Wie schwer für Kinder dieser Schritt zum nichtsituationsgebundenen Sprechen ist, können Sie leicht selbst beobachten, wenn Sie Kindern beim Erzählen zuhören: Mia, drei Jahre, erzählt der Mutter von der Feuerwehrübung im Elementarbereich: „Wir mussten ganz, ganz leise sein und so laufen (läuft auf den Zehenspitzen), ganz leise, hat die Verena (die Erzieherin) gesagt, weißt du." Nach einer Pause: „Da war so ein Mann, der hat uns alles gezeigt."

Was leistet die Dreijährige hier sprachlich? In ersten Ansätzen erzählt sie nichtsituationsgebunden: Sie deutet die Rahmensituation an (jemand von der Feuerwehr war da), allerdings kann sie, was während der Brandschutzübung alles passiert ist, nicht erzählen oder gar ausschmücken, z. B. wie der Feuerwehrmann aussah. Es ist ein Detail (leise gehen), das sie herausgreift und vormacht (leise zu gehen), möglicherweise ist es für sie noch zu schwierig, dieses Detail zu versprachlichen. Die Mutter, die nicht dabei war, muss sich da einiges „zusammenreimen" und/oder nachfragen, um wirklich eine Vorstellung von der Brandschutzübung zu bekommen, und nur von der Erzieherin hat sie erfahren, dass Mia es war, die den Alarmknopf drücken durfte.

Für sozialpädagogische Fachkräfte ist es ein vertrautes Phänomen, dass sie als Zuhörer selbst gedanklich immer wieder Erzählzusammenhänge und Bezüge in den kindlichen Erzählungen herstellen müssen, um die Erzähllücken zu schließen. Dabei sollten sie sich selbst aufmerksam beobachten und darauf achten, im Gespräch mit dem Kind zu bleiben. Im Sinne einer dialogischen Grundhaltung heißt das konkret, nicht das Mitgeteilte vorschnell selbst zu ergänzen, sondern das Kind zu fragen und ihm Raum für eine Antwort zu geben.

Ältere Kinder sind geübter im nichtsituationsgebundenen Sprechen, können so von der Feuerwehrübung erzählen, dass die Mutter sie sich vorstellen kann, obwohl es auch für ältere Kinder oft noch schwierig ist, ihre Erlebnisse „auf die Reihe" zu bekommen, also die Ereignisse in der richtigen Abfolge darzustellen. Mit anderen Worten: Die Kinder können sich erst allmählich sprachlich aus der Situation lösen. Gelingt ihnen das, ist es für den erwachsenen Zuhörer immer wieder verblüffend, wie mühelos Kinder in ihren Erzählungen dabei die Grenze zwischen Realität und Fantasie überschreiten *(„und dann war da auch eine Leiter so hoch bis in den Himmel")*.

Aufgaben

1. *In Gesprächen mit Eltern bekommt eine Erzieherin zu hören, dass die Kinder wenig darüber erzählen, was sie in der Kita erlebt haben, und dass sie gerne wüssten, wie sie ihr Kind zum Erzählen bringen können. Welche Aspekte könnten Sie den Eltern im Gespräch zu bedenken geben?*
2. *Überlegen Sie, durch welche Fördermaßnahmen ein nichtsituationsgebundener Sprachgebrauch unterstützt werden kann.*

Sprachentwicklung und Gesamtentwicklung

Aufgabe

Informieren Sie sich über die kindliche Gesamtentwicklung anhand Ihrer Unterrichtsaufzeichnungen. Vergegenwärtigen Sie sich die unterschiedlichen Perspektiven, unter denen die kindliche Entwicklung betrachtet wird.

Eine weitere für erzieherisches Handeln bedeutsame Einsicht ist, dass die Sprachentwicklung nicht isoliert von der Entwicklung anderer Fähigkeiten verläuft, sondern dass sie eingebettet ist in die Gesamtentwicklung. Insofern ist es auch kein Zufall, dass z. B. blinde Kinder oder Kinder mit Hörschädigungen auch sprachlich z. T. massiv beeinträchtigt sind.

Ein Kind kann also nur richtig sprechen lernen, wenn die Sinnes- und Bewegungskoordination voll ausgebildet ist. Umgekehrt bedeutet das, dass dies die Grundlage für eine gut ausgebildete Erst- wie auch Zweitsprache ist (vgl. Fuchs/Siebers, 2002, S. 52, auch zum Folgenden).

Sprachkompetenz setzt u. a. voraus,
- deutlich und klar zu sehen (z. B. Mundstellungen),
- gut und differenziert zu hören (z. B. Sprachmelodie, Sprachrhythmus, Artikulation) und
- motorische Fähigkeiten zu besitzen (z. B. eine gute Mundmotorik für den Sprechablauf).

Die Sinnes- und Bewegungskoordination von Kindern zu fördern, ist im Rahmen der Sprachförderung deshalb nicht beliebig, sondern notwendig. Hier eignen sich besonders Spiele, bei denen alle Sinne angesprochen werden und die viel Bewegung zulassen.

Aufgabe

Tauschen Sie sich in der Lerngruppe über Spiele zur Sinnes- und Bewegungskoordination aus (für Anregungen vgl. Kap. II 3.4). Gehen Sie dabei konkret auf die Bedeutung der einzelnen Aktivitäten für die Sprachförderung ein (was wird hierbei genau gefördert?).

2 Mehrsprachig aufwachsen

Worum geht es?

In allen Bildungsplänen für den Elementarbereich ist verankert, dass Kinder mit anderen Herkunftssprachen im Erwerb der Bildungssprache Deutsch gefördert werden sollen. Von den Erzieherinnen wird erwartet, dass sie in der Lage sind, die entsprechenden Vorgaben umzusetzen. Dafür ist es notwendig,

- *sich über die staatlichen Vorgaben zu informieren,*
- *zu verstehen, wie zwei- oder mehrsprachig aufwachsende Kinder eine Zweitsprache lernen, und*
- *sich bewusst zu machen, welche Bedeutung die sprachlich-kulturelle Herkunft der Kinder für einen gelingenden Deutscherwerb hat.*

An welches Vorwissen/welche Vorerfahrungen können Sie anknüpfen?

Aufgaben

1. *Bitten Sie Mitstudierende, die zweisprachig aufgewachsen sind, von ihren persönlichen Erfahrungen zu erzählen. Verändert das Gehörte Ihre bisherige Bewertung von Zweisprachigkeit? Inwiefern?*
2. *Welche Fragen sind für Sie offen bzw. welche möchten Sie im Zusammenhang mit dieser Thematik klären?*
   Halten Sie diese Fragen schriftlich fest und besprechen Sie mit Ihrer Lehrkraft, welche im Unterricht thematisiert werden (können) und welche fächerübergreifend zu bearbeiten sind.

2.1 Sprachlich-kulturelle Vielfalt

Die Daten des Deutschen Bildungsberichtes 2014 sprechen für sich: Circa 20 % der in Deutschland lebenden Familien haben einen Migrationshintergrund. Der Anteil der unter 5-jährigen Migranten an der gleichaltrigen Bevölkerung beträgt inzwischen 38 %, seit 2015 Tendenz steigend aufgrund des Zustroms von Flüchtlingskindern. Dass in einzelnen Einrichtungen deren Anteil wesentlich höher sein kann, wissen sozialpädagogische Fachkräfte aus eigener Erfahrung. Es wächst bei ihnen das Bewusstsein, dass neben der Förderung von Sprachkompetenz im Deutschen auch der Umgang mit dem jeweiligen sprachlich-kulturellen Hintergrund der Kinder, die mehrsprachig aufwachsen, pädagogisch reflektiert werden muss.

In der Praxis sind hierfür die Bildungs- und Erziehungspläne der Länder maßgeblich, in denen u. a. die Berücksichtigung und Wertschätzung der Herkunftssprache der Kinder und deren Eltern als grundsätzlicher pädagogischer Auftrag festgeschrieben ist (vgl. Lüdtke/ Stitzinger, 2013).

Interkulturelle Pädagogik betont, dass die Welt, in die ein Kind hineinwächst, beeinflusst ist von kulturellen und religiösen Traditionen und davon gefärbten Einstellungen sowie von herkunftsabhängigen Mustern des Denkens, Fühlens und Verhaltens, die seine Identität mitausmachen. Wenn ein Kind in die Einrichtung gebracht wird, darf der Ortswechsel nicht bedeuten, dass nun alle sprachlich-kulturellen Prägungen einfach unter den Tisch fallen, im Gegenteil. Eine kultursensible Pädagogik schafft für Kinder mit nicht deutschem Hintergrund Raum dafür, dass sie lernen, sich mit den eigenen sprachlich-kulturellen Lebensformen zu identifizieren, und bietet ihnen individuelle Erfahrungsräume, um in der neuen Umgebung Halt zu finden und ein starkes Selbstwertgefühl aufbauen zu können. Dies können z. B. Erzieherinnen dadurch ermöglichen, dass sie die Kinder im Stuhlkreis einladen, von ihren Sitten und Gebräuchen zu erzählen, und dass sie darauf achten, dass sich auch die Kinder mit anderen Herkunftssprachen am Gespräch beteiligen o. Ä. Je nach Gruppenzusammensetzung bietet es sich an, im Tagesablauf in der Kita Rückzugsmöglichkeiten einzuplanen, in denen sich die Kinder miteinander in ihren Herkunftssprachen verständigen (vgl. Kap. II 2.3).

Der Umgang mit der Herkunftssprache wirft die grundsätzliche Frage auf: Wie kann diese in der Einrichtung gesichert und unterstützt werden, ohne dass dies zu Lasten des Deutscherwerbs geht?

Nach Lüdtke/Stitzinger (ebd., S. 3 f.) sollte der Umgang mit Mehrsprachigkeit und die multikulturelle Ausrichtung in den Kitas neben Kindern und Eltern auch das Personal einbeziehen. Anders als unter den jetzigen Bedingungen einer überwiegend deutschsprachigen Orientierung könne ein multikulturell zusammengesetztes Team von Erzieherinnen, die selbst mehrsprachig aufgewachsen sind, auf besondere Weise

- ein Vertrauensverhältnis zu den Kindern, deren Erstsprache nicht Deutsch ist, aufbauen,
- das sprachlich-kulturelle Selbstbewusstsein von Kinder und Eltern stärken und zur Identitätsbildung der Kinder beitragen sowie
- bei Sprachbeobachtungs-, Sprachbildungs- und Sprachförderprozessen hilfreich sein.

Mit ihren Erstsprachenkenntnissen wären diese Fachkräfte in der Lage, neben der Förderung von Deutschkenntnissen beispielsweise auch die Herkunftssprache zu sichern und bei Schwierigkeiten im Deutscherwerb einzuschätzen, ob die Probleme nur das Erlernen der deutschen Sprache betreffen oder auch schon die Erstsprachenkenntnisse problematisch sind (mit entsprechenden Interventionen). Sie könnten darüber hinaus mit gezielten Angeboten in verschiedenen Sprachformaten wie dialogisches Bilderbuchlesen, Rollenspiele u. a. m. die sprachlichen Fördermaßnahmen sinnvoll ergänzen.

Um das zu leisten, brauchen die mehrsprachigen Teammitglieder kontinuierliche spezifische Fort- und Weiterbildung. Außerdem sind alle Erzieherinnen gefordert, sich mit ihrer Einstellung gegenüber sprachlich-kultureller Vielfalt und ihren eigenen biografischen Wurzeln auseinanderzusetzen, um in ihren pädagogischen Grundhaltungen (vgl. Kap. III 4.1) glaubwürdig zu sein.

Tipp

Informieren Sie sich auf der Website der Stadt Köln über das Projekt „MehrKita" zu multikultureller Vielfalt in Teams.

Aufgabe

Machen Sie sich Ihre persönliche Einstellung gegenüber sprachlich-kultureller Vielfalt bewusst, bedenken Sie dabei auch biografische Hintergründe. Vielleicht können Sie darüber in Kleingruppen ins Gespräch kommen.

2.2 Wie lernen Kinder eine Zweitsprache?

Sprachentwicklung und Spracherwerb

Sprachentwicklung und Spracherwerb von zwei- und mehrsprachig aufwachsenden Kindern unterscheiden sich prinzipiell nicht von dem einsprachiger Kinder (vgl. Ulich/Oberhuemer/Soltendiek, 2012, S. 14 ff.).

Aber anders als beim Erstspracherwerb kann das Kind beim Erwerb der Zweitsprache auf eine Ressource „zurückgreifen", nämlich auf all das, was es strukturell beim Aneignen seiner Muttersprache schon „gelernt" hat. So „weiß" es, dass Sprache bestimmte grammatische Muster und Eigenarten des Satzbaus, der Aussprache, der Sprachmelodie hat und dass es kleine sprachliche Einheiten (Worte) gibt, um sich anderen mitzuteilen. Aufgrund dieses „Wissens" und dieser „Erfahrungen" können sich die Kinder Deutsch schneller aneignen als ihre Familiensprache. Ein weiterer Unterschied ist, dass sich bei zwei- und mehrsprachigen Kindern anfänglich bestimmte Spracheigentümlichkeiten beobachten lassen, wenn sie beginnen, Deutsch zu sprechen.

In der Praxis kann Doppel- und Mehrsprachigkeit dazu führen, dass ein Kind eine der Sprachen besser als die andere beherrscht – oft gibt es eine starke und eine schwache Sprache.

Dies hängt von verschiedenen Faktoren ab, z. B. wer wie oft in welcher Sprache mit dem Kind spricht.

Tipp

Wie auch immer die genaue Konstellation ist, Erzieherinnen sollten sich über die Sprachbiografie der Kinder informieren, damit sie deren sprachliche Fähigkeiten besser einschätzen und sie gezielter fördern können.

Sprachstrategien der Kinder in der Anfangszeit

Aufgabe

Während Ihrer Praktika haben Sie immer wieder auch Kinder erlebt, deren Erstsprache nicht Deutsch war. Tragen Sie typische Sprechweisen von Kindern mit Migrationshintergrund zusammen.

Manchmal sind Erzieherinnen verwundert, dass Kinder, deren Erstsprache nicht Deutsch ist, bestimmte scheinbar immer gleiche Fehler machen und im Gespräch auffällige sprachliche Verhaltensweisen zeigen. Was auf den ersten Blick sprachlich irritiert, sind, genau betrachtet, höchst kreative und kluge Strategien, um die Anfangssituation sprachlich zu bewältigen. Hierzu einige Beispiele:

- **In Gesprächen mitreden**
  Vielleicht konnten Sie selbst schon beobachten, wie nicht deutschsprachig aufgewachsene Kinder versuchen, sich an Gesprächen zu beteiligen. Drei typische Strategien sind,
  - einfach zu raten, worum es geht,
  - so zu tun, als ob sie verstanden haben und
  - sich mit bestimmten Floskeln („*Weißt du, ich finde …*") ins Gespräch einzuklinken.

  Mit solchen Verfahren setzen die Kinder ihr geringes Sprachwissen optimal ein, den Fachkräften erschwert diese Strategie allerdings, die tatsächlichen Sprachkenntnisse richtig einzuschätzen. Deshalb ist es notwendig, sich im Zweifelsfall rückzuversichern („nachfragen"), was ein Kind wirklich verstanden hat.

- **Kinder mischen Sprachen**
  Kinder, die zweisprachig aufwachsen, mischen anfangs die Sprachen. Da hört man z. B. ein Kind im Gespräch sagen: *„Where ist my Dreirad?",* oder *„Wie tut es Ihnen gehen?"* (→ „how do you do?"). Die Kinder mischen Wörter, Satzteile oder Sätze aus Erst- und Zweitsprache, sie übertragen auch Grammatikregeln von einer in die andere Sprache. Bis zu einem Alter von ca. drei Jahren ist Sprachmischung ganz normal. Die Kinder schaffen es auf diese Weise, sich zu verständigen, auch wenn ihnen z. B. ein passendes deutsches Wort fehlt oder es zu schwer auszusprechen ist.

  Die Erzieherin sollte die Eltern über dieses Phänomen informieren und sie darin bestärken, nicht zu sehr auf die Fehler zu achten (das Kind spricht nicht korrekt, es mischt die

Sprachen), sondern die sprachlichen Kompetenzen wahrzunehmen, die dahinter liegen. Wichtig ist, dass das Kind prinzipiell zwischen den beiden Sprachen trennen kann, und es darin zu unterstützen. Diese Trennfähigkeit bildet sich nur allmählich heraus.

Zuerst trennen die Kinder im Wortschatz, dann auch in der Grammatik. Schon mit ca. zwei Jahren sind sie sich bewusst, dass sie sich in verschiedenen Sprachsystemen bewegen, z. B. in der Papa- und in der Mamasprache. Sie entwickeln u. U. sogar eine ausgeprägte positive oder negative Einstellung gegenüber einer ihrer Sprachen. Das hängt oft mit außersprachlichen, z. B. psychologischen, Problemen zusammen. Ein Kind erlebt z. B. bei einem Elternteil einen direktiven Sprachstil, fühlt sich durch einen Ton, der keinen Widerspruch duldet, nicht ernst genommen oder durch nachdrückliches Ausfragen eingeengt. Die Antipathie kann dann zu einer Ablehnung der Sprache dieses Elternteils führen und das Kind auch sprachlich blockieren.

Mit Sprachmischung nicht zu verwechseln ist es, wenn die Kinder situativ von einer Sprache in die andere wechseln: Sie unterhalten sich z. B. mit ihrem niederländisch sprechenden Vater auf Niederländisch, rufen zwischendurch einem deutschen Freund etwas auf Deutsch zu, setzen dann das Gespräch mit dem Vater wieder auf Niederländisch fort.

Probieren Sie einmal selbst aus, auf diese Weise von einer Sprache in die andere zu „switchen". Sie werden diese sprachliche Leistung der Kinder mit neuen Augen sehen.

- **Typische Sprechmuster**
  Dass Kinder ihre Erstsprachkenntnisse für den Erwerb der Zweitsprache nutzen, heißt nicht, dass sie beim Erlernen der Zweitsprache keine sprachlichen Fehler machen. Im Gegenteil: Beobachtet man Kinder, die Deutsch als Zweitsprache lernen, fallen bestimmte, immer wiederkehrende Sprachfehler auf.

  Solche typischen Sprachfehler von Kindern sind z. B.,
  - immer denselben Artikel zu benutzen,
  - beim Verb nur den Infinitiv einzusetzen und
  - anfangs mit dem Prinzip der Auslassung zu arbeiten („mitspielen!" oder „Puppe haben!").

  Dieser von der grammatischen Norm abweichende Sprachgebrauch ist ein in der Anfangssituation passendes Vorgehen, um sich auch mit bruchstückhaften Sprachkenntnissen auszudrücken. Die Kinder wollen mitreden. Achtet die Erzieherin immer nur darauf, ob die Kinder auch „korrekt" sprechen, entwertet sie die kindlichen Verständigungsversuche, statt sie anzuerkennen. Diese Kinder werden schnell verstummen, denn Kommunikationsbereitschaft und Freude am Austausch verkehren sich dann ins Gegenteil. Hier sofort korrigierend einzugreifen, ist zunächst nicht notwendig, sondern es gilt abzuwarten, ob die Kinder diese Sprechmuster selbstständig durch sprachlich richtige ersetzen. Erst wenn dies den Kindern nicht möglich ist, sollten sie verbessert werden, und zwar professionell (s. Umgang mit sprachlichen Fehlern in Kap. II 3.2).

Nicht mit einer Strategie zum Spracherwerb in der Anfangszeit ist zu verwechseln, wenn ein Kind sprachlich sich nicht weiterentwickelt, es auf einem bestimmten Sprachniveau stehen bleibt und seine Sprache „einfriert": Diese sogenannte Fossilisierung von Wortschatz und Grammatik ist ein problematischer Stillstand im Deutscherwerb, der verschiedene Gründe haben kann, z. B.

- zu wenig sprachliche Anregung,
- mangelnde Motivation zu sprechen und
- eine allgemeine sprachliche Entwicklungsverzögerung.

Hier gilt es, den Ursachen nachzugehen und zu prüfen, ob überhaupt und wie die Erzieherin hier gegensteuern kann.

Aufgaben

1. *Stellen Sie Regeln für zweisprachige Kinder in der Kita auf, die ihnen helfen, die Sprachen zu trennen, ohne dass sie dabei überfordert werden. Achten Sie sprachlich darauf, dass Sie diese Regeln kurz und genau formulieren.*
2. *Recherchieren Sie im Internet Literatur zum Thema „Mehrsprachig aufwachsen" oder gehen Sie in die nächstgelegene Buchhandlung und stellen Sie eine Liste mit Titeln für den Büchertisch am Elternabend zusammen (siehe Kap. I 4). Begründen Sie Ihre Entscheidung.*

Tipp

Spielen Sie mit Handpuppen kurze Szenen aus dem Alltag nach, in denen es um Sprachtrennung (richtig-falsch) geht.

2.3 Die Bedeutung der Erstsprache

Immer wieder hört man von Eltern, deren Familiensprache Kroatisch, Russisch o. Ä. ist, dass die Erzieherin der Mutter davon abgeraten habe, mit ihrem Kind in der Bring- oder Abholsituation in der Muttersprache zu sprechen, denn „es soll ja gut Deutsch lernen". Aus genau diesem Grund glauben häufig auch Eltern, deren Herkunftssprache nicht Deutsch ist, ihrem Kind etwas Gutes zu tun, wenn sie mit ihm zu Hause Deutsch sprechen. Abgesehen davon, dass es im Einzelfall bei diesen Kindern in der zweiten oder dritten Generation offenbleibt, was ihre Muttersprache ist, geht die Erzieherin bzw. Vater und Mutter hier offensichtlich davon aus, dass das Kind möglichst nicht die Muttersprache, sondern ausschließlich Deutsch sprechen sollte.

Tatsächlich ist es genau umgekehrt: Je besser die Kinder die Familiensprache sprechen, desto leichter und besser lernen sie Deutsch. Das hängt damit zusammen, dass die Kinder nicht bei null anfangen, wenn sie die Zweitsprache lernen, sondern durch die Erstsprache dafür schon ein Fundament haben. Ihr „Wissen", dass es z. B. richtige und falsche Sätze gibt, können sie intuitiv für den Zweitspracherwerb nutzen. Die Erstsprache ist also so etwas wie das „Betriebssystem" (vgl. Fuchs/Siebers, 2002, S. 36) für das Erlernen der Zweitsprache.

Neben dieser strukturellen Bedeutung der Erstsprache für den Zweitspracherwerb ist sie aber auch wichtig für die Identitätsentwicklung eines Kindes. Menschen, die mit Dialekt aufgewachsen sind, machen häufig die Erfahrung, dass sie sich nicht authentisch erleben, wenn sie in die Hochsprache wechseln müssen. Dieses Gefühl hat nichts mit ihrer Unsicherheit im Hochdeutschen zu tun, sondern lässt sich damit erklären, dass Sprache mehr ist als etwas Technisches, wodurch Kommunikation funktioniert (vgl. Böhm/Böhm/Deiss-Niethammer, 2004, S. 161 f.).

Noch bevor ein Kind selbst sprechen kann, hört es die Muttersprache, und in ihr erfährt es Zuwendung durch die primären Bezugspersonen. In dieser Sprache lernt es – wie schon in Kap. II 2.1 skizziert –, „ich" zu sagen, seine Gefühle auszudrücken, Bedürfnisse zu äußern und schließlich wird durch sie der familiäre kulturelle Hintergrund vermittelt. Mit anderen Worten ist jeder Mensch unvermeidlich dadurch geprägt, in welcher Kultur er aufwächst (vgl. Fuchs/Siebers, 2002, S. 56). In dieser Sprache werden ihm Umgangsformen, Verhaltensregeln, Sitten, Gebräuche, Werte und Normen vermittelt. Das ist prägend und vermittelt ein Stück Sicherheit und Heimat. Die Erstsprache ist bedeutsam für seine Identität, mehr noch: Sie ist Teil seiner Identität. Ein striktes Verbieten der Erstsprache in der Einrichtung muss Kinder insofern enorm verunsichern und entwertet, was für sie bereichernd und wertvoll ist.

Diese Einsichten in die Bedeutung der Erstsprache haben weitreichende praktische Konsequenzen: Eltern müssen darüber aufgeklärt werden, dass die Förderung der Muttersprache die sprachliche Kompetenz ihres Kindes auch in Deutsch stärkt. Es kommt also darauf an, Eltern und Kinder zu motivieren, ihre Familiensprache in der Familie weiter zu pflegen. Erzieherinnen sollten der Muttersprache der Kinder auch in der Einrichtung Raum geben und ihr wertschätzend begegnen. Das geht nicht, ohne dass das Team sich darüber einig ist und sich verbindlich abspricht, wann die Kinder die Erstsprache sprechen dürfen oder umgekehrt, wann sie das nicht sollten. Angesichts der zunehmenden ethnischen und sprachlich-kulturellen Vielfalt in der Kita werden solche Sprachinseln wahrscheinlich leider nicht für alle Kinder realisierbar sein.

Aufgabe

Spielen Sie im Rollenspiel folgende Gesprächssituation durch:
In der Abholsituation erzählt eine Mutter, deren Erstsprache nicht Deutsch ist, der Erzieherin voller Stolz, dass mit dem Kind zu Hause jetzt möglichst viel Deutsch gesprochen werde, damit es später in der Schule keine sprachlichen Schwierigkeiten habe.

Spielen Sie verschiedene Reaktionen durch (oder nehmen Sie das Rollenspiel sogar mit der Videokamera auf). Eine Beobachtergruppe sollte sich auf die Formulierungen der „Erzieherin" im Gespräch konzentrieren, eine andere auf deren nonverbale Botschaften. Analysieren Sie im Auswertungsgespräch

– die Wirkung einzelner Formulierungen auf den Gesprächspartner und

– überlegen Sie sich sprachliche Alternativen.

3 Sprachförderung in pädagogischen Alltagssituationen

Sprachförderung in pädagogischen Alltagssituationen ist eine Schwerpunktaufgabe und für die Kinder hängt viel davon ab, dass sie erfolgreich durchgeführt wird. Entscheidend dafür ist nicht die Summe der Fördermaßnahmen, sondern dass es gelingt, ein breit angelegtes System sprachfördernder Unterstützung aufzubauen, ein vielfältiges Netz an sprachfördernder Begleitung, das sich wie ein „roter Faden" durch den gesamten Alltag der Einrichtung hindurchzieht (vgl. Fuchs/Siebers, 2002, S. 55).

Worum geht es?

Kinder zeigen eine hohe Eigenaktivität, wenn sie sprechen lernen, und sind gleichzeitig angewiesen auf Unterstützung von „außen". Damit im Rahmen einer „normalen" Sprachentwicklung Sprachförderung in pädagogischen Alltagssituationen erfolgreich ist, ist es wichtig,

- *sich Grundhaltungen in der Sprachförderung anzueignen,*
- *Ansatzpunkte für Fördermaßnahmen zu kennen und*
- *die eigene Sprache zu reflektieren.*

An welches Vorwissen/welche Vorerfahrungen können Sie anknüpfen?

3.1 Pädagogische Grundhaltungen in der Sprachförderung

Sprachliche Lernprozesse sind soziale Prozesse, in denen erst im Miteinander etwas entsteht, was das einzelne Kind alleine nicht zustande bringen kann (vgl. Winner, 2009, S. 14). Die sozialpädagogischen Fachkräfte unterstützen die Kinder hierin durch ihre pädagogische Grundhaltung (vgl. Kap. III 4.1). Ohne diese pädagogischen Grundhaltungen werden selbst ausgeklügelte Maßnahmen zur Förderung der Sprachkompetenz nicht wirksam.

Sich in Gesprächspartner einfühlen

Kinder lernen sprechen, wenn es ihnen auch emotional gut geht. Dazu gehört, sich verstanden zu fühlen. Kommt ein Kind neu in die Kindertagesstätte, braucht es eine Erzieherin, die den Trennungsschmerz des Kindes nicht als „normal" abtut, sondern die sich in diese Situation immer neu einfühlen und mitfühlen kann, was es für das Kind bedeutet, sich von Mutter oder Vater trennen zu müssen. Das kann ein freundlicher Blick sein, eine kleine Berührung oder das richtige Wort im richtigen Moment für dieses Kind. Spüren Kinder empathisches Verhalten, können sie auch selbst Empathie entwickeln.

In Gruppen mit Kindern unterschiedlicher ethnischer Herkunft ist es manchmal schwierig, sich in den anderen einzufühlen. Japanische Kinder werden z. B. dazu erzogen, keine Emotionen zu zeigen. Genaue Beobachtung, Fingerspitzengefühl und interkulturelles Wissen sind hier für Erzieherinnen unabdingbar.

Einfühlsames Verhalten zeigt sich auch darin, herauszuhören, was ein Kind „eigentlich" sagen will bzw. meint, und es in seinen Formulierungsanstrengungen zu unterstützen. Die Erzieherin muss das Kind aber genau wahrnehmen, damit sie nicht von eigenen Vorstellungen und Erwartungen ausgeht.

Selbstbewusstsein der Kinder stärken

Kinder erweitern ihre sprachlichen Fähigkeiten, wenn sie den Mut haben und bereit sind, sich zu äußern. Gerade Kinder mit sprachlichen Defiziten sind leicht zu entmutigen und einzuschüchtern. Damit kommt aber ein Teufelskreis in Gang: Sie verlieren ihre Freude am Sprechen, sprechen immer weniger und geraten dadurch sprachlich noch mehr in die Defensive. Dies gilt in besonderem Maße für Kinder mit fehlenden oder geringen Deutschkenntnissen, die von vornherein verunsichert sind, weil sie sprachlich kaum etwas verstehen und sich in vielen Situationen nicht verstanden fühlen.

Sprachförderung muss deshalb – wie jeder Lernprozess in der frühen Kindheit – begleitet werden von Maßnahmen, die das Selbstwertgefühl der Kinder stärken. Das setzt voraus, dass die Erzieherin das einzelne Kind wahrnimmt, aufmerksam für seine Interessen, Vorlieben und Stärken ist, seine Entwicklungen und Fortschritte beobachtet und an ihnen Anteil nimmt. Dazu gehört auch, Situationen zu suchen oder zu schaffen, in denen ein Kind sich zeigen kann. Hierdurch wächst sein Selbstbewusstsein und es gewinnt an Selbstsicherheit. Dabei spielt es auch eine Rolle, wie die Erzieherin mit sprachlichen Fehlern des Kindes umgeht (s. korrektives Feedback, Kap. II 3.3).

Aufgabe

Informieren Sie sich über den Begriff „fehlerfreundliches Lernen".

Wertschätzend sprechen

Wertschätzendes Sprechen setzt eine Haltung des Respekts und der Achtung vor dem anderen, egal ob groß oder klein, voraus. Sprachlich zeigt sich Wertschätzung z. B.

- im Gebrauch von „Bitte" und „Danke" gegenüber Kindern und Erwachsenen,
- im Vermeiden von sogenannten Killersätzen (*„Das verstehst du noch nicht."; „Das geht dich überhaupt nichts an."; „Du schon wieder!"*) und darin, dass
- Fragen höflich formuliert werden (*„Würdest du …"* u. Ä.) und man nicht im Imperativ redet (*„Zieh sofort die Jacke an!"; „Hör auf mit deiner Fragerei!"*).

Allerdings können z. B. sprachlich korrekte Bitten reine Floskeln oder pure Ironie sein. Sprache ist verräterisch und Kinder haben dafür oft ein feines Gespür. Ein besonders sensibler Bereich ist das Reden über fremde Kulturen und Traditionen: Ein falscher Ton karikiert u. U. all das, was wichtig und etwa in Leitlinien zum Umgang mit sprachlich-kultureller Vielfalt formuliert wird. Erzieherische Aufgabe ist es, Sprachvorbild für wertschätzendes Sprechen zu sein und auf diese Weise auch die Kinder dafür zu sensibilisieren.

Aber bedenken Sie: Wertschätzend zu sprechen bedeutet nicht, unbedingt immer freundlich zu sein, auch wenn Sie innerlich wütend sind. Es ist eine Frage der Professionalität in solchen Situationen, authentisch seine Gefühle zu zeigen, ohne dabei niedermachend und demütigend zu werden.

Mit den Stärken der Kinder arbeiten

Mit den Stärken der Kinder zu arbeiten, bedeutet nicht, Fehler und Schwächen zu übersehen, sondern anders mit ihnen umzugehen: Ausgangspunkt für die sprachliche Förderung sind nicht die Schwächen, sondern es gilt, die Stärken der Kinder ausfindig zu machen und dort anzusetzen: Spricht ein Kind wenig, wird es nicht mehr sprechen, wenn es bzw. die Eltern immer wieder zu hören bekommen, dass es mehr sprechen müsste. Ansatzpunkt für sprachliche Förderung ist stattdessen herauszufinden, in welchen Zusammenhängen, in welchen Situationen dieses Kind Interesse zeigt und reagiert.

> ***Beispiel:*** *Erkennt die Erzieherin am Blick von Rojo (4 Jahre) oder an seinem Spielverhalten, dass er sich z. B. besonders für das rote Feuerwehrauto interessiert, macht sie dieses Interesse zum Ausgangspunkt sprachlicher Förderung. Die Erzieherin wendet sich dem Kind zu und könnte sich auf die rote Farbe, das Geräusch der Alarmsirene oder die aufklappbare Leiter beziehen, um einen Dialog anzubahnen. Dabei sind auch nonverbale Mitteilungen des Kindes – sein Blick richtet sich auf das Auto, es klappt die Feuerleiter auf u. Ä. – eine wichtige Kommunikationsebene. Die Erzieherin knüpft an solche Wahrnehmungen an: „Du hast herausgefunden, dass die Leiter aufgeklappt werden kann, vielleicht kannst du auch die Alarmsirene nachmachen?" Wenn sie in den nächsten Tagen Rojo mit dem Auto sieht, nimmt sie den Gesprächsfaden wieder auf, vielleicht traut der Junge sich, die Alarmsirene nachzumachen: Wieder bestärkt sie ihn, z. B. dass das jetzt genau wie bei einem echten Feuerwehrauto klinge. So versucht sie allmählich, Rojo zum Sprechen anzuregen und den Dialog mit ihm zu erweitern.*

3.2 Die Erzieherin als Sprachvorbild

In ihrer beruflichen Rolle ist die Erzieherin Sprachvorbild: Nicht nur, was sie sagt, sondern wie sie es sagt, nehmen Kinder und Jugendliche, wenn nicht bewusst, so jedoch unbewusst, wahr. Ihr Sprechen vermittelt sprachliche Orientierung und ist eine Form von Sprachförderung. Die anspruchsvolle Aufgabe, Sprachvorbild für Kinder zu sein, beschreibt Iven folgendermaßen:

Sprachlernstrategie	Beispiele für fördernden Sprachgebrauch
■ **Vertraute Alltagssituationen mit zuverlässigem sprachlichem Angebot verbinden:** die gleichen Dinge und Tätigkeiten mit den gleichen Begriffen benennen, gleiche Formulierungen immer wieder wiederholen, damit sich Sprache und Gemeintes miteinander verbinden können	Beim Spiel mit Bildkarten: „Ich habe einen Schuh. Wer braucht den Schuh? Der Schuh ist für dich." Beim Tischdecken: „Hier ist ein Messer. Leg bitte das Messer neben den Teller. Leg bitte auch die Gabel neben den Teller." Beim An-/Ausziehen: „Hier gehört die Jacke hin. Die Jacke kommt an den Haken. Jetzt hängt die Jacke gut."
■ **Auf das Kommunikationsangebot des Kindes eingehen:** verbale und nicht verbale Äußerungen des Kindes aufgreifen, in der Antwort erweitern	Kind: „Trinken" Erw.: „Du möchtest etwas trinken? Möchtest du Saft oder Milch trinken?" Kind: Da rot! Erw.: Ja, das Auto ist rot. Das ist ein schnelles, rotes Auto."
■ **Die Struktur der Erwachsenensprache systematisch vereinfachen:** deutliche Betonung und ein klarer Rhythmus richten die Aufmerksamkeit auf bestimmte Begriffe	Beim Bilderbuchlesen: „Ein Elefant, ein groooßer Elefant" „Der Elefant kommt angerannt." Alle Kinderverse, Kinderreime, Mitspielgeschichten usw.
■ **Das Kind zum Sprechen anregen:** Fragen oder Aussagen verhelfen dem Kind dazu, sich sprachlich auszudrücken	Anregung durch Fragen: „Was passiert wohl als Nächstes?" „Warum ist die Tasse umgefallen?" Anregungen durch Aussagen: „Ich mag am liebsten das rote." „Das hast du doch bestimmt zu Hause auch."

(Iven, 2012, S. 57)

Aufgaben

1. *Inwieweit konnten Sie die verschiedenen von Iven angeführten Sprachlernstrategien während Ihrer Praktika schon beobachten?*
2. *Worin sehen Sie die Aufgaben der Erzieherin als Sprachvorbild für Heranwachsende?*

Das eigene Sprechen wahrnehmen und verändern

Zu der Aufgabe der Erzieherin, Sprachvorbild zu sein, gehört auch, die eigene Sprache unter die Lupe zu nehmen. In diesem Zusammenhang begegnet uns in der erzieherischen Praxis immer wieder die Formulierung „die eigene Sprache zu reflektieren". Reflexion des

Sprachgebrauchs zielt dabei auf zweierlei: das eigene Sprechen wahrzunehmen und es u. U. bewusst zu verändern. Sprachvorbild zu sein setzt diese doppelte Bereitschaft voraus. Der Maßstab für den Sprachgebrauch der Erzieherin wird besonders in Kap. II, aber auch in den anderen Kapiteln beschrieben.

Aufgabe

Stellen Sie wichtige Kriterien für die Sprache von Erzieherinnen aus den verschiedenen Kapiteln dieses Buches zusammen.

In der Praxis sind die sozialpädagogischen Fachkräfte in dieser Hinsicht einem hohen Anspruch ausgesetzt: Schon das eigene Sprechen wahrzunehmen, ist nicht einfach, es gelingt eigentlich nur durch Rückmeldungen, z. B. von Kollegen, die Sie im Umgang mit den Kindern und Jugendlichen und mit den Kollegen und Eltern erleben. Der nächste Schritt, das eigene Sprechen zu verändern, ist ein Weg, auf dem Sie Geduld mit sich selbst haben sollten, denn die Veränderung tief verwurzelter Sprachgewohnheiten braucht viel Zeit. Der Sprachgebrauch der Erzieherinnen sowie ein regelmäßiges Feedback sind ein wichtiger Tagesordnungspunkt für jede Teamsitzung.

Dialekt sprechen

Fördert es die sprachliche Bildung von Kindern, wenn sie in der Kita Dialekt sprechen? Diese Frage haben Sie sich vielleicht schon selbst gestellt (zum Folgenden vgl. Blaß, Kinder mit Dialekt, 2016). Sprachwissenschaftler bewerten Dialekt zu sprechen als eine Form von Mehrsprachigkeit. Wachsen Kinder in ihren Familien mit Dialekt auf, ist dieser ihre Erstsprache (auch wenn sie in ihrem Umfeld, z. B. durch Medien, mit Hochdeutsch in Berührung kommen). Wie jede Erstsprache ist der Dialekt damit bedeutsam für die kindliche Identitätsentwicklung (sprachlich-kulturelle Identität) und die Entwicklung von Sprachkompetenz. Insofern ist dem Dialekt angemessen Raum in der Kita zu geben (z. B. indem man „Sprachinseln" einplant).

Spricht die Erzieherin (als Dialektsprecherin) mit den Kindern durchgängig Dialekt, besteht allerdings die Gefahr, dass die Kinder zu Schulbeginn Schwierigkeiten mit der deutschen Standardsprache bekommen. Konkret können Probleme entstehen, den Übergang von der gesprochenen Sprache (Lautsprache) zur Schriftsprache (Schreibsprache) zu bewältigen. Wenn Kindern das Hochdeutsche nicht vertraut ist, oder sie es nur lückenhaft als Lautsprache beherrschen, finden sie nur schwer den Zugang zur Schreibsprache. Auf lange Sicht mindert das wiederum ihre Chancen für gesellschaftliche Anerkennung und Integration, da diese weitgehend an die Beherrschung des Hochdeutschen gekoppelt sind.

Es gilt, sich diese Zusammenhänge im Team bewusst zu machen, damit die Entwicklung von Sprachkompetenz in der deutschen Standardsprache im Kita-Alltag das notwendige Gewicht erhält.

Kinder, die Dialekt als Familiensprache sprechen, machen einmal mehr die Anforderungen bezüglich sprachlicher Bildung an die Erzieherin deutlich, insbesondere

- die Förderung von Erst- und Zweitsprache, orientiert an den Anforderungen der Einschulung, auszubalancieren,
- sich bewusst zu machen, dass es nicht eine Frage von Beliebigkeit oder Geringschätzung des Dialekts ist, reflektiert Hochsprache zu sprechen, sondern dass damit erste Weichen für schulischen Erfolg gestellt werden.

Tipp

In einem dialektgeprägten Umfeld könnte ein Elternabend zum Thema „Dialekt in der Einrichtung" sinnvoll sein. Zuvor gilt es, im Team zu entscheiden, was die „Veranstaltungssprache" sein wird, und den Besuchern die Gründe dafür mitzuteilen.

Aufgaben

1. *Begründen Sie fachlich, weshalb in der Kita Erzieherinnen Hochdeutsch sprechen sollten.*
2. *Welche Möglichkeiten sehen Sie, sich z. B. im Unterricht gegenseitig darauf aufmerksam zu machen, ob Sie z. B. die Gesprächsregeln einhalten und wertschätzend miteinander sprechen? Beachten Sie bei Rückmeldungen die Feedback-Regeln.*
3. *Worauf möchten Sie selbst beim Sprechen achten? Tauschen Sie sich darüber in der Lerngruppe aus.*

Projektidee
„Studientag zum Thema Sprachentwicklung und Sprachförderung"

3.3 Sprachliche Bildung als Querschnittsaufgabe

Sprachliche Bildung als Querschnittsaufgabe (vgl. Fuchs/Siebers, 2002) – dahinter steht die Idee, im Elementarbereich die Chancen wahrzunehmen, die Alltagssituationen bieten. Von der Begrüßung am Morgen bis zur Verabschiedung am Abend geht es um Interaktion und Kommunikation zwischen der Erzieherin und den Kindern. Sich anziehen, im Garten am Klettergerüst turnen, die gemeinsame Brotzeit u. a. m. können von der Erzieherin auch für die Sprachförderung genutzt werden, indem sie diese Aktivitäten bewusst sprachlich begleitet. Deckt sie gemeinsam mit den unter Dreijährigen den Tisch, begleitet die Erzieherin ihr Handeln bzw. das Handeln der Kinder sprachlich („Ich stelle einen Teller hin *(stellt ihn hin)*, jetzt hole ich die Löffel *(tut es)*. Ah, ja, du hast den Teller schon hingestellt." usw.). Beim Wickeln beugt sie sich über das Kind, sucht den Blickkontakt mit ihm, und spricht mit ihm („Jetzt möchte ich dich wickeln. Schau, hier ist deine Windel." *(zeigt dem Kind die Windel usw.)*).

Auch bei thematischen Angeboten gilt dieses Grundprinzip: Steht mit den unter Dreijährigen (es ist September) das Thema „Apfel" auf dem Wochenplan, agiert die Erzieherin, wie sie das geplant hat: Sie lässt die Kinder einen Apfel anschauen und schneidet ihn auf.Gleichzeitig nutzt sie diese Situation „nebenbei" für die Entwicklung kindlicher Sprachkompetenz, indem sie bewusst die Schlüsselbegriffe„Apfel",„Äpfel",„Kern",„Kerne" und „Kerngehäuse" mehrfach wiederholt und nicht sprachlich variiert (z. B. nicht von „Samen" oder „kleinen braunen Dingern", „Haus für die Kerne", „da sind die Kerne versteckt" redet).

Bei älteren Kindern kann es umgekehrt gerade darum gehen, Ausdrucksmöglichkeiten zu verfeinern. Kinder laufen, rennen, hüpfen, springen, klettern, stolpern usw. Im Zusammenhang mit Sprachförderung ist es wichtig, diese unterschiedlichen Bewegungen sprachlich differenziert zu benennen. Steht die Erzieherin neben dem Klettergerüst, gilt es genau wahrzunehmen, wie die Kinder sich bewegen, und dies sprachlich zu begleiten (klettern, sich entlanghangeln, hängen, sich festhalten, balancieren u. a.). Damit wird den Kindern bewusst, was sie alles können, und sie erweitern „nebenbei" ihre Ausdrucksmöglichkeiten.

Sprachliche Bildung als Querschnittsaufgabe verlangt von der Erzieherin ein Umdenken: Ihr Sprechen, das in vielen Situation eher beiläufig geschah, bekommt ein eigenes Gewicht. Es wäre allerdings ein Missverständnis, zu glauben, dass es genügt, einfach viel zu reden. Die hier gemeinte erzieherische Aufgabe besteht nicht im permanenten „Quasseln", sondern es geht darum, das erzieherische Tun als „Zusammenarbeit" im Dialog mit den Kindern zu vollziehen.

Das verlangt von der Erzieherin, sich mit ihrer Dialogfähigkeit sowie ihrer Bereitschaft zu sprechen und ihrer Freude am Sprechen kritisch auseinanderzusetzen.

Aufgaben

1. *Wie schätzen Sie sich selbst ein: Sind Sie „sprechfaul" oder „texten" Sie Ihr Gegenüber leicht zu? Teilen Sie sich gerne mit? Wann haben Sie Freude am Sprechen? Was hat ihr Sprechverhalten geprägt? Wie sprechen Sie im beruflichen Kontext: mit Kindern und Eltern, mit Kollegen? Tauschen Sie Ihre Erfahrungen in Kleingruppen aus.*
2. *Woran erkennen Sie, ob Sie mit einem Kind wirklich im Dialog sind?*

Nonverbale und paraverbale Signale wahrnehmen

Es ist schon wiederholt darauf aufmerksam gemacht worden, dass Kommunikation sich nicht nur in der Wort-Sprache vollzieht, sondern auch nonverbal und paraverbal (siehe Kap. III 1). Vielleicht denken Sie dabei sofort an Mimik und Gestik. Beides sind wichtige nonverbale Ausdrucksmöglichkeiten.

Auch paraverbale Signale spielen eine wichtige Rolle. Kinder teilen sich z. B. mit dem Klang ihrer Stimme (zittrig, forsch), mit der Art der Betonung (Dú bist schuld!), mit schnellem oder langsamem Sprechen (gehetzt, zögerlich) oder durch Pausen beim Sprechen mit. Zur Entwicklung der Sprachkompetenz gehört es, die Kinder zu fördern, diese Kommunikationsebene wahrzunehmen und selbst differenziert paraverbale Signale einsetzen zu können.

Von der Erzieherin erfordert das eine genaue Wahrnehmung: Der ängstliche Blick eines Kindes, das sich morgens nur schwer von Vater oder Mutter löst, eine abweisende Geste gegenüber der sozialpädagogischen Fachkraft, die sich ihm freundlich zuzuwenden versucht, sollten nicht übersehen, sondern aus der Perspektive des Kindes nachempfunden werden. Gelingt der Erzieherin das, wird sie sich diesem Kind nicht aufdrängen, aber präsent sein und beobachten, wann das Kind signalisiert, dass es mehr Nähe braucht bzw. zulassen kann. Auf diese Weise beginnt sie mit dem Kind zu kommunizieren.

Wie schon im Zusammenhang mit dem Thema „Einfühlendes Verstehen" angemerkt, braucht die sozialpädagogische Fachkraft in kulturell gemischten Gruppen Wissen über die kulturspezifische Bedeutung von nonverbalen Signalen (siehe Kap. III 1).

Aufgabe

Sammeln Sie nonverbale Signale, die Sie bei Kindern beobachten konnten. Welche kulturabhängigen nonverbalen Signale kennen Sie? Bei welchen Deutungen sind Sie sich sicher? Wo finden Sie weitere Informationen?

Kindgerecht sprechen

Kinder eignen sich Sprache Schritt für Schritt an. Spricht die Erzieherin mit einem Kind, muss sie sich sprachlich an seinem Entwicklungsstand orientieren und gleichzeitig seine sprachliche Entwicklung unterstützen, indem sie ihm ein Sprachlernangebot macht. Dazu einige Anhaltspunkte: Mit Säuglingen sprechen Bezugspersonen intuitiv im sogenannten Baby-Talk, Kinder ab dem 2. Lebensjahr brauchen vonseiten der Erzieherin eine „stützende Sprache" und ab dem 3. Lebensjahr die „lehrende Sprache".

Sprachstil	Beispieldialoge
„Baby-Talk"	Baby liegt auf dem Wickeltisch, die Mutter berührt es an den Füßen und begleitet dies mit: „Da ist der kleine Zeh. Du kleiner, kleiner Zeh. Wo ist der Zeh? Da ist der Zeh!" (hohe Stimmlage, langsames Sprechtempo, große Pausen zwischen den Sätzen, deutliche Betonung)
Stützende Sprache **a) Gemeinsame Aufmerksamkeit** **b) Sprachroutinen, Formate**	Mutter und Kind spielen mit einem Teddy. Mutter (führt den Teddy, achtet darauf, dass das Kind ihn sehen kann): „Schau, der Teddy geht spazieren." Kind: „Teddy!" Mutter: „Der Teddy kommt zu dir." Kind: „Teddy tomm." Mutter: „Ja, hier kommt der Teddy." Mutter versteckt den Teddy hinter dem Rücken. Mutter: „Wo ist der Teddy?" Kind: „Wo!" Mutter: „Wo ist der Teddy?" Kind: „Wo Teddy?" Mutter holt den Teddy hervor: „Kuckuck, da ist er ja!" (mit deutlicher Betonung) Kind: „Da Teddy!" Mutter: „Ja, da ist er wieder! Und jetzt ist er wieder weg." Kind: „Wo Teddy?" Mutter: „Kuckuck, da ist er wieder!"
Lehrende Sprache	Mutter und Kind betrachten ein Bilderbuch. Kind: „Da Katze läuft." Mutter: „Ja, da läuft die Katze. Und wo läuft der Hund?" Kind: „Da der Hund." Mutter: „Ja, da läuft der Hund." (mit deutlicher Betonung) Kind (zeigt auf ein neues Bild): „Und da?" Mutter: „Da fliegt der Vogel."

(Iven, 2012, S. 55)

Aufgabe

Versuchen Sie mithilfe der Beispiele in der Tabelle Merkmale des Sprachlernangebots der Mutter herauszufiltern. Formulieren Sie Regeln für das jeweilige kindgerechte Sprechen.

Fragen und die Entwicklung von Sprachkompetenz

Erzieherinnen werden mit vielen Fragen der Kinder konfrontiert, aber sie selbst richten auch viele Fragen an die Kinder. Beides ist im Hinblick auf die Entwicklung von Sprachkompetenz genauer zu betrachten.

Mit Fragen erschließen sich Kinder ihre Welt, zeigen etwas von sich als Person und von dem, was sie bewegt. Deswegen müssen Fragen ernst genommen werden. Unter dem Gesichtspunkt der Sprachförderung bieten Fragen ideale Gesprächseinstiege, weil die Kinder hier selbstständig ihr Interesse bekunden.

Auch der umgekehrte Fall, wenn die Erzieherin eine Frage stellt, ist für die Entwicklung von Sprachkompetenz relevant.

> ***Beispiel:*** *„Eine Erzieherin hat mit den Kindern den Zoo besucht. Sie kann Mario fragen: ‚Welche Tiere hast du gesehen?' Solche Fragen sind ein wichtiger und notwendiger Bestandteil von ‚Nachbereitungen' und ihre Beantwortung kann Kindern durchaus Spaß machen: Sie fangen an, die Tiere aufzuzählen, und sind stolz darauf. Aber dies sind keine wirklich offenen Fragen, weil die Antworten vorgegeben sind. Die Erzieherin war bei dem Zoobesuch dabei, sie weiß eigentlich, welche Tiere die Kinder gesehen haben, und die Kinder wissen, dass sie es weiß. Mit anderen Worten: Die Kinder fühlen, dass hier Wissen abgefragt wird, und antworten daher mit Einwortsätzen. Sie sind nicht aufgefordert, ihre persönliche Sichtweise darzulegen und zu begründen. Die Erzieherin könnte auch fragen: ‚Mario, welches Tier hat dir am besten gefallen?', und darauf aufbauen: ‚Welches Tier möchtest du sein?' Will Mario z. B. eine Giraffe sein, dann könnte sie weiterfragen: ‚Was würdest du denn machen als Giraffe?' Derartige Fragen regen Kinder an, etwas zu erzählen, sich etwas auszudenken. Sie fühlen sich nicht abgefragt, es gibt kein richtig und falsch, gleichzeitig werden Wortschatz und Syntax erweitert."*
> *(Ulich, 1999, S. 36 ff.)*

Auf Sprachverweigerung reagieren

Wenn zwei- und mehrsprachig aufwachsende Kinder sich weigern, eine Sprache zu sprechen, ist es wichtig, den Gründen der Sprachverweigerung nachzugehen (z. B. Abwertung der Sprache durch die anderssprachige Umgebung, Ablehnung der Bezugsperson, die die Sprache spricht u. a. m.), um Ansatzpunkte für pädagogisches Handeln zu finden.

Korrektives Feedback

Eltern erwarten nicht selten, dass Erzieherinnen auf die sprachlichen Fehler der Kinder sofort reagieren, und zwar so, wie sie es oft selbst machen: den Fehler ansprechen („*So sagt man das nicht.*"), fehlerhafte Äußerungen korrigieren („*Richtig heißt es ...*") und richtig nachsprechen lassen („*Sag es nun richtig ...*").

Das Problem ist, dass Kinder nachweislich auf diese Weise sprachlich nichts lernen. Im Gegenteil werden sprachlich benachteiligte Kinder oft vorsichtiger in ihren Äußerungen oder sagen gar nichts mehr. Das Gefühl, fehlerhaft zu sprechen, beeinträchtigt nicht zuletzt auch ihr Selbstwertgefühl. Die Kinder merken nämlich, dass die Erzieherin gar nicht an dem, was sie sagen möchten, interessiert ist, geschweige denn dafür Wertschätzung aufbringt, sondern in erster Linie auf den sprachlichen Fehler reagiert. Wichtig scheint nicht der Inhalt des Gesagten zu sein, sondern vor allem die sprachliche Korrektheit. Damit werden Kinder als Gesprächspartner nicht ernst genommen.

Für die Entwicklung von Sprachkompetenz ist ein anderes Verhalten produktiv, das korrektive Feedback:

> ***Beispiel**: Santiago (3;1 Jahre) läuft zur Erzieherin: „Buch haben!" Erzieherin: „Santiago, du möchtest ein Buch haben? Welches Buch?" Santiago: „Mit viel Loch drin.", Erzieherin: „Mit vielen Löchern? Ah, meinst du vielleicht die ‚Raupe Nimmersatt', die so viel frisst?" Santiago nickt. Erzieherin: „Das liegt im Büro, komm, wir holen es."*
> *Die Erzieherin nimmt die Bemerkung des Kindes in ihrer Antwort auf, formuliert selbst aber sprachlich korrekt. Durch ihr korrektives Feedback reißt der Gesprächsfaden nicht ab. Darüber hinaus erweitert sie prinzipiell solche Dialoge durch kleine Bemerkungen – eine unkomplizierte Art, das Kind in dieser Situation sprachlich zu fördern.*

3.4 Methoden gezielter Sprachförderung

Sprachförderung als durchgängiges pädagogisches Prinzip braucht als Ergänzung Methoden gezielter Sprachförderung. Die entsprechenden Angebote sind umso wirkungsvoller und erreichen die Kinder umso besser, je mehr sie auf die Situation der Kinder bezogen sind: In ländlichen Einrichtungen hat das Leben mit den Jahreszeiten z. B. eine andere Bedeutung als in städtischen. Das sollte sich in den Themen widerspiegeln. Gezielte Angebote sollten so angelegt werden, dass sie die Lebenssituation der Kinder aufnehmen und – soweit das im Rahmen der Gruppe möglich ist – ihre individuellen Interessen. Das motiviert die Kinder, sich auf den Lernprozess einzulassen.

Die Wahrnehmungsfähigkeit von Kindern fördern

Die Entwicklung der Wahrnehmungsfähigkeit ist nicht nur Grundlage für die Fähigkeit, sprechen zu lernen, sondern auch die Voraussetzung für das Lesen und Schreiben. Wenn Kinder z. B. gut sehen, können sie die Artikulation eines Wortes oder einzelner Laute besser vom Mund ablesen. Hören sie gut, erleichtert es ihnen u. a. die Lautbildung und sie können wahrnehmen, ob die eigene Artikulation stimmt.

Die Wahrnehmungsfähigkeit von Kleinstkindern können Sie – buchstäblich – auf dem Wickeltisch fördern. Wenn die Erzieherin sich über das Kind beugt und es wickelt, kann das Kind nicht nur die Mimik der Erzieherin und die Klangfarbe ihrer Stimme wahrnehmen, sondern auch ihre Mundbewegungen beobachten.

Tipp

Für ältere Kinder gibt es viele Anregungen, um ihre visuelle und auditive Wahrnehmung zu fördern: z. B. ein Geräuschmemory, um die Hörfähigkeit zu trainieren. Zungenbrecher, Werbespots und Sprichwörter unterstützen eine genaue Artikulation. Durch Singen oder das Aufsagen von Abzählreimen bekommen die Kinder die Sprechmelodie „ins Ohr" usw.

Aufgabe

Stellen Sie in Ihrer Lerngruppe das Würzburger Trainingsprogramm „Hören, lauschen, lernen – Sprachspiele für Kinder im Vorschulalter" (vgl. Küspert/Schneider, 2006) vor.

Phonologische Bewusstheit fördern

Der Begriff „phonologische Bewusstheit" bezieht sich auf die Fähigkeit, sprachliche Strukturen zu erfassen, ohne dabei auf Inhalt und Bedeutung zu achten (vgl. Iven 2012, S. 132 ff.). Das klingt schwieriger als es ist: Es geht darum, dass die Kinder allmählich begreifen und spielerisch lernen, dass Sätze aus Wörtern und Wörter aus Silben und diese wiederum aus Lauten (Phonemen) zusammengesetzt sind. Für Kinder, die Deutsch als Zweitsprache lernen, ist das besonders hilfreich.

Phonologische Bewusstheit im weiteren Sinne bedeutet, die Wahrnehmungsfähigkeit der Kinder zwischen 4 und 6 Jahren zu schulen, vor allem in der Hinsicht, dass sie genau hin- und zuhören. Die Wahrnehmungsfähigkeit wird beispielweise gefördert durch

- „Silbenklatschen" oder „Silbenhüpfen",
- „Wörterzauber" (spielerisch lernen, Anfangslaute zu unterscheiden, indem diese verändert werden, z. B. „Schuh" – „Kuh" – „muh"; dabei erfahren die Kinder auch, dass sich Wörter reimen können),
- Geräusch-Gedächtnisspiele (trainieren das Hörvermögen, das Erfassen von Lauten und deren richtige Aussprache),
- traditionelle Fingerspiele wie „Das ist der Daumen" und Kinderverse wie „Geh auf'n Markt, kauf dir 'ne Kuh …" und
- Betrachten von Wimmelbilderbüchern.

Tipp

Sensibilisieren Sie sich dafür, wann Ihre Bemühungen, phonologische Bewusstheit zu fördern, z. B. beim Betrachten von Wimmelbilderbüchern, übers Ziel hinausschießen und die Kinder Freude und Interesse am Buch selbst verlieren.

Erzieherinnen erleben, dass alles, was mit Schrift zu tun hat, die Kinder neugierig macht. Ihre Ängste, dass Kinder sich durch eine zu frühe Beschäftigung mit Schrift später in der Schule langweilen, sind allerdings unbegründet. Im Gegenteil: Solche ersten Annäherungen an Geschriebenes bahnen das Lesen- und Schreibenlernen an. Warum also Kinder bremsen, die sich für Buchstaben interessieren oder dafür, wie man den eigenen Namen schreibt? Sie sollten vielmehr in ihrem Interesse unterstützt werden (in besonderem Maß solche Kinder, denen ein selbstverständlicher Zugang zur Schriftsprache/zum Geschriebenem fehlt). So erfassen Kinder allmählich, dass Buchstaben Symbole für Laute sind, was eine Voraussetzung für das Lesen und Schreiben ist. Auch die „Kritzelbriefe" von Kindern zeigen, dass sie erahnen, was es mit dem Schreiben von Briefen auf sich hat. Daraus lassen sich weitere sprachliche Aktivitäten entwickeln, etwa mit den Kindern gemeinsam Geschichten „aufzuschreiben".

Auf diese Weise wird im Elementarbereich schon dafür Sorge getragen, dass Kinder zwischen 6 und 8 Jahren leichter in der Lage sind, die Laut- und Schriftsprache zu verbinden und damit **phonologische Bewusstheit im engeren Sinne** zu erwerben.

Phonologische Bewusstheit
*bezeichnet die Fähigkeit, Sprache als System wahrzunehmen, ohne auf Inhalt und Bedeutung zu achten. Es wird zwischen **phonologischer Bewusstheit im weiteren Sinn** (Wörter, Silben, Laute als Bauelemente von Sprache zu begreifen) und **im engeren Sinn** (Verbindungen zwischen Lauten und Schriftsprache zu erkennen) unterschieden.*

Inzwischen gibt es verschiedene Programme, mit denen die Kinder in diesem Bereich gefördert werden können. Dies setzt voraus, dass sprachliche Probleme von Kindern frühzeitig von den Sorgeberechtigten oder der sozialpädagogischen Fachkraft erkannt werden. In sprachlich-kulturell „bunten" Teams besteht die Chance, dass eine Erzieherin im Team ist, die abklären kann, ob es sich bei Kindern mit Deutsch als Zweitsprache nur um Schwierigkeiten im Deutscherwerb handelt oder auch die Erstsprache betroffen ist.

Tipp

Das Förderprogramm KON-LAB von Zvi Penner ist sowohl für einsprachige als auch mehrsprachige Kinder konzipiert.

Aufgaben

1. *Tragen Sie zusammen, welche einschlägigen Förderprogramme Sie kennen. Diskutieren Sie deren Vor- und Nachteile.*
2. *Zu einer eventuell notwendigen Abklärung von sprachlichen Problemen eignet sich das Bielefelder Screening BISC (Jansen 1999). Sprechen Sie untereinander ab, wer von Ihnen sich lernbereichsübergreifend kundig macht und alle anderen darüber informiert.*

Unterschiedliche Gesprächsanlässe aufgreifen

Unterschiedliche Anlässe für Gespräche bewusst zu nutzen, ist eine ebenso wirksame wie einfache Methode, um die Entwicklung von Sprachkompetenz bei Kindern zu fördern. Ein Kind durfte erstmals mit ins „Erlebnisbad" kommen, ein anderes Kind ist niedergeschlagen, weil es sich furchtbar mit seinem Bruder gestritten hat, ein drittes Kind hat zu Hause „Rotkäppchen" vorgelesen bekommen und alle möchten über ihre Erlebnisse und Erfahrungen sprechen. Geht die Erzieherin auf solche Wünsche ein und fragt nach, vermittelt das den Kindern Wertschätzung und motiviert sie zum Sprechen. Hierbei geht es um pädagogische Grundhaltungen als Voraussetzung für den Dialog. Sprachlich ermöglichen es die unterschiedlichen Themen nicht nur den Wortschatz zu erweitern, sondern auch Satzarten zu variieren: Aussage-, Frage-, Befehls- und Ausrufesätze wechseln, die Aussagesätze kommen in verschiedenen Abstufungen vor (*wir hätten gerne, ich mag nicht ...*), es gibt Satzreihen und einfache Haupt-Nebensatzgefüge (*..., weil ich das will; ..., damit er sich ärgert*).

Unterschiedliche Gesprächsanlässe sind noch unter einem weiteren Gesichtspunkt für die Sprachförderung bedeutsam: Abhängig vom Gesprächsanlass geht es auch in Gesprächen um die Ebene der Fantasie (Sprechen über „Rotkäppchen") oder die der Realität (Schwimmbadbesuch). Diese Darstellungsebenen zu trennen und unterscheiden zu lernen, ist für Kinder, besonders aber für Vorschulkinder im Hinblick auf die Einschulung wichtig. Erzählt die Erzieherin von „Rotkäppchen", unterstützt sie die Trennung der Ebenen, indem sie z. B. einerseits durch Betonung und Stimmführung im Gespräch unterstreicht, dass der Wolf ein Fantasiewolf ist, und andererseits kleine Bemerkungen einstreut, die auf die fiktionale Darstellungsebene hinweisen (z. B. *„nicht wirklich", „nur ausgedacht"* o. Ä.). Wie unsicher z. B. Dreijährige in der Unterscheidung von Fantasie und Realität sind, lässt sich an ihrer Frage mitten im Gespräch über „Rotkäppchen" ablesen, wenn sie sich rückversichern mit: „Aber doch nicht in echt, oder?" Darüber hinaus kann die Erzieherin über die Wahl des Gesprächsanlasses und im Gespräch selbst steuern, dass beide Darstellungsebenen Raum bekommen. Gesprächsanlässe sind nicht nur Themen wie Einkaufen im Supermarkt, Fahrradfahren lernen usw. sondern auch Spiele, TV-Sendungen und Videos, die die Kinder beschäftigen. Wird im Garten ein toter Vogel entdeckt, geht es nicht nur darum, wie das Tier aussieht, woran man erkennt, dass es tot ist usw., sondern die Erzieherin achtet darauf, dass auch Zeit bleibt für Vermutungen, wieso der Vogel gestorben ist, und Fantasien, was nun mit ihm passieren könnte.

Die Entwicklung von Sprachkompetenz wird auch gefördert, indem die Kinder lernen, Worte nicht nur zu hören, sondern auch zu verstehen, was gemeint ist: Während des Gesprächs über den Geschwisterstreit könnte die Erzieherin einwerfen: „Und dann bist du vor Ärger bestimmt rot und grün geworden, oder?" Eines der Kinder berichtet vielleicht, dass es sich auch oft mit seiner Schwester zankt. Letzteres ist wörtlich zu verstehen, Ersteres im übertragenen Sinne gemeint. Die Bedeutung der verschiedenen Äußerungen hängt jeweils von der **Sprechabsicht** ab bzw. vom **Kontext**, in dem sie fallen. Damit die Kinder verstehen, was gemeint ist, müssen sie erfahren, in welcher Situation die Worte gesagt wurden. Diese verschiedenen Kontexte kann man den Kindern nicht theoretisch erklären, denn sie können sie nicht abstrakt verstehen, sie müssen sie viele Male in der Interaktion erlebt haben (vgl. Winner, 2009, S.14).

Ist sich die sozialpädagogische Fachkraft dessen bewusst, kann sie, indem sie unterschiedliche Gesprächsanlässe aufgreift, solche Erfahrungen ermöglichen, und zwar in jeweils neuen inhaltlichen Zusammenhängen. Wichtig ist, dass die Erzieherin gezielt beobachtet, ob die Kinder die Sprechabsichten im Gespräch wirklich verstehen. Dabei schaltet sie sich unterstützend ein:

> ***Beispiel:*** *Mia: „Wenn ich schaukel', schaukel' ich bis in den Himmel." Linus: „Bist du doof, das geht doch nicht!" Erzieherin: „Mia meint, dass sie ganz hoch schaukeln kann." Außerdem sollte die Erzieherin selbst bewusst auf Sprechabsichten verzichten, die die Kinder altersmäßig nicht eindeutig verstehen und sie verunsichern, z. B. auf ein ironisches: „Wie bist du schlau!"*

Gespräche im Stuhlkreis

Regelmäßige Gespräche im Stuhlkreis fördern früh kommunikative Fähigkeiten wie Ausreden lassen, Zuhören, Nachfragen, Einhalten von Gesprächsregeln. Je mehr die Erzieherin an die Interessen und Fragen der Kinder anknüpft, desto lebendiger kann sich ein Gespräch entwickeln. Das macht den Kindern Freude und motiviert sie, sich am Gespräch zu beteiligen. Der Maßstab für ein gelungenes Gespräch ist dabei nicht, dass alles sprachlich korrekt ist, sondern dass die Kinder Freude am Sprechen haben und ihre Phantasie angeregt wird. Witzige, komische, kreative Wortschöpfungen sind sprachlich wertvolle „Nebenprodukte". Die Bereitschaft der Kinder, sich mitzuteilen und aufmerksam zu sein für das, was andere mitteilen, wächst. Das sind wichtige Aspekte sprachlicher Kompetenz.

Bleibt ein Kind im Stuhlkreis stumm, heißt das noch nicht, dass es nichts zu sagen hat und nicht mit dabei ist. Innere Beteiligung drückt sich auch im aufmerksamen Zuhören aus. Die Erzieherin sollte allerdings wahrnehmen, wenn dieses Kind nonverbal signalisiert, dass es etwas sagen möchte. Sie sollte es darin unterstützen, zu Wort zu kommen, und seine sprachliche Leistung wertschätzen. Besonders Kinder, deren Erstsprache nicht Deutsch ist, brauchen oft einen kleinen Anstoß *(„Manish, du möchtest etwas sagen ...?")*.

Eine feste Regel für den Stuhlkreis sollte sein, dass hier Deutsch gesprochen wird, wie bruchstückhaft auch immer. Es gibt tagsüber genug Raum, „Sprachinseln" für Kinder zu schaffen, sich – soweit praktisch möglich – in ihrer Muttersprache auszutauschen.

Sprechtreff für Kinder

In Großstädten sind viele Gruppen sprachlich-kulturell vielfältig. Oft kommen die Kinder in die Einrichtung, ohne überhaupt ein Wort Deutsch zu sprechen. Diese Kinder brauchen zusätzliche Förderangebote in der Kleingruppe, damit sie Deutsch lernen können und ihre Sprachkenntnisse nicht auf niedrigem Niveau stagnieren. Ein solcher „Sprechtreff" (vgl. Winner, 2009, S. 42) sollte regelmäßig einmal pro Woche stattfinden, um etwas zu bewirken.

Am Anfang steht die genaue Beobachtung des Sprachverhaltens, damit die Erzieherin für jedes Kind ein passendes Angebot vorbereiten kann, wobei „passend" auch heißt, dass die Erzieherin sich nicht nur auf die sprachliche Seite konzentriert, sondern ihr Angebot abstimmt auf Interessen und Vorlieben dieses Kindes.

__Beispiel:__ Lynn (2;1 Jahre) spricht kein Wort Deutsch. Die Erzieherin hat beobachtet, dass Lynn gerne mit der Murmelbahn spielt und beobachtet, wie die Kugeln langsam die Bahn abwärts rollen, bis sie am Ende eine kleine Glocke berühren und ein Klang entsteht. Die Erzieherin setzt sich neben Lynn und begleitet das Spiel sprachlich mit „die Murmel rollt", klingt die Glocke, sagt sie „Glocke". Nach kurzer Zeit kommentiert Lynn ihr Spiel selbst. Für die Sprachförderung bringen die präzisen Kommentierungen der Erzieherin mehr als ein pauschales: „Das machst du aber toll!"

Der Sprechtreff lebt von einem guten Miteinander und es braucht Geduld von Kindern und Erzieherin angesichts umständlicher, zögerlicher oder holpriger Sprechversuche. Nur in einer angstfreien Atmosphäre wird der Sprechtreff zu einem Angebot, das Kinder für sich zum Sprechenlernen nutzen können.

Aufgaben

1. *Im Rahmen Ihrer Praktika haben Sie vermutlich an Stuhlkreisen teilgenommen oder diese geleitet: An welche Themen können Sie sich erinnern? Welche Darstellungsebene war vorherrschend?*
2. *Situation: Ein Kind hat sich leicht am Knie gestoßen, es blutet ein bisschen. Die vierjährige Barbara hat das beobachtet und fragt die Praktikantin: „Machst du da jetzt ein Pflaster drauf?" Diese antwortet: „Ja, ein gaaaanz großes." Barbara reagiert verschreckt. Erklären Sie Barbaras Reaktion auf die Bemerkung der Praktikantin.*
3. *Entwerfen Sie eine Kurzmitteilung, in der Sie die Eltern, deren Kinder am Sprechtreff teilnehmen werden, zu einer Vorbesprechung einladen. Konkretisieren Sie selbst Ort, Zeitpunkt usw.*

3.5 Gewalt durch Sprache abbauen

Sprachliche Gewalt in vielen Schattierungen ist auch im erzieherischen Alltag in allen Altersstufen zu beobachten: Der Imperativ ist die vorherrschende Sprachform, sprachliche Beleidigungen sind „normal". Dabei ist *„schwule Sau"* laut GEW (vgl. Spiegel Nr. 15/2010, S. 57) „die am häufigsten gebrauchte Beleidigung in der Schule", jugendtypisch ist auch *„du Opfer"* oder *„hau ihm in die Fresse"*.

Wenn es darum geht, sprachliche Gewalt abzubauen, müssen die sozialpädagogischen Fachkräfte die Bedeutung von Aggression für die psychische Entwicklung bedenken und geschlechtsspezifische Unterschiede im Blick behalten (Jungen tragen ihre Aggressionen leichter nach außen als Mädchen). Außerdem darf nicht übersehen werden, dass eine „nur" verbale Attacke bei älteren Kindern und Jugendlichen, die normalerweise sofort zuschlagen, als erzieherischer Erfolg zu werten ist.

Mit diesen Stichworten kann nur angedeutet werden, dass der Abbau von Gewalt durch Sprache nicht bedeuten kann, Aggression grundsätzlich als etwas Böses abzulehnen und deshalb „wegzumachen", sondern es im Rahmen von Sprachförderung wichtig ist, auf sie entwicklungspsychologisch angemessen und pädagogisch differenziert zu reagieren. Das sind die Rahmenbedingungen, unter denen der Abbau von Gewalt durch Sprache eine erzieherische Aufgabe ist.

Aufgabe

Informieren Sie sich über die psychische Bedeutung von Aggression und ihre entwicklungspsychologische Funktion bei Kindern/Jugendlichen. Überlegen Sie, welche Unterstützung Kinder und Jugendliche in der jeweiligen Entwicklungsphase von den Bezugspersonen bzw. sozialpädagogischen Fachkräften im Umgang mit sprachlicher Aggression brauchen.

Formen sprachlicher Aggression

Sprachliche Gewalt äußert sich in verschiedenen Formen:

- Abwertungen
  - explizit *(„dumme Kuh", „richtig dumm")*
  - implizit *(„Du hast mir noch gefehlt."; „Ich sag' nur – Weiber!")*
  - Metaphern/Vergleiche *(„Von dir hab ich die Nase voll."; „Dumm wie Bohnenstroh!")*
- Verharmlosung
  (z. B. *„Du bist doch behindert!":* So angewendet, z. B. in Situationen mit kleinen Meinungsverschiedenheiten, wird Behinderung und was sie für das Leben eines Menschen bedeutet, bagatellisiert.)
- Stereotype *(„Die Kinder heute sind sowas von verwöhnt!" „Die Alten? Die kannst du doch vergessen!")*
- Generalisierungen *(„Mit dir gibt's immer Ärger!")*

Sprachliche Gewalt entsteht nicht im luftleeren Raum, sie hat konkrete Ursachen, individuelle wie gesellschaftliche (vgl. Reitmaier, 1998). In einer Gesellschaft, in der um Macht, Geld und Einfluss aggressiv gekämpft wird, müssen die Möglichkeiten, Gewalt einzudämmen, nüchtern eingeschätzt werden, solange nicht die Ursachen für diese Gewalt beseitigt werden.

Aufgabe

Diskutieren Sie mögliche Ursachen von sprachlicher Gewalt bei Kindern und Jugendlichen, mit denen Sie arbeiten.

Unter diesen Bedingungen gilt es, vorhandene Handlungsspielräume in der erzieherischen Praxis zu nutzen, um Gewalt durch Sprache abzubauen.

Umgang mit sprachlicher Gewalt in der Einrichtung

Sprachliche Gewalt von älteren Kindern/Jugendlichen wirksam zu vermindern, ist ein langwieriger Prozess, der von verschiedenen Seiten unterstützt werden muss. Dabei ist zu bedenken, dass für den Abbau sprachlicher Gewalt gilt, was generell für Gewaltprävention und den Umgang mit Gewalt in der erzieherischen Praxis gilt: Auf diesem Feld lässt sich nicht „aus dem Stand" heraus etwas bewirken. Es ist notwendig, sich intensiv mit Methoden zum Abbau sprachlicher Gewalt auseinanderzusetzen und entsprechende Fortbildungen zu besuchen. In der Einrichtung ist es die Aufgabe von Leitung und Team, sich damit auseinanderzusetzen,

- wie sie mit Gewalt im allgemeinen und mit sprachlicher Gewalt im Besonderen umgehen,
- welche Regeln in der Einrichtung verbindlich sind und zu prüfen, ob diese für die Kinder/Jugendlichen eindeutig und verständlich sind (oder Regeln gemeinsam zu erarbeiten, an die sich alle halten müssen),
- wie gewaltfreie Kommunikation in den Gruppen gefördert und geübt werden kann und
- wie die sozialpädagogischen Fachkräfte selbst „Modell für ein respektvolles und wertschätzendes Sprechen miteinander und mit den Heranwachsenden" sein können.

Gewaltfreie Kommunikation

Die Methode der „Gewaltfreien Kommunikation" oder auch der „Einfühlsamen Kommunikation" von M. B. Rosenberg (vgl. zum Folgenden: Rosenberg, Gewaltfreie Kommunikation, 2004) ist darauf angelegt, Aggression durch empathisches Verstehen aufzulösen und durch eine Sprache der Einfühlsamkeit die Möglichkeiten zu erweitern, menschlich zu bleiben (ebd., S. 12).

Das erfordert nach Rosenberg (ebd., S. 25):

1. *zu beobachten, was der andere macht/sagt/tut, und wahrzunehmen, ob ich das mag oder nicht*
   („Ich sehe, dass du alles schmutzige Geschirr auf den Tisch stellst und merke: Das geht mir völlig gegen den Strich.")
2. *auszusprechen, was ich angesichts dieser Beobachtungen fühle*
   („Bin erschrocken, froh, irritiert … ", „Bin genervt!")
3. *die eigenen Bedürfnisse/Werte/Wünsche, die hinter diesem Gefühl/diesen Gefühlen stehen, auszusprechen*
   („Auf so einem verdreckten Tisch zu essen, find ich furchtbar!")
4. *eine konkrete Bitte zu äußern, um meine Lebensqualität zu verbessern*
   („Wär mir lieb, wenn du das Zeug woanders hinstellen könntest, damit ich den Tisch abwischen kann und freie Bahn hab zum Tischdecken.")

Gewaltfreie Kommunikation ist also darauf angelegt, Hintergründe von Verhaltensweisen zu erfassen, sie verlangt von den Beteiligten ein hohes Maß an Empathie sowie Reflexion und setzt Sprachkompetenz voraus: die Verhaltensweisen, die stören, genau zu erfassen und nicht wertend zu formulieren, eigene Gefühle wahrzunehmen und differenziert auszudrücken und die beim anderen vermuteten Gefühle sprachlich auch als Vermutung zu kennzeichnen („*Könnte es sein, dass …? Vielleicht möchtest du …?*") sowie konkrete, auf die Situation bezogene Bitten zu äußern.

Rosenberg setzt seine Methode schon in der Grundschule ein und arbeitet mit den Bildern der Wolfs- und Giraffensprache (vgl. Rosenberg, Konflikte lösen, 2004, S. 97 ff.). Die Kinder sollen lernen, wie man jemandem, der in der „Wolfssprache", also wertend, verurteilend und aggressiv spricht, in „Giraffensprache" (einfühlsamer Sprache) antworten kann.

Aufgaben

1. *Sammeln Sie einen Gefühlswortschatz (positive und negative Gefühle wie „bin verärgert, freue mich usw."). Achten Sie darauf, dass Sie Gefühle und nicht Bewertungen auflisten („Ich bin am Ende." statt „Du bedrängst mich.").*
2. *Setzen Sie sich in einer Stuhlreihe immer zu zweit gegenüber und üben Sie ein Element der gewaltfreien Kommunikation, nämlich Gefühle zu äußern (z. B. auf „Dass du heute zu spät gekommen bist, finde ich ziemlich unverschämt!" mit „Ich bin bestürzt/sauer o. Ä., weil ich dich anders eingeschätzt habe." zu reagieren). Wechseln Sie die Rollen und tauschen Sie sich anschließend über Ihre Erfahrungen aus.*

Es kann bezweifelt werden, ob es aus entwicklungspsychologischer Sicht sinnvoll ist, schon mit Kindern dieses Verfahren zu üben, da sie überhaupt erst lernen müssen, ihre Gefühle wahrzunehmen, und ältere Kinder sich im Umgang mit (sprachlicher) Aggression ausprobieren müssen. Fraglich ist auch, ob Kinder und Jugendliche die Anforderungen kognitiv und sprachlich leisten können. Manche Elemente kann die Erzieherin jedoch nicht genug fördern (und üben), wie sich in andere einzufühlen, Bedürfnisse wahrzunehmen und äußern zu können. Diese sind elementar für die kindliche Entwicklung und die Entwicklung von Sprachkompetenz.

Sprachliche Verletzungen in der Gruppe bearbeiten

Wie soll mit sprachlichen Verletzungen in der Gruppe umgegangen werden? Eine Antwort bietet das folgende, für Heranwachsende entwickelte Verfahren. Ziel ist es, sprachliche Verletzungen – das umfasst auch Gesten, also nonverbale Kommunikation – ernst zu nehmen (vgl. Hergenhan, 1996).

Ausgangspunkt für die Arbeit mit der Gruppe ist ein konkreter Vorfall, z. B. dass ein Gruppenmitglied ein anderes massiv mit einem Schimpfwort beleidigt hat.

Der Ablauf des Verfahrens ist streng ritualisiert:

1. *In der Gruppe wird sorgfältig und ausführlich geklärt, was der Begriff bedeutet.*
2. *Derjenige, der beschimpft wurde, sagt, was ihn an dieser Bemerkung so kränkt. Dafür ist viel Raum zur Verfügung zu stellen (Erläuterungen, Erfahrungen wiedergeben). Abschließend wird sein Mut, offen darüber zu sprechen, von den anderen Zuhörern und der Gruppenleitung durch Lob und Anerkennung positiv verstärkt.*
3. *Jetzt haben die Gruppenmitglieder Gelegenheit, sich zu dem Vorfall zu äußern. Sie können z. B. auch Überlegungen anstellen, wie der Vorfall wieder gutgemacht werden könnte.*
   Die Gesprächsleitung achtet darauf, dass die Gesprächsteilnehmer sich einfühlsam äußern und sich mit dem Opfer solidarisieren. Der „Aggressor" hört ausschließlich zu.
4. *Abschließend hat der „Aggressor" das Wort: Er kann sich erklären und hat die Möglichkeit, sich zu entschuldigen und zu sagen, wie er das Geschehene wieder gutmachen möchte.*

Mit dieser Methode wird auf sprachliche Verletzung mit Empathie reagiert, Empathie wird in einer lebensechten Situation eingeübt und als Grundhaltung gefestigt. Darüber hinaus wird das Bewusstsein der Jugendlichen dafür geschärft, wie verletzend Worte oft sein können. Sprachlich können sich auch Gruppenmitglieder mit geringen Deutschkenntnissen am Gespräch beteiligen.

Tipp

Kalkulieren Sie bei diesem Verfahren mit ein, dass Heranwachsende, deren Erstsprache nicht Deutsch ist, die Bedeutung mancher sprachlichen Beleidigungen nicht kennen, wie andererseits die deutschsprachigen Jugendlichen u. U. nicht erfassen, wie kränkend bestimmte Schimpfwörter oder Gesten (nonverbale Kommunikation) für Gruppenmitglieder mit einem anderen sprachlich-kulturellen Hintergrund sind, z. B. im arabischen Raum mit einem Schuh nach jemandem werfen.

Aufgaben

1. *Gehen Sie die einzelnen Schritte durch und überlegen Sie, was mit ihnen jeweils konkret erreicht werden soll.*
2. *Was halten Sie von diesem Ritual? Würden Sie es in der Gruppe praktizieren? Begründen Sie Ihre Meinung.*

Höflich miteinander sprechen als Ausdruck von Wertschätzung
Zu einer wertschätzenden Sprache gehört auch, miteinander höflich umzugehen. Dazu bieten sich nicht nur Höflichkeitsformeln wie bitte/danke an. Die deutsche Sprache hat ein ganzes Repertoire von weiteren Möglichkeiten (z. B. *„Würdest du ...?"*). Allerdings genügt es nicht, dass die Erzieherinnen von den Heranwachsenden eine höfliche Redeweise einfordern, sondern sie selbst sind (das wichtigste) Modell für die Praxis.

Aufgaben

1. *Sammeln Sie in einer Mindmap sprachliche Möglichkeiten, sich höflich auszudrücken.*
2. *Ein Jugendlicher wendet sich im Jugendtreff an den Erzieher und fordert barsch eine Cola. Wie würden Sie selbst den Jugendlichen darauf aufmerksam machen, mit Ihnen höflich zu sprechen? Vergleichen Sie Ihre Vorschläge unter dem Gesichtspunkt höflicher Formulierung.*

4 Das Konzept der Literacy-Erziehung

Die Literacy-Erziehung ist eine in vielen Einrichtungen praktizierte Methode der Sprachförderung. Bilderbücher anschauen, vorlesen, Geschichten erzählen: Das ist in Kindertageseinrichtungen eigentlich nichts Neues. Die sogenannte Literacy-Erziehung (LE) setzt in diesem Zusammenhang aber neue Akzente, im weitesten Sinne sprachliche Kompetenzen der Kinder zu stärken und damit gezielt sprachlich benachteiligten Kindern Bildungschancen zu eröffnen.

Auch im Deutschen wird der englische Begriff „Literacy" benutzt, da es kein passendes deutsches Wort dafür gibt. Wörtlich heißt „Literacy" Lese- und Schreibkompetenz, was sehr viele Fähigkeiten wie Sinnverstehen, Lesefreude, sprachliche Abstraktionsfähigkeit einschließt. Bezogen auf die frühe Kindheit ist Literacy ein Sammelbegriff für kindliche Erfahrungen rund um Buch-, Erzähl-, Reim- und Schriftkultur (vgl. Ulich, 2003, S. 5).

Literacy-Erziehung verschafft Kindern Entwicklungsvorteile im Hinblick auf die Schule, weil sie sprachlich kompetenter und auch bei der Ausbildung der Schreib- und Lesekompetenz „erfolgreicher" sind. Sie hat daher für Kinder aus sozial benachteiligten und nicht deutschsprachigen Familien einen besonders hohen Stellenwert. Ein Vorteil ist, dass sie von den sozialpädagogischen Fachkräften selbst „vor Ort" geleistet werden kann.

Worum geht es?

Ziel der Literacy-Erziehung ist es, dass Kinder, unabhängig davon, ob Deutsch ihre Erst- oder Zweitsprache ist, von klein auf Erfahrungen rund um Buch-, Erzähl-, Reim- und Schriftkultur machen. Im Folgenden geht es darum,

- *sich die Bedeutung von Literacy-Erziehung für die Sprachentwicklung von Kindern bewusst zu machen,*
- *das Spektrum an Umsetzungsmöglichkeiten zu kennen,*
- *sich mit der eigenen Einstellung zu einer Erzähl-, Lese- und Buchkultur auseinanderzusetzen.*

An welches Vorwissen/welche Vorerfahrungen können Sie anknüpfen?

4.1 Lernchancen rund ums Buch

Bilderbuchbetrachtung

Literacy-Erziehung sieht das Betrachten eines Bilderbuches mit einer Kleingruppe von Kindern dann als eine besonders nachhaltige Form der Sprachförderung an, wenn dies als Dialog, also gesprächs- und beziehungsorientiert, gestaltet wird. Dabei gilt es als besonders wichtig, dass das Kind sehr viel Zuwendung und Nähe in dieser sprachintensiven Situation erfährt. Weil emotionale Zuwendung eine wesentliche Bedingung für das Lernen ist (s. o.), hat das Kind bei der Bilderbuchbetrachtung in einer kleinen Gruppe besonders große Lernchancen für seine Sprachentwicklung. Außerdem kann sich die Erzieherin in der Kleingruppe besser auf die einzelnen Kinder einstellen und z. B. das Lesetempo je nach Interesse und sprachlichem Vermögen der Kinder variieren.

Ein wesentliches Ziel der Bilderbuchbetrachtung ist es, dass das Kind selbst aktiv zum (Mit-)Erzähler der Geschichte wird und diese durch eigene Erfahrungen und Einfälle erweitert. Die Erzieherin kann das Kind dabei unterstützen, indem sie mit ihm einen sprachanregenden Dialog führt.

Michaela Ulich unterscheidet dabei,

- „das einfache Benennen der Dinge, die man sieht (was sehr jungen Kindern oft viel Freude macht)
- definieren, umschreiben und erweitern (‚was ist ein Hammer, wozu braucht man den?‘), Beziehungen und Abfolgen herstellen zwischen den Bildern, zwischen den einzelnen Episoden (‚der Junge geht jetzt zum Fenster und sieht, wie Markus zur Post rennt. Denn Markus sucht seine Freunde Peter und Lisa …‘)
- deuten, Bedeutung ‚entstehen lassen‘ und zusammen ‚konstruieren‘, Deutungsprozesse bewusst machen, ‚weiterspinnen‘ und ‚fantasieren‘ (‚… wie schaut der Junge? … er sieht so traurig aus und ist vielleicht müde, was glaubst du, manchmal kann man das schwer unterscheiden … ich glaube eher, dass er traurig ist, aber warum, das wissen wir nicht, was meinst du … ich könnte mir vorstellen …‘)

- Bezüge herstellen zum Leben des Kindes, zur Welt außerhalb des Buches (‚Ist dir das auch schon mal passiert? Gestern, als wir aus dem Fenster geschaut haben, da …')
- vorausdeuten: (‚Was könnte als nächstes passieren? Ob er seine Freunde findet? Vielleicht verläuft er sich dabei', ‚Wie geht die Geschichte wohl zu Ende?')".

(Ulich, 4/2003, S. 6 ff.)

Vorlesen und Erzählen

Wie die Bilderbuchbetrachtung, so ist auch das Vorlesen und Erzählen in der Literacy-Erziehung wichtig, weil die Sprachkompetenz der Kinder dadurch gezielt gefördert werden kann. Dabei beziehen sich die Lernprozesse auf drei Punkte:

- Wenn eine Geschichte vorgelesen oder erzählt wird, lernen die Kinder eine nichtsituationsgebundene Ausdrucksweise kennen: Dies ist eine wesentliche Voraussetzung, um selbst fähig zu sein, etwas so zu erzählen, dass auch der, der das Geschehen nicht erlebt hat, es verstehen kann. Das Erzählen von Geschichten unterstützt die Entwicklung der dafür notwendigen Abstraktionsfähigkeit.
- Die Kinder begegnen einem anderen Sprachniveau: In Kinderbüchern, Märchen und Erzählungen werden nicht nur viel mehr, sondern auch viel anschaulichere Adjektive benutzt als in der Umgangssprache. Die Sätze enthalten mehr Nebensätze und Einschübe und meist ist der Bogen zwischen Satzanfang und Satzende viel länger als in der Alltagssprache. In Gesprächen bricht man oft Sätze ab und setzt neu an, das gibt es beim Vorlesen einer Geschichte nicht.
- Schließlich lernen die Kinder auch etwas über die Struktur von Geschichten, sodass sie selbst erzählen lernen. Sie entwickeln ein sogenanntes Geschichtenschema und erfahren, dass Geschichten Figuren haben, die etwas erleben, einen Aufbau, einen Anfang, eine fortschreitende Handlung, vielleicht einen Konflikt, eine Auflösung beziehungsweise ein Ende und so weiter (vgl. Ulich, 4/2003, S. 7).

Aufgaben

1. *Besuchen Sie die nächstgelegene Bibliothek oder Buchhandlung: Informieren Sie sich über drei neu erworbene bzw. neu erschienene Bilderbücher. Informieren Sie sich auch über zweisprachige Kinderbücher und den Bestand an E-Books für Kinder.*
2. *Wie beurteilen Sie im Rahmen der Literacy-Erziehung die Lernchancen für Kinder rund ums E-Book?*
3. *Vorlesen muss geübt werden: Bringen Sie Ihr Lieblingsbuch mit und lesen Sie sich in Zweiergruppen Schlüsselstellen vor. Tauschen Sie sich über Schwierigkeiten beim Vorlesen aus.*

Tipp

Beziehen Sie möglichst regelmäßig, soweit verfügbar, auch zweisprachige Bilderbücher mit ein oder hören Sie mit den Kindern gemeinsam entsprechende CDs, sodass die sprachlich-kulturelle Vielfalt in der Gruppe Raum bekommt.

4.2 Gedichte, Reime, Singspiele

Durch Gedichte, Reime, Singspiele, die traditionell im Kindergartenalltag verankert sind, können Kinder etwas Wichtiges entdecken: dass Sprache nicht nur Inhalte vermittelt, sondern auch eine „Form" (Reim, Rhythmus) hat. Diese Entdeckung ist später für das Lesenlernen bedeutsam (vgl. Kap. II 3.4).

Tipp

Bücher mit Kindergedichten, Fingerspielen und Kinderliedern gibt es, oft modernisiert und neu illustriert, in jeder Buchhandlung. Soweit nicht schon vorhanden, gewinnen Sie die Kollegen für die Anschaffung einer kleinen Auswahl für die Kita-Bibliothek. Überlegen Sie sich dafür schlagkräftige Argumente.

4.3 Lernchancen rund um die Schrift

Interesse an Schrift und Geschriebenem wecken

Vor allem für Kinder aus Familien, die kaum vom Bildungswesen erreicht werden, liegen Lernchancen darin, wenn sie in der Kindertagesstätte erfahren, welche Möglichkeiten sich an Schreiben und Schrift binden:

Die Erzieherin kann z. B. im Beisein der Kinder eine Einkaufsliste schreiben, sich Notizen machen, den Kindern zeigen, wie sie zur Information der Eltern den Tagesplan aufschreibt oder Plakate mit Schrift aufhängt. Auf diese Weise wird das Interesse der Kinder an Schrift und Schreiben gestärkt.

Kinder haben auch Freude an eigenen Schreibversuchen, z. B. wenn sie „Briefe" oder den eigenen Namen schreiben.

Tipp

Laden Sie Eltern aus Kulturkreisen mit einer anderen Schrift ein, damit sie den Kindern „ihre" Schrift zeigen. Das stärkt nicht nur das kulturelle Selbstbewusstsein der Eltern und deren Kinder, diese Erfahrungen könnten auch zum Gesprächsanlass im Stuhlkreis werden.

Geschichten der Kinder aufschreiben

Es ist für Kinder reizvoll, wenn sie ihre Geschichte der Erzieherin diktieren dürfen und in Kleingruppen über Formulierungen beraten wird. Im Anschluss an das Vorlesen oder Erzählen denken sich Kinder gerne z. B. auch den Schluss der jeweiligen Geschichte selbst aus und fantasieren sie weiter. Am Computer könnte für jedes Kind ein Dateiordner „Geschichten" angelegt werden.

Die Geschichten aller Kinder werden dann zu einem kleinen Buch gebunden – so lernen sie auch etwas darüber, wie ein Buch entsteht.

Tipp

Lassen Sie Wortschöpfungen der Kinder („Zikilade" für Tsatsiki, „Mapa", um auszudrücken, dass Mama und Papa beide kommen sollen) zu. Der Maßstab ist nicht, dass alles korrekt ist, sondern dass die Kinder Freude am Geschichtenerzählen und Aufschreiben finden sowie am schöpferischen Gestalten.

5 Kreatives Schreiben

Worum geht es?

Bei Heranwachsenden stoßen Vorschläge, sich im kreativen Schreiben auszuprobieren, oft auf wenig Begeisterung. Schreiben hat mit Schule zu tun und das bedeutet, häufig korrigiert zu werden, oder ist mit Misserfolgserlebnissen verbunden. Dies ist in der erzieherischen Praxis ganz anders, hier bietet sich die Möglichkeit,

- *dass Heranwachsende unbelastet von schulischen Bedingungen und Ansprüchen Freude am Schreiben entdecken und*
- *neue Fähigkeiten entdecken und dadurch selbstbewusster werden.*

An welches Vorwissen/welche Vorerfahrungen können Sie anknüpfen?

5.1 Kreatives Schreiben anregen

Kreatives Schreiben soll Lust auf Schreiben machen und die Heranwachsenden dazu motivieren, sich auf einem Feld auszuprobieren, das scheinbar der Schule vorbehalten ist. Beim kreativen Schreiben geht es darum, Sprache als „Mittel" zu entdecken, um sich auszudrücken, seinen Ideen zu vertrauen und diese Gestalt annehmen zu lassen. Eine besondere Form des kreativen Schreibens ist, auf lustige, unterhaltsame oder ernsthafte Weise mit Sprache zu experimentieren und zu spielen, ohne dabei Angst haben zu müssen, Fehler zu machen.

Neben solchen für Heranwachsende attraktiven Aspekten bietet das kreative Schreiben auch die Chance, auf sich selbst aufmerksam zu werden und etwas über sich zu erfahren. Gerade für Heranwachsende stellt dies einen besonderen Reiz dar. Wer schreibt, entdeckt vielleicht auch, dass es befriedigend ist, Zuhörer zu finden. Oft kommen die Heranwachsenden selbst auf die Idee, sich mit ihren Texten eine Öffentlichkeit zu suchen und sie in der Gruppe oder auf einem Elternabend vorzulesen. Mit solchen selbst gestellten Herausforderungen wächst das Selbstbewusstsein. Die Vielfalt der Methoden ermöglicht es Kindern, deren Erstsprache nicht Deutsch ist oder deren Familien vom Bildungswesen nicht erreicht werden, in den Schreibprozess einbezogen zu werden. Allerdings sollten bei allen Versuchen, kreatives Schreiben anzuregen, bestimmte, nichtschulische Rahmenbedingungen eingehalten werden, wie z. B.

- die Teilnahme am kreativen Schreiben, auch bei einer eventuellen Präsentation, ist immer freiwillig (es sollte demnach immer ein Plan „B" vorhanden sein für diejenigen, die nicht teilnehmen möchten),
- auf jede Form der Bewertung („richtig", „falsch") wird verzichtet, alle Ergebnisse sind wertvoll und
- normative Sprachregeln und die Verbesserung der Texte stehen nicht im Vordergrund.

Bitte beachten Sie, dass kreatives Schreiben in der erzieherischen Praxis keine therapeutische Methode der Selbsterfahrung ist!

Methoden kreativen Schreibens

Die vielfältigen Methoden kreativen Schreibens sind ein großer Vorteil, die Heranwachsende zum Mitmachen zu motivieren. Je nach Methode muss das Schreiben eventuell vorbereitet werden. Der Zeitrahmen sollte immer gut überlegen werden, da Zeitdruck kontraproduktiv ist.

Aufgabe

Probieren Sie die folgenden kreativen Methoden in Kleingruppen aus (z. B. arbeitsteilig) und besprechen Sie, für welches Alter sich die Verfahren eignen und inwiefern sie zur Förderung von Sprachkompetenz beitragen.

Assoziatives Schreiben vorbereiten (siehe Cluster S. 18)

- Aus einer Kinder- oder Jugendzeitschrift (oder Fernsehen und Reklame) per Zufall ein Substantiv „herauspicken" und dazu lässt jeder für sich Gedankenverknüpfungen in Form eines Clusters wachsen (Woran erinnert dich das Wort? Was fällt dir dazu ein? usw.). Die Cluster dann untereinander vergleichen.
- Schreiben über Gegenstände: Verschiedene Gegenstände (vom Handy über Lippenstift bis zu Naturmaterialien) auslegen, dann zu zweit einen Gegenstand auswählen und Gedankeneinfälle zum Gegenstand („*Mich erinnert das an ...*") sammeln und aufschreiben. In Ich-Form dann einen eigenen Text verfassen.

Vorgegebene Textsorten ergänzen

- Geeignete kurze Texte, Gedichte oder Kurznachrichten aus der Zeitung, die einen pointierten Schlusssatz enthalten, auswählen. Diesen ohne den Schlusssatz vorlegen und einen neuen Schluss erfinden lassen, z. B.

Hilde Domin
„*Ich setzte* meinen Fuß in die Luft
und …"
(Domin, 1959, S. 13)

- Texte im Märchenstil entwickeln (z. B. Es war einmal eine junge Erzieherin, die …)

Textsorten ausprobieren

- Textsorte festlegen sowie Ort und Zeit (z. B. Krimi, Hamburger Hafen, nachts), dann Text/Handlung erfinden.
- Fotos von Liebespaaren auslegen, zu zweit eines auswählen, Liebesgeschichte/Interview o. a. dazu entwickeln

Gedichte verfassen

- Elfchen verfassen

1. Zeile – ein Wort:	eine Farbe
2. Zeile – zwei Wörter:	ein Mensch, ein Tier, ein Ding, das dazu passt
3. Zeile – drei Wörter:	wo oder wie er/es ist oder was er/es tut
4. Zeile – vier Wörter:	erzählen Sie etwas mehr, z. B. was Sie fühlen; Sie können die Zeile auch mit „ich" beginnen
5. Zeile – ein Wort:	ein abschließendes, zusammenfassendes Wort

Gelb
Ein Löwenzahn
Immer eine Augenweide
Ich pflücke ihn ab
Kaninchenfutter

- Gegentext schreiben

Eine allgemein bekannte Textvorlage auswählen, locker markante Passagen nachschreiben, andere frei umdichten; ähnlich mit Reim/Rhythmus verfahren.

Tipp

Bekannte Lieder und Songs eigenen sich auch hervorragend, z. B. „Oh, du fröhliche".

Erlkönig

Wer reitet so spät durch Nacht und Wind
Es ist der Vater mit seinem Kind;
Er hat den Knaben wohl in dem Arm,
Er faßt ihn sicher, er hält ihn warm.

Mein Sohn, was birgst du so bang dein Gesicht? –
Siehst, Vater, du den Erlkönig nicht?
Den Erlenkönig mit Kron und Schweif? –
Mein Sohn, es ist ein Nebelstreif –

„Du liebes Kind, komm, geh mit mir!
Gar schöne Spiele spiel ich mit dir;
Manch bunte Blumen sind an dem Strand,
Meine Mutter hat manch gülden Gewand.“

Mein Vater, mein Vater, und hörst du nicht,
Was Erlenkönig mir leise verspricht? –
Sei ruhig, bleibe ruhig, mein Kind;
In dürren Blättern säuselt der Wind. –

„Willst, feiner Knabe, du mit mir gehn?
Meine Töchter sollen dich warten schön;
Meine Töchter führen nächtlichen Reihn
Und wiegen und tanzen und singen dich ein.“ –

Mein Vater, mein Vater, und siehst du nicht dort
Erlkönigs Töchter am düsteren Ort? –
Mein Sohn, mein Sohn, ich seh es genau:
Es scheinen die alten Weiden so grau. –

„Ich liebe dich, mich reizt deine schöne Gestalt;
Und bist du nicht willig, so brauch ich Gewalt.“ –
Mein Vater, mein Vater, jetzt faßt er mich an!
Erlkönig hat mir ein Leids getan! –

Dem Vater grauset's, er reitet geschwind,
Er hält in Armen das ächzende Kind,
Erreicht den Hof mit Mühe und Not;
In seinen Armen das Kind war tot.

(Goethe, 1965, S. 154)

Erlkönig

Wer knattert so spät durch Nacht und Wind?
Es ist der Vater mit seinem Kind.
Der Vater mit seinem Sohn Fritz,
Auf BMW, mit Soziussitz.

‚Mein Sohn mein Sohn, was wird dir so bang?‘
‚Siehst Vater, du nicht den Bahnübergang,
den unbewachten, in nebliger Fern?‘
‚Sei ruhig mein Sohn, ich hab 'ne Boschlatern‘.

‚Siehst Vater, du den Schupo denn nicht,
mit dem Buch in der Hand und strengem Gesicht?‘
‚Sei ruhig, mein Sohn, ich bleibe dabei,
mit achtzig fahr'n wir an ihm vorbei!‘

‚Mein Vater! Mein Vater, jetzt fahr' aber zu,
dahinten kommt einer auf N.S.U.!‘
‚Sei ruhig, mein Sohn, ich erklär' es dir später,
der hat ja nur 200 Kubikzentimeter!‘

‚Und hinter ihm, Vater, kommt noch ein andrer:
ich hör' es ganz deutlich, es ist ein Wandrer!‘
‚Sei ruhig, mein Sohn, sei nicht so gehässig,
wir sind bei weitem mehr PS-ig.‘

‚Mein Vater, mein Vater, ich hör ihn schon johlen
gleich wird der uns noch überholen,
denn er gibt schon doppelt Gas.‘
‚Halt dich fest, mein Sohn, sonst passiert noch was!‘

Sie erreichten als Erste das Gasthaus am Meer,
doch hinter dem Vater, der Sitz … war leer.

(Verfasser unbekannt)

5.2 Eine Schreibwerkstatt anbieten

Eine Schreibwerkstatt ist reizvoll, weil sie sich als ein Projekt für Gruppen anbietet, z. B. über ein gemeinsames Sommerlager zu berichten. Dabei kann eine Vielfalt von Textsorten und Schreibmethoden (vom Gegentext bis zum Bericht oder Interview) angewendet werden. Außerdem steht den Gruppenmitgliedern ein breites Spektrum an Aufgaben zur Verfügung, unter denen sie wählen können.

Geht es um ein Projekt wie eine Gruppenzeitung, sind gemeinsam organisatorische Fragen zu klären, wie z. B.

- Schreibziel und Abgabetermin festlegen,
- Finanzierung zu sichern,
- ein einheitliches Layout zu planen,
- eine Präsentation zu überlegen und
- Verantwortlichkeiten/Zuständigkeiten abzusprechen.

Ein Gemeinschaftsprojekt im Rahmen einer Schreibwerkstatt verlangt einen großen Arbeitseinsatz. Von daher lohnt es sich darüber nachzudenken, ob das Team das Produkt in irgendeiner Form über die Gruppe hinaus öffentlich präsentieren möchte (in der Einrichtung, auf dem Elternabend, als Blog). Dies bedeutet allerdings, dass die sozialpädagogische Fachkraft dafür wirbt (!), u. U. an den entstandenen Texten zu feilen und eventuell auch anbietet, sprachliche Fehler in Absprache mit den Autoren zu verbessern.

Tipp

Je nach PC-Ausrüstung in der Gruppe bietet sich alternativ an, einen Blog zu verfassen.

Geeignete Verfahren der Textüberarbeitung sind z. B.

- sich den jeweiligen Text gegenseitig vorzulesen, zu prüfen ob er richtig klingt, u. U. nach anderen Formulierungen zu suchen, Sätze zu vereinfachen usw. Dieses Verfahren ist einfach und erstaunlich ergiebig.
- die „Textlupe" anzuwenden: Die Gruppenmitglieder nehmen ihre Texte schriftlich „unter die Lupe" und kommentieren sie nach den Regeln des Feedbacks. Dies geschieht reihum:

Das hat mir besonders gut gefallen:	Hier fällt mir etwas auf! Hier habe ich noch Fragen!	Meine Tipps! Meine Angebote!
S. 1 (bzw. Zeilenbezug)	?	?
S. 2 (bzw. Zeilenbezug)	?	?
?	?	?

6 Die Sprachkompetenz von Kindern feststellen

Worum geht es?
Eltern möchten gerne über die sprachliche Entwicklung ihres Kindes informiert werden und Erzieherinnen planen, Kinder gezielt für die Einschulung sprachlich zu fördern. In solchen Situationen ist es notwendig, die Sprachkompetenz eines Kindes verlässlich einzuschätzen bzw. seinen Sprachstand festzustellen und die Ergebnisse zu dokumentieren. Im Folgenden geht es darum,

- *Einblicke in ein Verfahren zur Sprachstandserhebung zu bekommen und*
- *sich bewusst zu machen, dass es vom Ansatz her unterschiedliche Verfahren der Sprachstandserhebung gibt.*

An welches Vorwissen/welche Vorerfahrungen können Sie anknüpfen?

Sprachbeobachtung und Dokumentation mit dem Beobachtungsbogen SISMIK

Sprachbeobachtung, z. B. mit den Sprachbeobachtungsbögen SISMIK (vgl. Ulich/Mayr, 2004) und SELDAK (vgl. Ulich/Mayr, 2006) werden über einen längeren Zeitraum im Gruppenalltag von den Erzieherinnen vorgenommen. Mit den unterschiedlichen Bögen werden die spezifischen Ausgangssituationen von Kindern mit Deutsch als Erst- und Zweitsprache erfasst und dokumentiert. Die Altersspanne der Kinder umfasst 3;5 Jahre bis Schuleintritt. SISMIK/SELDAK sind empirisch fundiert und genügen den einschlägigen wissenschaftlichen Standards (vgl. Der Bayerische Bildungs- und Erziehungsplan für Kinder in Tageseinrichtungen bis zur Einschulung, 2012, S. 201).

Kennzeichnend ist die Bandbreite dessen, was die Erzieherin beobachten soll. Die Fragen der Bögen beziehen sich auf sprachrelevante Alltagssituationen, z. B. am Frühstückstisch, bei Gesprächsrunden im Stuhlkreis oder in der Kleingruppe. Beobachtet werden:

- Sprachkompetenz im engeren Sinn (Artikulation, Grammatik),
- sprachliche Motivation und Interessen des Kindes und
- Entwicklung von Literacy.

Dazu ein Beispiel zur Beobachtung von sprachlicher Motivation und sprachlichen Interessen des Kindes:

Am Frühstückstisch	*nie*	*sehr selten*	*selten*	*manchmal*	*oft*	*sehr oft*
1 Kind schweigt	○	○	○	○	○	○
2 hört aufmerksam zu bei deutschsprachigen Gesprächen	○	○	○	○	○	○
3 geht ein auf deutschsprachige Fragen und Aufforderungen von Kindern	○	○	○	○	○	○

Am Frühstückstisch	*nie*	*sehr selten*	*selten*	*manchmal*	*oft*	*sehr oft*
4 beteiligt sich aktiv an Gesprächen in deutscher Sprache	○	○	○	○	○	○
5 erzählt auf Deutsch verständlich von etwas, das der Gesprächspartner nicht kennt oder sieht (z. B. von zu Hause)	○	○	○	○	○	○
Falls es Kinder mit derselben Familiensprache gibt:						
6 sitzt vor allem bei Kindern derselben Familiensprache	○	○	○	○	○	○
7 hört aufmerksam zu bei Gesprächen in der Familiensprache	○	○	○	○	○	○
8 beteiligt sich aktiv an Gesprächen in der Familiensprache	○	○	○	○	○	○

(Ulich/Mayr, 2004)

Entsprechend der Zielgruppe des Bogens wird auch der Umgang des Kindes mit der Familiensprache und die Sprachpraxis in der Familie in die Beobachtung miteinbezogen:

(3) ***Die Familiensprache des Kindes***

[0] **Umgang des Kindes mit seiner Familiensprache in der Einrichtung**
(Beobachtungen und Einschätzung durch deutschsprachige Erzieherin)

1 Wenn ich höre, wie das Kind in seiner Familiensprache spricht, habe ich den Eindruck, es spricht
○ längere Passagen ○ mehrere Wörter ○ einzelne Wörter

2 Wenn das Kind von Verwandten/Bekannten in seiner Familiensprache angesprochen wird (z. B. beim Abholen), habe ich beobachtet, das Kind antwortet
○ meist in Familiensprache ○ teils Familiensprache/ teils Deutsch ○ meist auf Deutsch

3 Bei pädagogischen Gruppenaktivitäten, bei denen seine Familiensprache vorkommt (z. B. Lied, mehrsprachige Begrüßung), habe ich beobachtet, wie das Kind seine Familiensprache benutzt
○ gerne/zeigt was es kann ○ macht mit ○ beteiligt sich zögerlich
○ reagiert nicht ○ zieht sich zurück
es gibt keine solchen pädagogischen Aktivitäten → □

4 Das Kind benutzt Deutsch und die Familiensprache innerhalb von einer Äußerung
○ nein ○ ja wenn ja,
○ vor allem mit Gesprächspartnern, die beide Sprachen können
○ auch bei Gesprächspartnern, die nur deutsch sprechen

[...]

(Ulich/Mayr, 2004)

SELDAK, der Beobachtungsbogen für deutschsprachige Kinder, ist prinzipiell so wie SISMIK angelegt. Für die systematische Auswertung der dokumentierten Beobachtungsergebnisse ist ein Raster vorgegeben, das in sich thematisch untergliedert ist. Insofern kann es im Team arbeitsteilig bearbeitet werden. Dass die sozialpädagogischen Fachkräfte ein einheitliches System der Sprachbeobachtung/Dokumentation nutzen, erleichtert den Austausch im Team und zwischen den Teams und ist eine Garantie professioneller Arbeit in der Kita.

Die Auswertung vermittelt den Beobachtern zugleich Ansatzpunkte für erzieherisches Handeln (wird beobachtet, dass A. im Stuhlkreis „oft sehr still und zurückgezogen" ist, weiß die Erzieherin – bestärkt auch durch weitere Beobachtungsaspekte –, dass sie gezielt das Selbstbewusstsein von A. stärken sollte). Vorteil einer derartig konzipierten Sprachbeobachtung ist, dass sie eine „Brücke" baut zwischen Beobachtung und Förderung. Wie dann Fördermaßnahmen geplant werden können, wird exemplarisch in einem Begleitheft gezeigt.

Anmerkungen zu Sprachtests

Mit Sprachtests wie Delfin 4 werden die sprachlichen Fähigkeiten von vierjährigen Kindern im Rahmen einer kurzen (ca. 25 Min.) Prüfung festgestellt. Das geschieht außerhalb der vertrauten Räumlichkeiten (Kita) und nicht ausschließlich durch pädagogische Fachkräfte, die das Kind kennt. Dabei werden die Kinder entsprechend ihren sprachlichen Fähigkeiten eingeordnet (Screening-Funktion-Tests). Die Tests sollen eine größere Objektivität gewährleisten als die Sprachbeobachtung durch die Erzieherin. Vom Testzeitpunkt her sind Fördermaßnahmen vor der Einschulung möglich.

Demgegenüber verweist Ulich (vgl. 10/2003, S. 16 ff.) generell im Hinblick auf Sprachtests u. a. darauf,

- dass Sprachtests von eingeschränkten „Sprachproben" ausgehen, von Äußerungen des Kindes in einer oft für dieses Kind problematischen Situation. Hier stelle sich die Frage, wie repräsentativ diese Sprachprobe für das Sprachvermögen des Kindes insgesamt sei.
- dass Sprachtests außerdem nicht die Lerngeschichte, Lernmotivation, das Interesse an sprachlichem Austausch erfassen. Gerade diese sind aber Aspekte von Sprache, die höchst relevant seien für die Frage, wie der Spracherwerbsprozess dieses Kindes weiter verlaufen werde.
- dass Sprachtests in der Regel keine Anhaltspunkte für eine pädagogische Förderung in der Einrichtung liefern.

Aufgabe

Stellen Sie fest, mit welchen Verfahren die Sprachstandserhebung in dem Bundesland, in dem Sie in der erzieherischen Praxis arbeiten, durchgeführt wird.

III Mit Kindern und Jugendlichen professionell Gespräche führen

Als Erzieherin führen Sie in Ihrem ganz normalen Berufsalltag zahlreiche Gespräche mit sehr unterschiedlichen Menschen: mit Kindern und Jugendlichen, mit den Erziehungsberechtigten, mit Teamkolleginnen und Vertretern Ihres Trägers, mit Fachleuten oder Gemeindevertretern, mit denen Ihre Einrichtung zusammenarbeitet, mit dem Hausmeister, mit Reinigungspersonal und vielen anderen. Von der Art und Weise, wie Sie diese Gespräche führen, hängt es entscheidend ab, ob Sie Ihre jeweiligen Ziele erreichen können und wie sich die Atmosphäre in der Einrichtung gestaltet. Die Fähigkeit, einen Kommunikationsprozess gezielt und angemessen zu steuern, ist daher eine der wesentlichen Kompetenzen einer Erzieherin. In diesem Kapitel geht es in erster Linie um Gespräche mit Kindern und Jugendlichen. Die Lerninhalte sind aber für Ihre Gespräche mit erwachsenen Partnern genauso bedeutsam.

1 Grundlagen der Kommunikation

Worum geht es?
Der Begriff „Kommunikation" ist heute so etwas wie ein Allerweltsbegriff. Er bezieht sich sowohl auf den Austausch zwischen Personen, wird aber auch oft auf die Kommunikation einer Einrichtung nach außen, z. B. auf die Öffentlichkeitsarbeit, bezogen. Im Folgenden geht es darum,

- *den Begriff Kommunikation zu klären,*
- *sich darüber klar zu werden, auf welch unterschiedliche Art und Weise wir uns mitteilen können, und*
- *kongruente von inkongruenter Kommunikation zu unterscheiden.*

An welches Vorwissen/welche Vorerfahrungen können Sie anknüpfen?

Sprachlich kommt dieses Wort aus dem Lateinischen: *communicare* bedeutet *gemeinsam machen, teilnehmen lassen*. Genau das tun wir, wenn wir kommunizieren: Wir wollen mit einem anderen „etwas zur gemeinsamen Sache machen bzw. etwas gemeinsam zur Sache machen" (Geißner, 1982, S. 45).

Es gibt keine einheitliche Definition des Begriffs *Kommunikation*.

Eine sehr allgemeine Definition des Begriffs Kommunikation ist die folgende:

***Kommunikation** ist die menschliche Kontaktaufnahme und Interaktion mit dem Ziel, sich zu verständigen. Die Menschen benutzen bei der Kommunikation sprachliche und nichtsprachliche Zeichen.*
(vgl. Eichler/Pankau: Kommunikation)

Aufgabe

In diesem Buch werden im Zusammenhang mit dem Thema Kommunikation die Begriffe „Sender" und „Empfänger" mit Absicht nicht verwendet (stattdessen „Sprecher" und „Hörer"). Welche Begründungsmöglichkeit sehen Sie dafür?

Um sich verständigen zu können, braucht man einen gemeinsamen Zeichenvorrat. Dabei denkt man zunächst meist nur an sprachliche Zeichen, also daran, wie wir uns sprachlich ausdrücken können, oder vielleicht auch noch an Mimik und Gestik. Darüber hinaus haben wir aber noch viele andere Möglichkeiten, wie wir uns anderen mitteilen können. Allerdings sind wir uns dessen nicht immer bewusst.

Die verbale Ebene

Wer kommuniziert, muss seine Gedanken und Gefühle sprachlich ausdrücken, d. h. die „richtigen" Wörter finden und diese in Sätzen miteinander verbinden können. Deshalb unterscheidet man die Semantik, die sich mit den Wortbedeutungen auseinandersetzt, und die Syntax, bei der es um den Satzbau und die sich daraus ergebenden Auswirkungen auf die Bedeutung des Gesagten geht.

Wir haben sehr unterschiedliche Möglichkeiten, etwas auszudrücken. Das ist hilfreich, um uns auf unsere Gesprächspartner einstellen zu können. Es ist ein Unterschied, ob Sie sich als Erzieherin umgangssprachlich, mit Wörtern der Jugendsprache oder im Dialekt ausdrücken oder fachsprachliche Begriffe benutzen. Was angemessen ist, hängt davon ab, mit wem Sie sprechen.

Bei der Bedeutung von Wörtern (= semantische Ebene) kann unterschieden werden zwischen einem „sachlichen Bedeutungskern" und einer gefühlsmäßig bestimmten Zusatzbedeutung. Das Fachwort für den Bedeutungskern heißt „Denotation". Diese kontext- und situationsunabhängige Grundbedeutung entspricht in etwa der Erklärung, die in einem Lexikon stehen könnte. So könnte das Wort „Rose" in einem Lexikon als „sommergrüne Pflanze mit Stacheln und Blüten in verschiedenen Farben und Formen" erklärt werden. Darüber hinaus hat die Bedeutung des Wortes „Rose" aber auch einen emotionalen Bereich, wir verbinden den Begriff mit Liebe und Zuwendung.

Diese Zusatzbedeutung eines Wortes ist kulturabhängig, wird aber auch von den persönlichen Erfahrungen eines jeden Einzelnen mitbestimmt. Das Fachwort für diese Zusatzbedeutung ist „Konnotation". Sie spielt z. B. in Gedichten, in denen das Wort „Rose" vorkommt, eine größere Rolle als der sachliche Bedeutungskern. Es ist für Sie als Erzieherin aber auch wichtig, sich klarzumachen, dass viele Wörter bei einem Kind oder Jugendlichen, mit dem Sie sprechen, emotional anders „aufgeladen" sind als bei Ihnen selbst.

Es gibt auch Wörter, die für alle Sprecher einer Sprache eine positive oder negative „Aufladung" haben, z. B. wenn man von einem Hund als einem „Köter" spricht. Dies kennen Sie vielleicht als Problem beim Lernen einer Fremdsprache: Solche Konnotationen erfasst ein Lexikon in der Regel nicht und sie sind nur schwer zu erlernen, weil sie für alle, die die Sprache nicht als Erstsprache erlernt haben, schlichtweg unbekannt sind.

Es gibt auch viele Wörter, bei denen der sachliche Bedeutungskern sehr ungenau ist, z. B. bei Schlagwörtern wie Freiheit, Gerechtigkeit etc. Die Bedeutung solcher Wörter ist vielmehr stark emotional bestimmt. Solche Wörter spielen im Bereich der Politik eine große Rolle.

	Sachlicher Bedeutungskern	Emotional bestimmte Zusatzbedeutung
Rose	Sommergrüne Pflanze mit Stacheln und Blüte	Zeichen für Zuwendung, Liebe
Nacht	Zeitraum von Sonnenuntergang bis Sonnenaufgang	Finsternis, Angst, Einsamkeit
Chancengerechtigkeit	?	Positive Aufladung: Jeder hat die gleichen Chancen.

Tipp

Versuchen Sie sich in Ihren Gesprächen immer wieder klarzumachen, dass Ihr Gesprächspartner mit vielen Wörtern über die lexikalische Bedeutung hinaus etwas anderes verbindet als Sie selbst.

Auch der Satzbau (= syntaktische Ebene) wirkt sich auf die Bedeutung des Gesagten aus. Die Bedeutung einer Information ändert sich, wenn man statt eines Aussagesatzes einen Fragesatz oder Aufforderungssatz benutzt. Jemand kann aber auch mit einem Aussagesatz eine Aufforderung ausdrücken: „Oh, ich habe solchen Durst!", kann meinen: „Bring mir doch etwas zu trinken."

Die sprecherischen Ausdrucksmittel (paraverbale Ebene)

Wir vermitteln Bedeutungen auch durch die Art und Weise, wie wir sprechen. Diese Ebene erschließt sich ausschließlich über das Hören: Sprechtempo, Lautstärke, Betonung, Klangfarbe der Stimme, Satzmelodie, Artikulation und Tonhöhe können die verbale Äußerung unterstreichen oder aber auch deren Bedeutung verändern. Eine erhöhte Lautstärke, veränderte Wortbetonung, Klangfarbe und Satzmelodie können dem Satz „Was habt Ihr denn gemacht?" eine völlig andere Bedeutung geben: Statt interessierter Nachfrage kann z. B. Kritik und Ärger mitgeteilt werden. Der sprachliche Fragesatz wird so zum (empörten) Ausrufesatz.

Pausen

Auch Pausen können ein wichtiger Bedeutungsträger sein. Wenn ein Kind, mit dem Sie sprechen, eine Sprechpause macht, also nicht weiterspricht, kann es dadurch sehr Unterschiedliches mitteilen: Es möchte nachdenken, etwas für sich klären, es spürt Gefühle, die zu äußern ihm schwerfällt u. a. Als Erzieherin zeigen Sie, dass Sie Ihren Gesprächspartner ernst nehmen, wenn Sie Pausen nicht Ihrerseits schnell durch Reden füllen oder durch Unruhe zeigen, dass Sie gemeinsames Schweigen in einer längeren Pause schlecht aushalten können.

Die nonverbale Ebene

Dafür sind die Körperhaltung, der Gesichtsausdruck mit der jeweiligen Mimik, Arm- und Beinhaltung sowie die Gestik wichtig. Diese Ebene nehmen wir optisch – aber oft nur unbewusst – wahr und sind uns in der Regel auch nicht bewusst, was wir hier mitteilen. Vor allem Gefühle wie Angst, Freude, Ärger zeigen sich in erster Linie durch Mimik und Gestik. Gerade bei Kindern können nonverbale Signale eine verlässlichere Quelle sein als verbale (vgl. Delfos, 2013, S. 78). Oft können Sie zunächst nur vermuten, was ein Kind auf der nonverbalen Ebene mitteilt. Im Verlauf eines Dialogs, in dem sich das Kind ernst genommen fühlt, lassen sich solche Vermutungen überprüfen und kann es gelingen, das Kind besser zu verstehen.

Vor allem bei sehr kleinen Kindern kommt der Verständigung über die nonverbale Ebene eine sehr große Bedeutung zu.

Nonverbale Zeichen haben auch in verschiedenen Kulturkreisen unterschiedliche Bedeutungen. Bei uns meint ein vertikales Kopfnicken ja, bei den Bulgaren bedeutet es das Gegenteil. Kopfschütteln von links nach rechts bedeutet bei uns Ablehnung, in Bulgarien und einigen Teilen Indiens z. B. aber Zustimmung. Dabei wird der Kopf aber nicht wie bei uns geschüttelt, sondern langsam hin und her gewiegt. Dass Kopfschütteln in den meisten Ländern Ablehnung meint, erklärt man sich damit, dass der Säugling durch Wegdrehen des Kopfes von der Mutterbrust signalisiert, dass er genug hat. Die „Vergrößerung" dieser Bewegung bedeutete dann „Nein".

Körperliche Orientierung in Bezug auf den Gesprächspartner

Das räumliche Zueinander hat in einer Gesprächssituation eine ganz besondere Bedeutung, spiegelt sich darin doch Nähe und Distanz zwischen den Beteiligten. Wenn Sie in einer Freizeitstätte einen Jugendlichen in das Büro der Leiterin bitten und sich dort hinter dem Schreibtisch verschanzen, wird es Ihnen kaum gelingen, mit dem Jugendlichen ein Gespräch zu führen, in dem dieser Ihnen sein Vertrauen schenkt. Deshalb ist es sehr wichtig, dass Sie sich über die Art und Weise Gedanken machen, wie Sie sich zu einem Kind oder einem Jugendlichen setzen, wenn Sie mit ihm ins Gespräch kommen wollen.

Die „Sitzordnung" soll deutlich machen, dass die Erzieherin die Beziehung symmetrisch, d. h. partnerschaftlich gestalten möchte. Das ist ganz unabhängig davon, um welche Inhalte es geht. Die Beziehung sollte partnerschaftlich gestaltet werden, egal ob Sie z. B. mit einem Jugendlichen eine Vereinbarung treffen wollen, wie dieser seine Wutausbrüche besser regulieren kann, oder mit einem Grundschulkind im Hort bei der Hausaufgabenbetreuung etwas besprechen. Gerade für Klein- und Kleinstkinder ist dieses Zueinander besonders wichtig, denn hier sind Sie von selbst eben nicht „auf Augenhöhe".

Tipp

Wenn Sie kleinere Kinder in einer Tageseinrichtung begleiten, werden Sie bei Gesprächen auch körperliche Nähe anbieten, z. B. ein Kind auf den Schoß nehmen, um es zu trösten, oder sich in der Leseecke mit Kindern zusammenkuscheln. Achten Sie dabei darauf, was die einzelnen Kinder hier wollen und zulassen.

Blickkontakt

Der Blickkontakt hat für das Gelingen eines Gesprächs erhebliche Bedeutung. Wenn Sie ein Kind, einen Jugendlichen, mit dem Sie sprechen, anschauen, zeigen Sie ihm dadurch Ihre Aufmerksamkeit und Zuwendung und motivieren es/ihn dadurch zu einem Gespräch. Außerdem ist dies die Voraussetzung dafür, dass Sie das Kind mit seinen nonverbalen Äußerungen, d. h. mit dem, was in ihm vorgeht, wahrnehmen können. Allerdings kann es für ein Kind bei einem schwierigen und belastenden Gesprächsthema, bei dem es noch nach Worten sucht, angenehmer sein, wenn es nicht angeschaut wird. Bei solchen Themen sollten Sie sich auch genau überlegen, wo Sie sich hinsetzen bzw. ob es nicht sinnvoller ist, sich neben das Kind als sich ihm gegenüber zu setzen (vgl. Delfos, 2013, S. 82).

Dass Blickkontakt Interesse am anderen und Motivation, mit ihm zu sprechen, ausdrückt, ist allerdings kulturabhängig. In vielen ausländischen Kulturen, vor allem in den arabischen, ist es ein Zeichen fehlenden Respekts, wenn ein Kind einen Erwachsenen anschaut (vgl. Delfos, 2013, S. 81).

Die Objektkommunikation

Damit sind die Gegenstände gemeint, die jemand am Körper trägt und die bewusst oder unbewusst als Kommunikationssymbole genutzt werden, im Sinne von „Kleider machen Leute": Schmuck, Brille, Kleidung, Piercing, Tattoos (vgl. Krenz/Müller-Timmermann, 2016, S. 348).

Wir haben also ganz unterschiedliche „Zeichensysteme" zur Verfügung, um uns auszudrücken. Zum Teil wählen wir bewusst aus, zum Teil unbewusst: Es ist uns in der Regel selten klar, welche nonverbalen Zeichen wir zeigen oder welche Bedeutungsnuancen wir durch unsere Wortwahl ausdrücken. Auch als „Empfänger" sind wir aktiv am Verstehensprozess beteiligt, denn wir interpretieren die mitgeteilten Zeichen, und zwar u. U. anders, als sie gemeint waren.

Zusammenspiel der verschiedenen Mitteilungsebenen

Eine besondere Schwierigkeit im Kommunikationsprozess ist, dass wir auf den verschiedenen Mitteilungsebenen Unterschiedliches kommunizieren können, sodass der Zuhörer verunsichert wird, welche Mitteilung er für die „richtige" halten soll. Zum Beispiel können Sie einem Kind gegenüber sprachlich ein Lob formulieren, „Du hast wirklich gute Fortschritte gemacht!", aber Ihre Körperhaltung, Ihre Mimik und fehlender Blickkontakt können gleichzeitig vollständiges Desinteresse signalisieren.

Kongruente/Inkongruente Kommunikation

Kommunikation ist kongruent, wenn die Mitteilungen auf allen Ebenen (verbal, nonverbal etc.) in die gleiche Sinnrichtung weisen. Passen die Mitteilungen nicht zusammen oder widersprechen sich sogar, dann ist die Kommunikation inkongruent.

Aufgabe

Wenn Sie mit Kindern Gespräche führen wollen, auf welche Mitteilungsebenen müssen Sie dabei achten? Welche Probleme können sich dabei stellen?

2 Kommunikationsmodelle

Worum geht es?
Sich mit anderen zu verständigen ist also nicht so einfach, wie es im Alltag erscheint. Kommunikationsmodelle verdeutlichen grundsätzliche Zusammenhänge und auch Schwierigkeiten in Gesprächsprozessen. Sie zu kennen, erleichtert es, Gespräche zu analysieren und sich selbst in einem Gesprächsprozess konstruktiv einzubringen. Deshalb geht es im Folgenden darum,

- *das Kommunikationsmodell von Paul Watzlawick und dessen fünf Axiome kennenzulernen und*
- *sich mit dem Kommunikationsmodell von Friedemann Schulz von Thun auseinanderzusetzen, um es in Gesprächsprozessen berücksichtigen zu können.*

An welches Vorwissen/welche Vorerfahrungen können Sie anknüpfen?

2.1 Grundsätze der Kommunikation nach Paul Watzlawick

Paul Watzlawick (1921–2007) entwickelte gemeinsam mit Janet Beavin und Don D. Jackson fünf Grundannahmen (= Axiome) über Kommunikation.

1. Axiom: Man kann nicht nicht kommunizieren.

Watzlawick stellt fest: „Wir können nicht nicht kommunizieren. Kommunikation findet immer statt, wo Menschen als soziale Wesen zusammen sind. Unser Körper verrät uns." (Watzlawick/Beavin/Jackson, 1982, S. 53). Das heißt: Mit jedem Verhalten teilt ein Kind (und jeder von uns) etwas über sich mit, auch dann, wenn es schweigt. Denn auch dieses Schweigen drückt etwas aus.

Es wurde oben bereits dargestellt, dass Sie daher z. B. ein Kind, mit dem Sie sprechen, sehr bewusst wahrnehmen sollten: Das, was ein Kind nonverbal über Mimik, Gestik, Körperhaltung mitteilt, kann Ihnen sehr wichtige Hinweise darüber geben, was in ihm innerlich vorgeht. Auch Sie selbst teilen den Kindern nonverbal vieles mit, was Ihnen gar nicht bewusst ist.

Aber welchen Sinn macht es, alle Signale als Kommunikation wahrzunehmen? Welche Erkenntnisse gewinnen wir dadurch? Dazu ein Beispiel: Im Hort fällt Ihnen ein Kind auf, weil es beim Mittagessen nach der Schule in der letzten Woche wenig gesprochen und sich jeden Tag neben jemand anderen gesetzt hat. Es ist sehr wahrscheinlich, dass das Kind mit einem solchen Verhalten etwas signalisiert, und es ist Ihre Aufgabe, herauszufinden, was das sein könnte. Aber dies trifft nicht für die Fülle an Signalen zu, die alle Kinder beim Mittagessen aussenden.

Dieses erste Axiom wurde aus diesem Grund auch kritisch hinterfragt, z. B. daraufhin, dass die Begriffe Verhalten und Kommunikation gleichgesetzt werden und dieses Axiom daher nichtssagend sei. Allgemein wurde an Watzlawicks Ansatz kritisiert, dass hier in erster Linie das „Wie" der Kommunikation beschrieben würde, aber theoretische Begründungen fehlten (vgl. Rothe, 2006, S. 104).

Das 1. Axiom schärft auf jeden Fall unseren Blick dafür, dass wir in der Interaktion mit anderen auf die vielfältigen Signale achten sollten. Wir werden dann in erster Linie diejenigen wahrnehmen, die tatsächlich von Bedeutung sind.

2. Axiom: Jede Kommunikation hat einen Inhalts- und einen Beziehungsaspekt, derart, dass letzterer den ersteren bestimmt.

In jeder Äußerung wird ein Inhalt mitgeteilt: Das ist der sachliche Kern einer Aussage, z. B. wenn Sie zu einem Kind sagen: „Das hast du ja mal wieder super gemacht." Das „Was" der Aussage, also ausschließlich der Inhaltsaspekt, ist zunächst klar, nämlich, dass das Kind etwas gut gemacht hat und dass dies auch früher schon der Fall war. Es gibt aber auch das „Wie" der Aussage. Watzlawick bezeichnet dies als Beziehungsaspekt. Wenn Sie zu einem Kind sagen „Das hast du ja mal wieder super gemacht", dann können Sie durch Ihren Blick Anerkennung signalisieren, ebenso über eine dem Kind zugewandte Körperhaltung und Mimik sowie über die Stimme. Ihre Aussage ist dann kongruent, d. h., Sie übermitteln auf den verschiedenen Ebenen eine anerkennende Rückmeldung.

Denkbar ist aber auch, dass der obige Satz ironisch gesagt wird. Dadurch verändert sich der Beziehungsaspekt vollständig. Sie teilen dem Kind dann dadurch, wie Sie den Satz sprechen – Betonung, Satzmelodie, Klangfarbe der Stimme –, sowie über Ihre Mimik das genaue Gegenteil vom Inhaltsaspekt mit, nämlich, dass das Kind etwas nicht gut gemacht hat, Sie ärgerlich sind, von ihm nichts anderes erwartet haben etc. Sie weisen das Kind also durch Körperhaltung und Mimik und Ihre Art zu sprechen an, wie es den Satz „Das hast du ja mal wieder super gemacht" verstehen soll, nämlich nicht als Anerkennung, sondern als Kritik.

Der Beziehungsaspekt bestimmt also den Inhaltsaspekt, d.h., der Beziehungsaspekt legt die Spur fest, in die der Zuhörer treten soll, um den Inhalt angemessen zu verstehen. Watzlawick bezeichnet daher den Beziehungsaspekt als „Metakommunikation", weil damit eine Aussage über die Art und Weise, wie die Kommunikationspartner miteinander kommunizieren, getroffen würde. Allerdings wird diese Art und Weise nicht bewusst kommuniziert. In der Regel meint der Begriff „Metakommunikation", dass dies gewollt und bewusst geschieht.

Metakommunikation

Die Gesprächspartner sprechen bewusst über die Art und Weise, wie sie miteinander kommunizieren. In der Regel geschieht dies mit dem Ziel, Störungen in der Kommunikation zu verringern.

3. Axiom: Kommunikation folgt einer bestimmten Verlaufsstruktur, in der Interpunktionen gesetzt werden.

Was versteht Watzlawick unter dem Begriff „Interpunktion"?

Die Gesprächspartner meinen, dass ihr eigenes Verhalten im Kommunikationsprozess eine Reaktion auf das Verhalten des anderen sei. Die Ursache für die eigene Reaktion wird also nicht bei sich selbst, sondern beim anderen gesucht. In Konflikten heißt das, dass angenommen wird, dieser gehe vom anderen aus. Eine eigene Verantwortung für den Konflikt wird nicht in Betracht gezogen.

Der Begriff „Interpunktion" meint also, dass unmittelbar vorangegangene Verhaltensweisen bzw. Mitteilungen des Kommunikationspartners in einer bestimmten Art und Weise interpretiert werden. Darauf bezieht sich die Äußerung des Sprechers, der eine bestimmte Interpretation des Gehörten/Gesagten zugrunde legt. Was der Sprecher mitteilt, liegt darin begründet, wie er das, was sein Gesprächspartner gesagt hat, interpretiert. Der Hörer wird nun selbst zum Sprecher und interpretiert wiederum das Gehörte und so immer fort.

Watzlawick vergleicht dies mit einem Reiz-Reaktions-Schema, bei dem die Reaktion ihrerseits wieder als Reiz gesehen werden kann. Jeder Kommunikationspartner unterstellt im Prozess der aufeinanderfolgenden Äußerungen eine bestimmte Ursache-Wirkungs-Abfolge in dem festen Glauben, dass es diese real gäbe. Dabei konstruiert jeder Kommunikationspartner unterschiedliche Ursache-Wirkungs-Abfolgen.

Dieser Ansatz Watzlawicks verweist auf den Konstruktivismus. Das bedeutet, „dass die Menschen sich ihre Wirklichkeit aufgrund von persönlichen, subjektiven Erfahrungen und Urteilen bilden, und diese dann für ‚wahr' halten. Diese ‚subjektive' Wirklichkeit, die wir zugleich für objektiv halten, bestimmt dann unser weiteres Handeln. Die Konstruktion unserer Wirklichkeit vollziehen wir nach Watzlawick als Interpunktion von Ereignisfolgen, d.h., wir legen (willkürlich, aber oft im besten Glauben) auf bestimmte Ereignisse besonderen Wert, betrachten diese gewissermaßen als Ursache, Anlass für weitere Ereignisse, die für uns daraus folgen." (Eichler/Pankau: Kommunikation)

***Beispiel:** Wie kann das konkret aussehen? Der obige Beispielsatz „Das hast du ja mal wieder super gemacht" könnte in folgender Szene gesagt worden sein:*

Erzieherin	Tobias
„Hallo, Tobias, wie war's heute in der Schule?"	„Die blöde Maier hat mir einen Verweis gegeben."
„Das hast Du ja mal wieder super gemacht!" (ironischer Ton)	„Halts Maul."
„Jetzt werd nicht auch noch frech!" (wütend)	„Also du bist genau so doof wie die Maier!"
„Jetzt langt's aber, heute wird's nichts mit Computerspielen." (wütend)	

Die Erzieherin interpretiert die Mitteilung „Die Maier hat mir einen Verweis gegeben." in dem Sinne, dass Tobias ein „Dauerstörer" ist. Sie fragt nicht nach, was dem Verweis vorangegangen ist. Womöglich erlebt sie den Verweis als eigenes Versagen, weil ihre pädagogische Arbeit mit Tobias nicht erfolgreicher war. Mit dem „ja mal wieder" signalisiert sie, dass sie Tobias grundsätzlich als Störer einschätzt; der Verweis scheint sie in dieser Einschätzung zu bestätigen (2. Axiom: Beziehungsaspekt).

Tobias interpretiert den ironischen Satz der Erzieherin als Vorwurf und Abwertung, sagt aber nicht, dass ihn das kränkt, sondern geht zum Angriff auf die Erzieherin über. Diese reagiert wieder mit einem Vorwurf, darauf legt Tobias noch eins drauf, die Erzieherin droht daraufhin die Strafe an.

Die Ereignisfolge heißt also:

Erzieherin	Tobias
Weil du dich nicht angemessen verhältst, mache ich dir Vorwürfe.	Weil du mir Vorwürfe machst, bin ich aggressiv.
Weil du so aggressiv bist, mache ich dir Vorwürfe.	Weil du mir Vorwürfe machst, bin ich aggressiv.
usw.	usw.

Beide interpretieren ihr eigenes Verhalten jeweils als „normale" Reaktion auf den „Reiz" des anderen:

Die Erzieherin nimmt an, dass sie deshalb Tobias abwertet und ihm Vorwürfe macht, weil er aggressiv ist. Tobias nimmt an, dass er deshalb aggressiv ist, weil die Erzieherin ihm Vorwürfe macht. Die Suche nach dem jeweils Schuldigen („Du bist schuld!") führt die Kommunika-

tionspartner in eine ausweglose Situation, in der z. B. jeder jedem mangelnde Einsicht oder gar Böswilligkeit unterstellt. Der Erzieherin bleibt nur die Strafandrohung, um in der Position der Stärkeren bleiben zu können.

Beendet werden könnte der Disput nur, wenn die Erzieherin die Ereignisfolge durchbricht: „Ich höre auf und du hörst dann gleichzeitig auch auf." So könnte sie z. B. auf den Angriff von Tobias „Halts Maul" antworten: „Du, ich möchte nicht, dass du so mit mir sprichst. Aber mich interessiert, was eigentlich los war. Erzähl mal genau, wie das gelaufen ist!"

Wenn sich solch eine Ereignisfolge bereits verfestigt hat und sich oft wiederholt, ist es sinnvoll, auf die Ebene der Metakommunikation zu gehen und gemeinsam zu überlegen, wie dieser Ablauf durchbrochen werden kann.

Die Interpunktion als Ereignisfolge ist auch bei Gesprächen mit Kindern und Jugendlichen zu bedenken, die aus einem anderen Kulturkreis stammen. „So bringt z. B. die Zugehörigkeit zu einer bestimmten Kultur auch ganz bestimmte, ihr eigene Interpunktionsweisen mit sich, die zur Regulierung dessen dienen, was – aus welchen Gründen auch immer – als ‚richtiges' Verhalten betrachtet wird." (Watzlawick/Beavin/Jackson, 1982, S. 58)

4. Axiom: Kommunikation bedient sich digitaler und analoger Ausdrucksmittel.

Digitale Kommunikation

Als digitales Ausdrucksmittel bezeichnet Watzlawick die verbale Kommunikation, die einen konkreten Inhalt transportiert (Wörter und Zahlen). Digitale Ausdrucksmittel sind mehr oder weniger eindeutig, so wie eine digitale Uhr die Uhrzeit in Zahlen angibt. Der Begriff „digital" entspricht der oben beschriebenen kontext- und situationsunabhängigen Grundbedeutung. Bei einer analogen Uhr liest man von der Stellung der Zeiger die Uhrzeit ab (vgl. Krenz/Müller-Timmermann, 2016, S. 341). Je nach Größe der Zeiger variiert die Genauigkeit, mit der sich die Uhrzeit ablesen lässt.

Entsprechend ist die digitale Kommunikation in der Regel eindeutig, Wortwahl und Satzbau vermitteln eine bestimmte Information, wenn Einigkeit darüber besteht, was mit den sprachlichen Zeichen bezeichnet wird und welche Bedeutung die Satzkonstruktion hat.

Analoge Kommunikation

Die analoge Kommunikation nutzt Gesten, Mimik, Körperhaltung, sprecherische Ausdrucksmittel und andere Zeichen zur Verständigung. Auch Musik und Malerei sind Teil der analogen Kommunikation. In der Regel ist die analoge Kommunikation mehrdeutig. Mimik, Gestik, Körperhaltung, sprecherische Ausdrucksmittel können sehr unterschiedlich gedeutet werden. Dadurch können besonders leicht Störungen im Kommunikationsprozess entstehen und Missverständnisse auftreten.

Eine Störung ergibt sich immer dann, wenn digitale und analoge Kommunikation nicht übereinstimmen, also wie es in dem o.g. Satz der Erzieherin der Fall war: „Das hast du ja mal wieder super gemacht." Digital vermittelt der Satz eine positiv anerkennende Information, analog werden Vorwurf und Kritik geäußert. Die Kommunikation ist nicht kongruent.

5. Axiom: Zwischenmenschliche Kommunikationsabläufe können symmetrisch und/ oder komplementär sein.

Dieses Axiom wird nur auf die Interaktion zwischen den Kommunikationspartnern bezogen, nicht aber auf die soziale Rolle, die diese haben und die durchaus hierarchisch sein kann. So kann eine Praktikantin symmetrisch mit der Einrichtungsleiterin kommunizieren. Das bedeutet bei Watzlawick weniger, dass sie sich auf Augenhöhe begegnen, also partnerschaftlich miteinander kommunizieren, sondern dass die Kommunikationspartner sich um eine spiegelbildliche Beziehung bemühen. Damit ist gemeint, dass die eine es der anderen gleich tun will und Unterschiede möglichst klein gehalten werden sollen. So könnte z. B. die Leiterin eine Person sein, die wenig Gefühl zeigt. Ist die Kommunikation in Watzlawicks Sinn symmetrisch, wird auch die Praktikantin in diesem Gespräch Gefühle nicht äußern. Als komplementär bezeichnet Watzlawick einen Kommunikationsprozess, der die Unterschiedlichkeit der Partner betont. Dies gibt die Chance der gegenseitigen Ergänzung, d.h., die Praktikantin würde durchaus ihre Gefühle einbringen, auch wenn es die Leiterin nicht tut.

Eine Kommunikation ist nach Watzlawick dann gelungen, wenn dabei sowohl symmetrische als auch komplementäre Abläufe vorhanden sind. Der Begriff „symmetrisch" steht bei Watzlawick in einem anderen Zusammenhang als im Kapitel „Symmetrie im Gespräch" (vgl. Kap. IV 4.1).

Aufgabe

Machen Sie sich noch einmal die Kernaussagen der fünf Axiome klar. Veranschaulichen Sie dann jedes Axiom durch ein konkretes Beispiel, das Sie persönlich oder beruflich erlebt haben. Welche Schlussfolgerungen für Ihr professionelles Handeln ziehen Sie daraus?

2.2 Das Kommunikationsmodell von Schulz von Thun: die vier Seiten einer Nachricht

Das Kommunikationsmodell von Friedemann Schulz von Thun (geb. 1944) ist als „Kommunikationsquadrat" bzw. „Vier-Ohren-Modell" eines der bekanntesten. Das hängt sicher damit zusammen, dass es praxisnah ist. Das heißt, es fällt leicht, dieses Modell auf Gesprächssituationen zu beziehen, die man gerade erlebt.

Dieses Kommunikationsmodell wird im Folgenden an einem Beispiel erklärt, das Sie selbst in Ihrer Ausbildung erleben könnten:

Die „vier Schnäbel" des Sprechers

Schulz von Thun unterscheidet vier Ebenen der Kommunikation. Diese veranschaulicht er in einem Kommunikationsquadrat.

Danach enthält jede Äußerung gleichzeitig – egal ob so gewollt oder nicht – vier Botschaften:

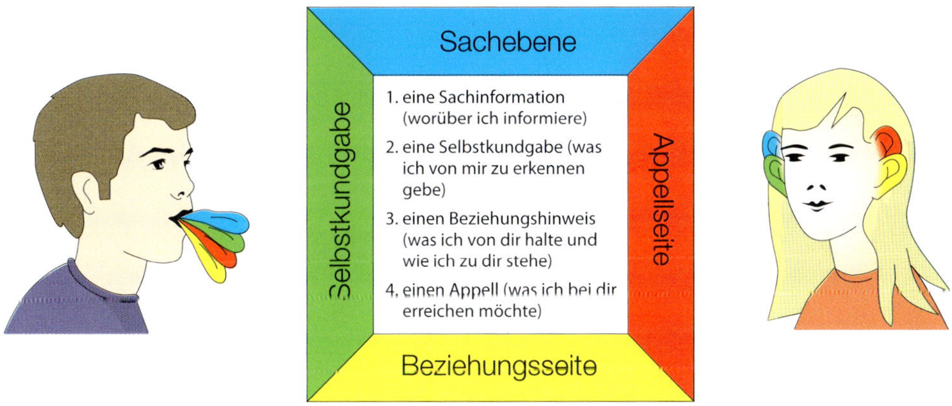

„Worüber ich informiere": die Sachebene
Hierbei steht die Sachinformation im Vordergrund, d. h., es geht um Sachverhalte, um Daten und Fakten. Insofern ist die Sachebene dem Begriff „digitale Kommunikation" bei Watzlawick gleichzusetzen. Im Beispielsatz informiert die Sprecherin darüber, dass sie glaubt, sie bricht die Ausbildung ab, und dass ihr alles zu viel wird. Was sie an Sachinformation mitteilt, erscheint auf den ersten Blick verständlich (allerdings bleibt unklar, was mit „ich glaube" gemeint ist). Im Vordergrund steht in dieser Äußerung aber nicht die Information über allgemeine Fakten und Daten, sondern eine persönliche Einschätzung.

„Was ich von mir zu erkennen gebe": die Selbstkundgabe

Jede Äußerung enthält auch, ob jemand will oder nicht, eine Selbstkundgabe, nämlich darüber, was in einem vorgeht, wie man sich fühlt, welche Rolle man einnimmt. Schulz von Thun spricht davon, dass jede Äußerung zu einer kleinen „Kostprobe der Persönlichkeit" wird. Eine solche Kostprobe kann man „explizit", also ausdrücklich und gewollt, oder „implizit" geben.

> ***Explizite Mitteilung***
>
> *Eine Äußerung ist auf der Ebene der Selbstkundgabe explizit, wenn sich an der sprachlichen Formulierung sofort erkennen lässt, dass jemand etwas über sich selbst mitteilt.*

Das sagt aber noch nichts darüber aus, ob dies bewusst oder unbewusst getan wird.

> ***Implizite Mitteilung***
>
> *Eine Mitteilung wird implizit genannt, wenn sie indirekt, z. B. über die sprecherischen Ausdrucksmittel, Mimik und Gestik gemacht oder in sprachlichen Formulierungen „versteckt" wird.*

Die Studierende leitet ihre Äußerung mit „ich glaube" ein und teilt dadurch deutlich ihre Unsicherheit bezüglich ihrer Entscheidung, die Ausbildung abzubrechen, mit. Zusätzlich informiert sie darüber, wie ihr persönlich zumute ist: „Das wird mir alles zu viel." Sprachlich wird sowohl an den Wörtern „ich glaube" als auch an dem „mir" deutlich erkennbar, dass sie jetzt mit dem „Selbstkundgabe-Schnabel" spricht. Man kann daher sagen, dass diese Mitteilung „explizit" gemacht wird.

Jetzt wird auch klar, dass eine Sachinformation im Sinne einer Mitteilung über Daten und Fakten nicht im Vordergrund steht. Es geht der Studierenden nicht um eine Tatsache, nämlich dass die Ausbildung grundsätzlich, also für alle Studierenden „einfach zu viel" ist. Dann würde sie sagen: „Ich breche die Ausbildung ab – das ist alles zu viel." In diesem Fall würde die Studierende am stärksten (= explizit) mit dem „Sachinformations-Schnabel" sprechen. Das tut sie aber nicht, sondern der Schwerpunkt ihrer Äußerung liegt auf dem „Selbstkundgabe-Schnabel".

Mit dem „Selbstkundgabe-Schnabel" sprechen wir oft implizit durch Mimik, Gestik, Tonfall, Klangfarbe der Stimme etc., ohne dass eine Selbstkundgabe an der verbalen Äußerung erkennbar ist.

„Was ich von dir halte und wie ich zu dir stehe": die Beziehungsseite

Mit jeder Äußerung gibt jemand (durch Formulierung, Tonfall, Mimik etc.) immer auch einen Hinweis darauf, wie er die Beziehung zu seinem Gesprächspartner in diesem Gespräch einschätzt.

Im Beispiel der Studierenden setzt diese ihren „Beziehungs-Schnabel" nicht aktiv ein, d.h., sie äußert sich nicht explizit („Dir vertrau ich."), sondern nur implizit. Die Mitteilung zur Beziehungsseite „steckt" sozusagen in der Aussage „drin". Denn offensichtlich rechnet die Studierende damit, dass ihre Gesprächspartnerin einfühlsam reagieren und ihr gegenüber keine verletzende Geringschätzung ausdrücken wird (z. B. durch eine Antwort wie: „Das hat aber lange gedauert, bis Sie das gemerkt haben!"). Einer solchen Antwort würde die Wertschätzung und Einfühlung fehlen.

Die Studierende schätzt ihrerseits die Beziehung zur Beratungslehrerin als partnerschaftlich ein. Sie hat keine Angst, über ihre ganz persönliche Situation zu sprechen. Das Beispiel macht also deutlich, dass eine Äußerung implizit immer auch eine Beziehungsdefinition enthält.

Hätte die Studierende ihren „Sachinformations-Schnabel" am deutlichsten sprechen lassen („Ich breche die Ausbildung ab, das ist alles zu viel."), dann würde sich die Botschaft des „Beziehungs-Schnabels", d.h. der Beziehungshinweis, der sich aus der sprachlichen Ausdrucksweise hier gut erschließen lässt, nicht so leicht ableiten lassen (höchstens vielleicht an nonverbalen Mitteilungen über Gestik und Mimik etc.). Aufgrund der expliziten Selbstoffenbarung fällt die Wahrnehmung des Beziehungshinweises leichter, denn die Studierende gibt ihre Unsicherheit deutlich zu erkennen (= „Ich kann mich dir gegenüber als schwach zeigen und brauche keine Angst zu haben, dass du mich verletzt.").

Die Beziehungsseite der Nachricht bei Schulz von Thun meint also nicht genau das Gleiche wie der Beziehungsaspekt bei Watzlawick. Bei Watzlawick wird der Beziehungsaspekt als Metakommunikation verstanden, d.h., der Beziehungsaspekt gibt vor, wie der sachliche Kern der Mitteilung zu deuten ist. Bei Schulz von Thun steht bei der Beziehungsseite im Vordergrund, wie die Beziehung zwischen den Gesprächspartnern definiert wird. Dies wirkt sich dann zwar auch darauf aus, wie der Sachaspekt verstanden werden soll, die Mitteilung der Beziehungsseite geht aber darüber hinaus.

„Wozu ich dich veranlassen möchte": die Appellseite

Wenn jemand mit einem anderen spricht, will er in der Regel auch etwas bewirken, Einfluss nehmen auf Handeln, Denken oder Fühlen des anderen. Offen oder verdeckt geht es bei der Appellseite um Wünsche, Appelle, Ratschläge, Handlungsanweisungen etc.

Im Beispiel der Studierenden hat die Appellseite verhältnismäßig viel Gewicht, auch wenn diese nicht explizit ausgedrückt wird. Dafür wäre ein klarer sprachlicher Appell zum Beispiel durch einen Aufforderungssatz notwendig: „Bitte helfen Sie mir!" Die Studierende verdeutlicht aber, dass sie ihre Entscheidung noch nicht endgültig getroffen hat („ich glaube"). Daher kann die Mitteilung auf der Appellseite leicht gehört werden, nämlich dass die Beratungslehrerin sie dabei unterstützen möge, eine „sichere" Entscheidung zu finden. Viel schwieriger ist es, den Appell zu konkretisieren: Die Studierende könnte sich Unterstützung bei der Entscheidungsfindung erhoffen – soll sie jetzt die Ausbildung abbrechen oder nicht? Sie könnte aber auch an die Beratungslehrerin den Appell richten, sie im weiteren Verlauf der Ausbildung zu unterstützen, damit ihr eben nicht mehr „alles zu viel" ist, bzw. den Appell ausdrücken, ihr in einem Beratungsgespräch dazu Wege aufzuzeigen.

Der „vier-ohrige" Empfänger

Schulz von Thun will mit seinem Modell zum einen verdeutlichen, dass jeder Sprecher bei jeder Äußerung, ohne es zu wollen, auf allen vier Ebenen (Selbstkundgabe, Sachinformation, Beziehungsseite, Appellseite) wirksam ist. Es wird aber noch komplizierter. Denn diese vier Ebenen werden sozusagen beim Hörer gedoppelt, denn auch er hört „mit vier Ohren". Dabei kann er einer der Seiten ein größeres Gewicht geben als den anderen, wobei nicht gesagt ist, dass er das bei der Seite tut, die auch für den Sprecher das größte Gewicht hat.

Das Sach-Ohr

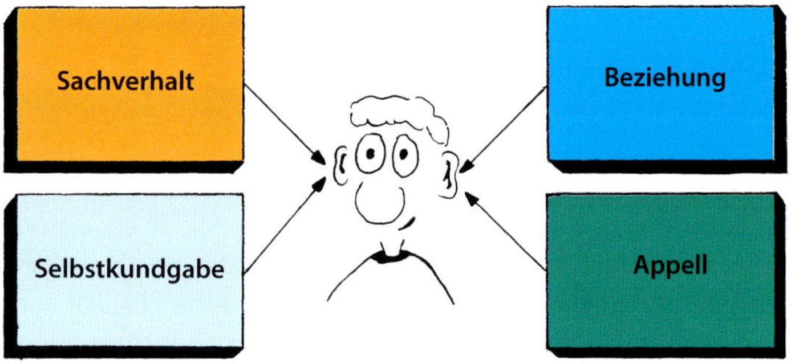

Wer auf dem Sach-Ohr besonders empfangsbereit ist, hört in erster Linie auf die Daten, Fakten und Sachverhalte. Im Beispiel der Studierenden könnte eine (in Gesprächsführung ungeschulte) Gesprächspartnerin, die sich bemüht, sachlich zu sein, und daher besonders auf dem Sach-Ohr hört, z. B. zurückfragen: „Wann wollen Sie aufhören? Vergessen Sie nicht die schriftliche Mitteilung an die Schulleitung." Es ist einleuchtend, dass in diesem Fall der Appell (Anfrage nach Unterstützung) nicht gehört wird und die Studierende sich nicht verstanden fühlt.

Das Selbstkundgabe-Ohr

Ein Hörer kann aber auch in erster Linie mit dem Selbstkundgabe-Ohr hören. So jemand lässt sich beim Zuhören von Fragen wie den folgenden leiten: Was sagt mir das über den anderen? Was ist der für einer? Wie ist er gestimmt?

Im Beispiel von der Studierenden „passt" die besondere Aufmerksamkeit dieses Ohres, weil die Ebene der Selbstkundgabe explizit war. Die Beratungslehrerin könnte also zurückfragen: „Sie wollen die Ausbildung abbrechen, weil Ihnen alles sehr viel erscheint, aber sind noch etwas unsicher?"

Problematisch könnte ein übergewichtiges Hören auf dem Selbstkundgabe-Ohr allerdings dann sein, wenn die Mitteilung „Das wird mir alles zu viel" dramatisiert wird („Kommen Sie unbedingt erst mal zur Ruhe, bevor Sie völlig zusammenbrechen.").

Das Beziehungs-Ohr

Hört die Beratungslehrerin mit einem sensiblen Beziehungs-Ohr, dann wird sie das Vertrauen, das die Studierende ihr in ihrer Rolle als Beratungslehrerin mit Gesprächsführungskompetenzen entgegenbringt, zu schätzen wissen. Sie wird nicht auf die Idee kommen, dass die Abmeldung der Studierenden sich negativ auf ihr Gehalt auswirken könnte, weil ihr dann eine niedrigere Zahl von Praxisbetreuungsstunden zustehen könnte. Eine Lehrkraft, der dieser Gedanke käme, würde sich im Gespräch womöglich davon leiten lassen, der Studierenden das Abbrechen der Ausbildung auszureden.

Das Hören auf dem Beziehungs-Ohr kann aber auch zu Missverständnissen führen, wenn dieses besonders sensibel und (über-)empfindlich ist. In diesem Fall wird eine Mitteilung abgeklopft im Hinblick auf: „Wie fühle ich mich behandelt durch die Art, in der der andere mit mir spricht? Was hält der andere von mir und wie steht er zu mir?" So jemand kann Geringschätzung oder Machtanspruch heraushören, wo andere dies nicht wahrnehmen.

Das Appell-Ohr

Wessen Appell-Ohr besonders ausgeprägt ist, der ist empfangsbereit für die Frage: „Was soll ich jetzt machen, denken oder fühlen?" Die Beratungslehrerin hört zu Recht die Bitte um Unterstützung. Das Appell-Ohr kann aber auch besonders stark ausgebildet sein. Dies ist in sozialen Berufen nicht selten der Fall. Es wird dann leicht eine Bitte um Hilfe gehört, die nicht geäußert wurde und deren Erfüllung den anderen nicht stärkt, d. h., der Zuhörer „klopft" die Botschaft unter Umständen auf die Appellseite hin „ab".

Oft haben sich aufgrund unserer Lebensgeschichte bestimmte „Ohren" besonders herausgebildet. Deshalb orientieren wir uns häufig nicht daran, welcher „Schnabel" das stärkste Gewicht hat (d. h. welche Botschaft explizit gemacht wurde), sondern nutzen unsere analytischen Fähigkeiten, um implizite Botschaften wahrzunehmen. Immer wieder haben wir die Tendenz, entweder besonders auf dem Selbstkundgabe-Ohr zu hören oder auf dem Sach-Ohr, dem Beziehungs-Ohr oder dem Appell-Ohr. Das Problem daran ist, dass uns dies in der Regel nicht bewusst ist. Darin steckt aber eine häufige Ursache von Missverständnissen, weil unsere Antwort sich auf das bezieht, was wir zu hören gemeint haben. Hören hat also immer auch eine produktive Seite, d. h., wir ergänzen und interpretieren aufgrund unserer Vorerfahrungen, was ein anderer sagt. Daher sollten wir versuchen, ein Gleichgewicht zwischen den „vier Ohren" herzustellen. Dies kann aber nur dann gelingen, wenn wir um unsere persönliche „Sympathie" für „ein Ohr" wissen und wir den Stellenwert dieses „Ohres" bewusst abschwächen können.

Tipp

Achten Sie als Hörer nicht nur auf die sprachliche Formulierung und deren mögliche Bedeutung bezogen auf die „vier Schnäbel/vier Ohren", sondern auch auf die nichtsprachlichen Mitteilungsebenen!

Aufgaben

1. *An welchen Punkten sehen Sie Gemeinsamkeiten zwischen den beiden Kommunikationsmodellen, in welcher Hinsicht unterscheiden sich beide?*
2. *Leiten Sie von den beiden Modellen mindestens drei Punkte ab, die Sie für Ihre berufliche Praxis als bedeutsam ansehen und die Sie umsetzen möchten.*

3. *Sie arbeiten als Praktikantin in einer Tageseinrichtung für Kinder. Ein vierjähriges Kind sagt zu Ihnen: „Hilfst du mir, meinen Lampion zusammenzukleben?" Bestimmen Sie die „vier Seiten" dieser Mitteilung. Welches Ihrer „vier Ohren" wird dadurch besonders aktiviert? Wie könnten Sie antworten und welche Seite der Nachricht machen Sie dadurch explizit?*

4. *Übertragen Sie die folgende Tabelle auf ein Arbeitsblatt. Prüfen Sie die Erläuterungen zum 1. Beispiel und ergänzen Sie dann die Tabelle in Bezug auf das 2. und 3. Beispiel. Überlegen Sie dann, ob dem Beispielsatz noch weitere Bedeutungen zugeschrieben werden könnten, je nachdem, auf welchem Ohr er gehört wird.*

Beispiel	Selbstkundgabe	Sachinfo	Beziehung	Appell
1. Erzieherin zur Praktikantin: *„Ich habe dir schon dreimal gesagt, du sollst nach dem Mittagessen den Tisch abwischen!"*	Ich bin ärgerlich und unzufrieden. Mir ist Sauberkeit wichtig.	Du sollst nach dem Mittagessen den Tisch abwischen, dreimal gesagt.	Ich kann Anweisungen geben und erwarte, dass du sie befolgst.	Wisch (morgen?) den Tisch ab! Einmal sagen reicht.
2. Sozialpädagoge zur Erzieherin: *„Die Jugendamtsakte von Kai steht im Schrank, wo sie hingehört."*	?	?	?	?
3. Pfarrer zur Hortleiterin: *„Warum war denn niemand vom Hort beim Jugendkreuzweg?"*	?	?	?	?

3 Störungen im Gespräch

Worum geht es?

Es gibt Gespräche mit einem Kind oder Jugendlichen, für das Sie sich Zeit nehmen und für das Sie vielleicht sogar einen besonderen Termin vereinbart haben, sodass Sie sich darauf vorbereiten können. Daneben gibt es aber viele kleine Gesprächssituationen im Laufe Ihres beruflichen Alltags mit Kindern und Jugendlichen, bei denen Sie sich nicht vorbereiten können. Sie können sich dabei beziehungs- und damit gesprächsförderlich verhalten, genauso kann es aber sein, dass Sie ganz unbeabsichtigt das genaue Gegenteil tun: Ihre Reaktionen stören den Gesprächsverlauf und damit auch die jeweilige Beziehung.

Thomas Gordon hat in seinem Buch „Lehrer-Schüler-Konferenz" zwölf Kategorien benannt, mit denen er typische nicht wertschätzende Gesprächsbeiträge ordnet (vgl. Gordon, 1977, S. 51 ff.). Auch sozialpädagogische Fachkräfte sind nicht davor gefeit, im Laufe eines Arbeitstages solche „Gesprächsstörer" auszusprechen. Das hängt damit zusammen, dass diese ihnen oft aus ihrer eigenen Kindheit vertraut sind. Mögliche Alternativen fallen ihnen daher oft spontan gar nicht ein. Ein erster Schritt, dies zu verändern ist es, sich klarzumachen, was typische Gesprächsstörer sind. Deshalb geht es im Folgenden darum,

- *sich in Orientierung an Thomas Gordon klar zu machen, worin sich mangelnde Wertschätzung sprachlich zeigt und wie sie eine vertrauensvolle Beziehung zwischen Erzieherin und Kind/Jugendlichem stören kann.*

An welches Vorwissen/welche Vorerfahrungen können Sie anknüpfen?

Gordon zählt z. B. auf:

- Befehlen, anordnen, kommandieren

  Tim macht immer noch Hausaufgaben, obwohl die Zeit schon vorbei ist:

- Warnen und drohen

- Moralisieren: mit „müsstest" und „solltest" argumentieren

  Tobi bemüht sich, die Schleife mit dem Schuhband zu binden:

- Raten, Lösungen anbieten, Vorschläge machen

- Belehren, logische Argumente nennen

- Verurteilen, kritisieren, beschuldigen

  Peter sollte das Gruppenzimmer aufräumen:

- Beschimpfen, Klischees verwenden

  Die achtjährige Anna ist hingefallen und weint:

- Interpretieren, analysieren

- Beruhigen, herunterspielen, trösten

- Verhören, ausfragen

Es ist kaum vorstellbar, dass sich nach diesen Reaktionen der Erzieherin ein Dialog zwischen ihr und dem Kind/Jugendlichen entwickeln könnte. Wahrscheinlich ist vielmehr, dass das Kind/der Jugendliche entweder verstummen und seinen Ärger und das Gefühl, nicht verstanden zu werden, herunterschlucken wird oder mit einer aggressiven Bemerkung „zurückschießt". Das Gespräch wird entweder eskalieren oder versiegen.

Allen diesen Gesprächsstörern gemeinsam ist, dass es sich um „Du-Botschaften" handelt. Was in der Erzieherin vorgeht, bleibt für das Kind oder den Jugendlichen unklar. Stattdessen wird das Kind abgewertet, ihm werden Schuldgefühle gemacht. Wie lässt sich das ändern und worauf kommt es an?

Aufgaben

1. *Überlegen Sie bei den folgenden vier Beispielsätzen für Gesprächsstörer jeweils, welche expliziten bzw. impliziten Botschaften entsprechend dem Kommunikationsquadrat von Schulz von Thun dabei mitgeteilt werden:*

   - *„Mach jetzt endlich mal voran!"*
   - *„Jetzt bist du schon fünf Jahre alt. Eine Schleife binden – das solltest du längst können!"*
   - *Kind: „Mir ist langweilig." Erz.: „Geh ein bisschen schaukeln!"*
   - *„Wer heult denn da gleich. Du bist doch kein Baby mehr!"*

   Formulieren Sie dann einen alternativen Satz, bei dem die Erzieherin dem Kind/Jugendlichen Wertschätzung entgegenbringt. Tragen Sie Ihre Ergebnisse in eine Tabelle nach folgendem Muster ein:

Gesprächsstörer	Sachaspekt	Selbstkundgabe	Beziehungsseite	Appellseite	Wertschätzende Alternative

2. *Listen Sie für sich die genannten Gesprächsstörer noch einmal auf und bilden Sie zu jedem ein Beispiel.*
3. *Welche der genannten Gesprächsstörer kennen Sie in der Rolle des Zuhörers aus Ihrem eigenen Leben und wie haben sich diese auf Sie ausgewirkt?*
4. *Gibt es Gesprächsstörer, die Sie spontan leicht benutzen, ohne es zu wollen? Wie können Sie dies verändern?*

4 Grundkenntnisse in der Gesprächsführung

Worum geht es?
Die Art und Weise, wie Sie als Erzieherin mit Kindern und Jugendlichen sprechen, hat sehr starken Einfluss auf deren Entwicklungsmöglichkeiten. Bei Kleinstkindern stärkt das dialogische Sprechen mit dem Kind die Bindung, die Voraussetzung dafür ist, dass das Kind seine Umwelt erforscht und mit anderen Menschen Kontakt aufnimmt. In der Art und Weise, wie ein Gespräch geführt wird, wird die Beziehung zum Kind gestaltet. Zugleich ist das Gespräch die wichtigste Erziehungs- und Bildungsmethode, weil hier z. B. auch kognitive Prozesse und Sprachkompetenzen stimuliert und kreative und soziale Entwicklungsbereiche beeinflusst werden (vgl. Textor).

Im Folgenden geht es daher darum,

- *sich über die Bedeutung einer professionellen Grundhaltung in Gesprächen klar zu werden und*
- *sich in einem ersten Schritt über die sogenannten Techniken der Gesprächsführung zu informieren, um sich diese in einem zweiten Schritt aneignen zu können.*

An welches Vorwissen/welche Vorerfahrungen können Sie anknüpfen?

4.1 Grundhaltungen

Die Grundhaltungen in der Gesprächsführung entsprechen den pädagogischen Grundhaltungen:

- *emotionale Wärme und Wertschätzung*
- *einfühlendes Verstehen*
- *Echtheit*

Aufgabe

Konkretisieren Sie, was Sie unter diesen Begriffen verstehen. Beziehen Sie dabei auch Kap. II 3.1 mit ein.

Wenn Sie ein Kind/einen Jugendlichen, so wie es/er ist, wertschätzen und sich in seine Situation einfühlen, um sich mit ihm zu verständigen und es/ihn verstehen zu können, dann führt das zu einer dialogischen Grundhaltung.

Vor allem die sprecherischen Ausdrucksmittel, also z. B. die Klangfarbe der Stimme, und die nonverbale Mitteilungsebene, wie z. B. Gesichtsausdruck und Körperhaltung, „verraten" viel über die persönliche Haltung dem Kind gegenüber. Die Grundhaltungen der Wertschätzung und Akzeptanz, der Einfühlung und Echtheit werden darüber hinaus auch sprachlich zum Ausdruck gebracht. Deshalb ist es für Sie als Erzieherin wichtig, zu lernen, wie Sie diese Grundhaltungen in Ihrer Sprache zeigen können. Man spricht hier von „Techniken der Gesprächsführung". Diese Wortwahl bringt zwar zum Ausdruck, dass diese wie eine Technik (z. B. beim Skifahren) erlernt werden können. Es wird aber nicht deutlich, dass hinter diesen Techniken der Gesprächsführung die oben beschriebenen Grundhaltungen stehen. Wenn Sie als Erzieherin einem Kind, aus welchen Gründen auch immer, in dieser Grundhaltung nicht begegnen können, dann hilft auch die „Technik" nicht weiter. Das Kind spürt, dass Sie nicht echt, nicht authentisch sind und wird sich daher auch nicht wertgeschätzt und verstanden fühlen.

Dass eine Erzieherin nicht alle Kinder gleich gerne mag, ist völlig normal. Wichtig ist es, sich darüber klar zu werden, wann man einem Kind mit Vorbehalten begegnet, und darüber im Team oder in der Supervision zu sprechen. Dabei geht es nicht darum, das Kind dann doch zu mögen, sondern zu einer professionellen Haltung zu finden, mit der man das Kind annehmen und ihm in Gesprächen authentisch begegnen kann. Das heißt nicht, dass Sie alles, was Sie denken, auch sagen müssen. Doch Sie müssen zu dem, was Sie sagen, auch stehen können (vgl. Barth).

In Gesprächen mit Kindern genügt es in der Regel nicht, dass Sie das „Gefühl" haben, das Kind wertzuschätzen und zu respektieren. Dies muss sich auch in Ihrer Sprache, Ihrer Wortwahl, Ihrer Art zu sprechen sowie im nonverbalen Ausdruck für das Kind zeigen. Außerdem ist es für das Kind sehr wichtig, wie Sie auf seine Äußerungen eingehen und sie weiterführen. Es muss spüren können, dass Sie an einem Dialog mit ihm interessiert sind.

Aufgabe

Die folgende Passage dokumentiert die Beobachtung eines Gesprächs in einer Tageseinrichtung für Kinder (Kazemi-Veisari, 2008, S. 5). Gehen Sie den Text im Einzelnen durch, und beschreiben Sie, welche Grundhaltung Sie bei der Erzieherin in ihrer Gesprächsführung beobachten können.

Tommy (6 Jahre alt) nimmt mit anderen Kindern am Morgenkreis teil. In seinen Händen hält er Korken und Eisstiele.

Die Erzieherin fragt:	*„Wo ist Paul?"*
Tommy:	*„Im Urlaub."*
Erzieherin:	*„Wer möchte etwas erzählen?"*
Tommy:	*„Ich." (Er wird nicht drangenommen, bleibt still und legt zwei Eisstiele zur Seite.)*
Erzieherin:	*„Wer von euch war schon mal am Strand?"*
Tommy:	*„Ich, in Ghana." (Seine Bemerkung geht unter.)*

Erzieherin nach einer Weile: „Wer möchte jetzt etwas erzählen?"

Tommy:	*„Ich." (Erneut wird ein anderes Kind aufgefordert.)*

Danach wendet sich die Erzieherin an Tommy: „Was wolltest du erzählen?"

Tommy:	*„Ich wollte erzählen, dass meine Waschmaschine kaputt ist."*
Erzieherin an alle:	*„Was kann man denn da machen, wenn die Waschmaschine kaputt ist?"*
Tommy:	*„Reparieren."*

Die Erzieherin fasst die bisherigen „Ergebnisse" des Morgenkreises zusammen.

Tommy:	*„Mein Onkel wollte die reparieren, aber unser Schraubenzieher war nicht so gut."*

4.2 „Techniken" der Gesprächsführung

Bei den Beschreibungen von Kommunikationsprozessen durch Watzlawick und Schulz von Thun ist deutlich geworden, wie komplex Mitteilungen in Gesprächen sind. In den ersten Lebensjahren eines Kindes kommt der nonverbalen Kommunikation eine besondere Bedeutung zu, weil Kinder sich zunächst gar nicht und dann nur eingeschränkt sprachlich äußern können. Vor allem im Bereich der unter Dreijährigen kommt es daher wesentlich darauf an, dass Sie als Erzieherin die nonverbalen Signale des Kindes wahrnehmen können und auch selbst bewusst nonverbal kommunizieren, z. B. durch Blickkontakt, Anlächeln, Berühren etc. (vgl. Textor).

Wie Ihnen Gespräche mit Kindern gelingen – und das heißt, dass es Ihnen gelingt, in einen Dialog mit dem Kind zu treten und ihm dabei Wertschätzung zu vermitteln –, hängt nicht zuletzt von Ihren Kenntnissen in der Gesprächsführung ab. Es gibt Faktoren, die einem Gespräch förderlich sind, und solche, die es nicht sind. Großen Einfluss haben die folgenden Faktoren:

Zuhören

Ob ein Kind Ihnen viel von sich erzählt, von dem, was es bewegt, wofür es sich interessiert, hängt wesentlich davon ab, ob es sich von Ihnen ernst genommen fühlt. Das vermitteln Sie dem Kind zuallererst durch aufmerksames Zuhören. Wie kann ein Kind bemerken, dass Sie ihm zuhören und sich für das interessieren, was es Ihnen mitteilt?

Hier gilt zunächst eine grundlegende Gesprächsregel (vgl. Kap. IV 2), nämlich den anderen ausreden zu lassen. Das heißt, dass Sie als Zuhörerin schweigen, denn nur wenn Sie schweigen, kann das Kind sprechen. Wenn Sie ein Kind unterbrechen, signalisieren Sie damit, dass es Ihnen nicht wichtig ist, was es zu sagen hat, oder dass Sie sogar glauben, schon zu wissen, was es sagen will. Schweigend zuzuhören, ist gar nicht so einfach. Im Gespräch mit Kindern, vor allem mit Kleinkindern, verlangt das auch Geduld.

Thomas Gordon verdeutlicht, wie eng Ihr Schweigen als Zuhörerin des Kindes mit dessen Erfahrung, angenommen und wertgeschätzt zu sein, zusammenhängt: „Nichts sagen vermittelt tatsächlich Annahme. Schweigen – ‚passives Zuhören' – ist eine wirksame, nicht verbale Botschaft, die [...] das Gefühl geben kann, wirklich angenommen zu sein." (Gordon, 1977, S. 61)

Durch Ihr Schweigen können Sie Ihrem Zuhörer allerdings keine vollständige Sicherheit vermitteln, was in Ihnen vorgeht und ob Sie das Ausgesprochene nicht doch missbilligen. Deshalb ist es ein Grundsatz der Gesprächsführung, das eigene aufmerksame Zuhören mitzuteilen, z. B. durch

- Kopfnicken,
- Blickkontakt,
- zugewandte Körperhaltung und
- begleitende Äußerungen wie „Ja", „Hm" ...

Gordon nennt dies **bestätigende Reaktionen**. Ihr Gesprächspartner kann dadurch wahrnehmen, dass Sie zuhören und mit Ihren Gedanken nicht abschweifen.

Kommunikative Türöffner

Bei diesen Äußerungen, die Gordon anschaulich als Türöffner bezeichnet, gehen Sie in der Art und Weise, wie Sie Ihr Zuhören deutlich machen, einen Schritt weiter.

Kommunikative Türöffner

Kommunikative Türöffner sind offene Fragen und Aussagen, mit denen ein Sprecher den Gesprächspartner ermutigen will, von sich zu erzählen.

Das sind z. B. Sätze wie die folgenden:

- *„Möchtest du darüber sprechen?"*
- *„Manchmal hilft es, einfach etwas zu erzählen."*
- *„Erzähl mir die ganze Geschichte."*
- *„Das scheint etwas zu sein, das dir sehr wichtig ist."*

(Vgl. Gordon, 1972, S. 54)

Mit solchen Sätzen können Sie Interesse an dem, was ein Kind mitteilt, zeigen. Deshalb dürfen solche Türöffnersätze auf keinen Fall eine Bewertung enthalten. Es geht vielmehr darum, Wertschätzung zu vermitteln, sodass das Kind z. B. wahrnehmen kann:

- *„Deine Gedanken sind es wert, angehört zu werden."*
- *„Du interessierst mich."*
- *„Du hast das Recht auszudrücken, wie du empfindest."*

(Vgl. Gordon, 1972, S. 55)

Aktives Zuhören

Das aktive Zuhören ist so etwas wie ein rückkoppelndes Zuhören. Sie teilen dem Kind/Jugendlichen aktiv mit, was Sie verstanden haben. Das ist leichter gesagt als getan, denn das heißt, dass Sie sich völlig mit eigenen Anmerkungen zum Gesagten zurückhalten, also mit Ihrer Meinung und mit Ratschlägen oder Bewertungen. Sie sollten sich in die Situation Ihres Gesprächspartners hineinversetzen, dabei dessen Gefühle nachvollziehen und die Situation mit ihm aus seiner Sicht wahrnehmen. Diese Anforderung an das aktive Zuhören macht deutlich, dass aktives Zuhören ein wesentliches Mittel ist, mit dem Sie dem Kind Wertschätzung und Akzeptanz zeigen.

Aktives Zuhören

Einfühlsame und unterstützende Reaktion eines Gesprächspartners auf die Mitteilung eines Sprechers. Voraussetzung dafür ist, sich in die äußere und innere Situation eines anderen Menschen hineinzuversetzen, aus dessen Perspektive wahrzunehmen und dies zu verbalisieren.

Aufgabe

Wie können Sie dementsprechend „einfühlsam" und „unterstützend" auf die Äußerungen eines Kindes reagieren, sodass Sie aktiv zuhören?

Paraphrasieren

Beim Paraphrasieren wiederholen oder umschreiben Sie das, was Sie verstanden haben, mit eigenen Worten. Dabei geht es vor allem um die Wiedergabe des Sachaspekts.

Beispiel: *Ein kurzer Dialog beim Malen eines Bühnenbildes für die geplante Theateraufführung der Hortgruppe könnte so ablaufen:*

Julia	„Ich kann einfach nicht malen!"
Erzieherin	„Du glaubst, dass du nicht malen kannst?"
Julia	„Was die Helena da malt, ist viel schöner."
Erzieherin	„Hm, du findest das schöner?"
Julia	„Ja, die kann überhaupt alles besser als ich!"
Erzieherin	„Du meinst, dass sie alles besser kann?"
Julia	„Ja, und sie …" – Julia erzählt, wie sie ihre Beziehung zu Helena erlebt.

Das Paraphrasieren ist vor allem wichtig, wenn ein Kind ein Problem andeutet. Es bewirkt, dass sich das Kind verstanden fühlt und daher mehr von dem erzählt, was in ihm vorgeht. Wichtig ist, dass Sie die Wiederholung als Frage formulieren oder mit Sätzen einleiten wie:

- *„Du glaubst …?“*
- *„Mir scheint …?“*
- *„Ich frage mich gerade …?“*
- *„Verstehe ich dich richtig …?“*
- *„Das klingt für mich so, als wolltest du …?“*

Dadurch hat das Kind die Möglichkeit, etwas richtigzustellen, und Missverständnisse können gleich ausgeräumt werden. Umgekehrt kann das Kind die Rückmeldung bejahen und merkt Ihr Interesse daran, es zu verstehen.

Tipp

Vielleicht kommt Ihnen das Paraphrasieren zunächst unnatürlich vor. Tatsächlich besteht die Gefahr, dass die Wiederholung wie ein mechanisches Echo klingt. Konzentrieren Sie sich daher voll auf das, was das Kind über seine Situation erzählt. Achten Sie darauf, dass Sie die Äußerung des Kindes beim Paraphrasieren nicht schon interpretieren oder z. B. einen Rat hineinpacken. Entscheidend kommt es auf Ihre Grundeinstellung an, das Kind wirklich verstehen zu wollen.

Gefühle wahrnehmen und ausdrücken („Spiegeln“)

Für uns alle ist es eher ungewohnt, Gefühle zu äußern. Kinder erleben hier also selten Vorbilder, sodass sie sich auch schwertun, mit Worten ihre Gefühle auszudrücken. In der zwischenmenschlichen Kommunikation liegt ähnlich wie bei einem Eisberg der größere und mit einem höheren Risiko behaftete Teil unter der Oberfläche, also versteckt hinter der allen direkt zugänglichen sichtbaren und hörbaren Information (vgl. Krenz/Müller-Timmermann, 2016, S. 360).

Beim aktiven Zuhören geht es darum, dazu beizutragen, dass etwas von dem unter der Oberfläche liegenden Eisberg heraufkommen kann. Bleiben Erzieherin und Kind über der Oberfläche, wird über etwas gesprochen, was gar nicht das Eigentliche ist. Wenn Sie sich in das Kind einfühlen und mitteilen, was Sie wahrnehmen, helfen Sie dem Kind, seine Gefühle selbst deutlicher erleben und benennen zu können.

Das kann z. B. durch Sätze wie die folgenden geschehen:

- *„Das hat dir ganz schön zugesetzt.“*
- *„… und das hat dir Angst gemacht.“*
- *„… und jetzt bist du ganz traurig.“*
- *„Das hat dich richtig geärgert.“*
- *„Da hast du dich zurückgewiesen gefühlt.“*
- *„… und das war richtig schön.“*

Das Verbalisieren von Gefühlen wird auch als „Spiegeln" bezeichnet. Dieser Begriff macht deutlich, dass die Erzieherin versucht, das in Worte zu fassen, was das Kind spürt, aber selbst noch nicht klar benennen kann. Die Erzieherin nimmt etwas wahr – meist eine nonverbale Mitteilung – und interpretiert dies. Diese Interpretation kann, muss aber nicht zutreffen. Beim Versuch, Gefühle des Gesprächspartners zu verbalisieren, gibt es auch Stolpersteine: Andreas berichtet der Erzieherin, dass sein bester Freund Felix im Sportunterricht nicht mit ihm ein Tandem bilden wollte. Die Erzieherin nimmt an der Mimik von Andreas wahr, dass ihn das sehr verletzt hat. Sie könnte dies verbalisieren: „Ich glaube, das hat dich verletzt", und abwarten, wie Andreas darauf reagiert. Oder sie fällt über einen der folgenden „Stolpersteine":

Abschwächen:	„Das war zwar blöd für dich, aber eigentlich ist es nicht tragisch. Ich finde, dass das ganz normal ist."
Überinterpretieren:	„Ich glaube, du bist deswegen vollständig verzweifelt. Wie gemein ist das auch von Felix. Das heißt ja, dass er nicht mehr dein Freund sein will."
Falsch interpretieren:	„Ich glaube, du warst ganz froh darüber. Neulich hast du ja schon erzählt, dass Felix im Sport nicht viel kann."

Sie sehen, dass es ganz unterschiedliche Möglichkeiten gibt, aktives Zuhören umzusetzen. Dadurch können Sie dazu beitragen, dass Kinder und Jugendliche sich als wertvoll erleben können. Aktives Zuhören vermittelt intensive Aufmerksamkeit und damit Zuwendung. Kinder und Jugendliche können dadurch ihre Gefühle im Gespräch frei ausdrücken und Entspannung erleben. Wenn Sie die Gefühle der Kinder „spiegeln", stärken Sie dadurch die Resilienz (Widerstandsfähigkeit) von Kindern. Besonders Klein- und Kleinstkinder erhalten durch das aktive Zuhören eine Hilfe beim Aufbau ihrer emotionalen Selbstregulation (vgl. Ladwig/Gisbert/Wörz).

Ich-Botschaften

Die oben genannten Gesprächsstörer haben alle eines gemeinsam: Solche Sätze sind Du-Botschaften. Das Du, d. h. der Gesprächspartner, wird in destruktiver Weise abgewertet und ihm wird Schuld zugewiesen. Die Gefühle des Sprechers bzw. der Erzieherin bleiben verdeckt. Der Sprecher glaubt dadurch sein eigenes Selbstbild aufrechterhalten zu können.

Die Erzieherin sagt zu Tobi: „Jetzt bist du schon fünf. Eine Schleife binden – das solltest du längst können!" Sie sagt nicht: „Wir wollen jetzt losgehen. Heute fehlt mir die Geduld, so lange zu warten. Deshalb helfe ich dir heute, morgen probierst du es wieder alleine."

Ich-Botschaft

Der Sprecher spricht offen über seine aktuellen Gefühle und Wünsche und verwendet dabei eine Ich-Formulierung. Er macht die Selbstkundgabeseite des Kommunikationsquadrats explizit.

Gordon stellt drei Wirkungen der Ich-Botschaften heraus:
- *Sie fördern die Bereitschaft des Gesprächspartners, sich zu ändern.*
- *Sie werten ihn nicht ab.*
- *Sie verletzen die Beziehung nicht.*

(Vgl. Gordon, 1972, S. 115)

Womit hängen diese Wirkungen zusammen? Zunächst einmal steht bei einer Ich-Botschaft das eigene Erleben im Mittelpunkt.

„Wenn wir Ich-Aussagen verwenden, zwingen wir den anderen dazu, sich mit uns auseinanderzusetzen. Gleichzeitig stellen wir ihm vollkommen frei, wie er sich nun verhalten möchte. Wir geben ihm sozusagen nur die Möglichkeit zu erkennen, was sein Verhalten in uns bewirkt."

(Weisbach/Eber-Götz/Ehresmann, 1986, S. 104 f.)

Beispiel:
Im Hort läuft nach dem Mittagessen laute Musik aus dem CD-Player, zwei Kinder toben dazu herum und kreischen im Takt. Die Erzieherin könnte so reagieren:

gesprächsförderlich	gesprächshemmend
„Mir ist es hier zu laut. Deshalb bitte ich euch, etwas leiser zu sein."	„Müsst ihr nach dem Mittagessen immer so einen fürchterlichen Krach machen? Jetzt mal Schluss damit!"

„Mir ist es hier zu laut." Dieser Satz enthält – auf der Basis des Kommunikationsmodells von Schulz von Thun – eine Selbstkundgabe dessen, was die Erzieherin erlebt. Sie redet klar von sich selbst („mir"), auch wenn der Satz nicht mit „ich" beginnt. Die Appellseite wird sprachlich durch die Bitte explizit gemacht.

Im negativen Beispielsatz handelt es sich um eine Du/Ihr-Botschaft. Dabei wird sprachlich zunächst die Sachebene explizit gemacht, aber implizit wird auf der Beziehungsseite abgewertet. Der Appell wird explizit in der sprachlichen Befehlsform geäußert.

Bei der Formulierung in der Ich-Botschaft bekommen die Kinder von der Erzieherin nicht die Schuld an der Störung zugeschoben, sondern diese nimmt die Verantwortung für ihr Unbehagen und ihre Ungeduld auf sich (ihr ist es zu laut) und sie teilt dies deutlich mit. Gleichzeitig bleibt die Verantwortung der Kinder für ihr Verhalten (laut sein) bei ihnen selbst; sie können es verändern, indem sie leiser spielen. Die Kinder sind frei, ihr Verhalten zu ändern (vgl. Gordon, 1972, S. 114). Bei der Du-Botschaft werden sie durch die Abwertung ihrer Person dazu gezwungen bzw. sie nehmen in Kauf, durch die Verweigerung einer Verhaltensänderung noch mehr abgewertet zu werden.

Tipp

Achten Sie darauf, dass Ihre Ich-Botschaften auch „echt" sind, d. h. wirklich eine Ich-Botschaft enthalten, und Sie nicht eine versteckte Du-Botschaft formulieren. Versuchen Sie dies auch Kindern zu vermitteln: Mit einem Satz wie „Ich finde dich gemein" sagt ein Kind nichts über seine Gefühle und Einstellungen aus, sondern wertet ab. Auch eine Einleitung mit „Ich glaube, ..." macht aus einer Äußerung keine Ich-Botschaft, wenn auf das „Ich glaube, ..." ein „Du" folgt.
Das Gleiche gilt für verallgemeinernde Wir-Formulierungen: Sie entsprechen nicht den Anforderungen an eine Ich-Botschaft, weil das „Ich" sich hier hinter dem „Wir" versteckt.

Aufgabe

Handelt es sich bei den folgenden Sätzen um Ich-Botschaften?

- *Anleiterin zur Praktikantin: „Ich glaube, das war jetzt für dich ein bisschen viel auf einmal."*
- *Praktikantin: „Das traue ich mir noch nicht zu."*
- *Jugendlicher in Freizeitstätte: „Jetzt langt's mir aber!"*
- *Erzieherin zum Hortkind: „Ich finde, der Film ist noch nichts für dich."*
- *Erzieherin zu Karla: „Das freut mich!"*
- *Kinderpflegerin zur Erzieherin: „Ich erlebe dich als sehr bestimmend!"*
- *Erzieherin: „Ich möchte gerne erst mal ausreden."*
- *Hortkind: „Ich glaube, du spinnst!"*
- *Erzieher zum Jugendlichen: „Ich habe das Gefühl, dass du sehr unsensibel bist."*
- *Erzieherin: „Jetzt bin ich aber richtig sauer!"*

Legen Sie eine Tabelle nach folgendem Muster an und füllen Sie die einzelnen Spalten aus. Vergleichen Sie dann Ihr Ergebnis mit dem Ihrer Nachbarin – falls es unterschiedliche Ergebnisse gibt, was wird für Sie daran deutlich? Formulieren Sie schließlich für sich persönlich ein Lernziel im Zusammenhang mit Ich-Botschaften.

Beispielsatz	ja	nein	Begründung	Alternative

Erweiterte Ich-Botschaften

Es gibt Situationen, in denen Sie als Erzieherin nicht nur Ihr Gefühl benennen wollen und es dann dem Kind überlassen, ob es sein Verhalten ändert, sondern in denen Sie zu einer konkreten Handlung auffordern wollen. Folgendes Grundschema einer erweiterten Ich-Botschaft ist hier hilfreich (vgl. Koeberle-Petzschner, 2008, S. 40):

Einzelschritte	Beispielsätze
das wahrgenommene Verhalten beschreiben	„Für mich ist es hier sehr laut."
die dadurch ausgelösten Gefühle/Gedanken ausdrücken	„Mich stört das."
die Auswirkungen auf die Situation darstellen, erwünschte Ziele und Verhaltensweisen benennen	„Ich kann mich nicht konzentrieren – bitte seid etwas leiser."

Dialoge durch Fragen unterstützen

Die Darstellung der „vier Ohren" im Kommunikationsmodell von Schulz von Thun hat gezeigt, dass Zuhören ein konstruktiver Prozess ist: Wir hören oft das heraus, was wir hören wollen. Daher ist es sehr wichtig, dass Sie in Gesprächen nachfragen. Damit zeigen Sie u. a. auch Ihre auf Dialog hin angelegte Grundhaltung. Ein Kind/Ein Jugendlicher kann dadurch erfahren, dass Sie sich als Erzieherin wirklich für seine Person, für das, was das Kind innerlich bewegt, interessieren. Die Fragen, die Sie als Erzieherin in Gesprächen stellen, sind sozusagen das Fundament für den dialogischen Charakter des Verhältnisses zwischen Erzieherin und Kind.

Fragen stellen Sie als Erzieherin vor allem in den folgenden Zusammenhängen:

- **Um nachzufragen**
  Sie stellen Fragen nach ergänzenden Informationen, nach Meinungen, Wünschen und Bedürfnissen sowie nach Gefühlen (vgl. Kap. IV 2).
- **Beim aktiven Zuhören**
  Wenn Sie aktives Zuhören umsetzen wollen, dann ist es wichtig, dies aus einer fragenden Grundhaltung heraus zu tun. Denn wenn Sie paraphrasieren oder auszudrücken versuchen, welche Gefühle Sie wahrgenommen haben, sind das immer „An-Fragen" an Ihren Gesprächspartner. Die fragende Grundhaltung ist notwendig, weil Sie sich noch nicht sicher sein können, dass Ihre Wahrnehmung richtig ist.
- **Beim Begleiten von Bildungsprozessen**
  Diese Fragen unterscheiden sich von den vorhergehenden dadurch, dass Sie als Erzieherin gemeinsam mit dem Kind die Haltung einer Lernenden einnehmen und es zum Fragen anregen.

Welche Frageformen gibt es?

- **Offene Fragen**
  Offene Fragen eröffnen den Kindern viele Antwortmöglichkeiten. Schon kleine Kinder werden dadurch ermutigt, ihre Theorien, Vorstellungen, Kenntnisse, Fantasien und Gefühle den anderen Kindern und den Erwachsenen mitzuteilen. Je kleiner Kinder sind, desto einfacher sollten die Fragen sein, d. h. möglichst konkret und auf das Hier und Jetzt bezogen.

- **Geschlossene Fragen**
  Zu einer dialogischen Grundhaltung passen diese Fragen nicht. Geschlossene Fragen sind in der Regel ganz kurz zu beantworten, oft nur mit Ja oder Nein. Die Antwortmöglichkeit ist stark eingegrenzt, in der Regel geht es darum, dass die Kinder sich dabei an Lerninhalte oder eigene Erfahrungen erinnern. Kinder versuchen hier oft, wenn sie sich an etwas nicht erinnern, das Richtige einfach nur zu erraten.
- **Suggestivfragen**
  Suggestivfragen manipulieren und drängen dem Kind/dem Jugendlichen eine bestimmte Antwort auf. Daher sollten Sie Fragen wie die folgenden auf keinen Fall stellen: „Ihr wollt doch bei dem eisigen Wetter nicht etwa in den Garten gehen?"

Aufgaben

1. *Sie wollen als Erzieherin pädagogische Gespräche mit Kindern und Jugendlichen führen. Worauf kommt es an, wenn Sie dies professionell tun wollen?*
   Notieren Sie alle Punkte, die dafür wichtig sind. Bringen Sie diese dann in eine übersichtliche Form, die Sie sich gut einprägen können – sozusagen als „Spickzettel im Kopf" für die entsprechenden Gesprächssituationen.
2. *Suchen Sie sich zwei Lernpartnerinnen. Legen Sie grob eine Situation fest, um die es gehen soll. Proben Sie im Rollenspiel das aktive Zuhören. Jeweils zwei von Ihnen führen den Dialog, die Dritte ist die Beobachterin. Nach 5 Minuten gibt die Beobachterin eine Rückmeldung und Sie werten dann alle drei das Gespräch gemeinsam aus. Notieren Sie sich im Anschluss eine persönliche Lernerfahrung und ein persönliches Lernziel.*
3. *Wählen Sie sich ein Bilderbuch aus und stellen Sie sich vor, Sie wollten darüber einen Dialog mit einem Kind führen bzw. setzen Sie dies in Ihrer Praxisstelle um. Welche Fragen können Sie zu welchem Bild stellen? Achten Sie darauf, dass es keine geschlossenen Fragen sind. Lassen Sie sich dabei von einer Mitstudierenden oder Ihrer Anleiterin beobachten, mit der Sie den Dialog anschließend reflektieren.*

Tipp

Informieren Sie sich in Kap. V 2.1 darüber, worauf es ankommt, wenn Sie mit Klein- und Kleinstkindern ein Gespräch im Stuhlkreis führen wollen.

Projektidee

„Wir Studierenden machen uns stark für eine gute Gesprächskultur an unserer Schule."

IV Teamgespräche führen

1 Ein Gespräch leiten

Die Zusammenarbeit im Team ist heute eine wesentliche Grundlage der pädagogischen Arbeit. Die Anforderungen sind so vielfältig geworden, dass nur ein Team von Fachkräften mit unterschiedlich ausgeprägten Kompetenzen dem gerecht werden kann.

Worum geht es?

Teamgespräche sind so etwas wie das Fundament der Zusammenarbeit im Team. Hier werden die Ziele geklärt und vereinbart und inhaltliche Fragen im Zusammenhang mit der pädagogischen Arbeit, der Weiterentwicklung des Konzepts der Einrichtung, mit den sich daraus ergebenden Vernetzungen diskutiert und Vereinbarungen getroffen. Das Teamgespräch gibt auch Raum, um Konflikte zu lösen, die eigene Arbeit zu reflektieren, die Profil- und Qualitätsentwicklung voranzubringen sowie Evaluationsergebnisse zu besprechen.

Soll jedes einzelne Teamgespräch von den Beteiligten nicht als Zeitverschwendung, sondern als wesentlicher und befriedigender Teil der Arbeit erlebt werden, dann muss das Teamgespräch sehr gut vorbereitet werden. Deshalb geht es im Folgenden darum,

- *zu wissen, wie man Teamgespräche vorbereitet,*
- *sich das notwendige Wissen anzueignen, um ein Teamgespräch leiten zu können,*
- *die Verknüpfung einer Leitungsrolle mit der Funktion der Gesprächsleitung zu reflektieren und*
- *diese Lerninhalte auch auf andere Gesprächssituationen, wie z. B. einen Elternabend, zu übertragen.*

An welches Vorwissen/welche Vorerfahrungen können Sie anknüpfen?

1.1 Gesprächsvorbereitung

Aufgabe

„‚Und dann hat das Team zwei Stunden über die Gemüsesuppe für den Elternabend diskutiert.' Diese Beobachtung einer Praktikantin ist nicht ungewöhnlich. Sie zeigt, wie guinessbuchverdächtige ‚teuerste Eintöpfe der Welt' entstehen, leider aber nicht, wie vernünftige Gespräche im Team über die gemeinsamen Zielsetzungen und Aufgaben zustande kommen." (Rohnke)

Welche Erfahrungen haben Sie als Praktikantin in Teamgesprächen gemacht? Inwiefern haben Sie „vernünftige Gespräche im Team über die gemeinsamen Zielsetzungen und Aufgaben" erlebt? Tauschen Sie sich darüber mit anderen aus!

Tagesordnung vorbereiten

- Die Tagesordnung muss zu Beginn des Gesprächs klar sein. Diese wird am besten vom Team einer sozialpädagogischen Einrichtung gemeinsam erstellt. In größeren Einrichtungen kann das Leitungsteam die Tagesordnung festlegen. Mit der Einladung zur Teamsitzung soll die Tagesordnung bekannt gegeben werden. Die endgültige Annahme der Tagesordnung erfolgt durch die Anwesenden zu Beginn der Sitzung. Nicht behandelte TOPs (Tagesordnungspunkte) werden dann auf die folgende Sitzung vertagt.
- Bei der Vorbereitung soll der Gesprächsleiter darauf achten, dass der zeitliche Rahmen des Teamgesprächs und die Anzahl der TOPs in einem realistischen Verhältnis zueinander stehen. TOPs, die relativ schnell behandelt werden können, sollten sich mit „größeren Brocken", die mehr Gesprächszeit benötigen, abwechseln. Es ist für den Gesprächsleiter hilfreich, wenn er sich schon bei der Vorbereitung überlegt, wie viel Zeit für welchen TOP notwendig ist, und diese zeitliche Planung in der Einladung schon mitteilt. Das hilft aber nur, wenn er sich während des Gesprächsverlaufs auch an diese Vorgaben hält.

Tipp

In der beruflichen Praxis ist es hilfreich, für die Sammlung der TOPs ein bestimmtes Vorgehen einzuführen: z. B. ein Ablagekorb mit leeren Moderationskarten im Teamzimmer; Einführung einer strukturierten Vorlage zur Vorbereitung der Tagesordnung:

Inhalte	Eingebracht von	Zeitl. Rahmen
?	?	?
?	?	?

Zuordnung der Funktion des Gesprächsleiters

Es ist hilfreich, wenn schon vor dem Teamgespräch geregelt ist, wer die Gesprächsleitung jeweils übernimmt: Wechselt sie unter den Teammitgliedern, wird sie von der Leitung übernommen (mit allen Vor- und Nachteilen, die das hat) oder wechselt die Gesprächsleitung bei den einzelnen TOPs, je nachdem, in wessen Verantwortungsbereich diese fallen?

Der Gesprächsleiter sollte den Ablauf des Teamgesprächs vorher planen:

- Welche Reihenfolge der TOPs ist sinnvoll?
- Wie viel Zeit muss für die einzelnen TOPs jeweils eingeplant werden? Wenn diese Zeiten allen bekannt sind, hilft das, damit die Teammitglieder sich in ihren Beiträgen darauf einstellen können (sich kurz fassen etc.).

Die Klärung, wer die Gesprächsleitung übernimmt, ist zu ergänzen durch die Festlegung des Protokollanten. In der Regel ist es sinnvoll, dass diese Aufgabe rolliert.

Für gute Rahmenbedingungen sorgen

Dazu gehört die Sitzordnung der Teammitglieder. Es unterstützt den Gesprächsprozess, wenn jeder jeden sehen und damit dessen Reaktionen und nonverbale Äußerungen wahrnehmen kann. Eine Sitzordnung des „runden Tisches" oder notfalls eine quadratische Sitzordnung unterstützt die Symmetrie im Gespräch, bei der die Gesprächspartner sich unabhängig von ihren Rollen und Funktionen als gleichwertig anerkennen. Werden Medien benötigt, dann stehen diese bereit und sind auch funktionsfähig: Beamer, Flipchart, Moderationskarten, dicke Filzstifte etc.

Tipp

Sorgen Sie dafür, dass das Besprechungszimmer vor dem Gespräch gut gelüftet wird und Getränke bereitstehen! Auch dadurch tragen Sie zu einem guten Gesprächsverlauf bei.

Aufgabe

Erstellen Sie ein Formblatt, das in einer sozialpädagogischen Einrichtung als „Besprechungsplaner" dienen kann und in dem alles aufgelistet ist, was bei der Vorbereitung eines Teamgesprächs zu bedenken ist.

1.2 Aufgaben der Gesprächsleitung

Teambesprechungen würden vielleicht dann effizienter ablaufen, wenn alle Beteiligten sich darüber klar wären, was ihre Arbeitszeit umgerechnet in Euro kostet. Deshalb ist es wichtig, dass das Teamgespräch geleitet wird. Als Gesprächsleiter müssen Sie dafür Sorge tragen, dass die Gesprächsteilnehmer die anstehenden Themen in der zur Verfügung stehenden Zeit unter möglichst großer Beteiligung aller besprechen und dabei zu sinnvollen Arbeitsergebnissen kommen. Daraus ergeben sich die folgenden Aufgaben:

Zuteilung des Rederechts

- In einer kleinen Gruppe bis zu 6 Teilnehmern können die Gesprächsteilnehmer aufeinander Rücksicht nehmen, sodass alle zu Wort kommen. Aber auch hier empfiehlt es sich, dass ein Gesprächsleiter darauf achtet, dass jeder sich einbringen kann. Allzu leicht reden nämlich auch in einer kleinen Gruppe überwiegend die, die hier besonders „schnell" sind, zurückhaltende Teilnehmer kommen zu kurz. Dazu kommt, dass es auch bei einem Gespräch in einer kleinen Gruppe wichtig ist, dass jemand auf den Gesprächsverlauf achtet und das Gesprächsziel im Auge behält.

- Ist die Gesprächsgruppe größer als 6 Teilnehmer, dann ist es die Aufgabe des Gesprächsleiters, die Wortmeldungen der Teilnehmer **der zeitlichen Reihenfolge** nach zu notieren und das Rederecht genau in dieser Reihenfolge zu erteilen. Um dem jeweiligen Teilnehmer zu signalisieren, dass der Gesprächsleiter die Wortmeldung bemerkt hat, genügt ein kurzes Nicken dem Betreffenden gegenüber. Bei größeren Gesprächsrunden ist es für die Teilnehmer hilfreich, wenn der Gesprächsleiter bei der Worterteilung deutlich macht, dass Redewünsche registriert wurden *(„Jetzt zuerst Frau Maier, dann Herr Huber und dann Frau Wagner.")*. So weiß der Einzelne, wann er an der Reihe ist.
- Der Gesprächsleiter sollte versuchen, zurückhaltende Gesprächsteilnehmer zu ermutigen. In größeren Gruppen kann er zum Beispiel zaghafte Wortmeldungen aufmerksam registrieren, jemanden bei entsprechenden nonverbalen Reaktionen ermuntern, etwas zu sagen *(„Frau X, Sie wollten etwas sagen?")*, oder anregen, sich zu beteiligen *(„Manche haben ihre Meinung noch gar nicht geäußert.")*. Teilnehmer mit besonderer Sachkenntnis kann er gezielt ansprechen.

Das Ziel des Gesprächs klären und während des Prozesses im Auge behalten

- Der Gesprächsleiter sollte zu Beginn des Gesprächs Klarheit über das Gesprächsziel haben. Es kann entweder schon bei der Vorbereitung oder gemeinsam mit den Teilnehmern zu Beginn des Gesprächs festgelegt werden. Wichtig dabei ist, zu vereinbaren, ob es einfach um einen Gedankenaustausch geht (Klärungsgespräch s. Kap. V 2.1) oder ob eine Entscheidung getroffen werden soll (Streitgespräch s. Kap. V 2.2). Ein Gespräch, in dem das Ziel verfolgt wird, dass alle auf den gleichen Informationsstand, z. B. über den Planungsstand des Tags der offenen Tür, kommen, wird anders verlaufen, als wenn es darum geht, sich als Team zu einigen, ob sich auch in diesem Jahr die Jugendfreizeitstätte mit einem Tag der offenen Tür der Gemeinde präsentieren soll. Soll es darum gehen, sich grundsätzlich mit den Möglichkeiten auseinanderzusetzen, die eine Freizeitstätte hat, Öffentlichkeitsarbeit zu betreiben, und nicht darum, eine Entscheidung zu treffen, wird sich der Gesprächsprozess wiederum ganz anders gestalten.
- Teilnehmer schweifen ab, lenken ab, bringen manchmal andere Themen ins Spiel. Sie achten nur wenig auf den Gesprächsverlauf, weil sie diese Aufgabe an den Gesprächsleiter delegiert haben. Er ist dafür verantwortlich, dass das Gesprächsziel erreicht wird. Daher muss er bei Abschweifungen zum Thema zurückführen. Wenn die Frage, auf die sich der Schwerpunkt des Gesprächs verlagert hat, für das Team wichtig ist, kann der Gesprächsleiter vorschlagen, auf einer anderen Teamsitzung darüber zu sprechen.

Das Gespräch über jeden einzelnen TOP in Gang bringen

Wenn Sie die Funktion eines Gesprächsleiters übernehmen, sollten Sie sich genau überlegen, wie Sie das Gespräch zu jedem TOP in Gang bringen. Je nachdem wie Sie den Einstieg in den TOP formulieren, werden sich wenige oder viele Teammitglieder einbringen. Am besten bringen Sie das Gespräch mit einer **offenen Frage** in Gang. Eine Frage, die mit Ja oder Nein beantwortet werden kann, ist nicht offen, sondern geschlossen. Zum Beispiel: *„Ist euch Christina in letzter Zeit verändert vorgekommen?"* Antwort: „Nein." Ein offener Gesprächseinstieg, der das Gespräch in Gang bringt, könnte z. B. sein: *„Christinas Mutter hat*

Kollegin Maier angesprochen, weil Christina wie verstummt ist, wenn sie sie vom Hort abholt. Das mache ihr ganz schön zu schaffen. Deshalb wollen wir kurz über Christina sprechen. Wie habt ihr sie in der letzten Zeit wahrgenommen?"

Bei komplexeren Themen den inhaltlichen Gesprächsverlauf strukturieren

- Komplexe Themen sollten in unterschiedliche Teilaspekte gegliedert werden (z. B. Ursachen des Problems, Sammeln verschiedener Lösungsvorschläge, Bewerten der Lösungsvorschläge, Entscheidung herbeiführen). Sonst „springen" die Teilnehmer zwischen den verschiedenen Aspekten oder bleiben bei Unwichtigem hängen. Dann ist es schwer, zu einem Ergebnis zu kommen. Als Gesprächsleiter haben Sie die Aufgabe, die Teilaspekte eines Themas zu verdeutlichen, das Gespräch über die einzelnen Aspekte jeweils in Gang zu bringen und zusammenzufassen. Dadurch wird der Gesprächsverlauf überschaubar. Als Gesprächsleiter können Sie Teilaspekte des Themas selbst vorschlagen, diese aber auch mit der Gruppe gemeinsam überlegen. Manchmal ergeben sich im Laufe des Gesprächs neue Teilaspekte. Sie sollten als Gesprächsleiter darauf achten, ob sich neue Aspekte ergeben, diese benennen und sie in den weiteren Gesprächsverlauf einbeziehen.
- Eine weitere Möglichkeit, das Gespräch zu strukturieren, ist z. B. das Verdeutlichen unterschiedlicher Positionen *(„Bisher sind vor allem zwei Positionen deutlich geworden, nämlich ...")*. Dadurch wird auch signalisiert, dass es dazugehört und das Team weiterbringt, wenn es unterschiedliche Standpunkte gibt. Hilfreich kann es auch sein, Gemeinsamkeiten anscheinend widersprüchlicher Einstellungen festzustellen, um von allen getragene Lösungen zu erzielen oder auf Verknüpfungen zwischen unterschiedlichen Argumentationsketten hinzuweisen.

Das Gesprächsergebnis am Ende eines TOPs zusammenfassen

Am Ende eines TOPs fasst der Gesprächsleiter das Ergebnis noch einmal knapp zusammen. Dabei wird für die Teilnehmer deutlich, ob das Gesprächsziel voll erreicht wurde oder ob noch ein weiterer Gesprächstermin notwendig ist. Diese Zusammenfassung ist auch die Grundlage eines Ergebnisprotokolls.

Tipp

Sind am Ende eines TOPs konkrete Planungsschritte vereinbart worden, dann sollten Sie als Gesprächsleiter dafür sorgen, dass die Aufgaben verteilt und ein konkreter Zeitplan für die Durchführung festgelegt wird.

Über Anträge abstimmen

Manchmal stellt ein Teammitglied einen Antrag, über den abgestimmt werden soll. Hier ist es Ihre Aufgabe als Gesprächsleiter, den Antrag zu wiederholen bzw. ihn vom Teammitglied noch einmal wiederholen zu lassen. Dabei müssen Sie darauf achten, dass die Formulierung präzise ist und nicht missverstanden werden kann. *„Frau Meier hat den Antrag gestellt, dass in diesem Jahr kein Tag der offenen Tür stattfinden soll, weil wir das aufgrund der* *längerfristigen Erkrankung von Kollege X nicht bewältigen können. Wer unterstützt diesen Antrag?" „Wer stimmt dagegen?"*, evtl.: *„Wer enthält sich der Stimme?"*

Für ein gutes Gesprächsklima sorgen

- Als Gesprächsleiter sollten Sie darauf achten, dass sich alle an die Gesprächsregeln halten, vor allem, dass jeder aussprechen kann, vgl. Kap. IV 2. Dauerredner können Sie unterbrechen und darauf hinweisen, dass weitere Wortmeldungen vorliegen. Ist ein Gesprächsbeitrag sehr unklar und es wird nicht nachgefragt, so können Sie stellvertretend für die Gruppe nachfragen.
- Persönliche Angriffe zwischen Teammitgliedern weisen Sie in der Funktion des Gesprächsleiters zurück. (*„Bitte bleiben Sie sachlich."* oder *„Das scheint ein Problem zwischen Ihnen beiden zu sein, bitte klären Sie das nach unserem Gespräch."*)

Tipp

In Teamgesprächen kann es sich positiv auswirken, wenn mit einem „Warm-up" begonnen wird, z. B. mit einer „Befindlichkeitsrunde" oder mit einem Ritual wie dem Vorlesen eines kurzen anregenden Textes.

1.3 Neutrale Einstellung der Gesprächsleitung

- Streng genommen ist es die Aufgabe des Gesprächsleiters, neutral zu sein. Das bedeutet, dass Sie in dieser Funktion zu den inhaltlichen Aspekten des Themas/der einzelnen TOPs grundsätzlich nicht Stellung nehmen, sondern sich in Ihren Beiträgen ausschließlich auf den Gesprächsverlauf beziehen (also mit Fragen das Gespräch zu jedem TOP eröffnen, zusammenfassen, das Wort zuteilen etc.). Das hat damit zu tun, dass Sie sonst erhebliche Manipulationsmöglichkeiten hätten: So könnten Sie z. B. jederzeit einen inhaltlichen Beitrag einbringen, da Sie sich selbst das Wort zuteilen können, wann Sie wollen. Ihre Meinung hat u. U. aufgrund der Autorität, die Sie in der Funktion des Gesprächsleiters haben („Funktionsautorität"), bei den übrigen Teammitgliedern mehr Gewicht, als es sonst der Fall wäre.

- In der sozialpädagogischen Praxis ist es schwierig, diese Neutralität durchzuhalten, wenn die Leitung einer Einrichtung die Gesprächsleitung selbst übernimmt. Dies mag manchmal sinnvoll sein, weil sie einen größeren Informationsstand und klarere Vorstellungen über das Gesprächsziel als andere Teammitglieder hat. In einem solchen Fall ist es aber wichtig, dass die inhaltlichen Beiträge der Leiterin, die in ihrer Wichtigkeit denen der anderen Teilnehmer gleichgestellt sind, deutlich als solche erkennbar sind (*„Ich möchte jetzt auch inhaltlich etwas dazu sagen."* oder *„Ich habe mich jetzt auch auf die Rednerliste gesetzt ..."*). Grundsätzlich sollte aber ein „normales" Teammitglied die Gesprächsleitung übernehmen. Eventuell kann diese auch wechseln. Dies setzt aber voraus, dass alle Klarheit über die damit verbundenen Aufgaben haben. Dann kann auch jeder erfahren: Wer selbst mitdiskutiert, kann das Gespräch nur schwer leiten.
- Zur Neutralität des Gesprächsleiters gehört es auch, Parteilichkeit zu vermeiden. Auch deshalb sollte die Einrichtungsleiterin nicht die Gesprächsleitung übernehmen, weil sie sich ja unter Umständen für ihre Ziele argumentativ stark machen möchte. Genauso wenig darf ein Gesprächsleiter Sympathien oder Antipathien zeigen.

Tipp

Sie sollten als Gesprächsleiter den Einstieg in eine schwierige Fragestellung wie einen Redebeitrag vorbereiten. Denn davon kann der ganze Gesprächsverlauf entscheidend bestimmt werden. Gehen Sie dabei von Ihrem Gesprächsziel aus.

Aufgaben

1. *Erarbeiten Sie ein Mindmap, in dem Sie die Aufgaben des Gesprächsleiters mit Ober- und Unterpunkten festhalten.*
2. *Einigen Sie sich in Ihrer Lerngruppe auf ein berufliches Thema, das für Sie gerade aktuell ist. Überlegen Sie, wie das Gespräch strukturiert werden könnte. Formulieren Sie dann für jedes Teilthema eine Einstiegsfrage. Proben Sie den Gesprächsverlauf: Eine von Ihnen übernimmt die Funktion des Gesprächsleiters und geht entsprechend der Planung vor. Wenn ein Teilthema abgeschlossen ist, geht es um die Zusammenfassung. Diskutieren Sie gemeinsam, wie die Gesprächsteilthemen und das ganze Gespräch zusammengefasst werden können.*
3. *Üben Sie speziell die Zusammenfassung von Gesprächsverläufen, z. B. wenn Sie eine interessante Diskussion in einem Unterrichtsfach geführt haben. Halten Sie Ihre Zusammenfassung jeweils schriftlich fest.*
4. *Die Aufgaben des Gesprächsleiters sind in dieser Darstellung auf das Teamgespräch bezogen. Klären Sie, ob alle Inhalte auch für andere Gesprächssituationen, z. B. einen Elternabend oder eine Elternbeiratssitzung, gelten oder ob Sie etwas ergänzen müssen.*

Tipp

Nutzen Sie jede Möglichkeit, sich darin zu üben, ein Gespräch zu leiten, z. B. bei der Bearbeitung von Arbeitsaufträgen in Kleingruppen.

2 Gesprächsgrundregeln

Worum geht es?

Von klein auf sind wir es gewohnt, mit anderen im Gespräch zu sein. Aber haben wir je bewusst und gezielt etwas darüber gelernt? Inwiefern ist das überhaupt notwendig?

Eine Erzieherin, die im Team, aber auch mit Müttern und Vätern, Kindern und Jugendlichen konstruktive Gespräche führen und dementsprechend auf den Gesprächsprozess Einfluss nehmen will, braucht dazu

- *ein bestimmtes Grundwissen über die Grundregeln in Gesprächsprozessen und*
- *die Fähigkeit, diese Grundregeln aktiv umzusetzen und dadurch auch Vorbild für andere zu sein.*

An welches Vorwissen/welche Vorerfahrungen können Sie anknüpfen?

Aufgabe

Wiederholen Sie, was Sie über das Kommunikationsmodell von Schulz von Thun gelernt haben. Welche Gesprächsregeln würden Sie daraus ableiten?

Gesprächsgrundregeln

Jeder kennt Gesprächsteilnehmer, die ununterbrochen reden und bei denen es schwer ist, selbst zu Wort zu kommen. Eigentlich hält so jemand eine Rede, beteiligt sich aber nicht an einem Gespräch. Denn im Gegensatz zu „Eine Rede halten" heißt „Gespräche führen", dass die Beteiligten sich wechselseitig über etwas verständigen. Der Begriff „wechselseitig" macht deutlich, dass Gespräche Prozesse sind, an denen alle Anteil haben. Deshalb ist auch das Gesprächsergebnis nicht vorhersehbar.

Gespräch

Ein Gespräch ist ein offener Prozess gleichberechtigten, wechselseitigen Fragens und Antwortens.

Im Idealfall würden im Verlaufe eines Gesprächs alle Beteiligten gleich viel Redezeit beanspruchen. Dies wird allerdings nur selten der Fall sein – aus den verschiedensten Gründen.

Aufgabe

Diskutieren Sie mit Ihrer Lerngruppe, welche Gründe es dafür gibt, dass einzelne Gesprächsteilnehmer sich unterschiedlich intensiv am Gespräch beteiligen.

Für jeden Gesprächsteilnehmer gibt es ein grundsätzliches Rederecht (und entsprechend eine Zuhörpflicht). Daraus lassen sich fünf Gesprächsgrundregeln ableiten:

- Die erste Regel heißt: **„Konzentriert bzw. aktiv zuhören"** und dabei den Sprecher als Person wahrnehmen (sprachlich, mimisch, gestisch). Unterstützt seine Körpersprache das, was er gesagt hat? Ist mir als Zuhörer klar, was er ausdrücken will? „Aktiv zuhören" ist im Vergleich zu „konzentriert zuhören" ein Fachwort. Aktives Zuhören geht über konzentriertes Zuhören hinaus, weil man dabei versucht, dem anderen deutlich zu signalisieren, dass man zuhört. Dies zeigt sich z. B. an einer zugewandten Körperhaltung, am Blickkontakt, auch an Äußerungen, die dem Gesprächspartner das Zuhören signalisieren, wie z. B. *mhm, ah ja etc.* (vgl. Kap. III 4.2).

- Wer konzentriert zuhört, kann nicht gedanklich abschweifen und z. B. innerlich schon seine Antwort vorbereiten. Oft ist dann nämlich die Folge, dass man den Sprecher unterbricht, weil man seine eigenen Gedanken loswerden möchte. Dabei hat man gar nicht ganz aufgenommen, was der andere sagen wollte. Deshalb heißt die zweite Regel: **„Ausreden lassen"**.

- Die dritte Grundregel heißt: **„Nachfragen"**. Denn wer aus der Haltung heraus zuhört, den anderen verstehen zu wollen, der wird immer wieder nachfragen (in Bezug auf sachliche Inhalte, Meinungen, Gefühle). Dies umso mehr, als der Gebrauch der gleichen Worte nicht heißt, dass gleiche Vorstellungen damit verbunden werden.

  Ob jemand nachfragt, sagt viel darüber aus, wie jemand in einer Gesprächssituation die Beziehung zum Gesprächspartner definiert (vgl. das Kommunikationsmodell von Schulz von Thun, Kap. III 2.2): Wer nicht oder nur wenig nachfragt, interessiert sich mehr für sich und die eigene Sicht der Dinge als für die Sache und die Gesprächspartner. Wenn jemand nachfragt, ist dies ein deutliches Kennzeichen für Wertschätzung im Gespräch.

Tipp

Nimmt man das, was man über die produktiven Anteile beim Zuhören weiß, ganz ernst, dann kann eigentlich nur der, der nachfragt, auf das, was gesagt wurde, angemessen eingehen. Fragen Sie also bei der geringsten Unsicherheit nach, ob Sie den anderen richtig verstanden haben.

- Die vierte Regel heißt: **„Andere anreden und einbeziehen"**. Sie verweist auf die Prozesshaftigkeit von Gesprächen. Das heißt, die Gesprächsbeiträge stehen in einem inneren Zusammenhang und alle Teilnehmer haben Anteil am Ergebnis. Dies kann zu Beginn des Gesprächs nicht feststehen, denn niemand weiß, wie sich der Gesprächsprozess inhaltlich entwickelt. Daher ist es wichtig, zurückhaltende Teilnehmer zu ermuntern, etwas zu sagen, um alle am Prozess Anteil nehmen zu lassen. Man kann auch dadurch andere einbeziehen, indem man sich auf deren vorher gemachte Äußerungen bezieht und diese dabei persönlich mit Namen anspricht *(„Ich möchte noch mal aufgreifen, was Tanja gesagt hat. Wichtig daran fand ich ... Man könnte sogar noch weitergehen, nämlich ...")*. Solche Beiträge helfen auch, die Zusammenhänge im Gesprächsverlauf deutlich zu machen.

- Die fünfte Gesprächsregel heißt: **„Sich kurzfassen"**. Dabei geht es darum, dass alle Anteil am Gesprächsprozess und damit Anteil am Ergebnis und im Idealfall auch gleich viel Redezeit haben sollten. Das setzt voraus, dass jeder sich so kurz wie möglich fasst.

Die 5 Gesprächsgrundregeln:

1. „Zuhören (konzentriert)
2. ausreden lassen (eigenen Rededrang bremsen)
3. nachfragen (Sachen, Meinungen, Gefühle)
4. anreden, andere einbeziehen (persönlich adressieren)
5. sich kurzfassen (Rederecht der anderen achten, gemeinsames Zeitbudget beachten)."
(Geißner, 1982, S. 103)

Aufgaben

1. *Diskutieren Sie, wie sich das Beachten der Grundregeln Ihrer Einschätzung nach auf den Gesprächsprozess auswirkt.*
2. *Mögliche „Fehler" aufseiten von Sprecher und Hörer können z. B. sein (vgl. Eichler/Pankau, Gesprächsformen):*

Sprecher/-in	Hörer/-in
Man organisiert seine Gedanken nicht, bevor man spricht.	Man probt, während andere noch sprechen, bereits den eigenen nächsten Gesprächsbeitrag.
Es werden zu viele Aussagen und Ideen unverbunden in eine Äußerung gebracht.	Man erfasst als Hörer nicht den vollen Sinn der Aussage.
Es wird aus Unsicherheit immer weitergeredet, ohne die Auffassungskapazität der Hörer zu berücksichtigen.	Man denkt die Gedanken der Partner weiter und erweitert dadurch den Sinn des Gesagten.
Man bezieht sich nicht auf vorangegangene Beiträge.	Weniger Vertrautes wird in eigene Denkschemata eingeordnet.

   - *Ordnen Sie die einzelnen Punkte den Gesprächsregeln zu.*
   - *Ergänzen Sie die Liste vor dem Hintergrund Ihrer Erfahrungen.*
   - *Wie lassen sich die beschriebenen „Angewohnheiten" verändern? Nehmen Sie sich eine Sache vor.*
3. *Entwerfen Sie, aufbauend auf den oben genannten Gesprächsgrundregeln, einen kurzen Rückmeldebogen, der am Ende einer Gruppenarbeit ausgefüllt werden soll. Ziel ist es, zu klären, was Ihnen im Gesprächsprozess der Gruppe gut gelungen ist und worauf Sie das nächste Mal besser achten wollen. Beziehen Sie auch die Aufgaben des Gesprächsleiters mit ein.*

3 Die Gesprächssituation

Worum geht es?
Ein wesentlicher Faktor für das Gelingen oder Misslingen von Gesprächen sind die Einflüsse der Situation, in der das Gespräch stattfindet. Um diese analysieren zu können, ist es gut, die Faktoren zu kennen, die die Gesprächssituation prägen. Daher geht es im Folgenden darum,

- *sich klar zu machen, was alles Einfluss auf eine Gesprächssituation hat,*
- *störende Faktoren identifizieren zu können und*
- *deren Wirkung vermindern und günstige Einflüsse verstärken zu können.*

An welches Vorwissen/welche Vorerfahrungen können Sie anknüpfen?

Aufgabe

Tauschen Sie sich aus, welche schwierigen Teamgesprächssituationen Sie bisher in der Praxis erlebt haben. Versuchen Sie zu klären, welche Störfaktoren sich auf die Probleme ausgewirkt oder diese überhaupt erst hervorgerufen haben.

Jedes Gespräch findet in einer ganz konkreten Situation statt. Diese Situation wird durch verschiedene Einflüsse bestimmt. Faktoren, die die Gesprächssituation beeinflussen, sind die folgenden:

Der Raum: wo

- Die Sitzordnung wirkt sich auf den Gesprächsprozess aus.
- Die Einrichtung kann in die Gesprächssituation hineinwirken.
- …

Die Zeit: wann

- Ist die Gesprächszeit Teil der Arbeitszeit, bezahlte oder unbezahlte Mehrarbeit?
- Gibt es aktuelle Ereignisse, die das Gesprächsklima beeinflussen?
- …

Die beteiligten Personen: wer mit wem

- In welcher Beziehung stehen die beteiligten Personen zueinander?
- Sind es Frauen/Männer mit je unterschiedlichem Gesprächsverhalten?
- …

Die Sache, über die gesprochen wird: worüber

- Haben alle daran Interesse?

- Mit welchen Gefühlen ist das Thema verbunden?
- …

Gründe für das Gespräch: warum

- Warum findet das Gespräch überhaupt statt?
- Was ist dem Gespräch schon vorausgegangen an Klärungen, Telefonaten?
- …

Ziel des Gesprächs: wozu

- Ist das gemeinsame Ziel klar (= Information/Klärung eines Problems/Entscheidung)?
- Welche Interessen, welche Absichten sind jeweils mit dem Ziel verbunden?
- …

Sprache und Sprechen: wie

- Kann Dialekt gesprochen werden?
- Wie laut (einschüchternd?), schnell (ohne Wertschätzung?) etc. wird gesprochen?
- Welcher der „vier Schnäbel"/„vier Ohren" des Modells von Schulz von Thun ist besonders stark (z. B. die Appellseite)?
- …

Visualisierung: auf welche Weise

- Sind Präsentationen oder andere Hilfsmittel zur Visualisierung vorbereitet worden?
- Werden Zwischenergebnisse auf einem Flipchart festgehalten?
- …

Bei Konflikten ist es hilfreich, die verschiedenen Faktoren zu bestimmen. So lassen sich die Ursachen von Störungen leichter konkretisieren. Dadurch werden sie besprechbar und damit auch veränderbar.

Aufgaben

1. *Vereinbaren Sie, für welches Gespräch Sie die Einflüsse der Gesprächssituation bestimmen wollen, und bestimmen Sie dann jeden einzelnen Faktor.*
2. *Versuchen Sie während des nächsten Praktikums mit Ihrer Anleiterin die Faktoren, die die Situation Ihrer Anleitergespräche beeinflussen, zu benennen. Unterscheiden Sie die Wahrnehmungen und Bewertungen Ihrer Anleiterin von Ihren eigenen. Überlegen Sie gemeinsam, wie Sie störende Einflüsse verringern können.*

Tipp

Beachten Sie, dass die Faktoren der Gesprächssituation von den einzelnen Teilnehmern unterschiedlich eingeschätzt werden können!

4 Symmetrische und asymmetrische Gespräche

Worum geht es?

Eine Situation, die jeder kennt: Eine Person reißt das Gespräch an sich, unterbricht andere, die Meinung der anderen ist ihr nicht wichtig. Es besteht keine Gleichwertigkeit zwischen den Gesprächsteilnehmern.

Im Folgenden geht es darum,

- *Klarheit darüber zu gewinnen, wann in einem Gespräch Gleichwertigkeit der Teilnehmer gegeben ist,*
- *entsprechende Störungen als solche zu erkennen und*
- *sich bewusst zu machen, dass und wie diese verändert werden können.*

An welches Vorwissen/welche Vorerfahrungen können Sie anknüpfen?

4.1 Symmetrie im Gespräch

Symmetrie kommt aus dem Griechischen und heißt „Ebenmaß". Übertragen auf einen Gesprächsprozess heißt Symmetrie, dass im Gesprächsverlauf alle Gesprächspartner gleichwertig sind. Das bedeutet, dass

- jeder im Wechsel die Rolle von Sprecher und Hörer innehat,
- jeder (im Idealfall) gleich viel Redezeit beansprucht und
- alle Gesprächspartner einen gleichwertigen Anteil am Gesprächsergebnis haben.

Tipp

Wenn Sie sich an die Gesprächsgrundregeln halten, tragen Sie entscheidend zur Symmetrie in Gesprächen bei.

Aufgabe

- *Informieren Sie sich in den Fächern Musik- und Bewegungspädagogik darüber, was in diesem Bereich unter Symmetrie verstanden wird. Lesen Sie dann das Kapitel „Gesprächsgrundregeln" und notieren Sie, welche Informationen Sie hier bereits zur Frage der Symmetrie in Gesprächen erhalten.*

Symmetrische Gespräche

In einem solchen Gespräch sind die Teilnehmer gleichwertig. Alle haben die gleichen Rechte und Pflichten, nämlich Frage- und Rederecht und Zuhörpflicht.

Symmetrie in Gesprächen ist unabhängig von dem Status, den jemand aufgrund seiner Ausbildung in einer sozialpädagogischen Einrichtung hat. Die beruflichen Rollen sind dort meist hierarchisch gegliedert: z. B. die Einrichtungsleiterin ist Diplom-Sozialpädagogin, die Gruppenleiterinnen sind Erzieherinnen. Daneben gibt es Heilerziehungspfleger, Kinderpflegerinnen, Berufs- und Erzieherpraktikantinnen. Obwohl in einem Gespräch grundsätzlich alle Beteiligten gleichberechtigte Partner sind, lässt sich in Teamgesprächen der unterschiedliche Status der Gesprächsteilnehmer oft an deren Beteiligung und sprachlichen Äußerungen ablesen. Die Einrichtungsleiterin könnte z. B. wesentlich mehr Gesprächszeit beanspruchen, sie kann u. U. die Gesprächsregel „Ausreden lassen" verletzen und eine Berufspraktikantin unterbrechen, ohne dass diese sich traut, zu Ende zu reden. Eine Erzieherpraktikantin redet vielleicht nur, wenn sie gefragt wird. Deshalb ist es sehr wichtig, sich über die Rolle, die man in einem Team hat, und über die jeweiligen Rollenbeziehungen klar zu werden.

Die Hierarchie der Rollen in einer Einrichtung ist in einem Teamgespräch nicht grundsätzlich aufgehoben. Symmetrie im Gespräch heißt aber, dass in der Rolle als Gesprächsteilnehmer alle gleichwertig sind. Das heißt, im Gesprächsverlauf haben alle – Leiterin sowie Erzieherpraktikantin – die gleichen Rechte und Pflichten: Jeder hat das Recht, zu fragen und zu antworten, jeder hat die Pflicht, zuzuhören.

Diese Gleichwertigkeit im Gesprächsprozess ist zu unterscheiden von den Rechten und Pflichten, die mit dem jeweiligen Status in einer Einrichtung verbunden sind, also mit der Funktion der Leiterin, der Gruppenleiterin, der Zweitkraft und der Praktikantin. Die Leiterin kann in dieser Funktion der Erzieherin im Verlauf des Teamgesprächs eine Anweisung geben, nämlich z. B. den Bericht über das Kind Toni für das Jugendamt bis zum nächsten Montag als Entwurf fertigzustellen und bei ihr abzuliefern. Die Leiterin kann aber nicht der Erzieherin das Wort abschneiden, wenn diese dagegen ganz sachlich Einwände vorbringen will, sondern sie wird diese – in einem symmetrischen Gespräch – anhören. Vielleicht wird sie bei ihrer Entscheidung bleiben und diese nicht diskutieren wollen, dann muss die Erzieherin für sich klären, ob sie dies akzeptieren kann. Hier könnte z. B. die Zumutbarkeit des Auftrags eine Rolle spielen oder die Frage, ob es zu den Aufgaben der Erzieherin gehört, diesen Bericht zu schreiben.

Aufgaben

1. *Die Autorität, die ein Gesprächsleiter in einem Gespräch hat, wird auch als „Funktionsautorität" bezeichnet. Überlegen Sie, was das heißt und inwiefern ein Zusammenhang mit der Frage der Symmetrie in einem Gespräch besteht.*

2. *Ordnen Sie bei einem Gruppengespräch jedem Teilnehmer einen Beobachter zu, der genau notiert, wie viel Redezeit jeweils beansprucht wird. Welche Konsequenzen lassen sich aus dem Ergebnis ableiten?*

4.2 Asymmetrie im Gespräch

Kennzeichen

> ***Asymmetrische Gespräche***
>
> *Das Gespräch ist kein offener Prozess wechselseitigen Fragens und Antwortens, sondern wird von einem Teilnehmer „beherrscht".*

Asymmetrie zeigt sich z. B. dann, wenn ein Gesprächsteilnehmer die Gesprächsregeln nicht einhält und den Gesprächsverlauf bestimmt. In Teamgesprächen kann diese Gefahr dann bestehen, wenn die Leitung einer Einrichtung die Gesprächsleitung übernimmt. Aber auch „normale" Teammitglieder können Asymmetrie bewirken. Diese zeigt sich z. B. wie folgt:

- **Gesprächsorganisation: kaum Sprecherwechsel**
  Im asymmetrischen Gespräch kommt es nicht zu einem regelmäßigen Wechsel zwischen Sprechen und Zuhören. Der Gesprächsverlauf wird sehr stark von der Leitung bzw. einer Person bestimmt, die sich dauernd zu Wort meldet oder sich das Wort einfach nimmt, also andere unterbricht. Diese redet dann selbst sehr viel, ohne die Gruppe als Ganzes einzubeziehen. So kann kein Gesprächsprozess entstehen.

- **Themabearbeitung: kein offener Gesprächsprozess**
  Bei der Themabearbeitung entsteht Asymmetrie dadurch, dass Einzelne von Anfang an ein bestimmtes Gesprächsergebnis im Kopf haben und dieses unbedingt durchsetzen wollen.

  Gerade wenn Leitungs- und Gesprächsleitungsfunktion gekoppelt sind, ist die Gefahr groß, dass die Leitung gar nicht interessiert ist an Gesprächsergebnissen, an denen alle Anteil haben. In erster Linie geht es ihr darum, ihre Meinung durchzusetzen. Sie hat das Gesprächsergebnis sozusagen von Anfang an parat. Dazu passt auch, dass in asymmetrischen Gesprächen oft Scheinargumentationen benutzt werden und so die eigenen Interessen verschleiert werden (vgl. dazu Kap. V 5). Weil die Meinung der anderen im Grunde gar keine Bedeutung für das Gesprächsergebnis hat, kann das Gespräch willkürlich beendet werden bzw. der betreffende Tagesordnungspunkt abgeschlossen und zum nächsten übergeleitet werden.

- **Beziehungsebene: fehlende Wertschätzung**
  Wer einen Gesprächsprozess dominieren will, neigt dazu, andere Teilnehmer abzuwerten (*„Was du sagst, ist totaler Käse!"*). Wenn man einen solchen Satz hört, fühlt man sich

angegriffen, deshalb heißen solche Sätze „Killersätze". Die meisten Menschen reagieren instinktiv mit einem Gegenangriff, wenn sie sich angegriffen fühlen. Das gilt auch für sprachliche Angriffe: *„Was du sagst, ist totaler Käse!" – „Du redest doch selber Blödsinn!"* Solche Reaktionen vor dem Hintergrund von Macht und Ohnmacht führen nur zu einem wechselseitigen Beschuss mit Killersätzen, bis es zu einem vollständigen Beziehungsabbruch kommt.

Killersätze

Killersätze unterscheiden nicht zwischen Person und Sache: Die Person wird angegriffen und nicht der Standpunkt, den eine Person vertritt, infrage gestellt.

Außer mit Killersätzen können andere Gesprächsteilnehmer auch durch „Killerfaces" unter Druck gesetzt werden. Dabei wird über Mimik und Körperhaltung deutlich gemacht, dass man mit den Äußerungen eines oder mehrerer Gesprächsteilnehmer überhaupt nicht einverstanden ist. So kann jemand z. B. die Augen verdrehen oder wirkungsvoll Langeweile zeigen, indem er gähnt.

Konkurrenz unter den Teammitgliedern bzw. zwischen Einzelgruppierungen des Teams wird durch Killersätze und Killerfaces sehr verstärkt.

Gesprächsblockierer

Sie haben denselben Effekt wie abschätzige und den anderen verletzende Killersätze, nämlich, dass man sich nicht mehr traut, seine Gedanken auszusprechen. Solche Gesprächsblockierer haben den Anschein, dass sie sachlich sind. Bei genauem Hinhören merkt man aber, dass sie manipulieren und einen offenen Austausch von Argumenten verhindern. Solche Sätze sind z. B.:

- *„Das bekommen wir nicht genehmigt!"*
- *„Solch einen Aufwand können wir nicht betreiben!"*
- *„Das ist viel zu teuer."*
- *„Dafür ist die Zeit noch nicht reif."*
- *„Das können wir den Eltern nicht zumuten."*

Veränderungsmöglichkeiten

- **Bei Killersätzen/Killerfaces**
  Es ist hilfreich, mit einer Ich-Botschaft zurückzumelden, wie es einem mit einem Killersatz geht. Zum Beispiel könnte man auf den obigen Killersatz *„Was du sagst, ist totaler Käse!"* antworten: *„Jetzt fühl ich mich aber nicht ernst genommen."*

  Eine andere sinnvolle Möglichkeit, einen solchen Killersatz zurückzuweisen, ist nachzufragen, z. B. so: *„Könntest du mir konkret sagen, was du nicht gut findest?"* Auf diese Weise lässt sich auch auf Killerfaces reagieren, z. B. wenn jemand die Augen verdreht: *„Sie sind nicht einverstanden mit dem, was ich sage?"*

Manchmal äußert jemand Killersätze, weil er selbst sehr unter Druck steht. In einem solchen Fall lässt sich die Gesprächssituation dadurch verändern, dass man die Gefühle, die als Selbstkundgabe hinter dem Killersatz *(„Was du sagst, ist totaler Käse!")* stehen könnten, sozusagen „übersetzt": *„Irgendwie scheinst du im Moment sauer zu sein."* Das hilft, eine Eskalation zu vermeiden.

- **Bei Vielrednern**
  Vielredner brauchen oft einfach nur Aufmerksamkeit. Ihr Redefluss versiegt, wenn sie merken, dass aufmerksam zugehört wird. Meist schalten die anderen aber bald ab, sodass der Vielredner noch mehr redet. Hier hilft es nachzufragen, z. B. mit *„Was also ist genau Ihr Kernpunkt?", „Das war jetzt sehr viel auf einmal. Bisher habe ich verstanden, dass ...", „Ich möchte Sie unterbrechen, weil ich Ihren Ausführungen nicht mehr folgen kann."*
- **Bei „Höhergestellten"**
  Entsteht die Asymmetrie durch den Einfluss einer Person, die eine besondere Funktion in der Einrichtung hat, dann braucht es eine ganze Menge Mut, die Asymmetrie zu thematisieren. Am sinnvollsten ist es, auf die Ebene der Metakommunikation zu gehen, d. h., sich darüber auszutauschen, wie das Gespräch verläuft und was das für die Kollegen bedeutet.

Aufgabe

Lesen Sie die Begriffsdefinition von Metakommunikation auf S. 95 noch einmal nach. Beschreiben Sie dann mit Ihren eigenen Worten, was Sie unter Metakommunikation verstehen.

Wenn eine Einrichtungsleiterin einen Führungsstil hat, der die Asymmetrie im Teamgespräch begründet, dann wird ein solches Gespräch nicht möglich sein. Hier kann es helfen, in der konkreten Situation eine Ich-Botschaft zu formulieren und einen Vorschlag zur Veränderung zu machen: *„Ich fühle mich in diesem Gespräch nicht wohl. Mein Eindruck ist, dass unsere Meinung Ihnen gar nicht wichtig ist. Es wäre schön, wenn Sie uns mehr Raum lassen, unsere Vorschläge einzubringen."*

Tipp

Wenn Sie asymmetrische Gespräche verändern wollen, überlegen Sie zuerst, welche Ursache die Asymmetrie hat.
Zeichnet sich ab, dass die Gesprächssituation nicht zu verändern ist, kann es sinnvoll sein, eine Supervision zu beantragen.

Aufgaben

1. *Sammeln Sie zehn Killersätze, die Sie in der Praxis gehört haben. Versuchen Sie, diese durch Ich-Botschaften zu entschärfen.*
2. *Welche Gesprächsblockierer kennen Sie aus der Praxis? Wie ging das Team damit um? Wie können Sie später versuchen, solche Blockaden aufzulösen?*
3. *Was halten Sie von der These, dass Frauen sich in Gesprächen viel stärker um Gleichrangigkeit und Symmetrie bemühen als Männer? Begründen Sie Ihre Meinung.*

5 Feedback geben und nehmen

Worum geht es?

Manchmal „knistert" es im Team, jeder weiß, dass Spannung in der Luft liegt, aber niemand spricht es im Teamgespräch an, nur zu zweit wird über andere hergezogen, die das nicht mitbekommen. Eine solche Situation lähmt ein Team. Daher ist es sehr wichtig, dass es im Team gelingt, Störungen anzusprechen. Dazu gehört es, sich wechselseitig ein Feedback zu geben. Im Folgenden geht es daher darum,

- *sich zu informieren, wie man in konstruktiver Weise Feedback gibt, und*
- *sich darüber klar zu werden, wie man ein Feedback gut annehmen kann.*

An welches Vorwissen/welche Vorerfahrungen können Sie anknüpfen?

Feedback

Feedback geben heißt, dass jemand einer anderen Person eine Rückmeldung dazu gibt, wie sie die Person erlebt.

Wenn Sie ein konstruktives Feedback geben wollen, kommt es vor allem darauf an, dass Sie sich mit Ihrer Rückmeldung auf die Wahrnehmung eines konkreten Verhaltens beziehen und dabei nicht interpretieren und nicht bewerten. Anlass für ein Feedback muss nicht ein problematisches Verhalten sein. Es verbessert die Atmosphäre im Team, wenn sich die Teammitglieder immer wieder auch positives Verhalten rückmelden.

Tipp

Wenn Sie jemandem ein kritisches Feedback geben wollen, ist es sinnvoll, zunächst eine positive Rückmeldung zu geben.

__Beispiel:__ Maria sagt zu Jürgen: „Ich habe drei Argumente genannt, warum ich gegen einen Tag der offenen Tür bin, aber du bleibst dabei, dass wir diesen Tag brauchen, ohne dass du das begründest. So fühle ich mich nicht ernst genommen. Ich möchte, dass du auf meine Argumente eingehst." Eine solche Äußerung ist etwas anderes, als wenn Maria sagen würde: „Du immer mit deiner Rechthaberei." Der Unterschied liegt darin, dass sie konkret beschreibt, welches Verhalten von Jürgen sie stört und welches Gefühl das bei ihr auslöst. Außerdem macht sie ihm einen Vorschlag. Jürgen kann diesen annehmen oder aber über seine Wahrnehmung der Situation sprechen.

Um Sicherheit zu gewinnen, wie Sie konstruktiv Feedback geben können, sollten Sie die folgenden Grundsätze beachten:

- **Beschreiben**
  Sie beschreiben, was Sie wahrgenommen, d. h. gehört und/oder gesehen haben, ohne zu bewerten oder das Verhalten Ihres Gegenübers zu interpretieren. Ihre Aussage trifft den anderen daher nicht als Person, sondern bezieht sich auf sein Verhalten.
- **Die eigene Gefühlsreaktion benennen**
  „Das macht mich wütend." So erhält Ihr Gesprächspartner eine Information, was sein Verhalten oder das, was er sagt, bei Ihnen bewirkt. Würden Sie stattdessen Ihren Ärger nur indirekt ausdrücken (*„Das ist eine Frechheit. Das lasse ich mir nicht bieten!"*), greifen Sie die Person des anderen an und verletzen sie.
- **Ein Bedürfnis/Einen Wunsch äußern**
  Wenn Sie vorschlagen, was Ihr Gesprächspartner anders machen könnte, so erhält er dadurch eine Perspektive für die Zukunft. Er behält die Freiheit, sein Verhalten zu ändern, kann es aber auch beibehalten.

Worauf sollten Sie beim Formulieren achten?

- **Konkret**
  Bei Verallgemeinerungen oder pauschalen Aussagen ist es für den Angesprochenen sehr schwierig, etwas zu verändern. Die Gefahr, dass er sich verletzt fühlt, ist groß, z. B. wenn gesagt wird: „Das machst du immer so." Beziehen Sie sich also auf die aktuelle Situation und beschreiben Sie konkret, was Sie wahrgenommen haben.
- **Zeitnah**
  Wird ein Feedback unmittelbar in der Situation gegeben, die zu Unzufriedenheit führt, kann dies von den Beteiligten nachvollzogen werden. Eine kritische Rückmeldung zu einem Vorfall, der schon einige Zeit zurückliegt, ist meist wenig hilfreich, weil die Beteiligten entweder keine oder nur vage bzw. unterschiedliche Erinnerungen haben.
- **Subjektiv**
  Sie können nur von sich persönlich und Ihren eigenen Beobachtungen und Eindrücken sprechen. Benutzen Sie also Ich-Aussagen.
- **Konstruktiv**
  Ziel Ihres Feedbacks sollte es sein, für die Zukunft etwas Positives zu erreichen. Deshalb sollte sich das Feedback nur auf Verhaltensweisen beziehen, die veränderbar sind.

- **Erwünscht**
  Sie sollten ein Feedback nur geben, wenn es erwünscht ist.

Feedback geben

Wenn Sie ein Feedback geben wollen, dann orientieren Sie sich stets an dem folgenden Dreischritt: Wahrnehmung beschreiben, eigenes Gefühl aussprechen, einen Wunsch äußern. Achten Sie dabei darauf, wie Sie formulieren, nämlich konkret, zeitnah, subjektiv-persönlich und konstruktiv. Vergewissern Sie sich, dass das Feedback erwünscht ist.

Worauf kommt es an, wenn Sie selbst ein Feedback erhalten (vgl. Koeberle-Petzschner, 2008, S. 70)?

- *Hören Sie zunächst nur zu und unterbrechen Sie nicht.*
- *Wenn Ihnen etwas unklar ist, fragen Sie nach.*
- *Wehren Sie die Kritik nicht einfach ab, sondern prüfen Sie deren Berechtigung. Haben Ihnen andere schon Vergleichbares rückgemeldet?*
- *Bestätigen Sie die Fakten.*
- *Suchen Sie (gemeinsam) nach Lösungen.*

Aufgaben

1. *Notieren Sie alle Regeln für ein konstruktives Feedback so übersichtlich, dass dieses Blatt in einem Teambesprechungszimmer als Hilfestellung aufgehängt werden könnte.*
2. *Setzen Sie sich mit einer Lernpartnerin zusammen und geben Sie sich ein wechselseitiges, erst positives, dann kritisches Feedback zu Ihrer Art zu kommunizieren. Tauschen Sie sich dann darüber aus, wie Sie das Feedback jeweils erlebt haben.*

Projektidee
Planen Sie ein Ranking im Blick auf die Ausbildungsqualität Ihrer Praxisstellen.

V Partizipationsprozesse anregen und begleiten

1 Sprachliche Kompetenzen als Voraussetzung für Partizipation

2 Partizipationsprozesse durch Gespräche unterstützen

3 Gesprächsprozesse moderieren

4 In der erzieherischen Praxis (mündlich) argumentieren

5 Scheinargumentationen erkennen

Im sozialpädagogischen Bereich wird Partizipation wie folgt definiert:

Partizipation

von Kindern und Jugendlichen ist deren verbindliche Einflussnahme auf Planungs- und Entscheidungsprozesse, von denen sie betroffen sind (vgl. Jaun, 2001, S. 91).

Die heutige Großelterngeneration hatte in ihrer Kindheit kaum die Möglichkeit, bei wichtigen sie betreffenden Entscheidungen mitzureden. Kinder wurden so erzogen, dass sie die Entscheidungen der Eltern und Erzieherinnen zu akzeptieren hatten. Das hat sich heute vollständig verändert: Mitsprache und Beteiligung sind in der UN-Kinderrechtskonvention in Artikel 12 festgeschrieben. Deshalb gehört es zu den grundlegenden Aufgaben der Erzieherin, Kinder und Jugendliche entsprechend ihrem Entwicklungsstand an allen sie betreffenden Entscheidungen zu beteiligen. Erzieherinnen werden aber nur dann dazu in der Lage sein, wenn sie selbst Partizipation in ihrer Ausbildung bzw. im Team erlebt haben und erleben. Dies ist auch Voraussetzung dafür, dass sie Mütter und Väter beteiligen.

Partizipationsprozesse sind immer an Sprache gebunden. Daher ist dieses Thema im Deutschunterricht der Erzieherinnenausbildung von besonderer Bedeutung.

Aufgaben

1. *Informieren Sie sich über die rechtlichen Grundlagen der Partizipation von Kindern und Jugendlichen.*
2. *Tauschen Sie sich in Ihrer Lerngruppe darüber aus, ob und wie Sie selbst in Ihrer Kindheit und in der Schule Beteiligung erlebt haben.*

1 Sprachliche Kompetenzen als Voraussetzung für Partizipation

Worum geht es?
Beteiligung von Kindern und Jugendlichen ist in unterschiedlichen Formen und Methoden möglich. All diese Formen sind an Sprache gebunden. Daher geht es in diesem Kapitel darum,

- *sich der Bedeutung von Sprache für Partizipationsprozesse bewusst zu werden,*
- *sich über die jeweiligen sprachlichen Anforderungen von Partizipation bei Kleinstkindern sowie Kindern und Jugendlichen zu informieren und*
- *sich auf die Beteiligung von Eltern vorzubereiten.*

An welches Vorwissen/welche Vorerfahrungen können Sie anknüpfen?

Heute ist es für Erzieherinnen ein sehr wichtiges Ziel,

- *Kinder und Jugendliche zu befähigen, ihre Wünsche und Vorstellungen sprachlich auszudrücken,*
- *diese anderen Kindern/Jugendlichen oder auch Erwachsenen gegenüber zu begründen und zu vertreten und*
- *gemeinsame Ergebnisse auszuhandeln.*

Mit sehr kleinen Kindern kann man nicht nur über Sprache kommunizieren, denn vieles von dem, was sie interessiert und wichtig für sie ist, drücken sie nicht mit Sprache aus (vgl. Die Bildungsvereinbarung NRW – Fragen und Antworten, 2004, S. 8). Will man also Kleinstkinder an Entscheidungen beteiligen, dann müssen Erzieherinnen diese nonverbalen Mitteilungen wahrnehmen und aufgreifen.

Partizipation von Kleinstkindern

Nimmt man die Annahme ernst, dass Kinder von Geburt an ihre Entwicklung aktiv mitgestalten, so haben sie auch von Anfang an ein Recht auf Selbstbestimmung (vgl. Fedder, 2014, S. 6). Dabei kommt es entscheidend darauf an, dass eine partnerschaftliche Kommunikation auf Augenhöhe gelingt. Auf diese Weise erfahren schon sehr kleine Kinder, dass sie ernst genommen und einbezogen werden – eine wesentliche Grundlage für Partizipation. Die Erzieherin hat z. B. die folgenden Möglichkeiten (vgl. Fedder, 2014, S. 7):

- dem Kind eine Handlung ankündigen: „Ich nehme dich jetzt gleich hoch und lege dich auf den Wickeltisch."
- die eigenen Erwartungen benennen: „Bitte nimm deine Füße nach oben, damit ich die Windel besser unter deinem Po herausziehen kann."
- eine Erklärung abgeben: „Es fängt an zu regnen. Wenn wir ohne Jacke rausgehen, werden wir ganz nass."
- das Kind in die Kommunikation miteinbeziehen: „Ich erzähle deiner Mama, dass wir heute draußen waren."
- kindgerecht bei der Wahrheit und Realität bleiben: „Du bist hingefallen und dein Knie blutet. Das tut weh."

Auch sehr kleine Kinder können im Alltag an vielen Entscheidungen beteiligt werden, die sie unmittelbar betreffen (vgl. zum Folgenden Fedder, 2014, S. 7–9). Wichtige Bereiche sind hier z. B.

- das Essen und Trinken: Dem Kind können beim Frühstück zwei Sachen zur Auswahl angeboten werden, und es braucht nichts zu essen, wenn es das nicht möchte.

- das Wickeln: Das Kind kann selbst entscheiden, von wem es gewickelt werden möchte. Wenn Sie die einzelnen Handlungen des Wickelns aktiv ankündigen und die Reaktion des Kindes abwarten, ermöglichen Sie es dem Kind, aktiv teilzunehmen.
- das Schlafen: Jedes Kind kann seinem Schlafbedürfnis individuell und selbstständig nachkommen. Die Erzieherin bringt das dem Kind gegenüber auch mit Worten zum Ausdruck.
- die Bewegungsentwicklung: Es liegt beim Kind, wann es den nächsten Entwicklungsschritt macht, also sitzt, steht, läuft etc.

Wenn die Erzieherin auf diese Weise Kleinstkinder beteiligen will, kommt es auf ihre Sprach- und Dialogfähigkeit an. Genauso wichtig ist aber ihre Fähigkeit, die nonverbalen Mitteilungen des Kindes wahrzunehmen und aufzugreifen. Denn vieles, was Kleinstkindern wichtig ist, drücken sie nicht mit Sprache aus, sondern über Mimik, Gestik und Körperhaltung.

Partizipation von Kindern und Jugendlichen

Es gibt viele Formen der Beteiligung von Kindern und Jugendlichen, die sich jedoch in ihrer Zielsetzung sehr unterscheiden. Dadurch kann dem jeweiligen Alter sowie dem jeweiligen sozialen und kulturellen Hintergrund der Kinder/Jugendlichen besser entsprochen werden:

- Alltagsbeteiligung, die sich spontan aus der Alltagssituation heraus ergibt, wie z. B. die Auswahl von Musik und Filmen,
- punktuelle Beteiligung, bei der Vorschläge bzw. ein Stimmungsbild eingeholt werden, z. B. das Aufstellen eines Wunsch- oder Meckerkastens,
- offene Beteiligungsformen, wie z. B. die Kinderkonferenz,
- repräsentative Beteiligungsformen, wie z. B. das Jugendparlament,
- projektorientierte Beteiligungsformen, z. B. im Blick auf eine Ferienfahrt, und
- medienorientierte Beteiligungsformen durch Mitgestaltung von z. B. Internetseiten.

Aufgabe

Informieren Sie sich noch genauer darüber, wie diese Beteiligungsformen jeweils umgesetzt werden können. Erstellen Sie eine Rangliste, die aus Ihrer subjektiven Sicht angibt, in welchem Ausmaß die Kinder/Jugendlichen jeweils auf die sie betreffenden Entscheidungen Einfluss nehmen können.

Wollen Kinder und Jugendliche die ihnen angebotenen Beteiligungsformen nutzen, dann brauchen sie unterschiedliche Kompetenzen. Es genügt nicht, dass Kinder ausreichend sprachfähig sind, d. h. ihre Wünsche, Bedürfnisse, ihre Einschätzungen und Ideen verbalisieren können. Sie müssen auch selbstbewusst genug sein, vor anderen und auch zu größeren Gruppen zu sprechen.

Als Erzieherin können Sie die für Beteiligungsprozesse wichtigen sprachlichen Fähigkeiten von Kindern und Jugendlichen fördern, indem Sie ihnen Raum geben, um ihre Vorstellungen zu entwickeln und mitzuteilen, ihre Interessen zu klären und gemeinsam in der Gruppe Entscheidungen zu treffen. Dadurch können Kinder und Jugendliche sich darin einüben, ihre Interessen und Positionen zum Ausdruck zu bringen, auch mithilfe verschiedenster Medien. Durch die kontinuierliche Teilnahme an Partizipationsprozessen lernen Kinder und Jugendliche sich immer besser zu artikulieren. Zu unterscheiden sind dabei die folgenden Fähigkeiten:

- **Sprachfähigkeit**
  Kinder und Jugendliche müssen ihre Wünsche und Bedürfnisse, ihre Einschätzungen und Ideen verbalisieren können. Gemeinsame Lösungen auszuhandeln, verlangt ein großes Maß an Sprachkompetenz. Flüchtlingskinder, die sich nicht ausreichend ausdrücken können, werden sich z. B. bei Fragen der Raumgestaltung nicht einbringen. Sprachförderung sollte daher die aktuellen Partizipationsthemen berücksichtigen.
- **Sprechfähigkeit**
  Partizipationsprozesse vollziehen sich in der Regel in Gruppen, z. B. auf der Kinderkonferenz. Kinder müssen daher so viel Selbstbewusstsein haben, dass sie sich trauen, vor anderen und auch zu größeren Gruppen zu sprechen. Dies sollte von klein auf, d. h. schon im Elementarbereich, eingeübt werden, und zwar so, dass Kinder allmählich lernen, sprachliche und sprecherische Mittel gezielt einzusetzen.
- **Gesprächsfähigkeit**
  Gespräche haben das Ziel, sich wechselseitig über etwas zu verständigen. Dazu gehört die Fähigkeit, andere wahrzunehmen und zuzuhören, das Gehörte zu verstehen bzw. mitzuteilen, was verstanden wurde, sowie die eigenen Gedanken sprachlich auszudrücken und sich dabei auf andere zu beziehen.
- **Argumentationsfähigkeit**
  Wo es um Beteiligung an Entscheidungen geht, muss argumentiert werden. Dazu gehört es auch zu lernen, sich auf Kompromisse einzulassen.

Aufgabe

Überlegen Sie gemeinsam, wie Sie diese Kompetenzen bei Kindern und Jugendlichen fördern können.

Erzieherinnen, die es ernst meinen mit der Partizipation von Kindern und Jugendlichen, entwickeln die genannten Kompetenzen selbst weiter.

Aufgaben

1. *Wird in den rechtlichen Grundlagen der Partizipation von Kindern und Jugendlichen der Anspruch an die Sprachfähigkeit deutlich und wenn ja, inwiefern?*
2. *Wie stehen Sie zu dem folgenden Satz? – „Erwachsene müssen Macht abgeben, aber Verantwortung behalten." (Knauer, 2003, S. 12)*

Partizipation von Eltern

§ 22 a (2) SGB VIII schreibt fest, dass die Erziehungsberechtigten an den Entscheidungen der Tageseinrichtung in wesentlichen Angelegenheiten der Erziehung, Bildung und Betreuung zu beteiligen sind. Interessierte Mütter und Väter sollen in die Konzepterstellungen, in Projekt- und Öffentlichkeitsarbeit eingebunden sowie motiviert werden, sich gemeinsam mit den Erzieherinnen für eine Verbesserung der Lebensbedingungen von Kindern und Familien zu engagieren.

Aufgabe

Tauschen Sie sich darüber aus, welche Erfahrungen Sie bisher bei der Beteiligung von Eltern an der Arbeit einer Kindertagesstätte oder einer Einrichtung der stationären Jugendhilfe gemacht haben.

Tipp

Nutzen Sie während der Ausbildung alle Gelegenheiten, bei denen Sie sich im Begründen von Sachverhalten üben können. Nur dann können Sie später Ihre eigenen Interessen bzw. die der Kinder und Jugendlichen vertreten.

2 Partizipationsprozesse durch Gespräche unterstützen

Worum geht es?
Ob Kinder und Jugendliche sowie deren Mütter und Väter ihre Meinungen zu bestimmten Fragen einbringen und auf Entscheidungen Einfluss nehmen, hat viel damit zu tun, ob im Gesprächsprozess immer klar ist, worum es gerade geht.
Deshalb geht es im Folgenden darum,

- *unterschiedliche Gesprächsphasen und -ziele zu unterscheiden, um dadurch Partizipationsprozesse besser unterstützen zu können, und*
- *sich bewusst zu machen, welche Hilfestellung Kinder im Vergleich zu Erwachsenen dabei brauchen.*

An welches Vorwissen/welche Vorerfahrungen können Sie anknüpfen?

2.1 Das Klärungsgespräch als offener Gesprächsprozess

Ziel eines Klärungsgesprächs

Offene Gesprächsprozesse nennt man auch Klärungsgespräche. Sie werden deshalb als offen bezeichnet, weil man nicht ein bestimmtes Ergebnis im Sinne einer klaren Entscheidung erreichen muss.

Klären heißt,

- *dass eine Frage aus den unterschiedlichen Perspektiven der Gesprächsteilnehmer/der Betroffenen betrachtet wird und*
- *dass jeder Gesprächsteilnehmer für sich etwas anderes als wichtiges Ergebnis aus dem Gespräch mitnehmen kann.*

Im Gesprächsverlauf wird alles gesammelt, was mit dem Problem zu tun hat. Dabei kann es z. B. um Folgendes gehen:

- *Ursachen*
- *Einflüsse*
- *Zusammenhänge mit anderen Problemen*
- *Einstellungen und Gefühle der Betroffenen dazu*
- *Interessenlagen und Wünsche der Beteiligten*
- *Zielvorstellungen*
- *Motivation, das Problem zu lösen*
- *mögliche Lösungsvorschläge*
- *Untersuchung und Bewertung dieser Lösungsvorschläge*

Klärungsgespräche mit Erwachsenen

In Gesprächen mit Erwachsenen, also im Team, mit Eltern oder während der Ausbildung, heißt es, besonders sorgfältig darauf zu achten, dass nicht vorschnell einzelne Lösungsvorschläge begründet und durchgesetzt werden. Denn das hindert daran, weiter nach Ursachen, Zusammenhängen, Wahrnehmungen etc. zu fragen. Das ist aber oft notwendig, um konstruktive Lösungsvorschläge entwickeln zu können. Daher gilt die besondere Aufmerksamkeit des Gesprächsleiters dem inhaltlichen Gesprächsverlauf: Dieser darf sich nicht zu früh auf den Aspekt einer Problemlösung verengen.

Werden schon zu Beginn des Gesprächs Lösungsvorschläge genannt, kann der Gesprächsleiter sich diese notieren und z. B. sagen: *„Das ist jetzt schon ein Lösungsvorschlag gewesen. Wir können uns nachher damit auseinandersetzen. Jetzt wollen wir erst noch weitere Ursachen sammeln (oder: Jetzt wollen wir uns noch weiter mit den unterschiedlichen Interessen beschäftigen.). Sehen Sie noch weitere Ursachen? (bzw. Haben Sie noch ganz andere Interessen?)"*

Aufgabe

Das Team eines Jugendzentrums diskutiert, inwiefern es die Öffentlichkeitsarbeit verbessern könnte. Bereiten Sie die Gliederungspunkte für den Gesprächsverlauf eines Klärungsgesprächs vor, auf deren Grundlage Sie ein solches Gespräch leiten könnten.

Klärungsgespräche mit Kindern

Für Kinder, besonders für Kindergartenkinder, sind Klärungsgespräche, z. B. im Stuhlkreis, sehr wichtig. Sie können hier erfahren, dass es bedeutsam ist, ihre Gefühle, Bedürfnisse, Wünsche, aber auch eine von den anderen abweichende Meinung zu äußern. Sie lernen die Sichtweisen anderer kennen, fangen an, sich damit auseinanderzusetzen. Weil sie ihre eigenen Interessen entdecken und formulieren lernen und dabei ernst genommen werden, fällt es ihnen leichter, auf die Bedürfnisse anderer Rücksicht zu nehmen.

Auf diese Weise können Kinder schon früh erleben, dass eine passende Lösung erst dann gefunden werden kann, wenn vorher möglichst viele Sichtweisen eingebracht wurden. Eine wichtige Erfahrung im Klärungsgespräch ist es auch, dass die Runde einmal schweigen kann, bevor sich ein nächstes Kind zu Wort meldet. Auch Schweigen kann produktiv sein.

Dies setzt voraus, dass schon Kindergartenkindern die Bedeutung von Gesprächsregeln bewusst wird (vgl. Kap. IV 2) und sie sich in deren Einhaltung üben. Das ist für kleine Kinder ein großer Schritt. Die Situation im Stuhlkreis ist eine ganz andere, als wenn eine Erzieherin mit ihnen einen Dialog führt, weil diese sich auf die Bedürfnisse des Kindes einstellt. Jetzt gibt es andere Kinder, die sich auch in das Gespräch einbringen wollen. Es ist also notwendig, die eigenen Ansprüche mit denen der anderen abzugleichen (vgl. Merkel). Die Einführung der Gesprächsregeln unterstützt diesen Lernschritt. Deshalb braucht ein Gespräch mit Kindern im Elementarbereich wesentlich mehr Leitung als ein Gespräch mit Jugendlichen oder Erwachsenen.

Die Kinder lernen, sich an die Gesprächsgrundregeln zu halten, sich mit einem kleinen Handzeichen zu Wort zu melden und dass sie dementsprechend in der Reihenfolge der Wortmeldung zum Sprechen aufgefordert werden. Abweichungen davon sollten begründet werden (*„Jetzt wollen wir mal die Melanie hören, die hat heute noch gar nichts gesagt."*). Die Erzieherin kann durch Nachfragen nach Begründungen (*„Sag uns mal, warum du das so meinst!"*) oder nach Gefühlen und Einstellungen (*„Und hat dich das gestört?"*) die Kinder im Gesprächsprozess unterstützen. Für die Kinder ist es sehr wichtig, dass sie merken, dass die Erzieherinnen sie ernst nehmen und ihre Meinungen anerkennen.

Die Einführung von Ritualen unterstützt die Kinder in der Einhaltung der Gesprächsregeln (z. B. Weitergabe eines Sprechbären oder Sprechsteins nach einem vorher verabredeten Verfahren).

Kinder sollten lernen, ihre Gespräche selbst zu leiten. Die einzelnen Aufgaben können Sie mit den Kindern oder Jugendlichen schrittweise einüben (vgl. dazu Kap. IV 1). Hilfreich ist es, wenn die Kinder an Ihnen die Aufgaben einer Gesprächsleitung zunächst modellhaft erleben können. Auch kleinere Kinder können z. B. im Morgenkreis allmählich selbst die Gesprächsleitung übernehmen. Sie können z. B. das Wort vergeben (bzw. auffordern, den Stein an das Kind, das sich gemeldet hat, weiterzugeben), Ergebnisse in einem Bild festhalten oder vorschlagen, ein Thema noch einmal im nächsten Morgenkreis aufzugreifen etc.

2.2 Im Streitgespräch Entscheidungen finden

Wenn Partizipation als „verbindliche Einflussnahme von Kindern und Jugendlichen auf Planungs- und Entscheidungsprozesse, von denen sie betroffen sind" (s. o.), beschrieben wird, dann müssen Kinder und Jugendliche ihre inhaltlichen Vorstellungen zu den anstehenden Fragen nicht nur klären, sondern auch gemeinsam abstimmen und zu begründeten Entscheidungen finden. Den begründeten Meinungsstreit nennt man „Streitgespräch".

Ziel eines Streitgesprächs

Im Streitgespräch geht es um den begründeten Meinungsstreit. „Streiten" ist hier ein Fachbegriff, der beinhaltet, dass

- *Pro- und Kontra-Argumente sachlich ausgetauscht werden,*
- *es erklärtes Ziel ist, auf dieser Basis eine Lösung für ein anstehendes Problem zu finden und*
- *eine entsprechende Entscheidung getroffen wird.*

Worauf kommt es beim Streitgespräch zwischen Erwachsenen an?
Die „Streitenden" sollten zielgerichtet argumentieren und bereit sein, sich mit den Argumenten ihrer „Gegner" ernsthaft auseinanderzusetzen. (Wie man zielgerichtet argumentiert, ist in Kap. V 4.2 beschrieben.) So kann eine Problemlösung, z. B. ein Kompromiss, gefunden werden, über die am Ende des Gesprächs abgestimmt werden kann. (Wie man Abstimmungen vornimmt, ist in Kap. V 3 beschrieben.) Im Idealfall endet der Gesprächsprozess mit einem Kon-

sens, d. h., alle einigen sich auf einen konkreten Lösungsvorschlag. Das setzt aber die Bereitschaft voraus, den eigenen Standpunkt zu ändern, wenn die vorgetragenen Argumente überzeugen.

Scheinargumentationen haben keine Überzeugungskraft. Mit ihnen wird versucht, sachliche Argumente durch den Appell an Emotionen zu ersetzen. Das ist im Streitgespräch = dem begründeten Meinungsstreit tabu (vgl. dazu Kap. V 5).

Wie können Gesprächsteilnehmer auf den Meinungsbildungsprozess gezielt Einfluss nehmen? Eine Möglichkeit dazu ist, bereits von anderen vorgetragene Argumente, die man besonders überzeugend findet, noch einmal aufzugreifen und dabei zu verstärken bzw. zu ergänzen *(„Ich fand Silvias Argument besonders wichtig, weil ... Ergänzen möchte ich das noch durch folgende Überlegung ...")*. Dadurch bekommt diese Position im Meinungsstreit mehr Gewicht.

Tipp

Wenn Sie in einem Streitgespräch die Funktion der Gesprächsleitung übernehmen, informieren Sie sich in Kap. IV 1 genauer über die damit verbundenen Aufgaben.

Streitgespräche mit Kindern

Auch Kleinkinder und Kinder im Grundschulalter können schon Lösungsmöglichkeiten vorschlagen und diese bewerten. Sie wissen durchaus zu begründen, warum sie den einen Vorschlag für hilfreicher halten als den anderen. Sie brauchen hierbei aber oft noch die Begleitung durch die Erwachsenen. Hier liegt es in der Verantwortung der Erzieherinnen, Themen zu finden, bei denen Anknüpfungen an die Erfahrungen der Kinder gegeben sind. Schon kleine Kinder sind motiviert, sich mit Fragen auseinanderzusetzen, die sie etwas angehen: Wie können wir den „Brotzeitdienst" organisieren? Welche Regeln wollen wir für die Bau-Ecke aufstellen?

Wenn Erzieherinnen das Streitgespräch der Kinder miteinander unterstützen (d. h. kein Frage- und Antwortspiel zwischen Erzieherin und jeweils einem Kind), dann fühlen sich die Kinder in solchen Beteiligungssituationen wohl. Sie merken, dass die Erzieherinnen sie ernst nehmen und ihre Meinungen anerkennen. Schüchterne zurückhaltende Kinder werden von der Erzieherin angesprochen und darin bestärkt, ihre Meinung zu äußern.

Tipp

Heute setzt man zur Entscheidungsfindung auch oft die Moderationsmethode ein (vgl. dazu Kap. V 3). Dies ist vor allem bei großen Gruppen sinnvoll. Die Lösungsmöglichkeiten, um die gestritten wird, werden an einem Flipchart visualisiert. Jede „Partei" benennt noch einmal ihre jeweiligen Argumente. Dann erhält jeder Teilnehmer ein bis zwei Klebepunkte, mit deren Hilfe er „punkten" kann. Es gilt der Vorschlag als angenommen, der die meisten Punkte hat.

Streitgespräche setzen Klärungsgespräche voraus

Streitgespräche setzen stets voraus, dass ein Klärungsgespräch vorangegangen ist. Denn nur im Klärungsgespräch können kreative Lösungsvorschläge (in der Regel ein bis zwei) gefunden werden. Das Klärungsgespräch bietet den Raum (und die Zeit!), nach Ursachen des Problems zu fragen, nach persönlichen Sichtweisen und Wünschen etc. Was hier vorgeschlagen wird, wird anschließend im Streitgespräch bewertet, d.h., es wird daraufhin „abgeklopft", ob es als Problemlösung tauglich ist oder nicht.

Überspringt man die Klärungsphase des Gesprächs, dann wird in der Regel sofort der erstbeste Lösungsvorschlag bewertet. Die Chance, einen Lösungsvorschlag zu finden, der möglichst viele Aspekte einer Problemstellung aufgreift, ist vertan. Daher ist es so wichtig, dass ein Streitgespräch immer auf einem Klärungsprozess aufbaut.

Ob es sich bei dem Klärungsgespräch um eine erste Gesprächsphase handelt, die der Phase der Entscheidungsfindung vorangeht, oder ob man beide Gesprächsphasen auch zeitlich trennt, um z. B. erst eine Woche später eine Entscheidung zu treffen, hängt in erster Linie von deren Tragweite ab. Je komplexer eine Fragestellung ist, umso eher sollte man auf eine zeitliche Trennung der klärenden und streitenden Gesprächsphase dringen.

Klärungsgespräch bzw. Klärungsphase eines Gesprächsprozesses

Gesprächseröffnung	Zielvorgabe: Klären
Klärungsphase	Offener Gesprächsprozess
Gesprächsende	Wichtige Erkenntnisse zusammenfassen (z. B. Ursachen, Folgen, Vorschläge)

Streitgespräch bzw. Streitphase eines Gesprächsprozesses

Gesprächseröffnung	Zielvorgabe: eine Entscheidung treffen
Streitphase	Pro- und Kontra-Argumente austauschen
Gesprächsende	Entscheiden: Konsens oder Abstimmung

Tipp

Argumentiert werden kann auch im Klärungsgespräch, im Streitgespräch aber muss argumentiert werden!

Aufgaben

1. *In jeder Schule gibt es etwas, womit viele unzufrieden sind. Greifen Sie ein solches Thema in Ihrer Lerngruppe auf mit dem Ziel, einen Lösungsvorschlag zu unterbreiten. Achten Sie bei Ihrem Gespräch darauf, die Phasen „Klären" und „Streiten" deutlich zu trennen. Ihren Lösungsvorschlag tragen Sie dann Ihrer Schulleitung bzw. der Lehrerkonferenz vor.*
2. *Überlegen Sie, ob es für eine Erzieherin, die in einem Streitgespräch mit Kindern und Jugendlichen die Aufgabe der Gesprächsleitung innehat, sinnvoll ist, neutral zu bleiben, sich also inhaltlich mit ihrer Meinung nicht einzubringen. Begründen Sie Ihre Meinung.*
3. *Recherchieren Sie im Internet und in Ihrer Schulbibliothek zum Thema „Kinderkonferenzen" und bereiten Sie die Ergebnisse für Ihre Lerngruppe auf.*

3 Gesprächsprozesse moderieren

Worum geht es?

Heute wird im Zusammenhang mit Beteiligungsprozessen oft von Gesprächsmoderation, aber auch von Gesprächsleitung gesprochen. Daher geht es im Folgenden darum,

- *den Unterschied zwischen Gesprächsleitung und Gesprächsmoderation zu kennen,*
- *sich zu informieren, worauf es bei der Visualisierung von Gesprächsergebnissen ankommt,*
- *zu wissen, wie man Abstimmungen durchführt,*
- *zu lernen, worauf man bei der Formulierung von Anträgen achten muss.*

An welches Vorwissen/welche Vorerfahrungen können Sie anknüpfen?

Gespräche moderieren

Gibt es einen Unterschied zwischen einem Gesprächsleiter und einem, der ein Gespräch moderiert? Heute werden die Begriffe oft synonym verwendet.

Der Begriff „Moderation" bezeichnet eine Methode, mit der man in einer Gruppe durch bestimmte methodische Schritte unter Verwendung verschiedener visualisierender Arbeits- und Hilfsmittel (z. B. Moderationskarten, Klebepunkte) Probleme lösen und Entscheidungen treffen bzw. Aktivitäten planen kann.

Die Unterschiede zwischen Gesprächsleiter und Moderator sind also eher graduell zu sehen: Beide haben die Aufgabe, den Verlauf von Gruppengesprächen zu leiten, ohne sich dabei inhaltlich zu beteiligen und so die Meinungsbildung der Gruppe zu beeinflussen. Im Unterschied zum Gesprächsleiter, der den Gesprächsprozess in erster Linie durch Fragestellungen, Zusammenfassungen etc. strukturiert, leitet der Moderator den Gesprächsprozess darüber hinaus methodisch durch eine Mischung aus Planungs- und Visualisierungstechniken sowie Elementen aus Gruppendynamik und Gesprächsführung.

Für diese Aufgabe braucht der Moderator eine Fortbildung in der Moderationsmethode. Nur dann verfügt er über das notwendige Methodenarsenal und das notwendige Wissen, um eine Gruppe zusammenzuführen und sie durch Einsatz geeigneter Methoden von der Problemverständigung über die Problembearbeitung bis hin zur Erstellung eines Handlungskonzepts zu begleiten. Im Gegensatz zum Gesprächsleiter, der nur den Gesprächsverlauf steuert, unterstützt der Moderator die Gruppenmitglieder in ihrer Meinungsbildung intensiver, weil er den Prozess methodisch viel stärker steuert.

Eine Erzieherin, die ein Gruppengespräch von Kindern, Jugendlichen, Eltern oder Teammitgliedern leitet, sollte dafür Sorge tragen, dass Gesprächsinhalte und -ergebnisse visualisiert werden.

Ergebnisse von Besprechungen visualisieren

Die Visualisierung ermöglicht es, die Gesprächsinhalte während der Sitzungen oder Besprechungen für alle sichtbar festzuhalten. Dies hat verschiedene Vorteile: Je nach Zielsetzung können die Ergebnisse der Kleingruppenarbeit oder der aktuelle Gesprächsstand im Plenum festgehalten werden, ebenso Fragen, kritische Anmerkungen der Teilnehmer etc. Werden Gesprächsergebnisse festgehalten, ist dies auch eine Grundlage für mögliche Präsentationen von Gesprächsergebnissen im Gemeinderat, vor Trägern usw.

Visualisierung zwingt zur Präzisierung und hilft, Missverständnisse zu vermeiden. Bei spontaner Visualisierung wird daher sowohl der Gesprächsleitung als auch den Gesprächsteilnehmern einiges abverlangt: Sie alle müssen sich direkt in der Situation genau ausdrücken und/oder unter Zuhilfenahme von Symbolen/Gestaltungselementen den Gesprächsinhalt festhalten. Je jünger die Kinder und je geringer ihre Sprachkenntnisse sind (z. B. Kinder mit Migrationshintergrund oder Flüchtlingskinder), desto mehr sind sie dabei auf die Unterstützung des pädagogischen Fachpersonals angewiesen.

Bei allen Visualisierungsmethoden sind Schrift, Farbe und Formen Ausdrucksmittel. Soweit der Inhalt ***sprachlich*** *vermittelt wird, geht es darum,*

- *ihn in Stichworten oder Teilsätzen „auf den Punkt" zu bringen,*
- *gedankliche und logische Zusammenhänge durch Substantive (Ursache – Wirkung) oder Konjunktionen (denn, weil, deshalb usw.) zu verdeutlichen,*
- *auf eine präzise Wortwahl zu achten (z. B.* ***Anwesenheit möglich*** *oder* ***Anwesenheit nötig*** *oder* ***Anwesenheit verpflichtend*** *bei der nächsten Sitzung) und*
- *die Infos stark zu reduzieren.*

Tipp

Regen Sie Kindergartenkinder dazu an, ihre Vorstellungen z. B. in Bildern auszudrücken, und visualisieren Sie so die Ideen der Kinder, z. B. in einer Kinderkonferenz.

Abstimmungsprozesse vorbereiten und durchführen

In Partizipationsprozessen gilt es immer wieder, zu Entscheidungen zu kommen. Da sich oft ein Konsens nicht herstellen lässt, sind Abstimmungen als Entscheidungsweg notwendig. In offiziellen Beteiligungsgremien gibt es in der Regel Beschreibungen (Geschäftsordnungen), wie bei Abstimmungen zu verfahren ist (z. B. Mindestzahl der Anwesenden, wer hat Stimmrecht, wann gilt ein Antrag als angenommen etc.). Da kann es z. B. heißen: *„Erhält ein Antrag eine einfache Mehrheit, dann ist er angenommen."* oder *„Es ist eine Zweidrittelmehrheit notwendig".* Eine Erzieherin hält sich ansonsten an die üblichen Konventionen: entweder Formulierung von Anträgen, Abstimmung darüber durch alle Anwesenden oder Anfragen: „Wer ist für diese Entscheidung?", „Wer ist dagegen?", „Wer enthält sich?".

Zur Formulierung von Anträgen

Anträge müssen präzise und eindeutig formuliert werden. Wenn Jugendliche bei einer Vollversammlung einer Freizeitstätte den Antrag stellen, dass *„Auf Festen nicht mehr so früh Schluss sein soll"*, dann ist ein solcher Antrag nicht genau genug formuliert. Es bleibt offen, wann der genaue Zeitpunkt für das Ende des Festes gesetzt werden soll und wer dafür verantwortlich ist, dies umzusetzen. Der Antrag müsste wie folgt gestellt werden:
„Ich beantrage, dass ab dem nächsten Monat die Jugendfreizeitstätte, wenn ein Fest gefeiert wird, bis 01.00 Uhr geöffnet ist. Ab diesem Zeitpunkt können Gäste, die das Haus nicht verlassen wollen, vom Leitungsteam des Hauses verwiesen werden."

Abstimmung von mehreren Anträgen

Hier gilt die Regel, dass der weitestgehende Antrag zuerst abgestimmt wird. Dann folgt die Abstimmung der anderen Anträge in entsprechender Abstufung, wie weitreichend die jeweilig angestrebte Veränderung ist. Wird der erste weitestgehende Antrag mit der notwendigen Mehrheit angenommen, erübrigt sich eine weitere Abstimmung.

Aufgabe

Auf der Sitzung der Selbstverwaltungsgruppe einer Jugendfreizeitstätte werden Probleme diskutiert, die sich aus übermäßigem Alkoholkonsum ergeben. Es zeichnen sich zwei Positionen ab: Einige plädieren dafür, dass an Festen nur noch Bier ausgeschenkt wird und insgesamt nicht mehr ausgeschenkt werden darf als 1,5 l pro Kopf. Andere wollen eine großzügigere Lösung: Bis Mitternacht sollen neben Bier auch Cocktails ausgegeben werden.
Wie können die beiden Vorschläge als Anträge formuliert werden und in welcher Reihenfolge müssen sie abgestimmt werden?

4 In der erzieherischen Praxis (mündlich) argumentieren

Worum geht es?

Wenn es um neue Planungen und Vorhaben in der Einrichtung geht, die auch Kinder und Jugendliche betreffen, sind Meinungsverschiedenheiten fast unvermeidlich. In solchen Situationen geht es darum, die Kinder und Jugendlichen daran zu beteiligen, die verschiedenen Standpunkte kennenzulernen und gemeinsam nach tragfähigen Lösungen zu suchen. In den Gesprächen gilt es, zu argumentieren, zu entscheiden und u. U. auch abzustimmen. Aufgabe der Erzieherinnen ist es, solche Partizipationsprozesse zu begleiten und zu unterstützen. Dazu müssen Sie

- *sich Wissen darüber aneignen, wie zielgerichtet argumentiert wird, und*
- *sich bewusst machen, dass in Klärungs- und Streitgesprächen nicht nur Argumente, sondern auch persönliche Haltungen und Einstellungen über den Gesprächsverlauf entscheiden.*

An welches Vorwissen/welche Vorerfahrungen können Sie anknüpfen?

4.1 Konstruktiv streiten

Dazu der Sprechwissenschaftler Hellmut Geißner:

Zwei Jugendliche unterhalten sich über Motorräder. Sagt der eine: „Die BMW ist gut.“, sagt der andere: „Die HONDA ist besser!“ – Sagt der erste: „Nein!“, darauf der andere: „Doch!“ – Erwidert der erste: „Nein!“, entgegnet der andere: „Doch!“ – „Nein!, Doch!“ – „Nein!, Doch!“ … usw.)

Das kann lange so hin und her gehen; oft so lange bis keiner mehr weiß, worum es überhaupt geht. Werden Gegner (Kontrahenten) dabei hitzig, dann geraten sie sich ‚in die Haare‘ und tragen ihren Streit (Kontroverse) nicht selten mit Fäusten aus. Manchmal wird auch einer der Kampfhähne ‚vernünftig‘ – oft der körperlich Unterlegene –, bricht das ‚Nein-Doch-Spiel‘ ab und sagt: „Der Klügere gibt nach …“ Aber wer möchte schon gern der Esel sein, der in den Bach fällt? Deshalb gibt sich der ‚Sieger‘ nachträglich Recht mit dem Gemeinplatz: „In jeder Diskussion gibt es zwei Meinungen, eine falsche und meine eigene!“

Was hat sich abgespielt? Gesprächspartner versuchen, sich über eine Sache zu verständigen, bis sich an einem Punkt ein Streit entzündet. Über diese Streitfrage entwickelt sich das ‚Nein-Doch-Spiel‘: Behauptung steht gegen Behauptung; keiner der Meinungsgegner versucht eine Begründung. Die Meinungsgegner werden für diesen Augenblick (oder für längere Zeit) Feinde, von denen jeder versucht, seine Meinung durchzusetzen und Recht zu behalten. Entweder wird dann das Gespräch abgebrochen, oder es wird mit anderen Mitteln (brachial) ohne Rücksicht auf Verluste fortgesetzt.

Diese Einsichten lassen sich verallgemeinern. Es gibt:
als Gesprächsteilnehmer: Partner – Gegner – Feinde
als Gesprächsformen: Klärungsgespräch – Streitgespräch – Kampfgespräch
als Gesprächsziele: Lösungen suchen – Entscheiden – Recht behalten.

In allen drei Hinsichten sind Begründungen unterschiedlich wichtig. Im ‚Kampfgespräch' helfen Begründungen nicht mehr viel weiter, weil ‚Feinde' sich weder belehren noch gar überzeugen lassen wollen, folglich Begründungen gar nicht mehr hören. Im ‚Klärungsgespräch' sind Begründungen nützlich, um den ‚Partnern' die vorgeschlagenen Lösungen einsichtig zu machen. Im ‚Streitgespräch' dagegen sind Begründungen unumgänglich; denn nur mit einsichtigen Gründen lässt sich vernünftig streiten und schließlich auch der Streit entscheiden.

Hinter dieser Frage steht die Alltagserfahrung, dass ‚Streit' oft ‚Leid' bringt, sie überwiegt die andere: „Wenn zwei sich streiten, freut sich der Dritte." ‚Streiten' wird dabei alltagsprachlich gleichgesetzt mit ‚zanken, schimpfen, hadern', wird verstanden als ‚Streit um des Kaisers Bart', als Versuch, ‚andere zu verletzen'; beides tun Streitsüchtige oft (und gern). Im Begriff ‚Streitgespräch' wird dagegen ‚streiten' fachsprachlich verwendet: Es ist das Gespräch über ‚Strittiges'. Als ‚strittig' gilt etwas in der Regel dann, wenn in gesellschaftlichen Handlungszusammenhängen verschiedene Menschen oder Gruppen über eine Sache, ein Ereignis, einen Plan usw. unterschiedliche Meinungen haben, d.h. wenn sie Unterschiedliches für wahr, richtig, gerecht, wertvoll, sinnvoll, machbar usw. halten. Wir Menschen leben miteinander. Wenn wir miteinander leben wollen, dann müssen wir miteinander handeln. Wenn wir miteinander handeln wollen, dann müssen wir uns über die Handlungsziele verständigen. Weil es aber verschiedene Menschen mit unterschiedlichen Interessen, Erfahrungen, Ansichten, Wertvorstellungen, Wünschen und Möglichkeiten gibt, gibt es auch verschiedene Ziele und Wege. Deshalb müssen wir miteinander sprechen, und das heißt, da Konflikte unvermeidlich sind, auch: miteinander streiten.

Beim Miteinandersprechen (im Gespräch also) gehen wir davon aus, dass wir uns verständigen können. Dies kann jedoch nur gelingen, wenn bei allen am Gespräch Beteiligten Verständigungsbereitschaft vorausgesetzt werden kann. Weiter wird der Wille vorausgesetzt, ernsthaft miteinander zu sprechen. Schließlich wird vorausgesetzt, dass alle beständig ‚bei der Sache' bleiben. Diese ‚Gelingensbedingungen' – Verständigungsbereitschaft, Ernsthaftigkeit, Beständigkeit – rechnen also mit der Verlässlichkeit, Aufrichtigkeit und Glaubwürdigkeit der Gesprächspartner.

Im „Nein-Doch-Spiel" werden diese Gelingensbedingungen verletzt. ‚Beständig' sind die beiden Kampfhähne nicht mehr, höchstens hartnäckig. ‚Ernsthaft' sind sie nicht mehr, höchstens nur mehr jeder für sich. ‚Verständigungsbereit' sind sie nicht mehr, denn jeder will nur noch Recht behalten. Keiner der beiden rechnet mehr ernstlich mit der Verlässlichkeit, Aufrichtigkeit und Glaubwürdigkeit des anderen.
Die Folgen sind deutlich. Entweder wird das Gespräch abgebrochen, weil einer der beiden verstummt oder weggeht (Kommunikationsabbruch). Oder das Gespräch wird einseitig beendet, weil der eine droht und der andere unter der Androhung von Gewalt seine Meinung nicht mehr äußert. Oder das ‚Gespräch' hört auf und an seine Stelle treten Zwang oder Gewalt (Brachialität). Weil sich die Gegner nicht mehr als verständige und verständigungswillige Partner anerkennen, werden sie zu Feinden, zwischen denen ein Gespräch sinnlos ist. Mit diesen letzten Überlegungen ist zu den bereits genannten Gelingensbedingungen die Grundregel gekommen: Miteinandersprechen mit dem Ziel, sich über Handlungsziele und Handlungswege zu verständigen, ist nur sinnvoll, wenn alle Mitunterredner gleiches Rede- und Fragerecht haben und behalten. Verständigung ist nur dann möglich, wenn jeder sich verpflichtet, seine Meinung von sich aus oder auf Nachfrage hin zu begründen. Erhebt sich zu einer geäußerten Meinung kein Widerspruch, dann kann das heißen, dass sie ohne Begründung verstanden und angenommen (akzeptiert) worden

ist. Zeigt sich jedoch eine Meinungsverschiedenheit, d. h. wird eine Frage (im dargelegten Sinn) ‚strittig', dann müssen die Meinungen begründet werden.

Es versteht sich von selbst, dass in Streitgesprächen die Gesprächspartner nicht nur gleiche Chancen im Hinblick auf das Rede- und Fragerecht haben müssen, sondern auch hinsichtlich der zur Verfügung stehenden Redezeit! Wie leicht und wie schnell Streitgespräche in Streitereien ausarten, weiß jeder, der im Gespräch Strittiges zu klären versucht. Eine gute Möglichkeit ist es, durch gezieltes Nachfragen das Gegenüber zu konstruktivem Streiten zu bewegen, das heißt, Gründe zu nennen:

Wie: Wie meinst du das? Wie kommst du zu dieser Ansicht?
Was: Kannst du mir das erklären? Kannst du das begründen? (Ich verstehe das nicht. Was spricht denn dafür?)
Wann: Ist das immer gut? (nur heute? vorübergehend? manchmal?)
Wo: Ist das überall gut? (nur hier? an einigen Orten? Ländern?)
Warum: Warum meinst du das? Warum sagst du das? (jetzt, zu mir, in dieser Situation?)
Wozu: Was willst du damit sagen? Was willst du damit erreichen?
Wer: Wie kommst ‚du' zu dieser Ansicht? Feststellung? Meinung?
Für wen: Für wen ist das gut? (für alle? für einige? für welche? [Personen, Gruppen, Schichten usw.]).

(Geißner, 1982, S. 140–142; zitiert ohne Fußnoten)

Aufgaben

1. *Geißner nennt Bedingungen bzw. fordert bestimmte persönliche Haltungen aufseiten der Gesprächspartner, damit das Streitgespräch gelingt: Sind Sie sich selbst dessen bewusst? Kann man diese Haltungen Ihrer Meinung nach auch schon von Kindern erwarten? Ab welchem Alter?*
2. *Wie häufig fragen Sie selbst in Streitgesprächen mit Lehrkräften, im Praktikum u. Ä. nach? Was hindert Sie daran, nachzufragen?*

4.2 Zielgerichtet argumentieren

Wie Gespräche verlaufen, hängt von verschiedenen Faktoren ab, die z. T. vorgegeben sind: z. B. von den Gesprächsteilnehmern, vom Themenkatalog oder von den Rahmenbedingungen. In einem Punkt kann jedoch jeder Gesprächsteilnehmer den Gesprächsverlauf beeinflussen, und zwar dadurch, dass er zielgerichtet argumentiert.

Aufgabe

Schulz von Thun zeigt in seinem Kommunikationsmodell die vier Seiten einer Botschaft auf. Wie können Sie dieses Wissen nutzen, wenn Sie argumentieren?

Was kennzeichnet zielgerichtetes Argumentieren?
Zielgerichtetes Argumentieren beginnt damit, dass der Gesprächsteilnehmer darüber nachdenkt, was er ganz konkret erreichen möchte, also über sein Ziel nachdenkt und nicht z. B. über die Frage, wie fange ich an? Je klarer und deutlicher dieses Ziel benannt wird, desto leichter können dann überzeugende Begründungen gesammelt werden. Deswegen wird das Ziel in einem Satz, dem **(1.) Zwecksatz,** festgehalten. Kern- und Angelpunkt in der Vorbereitung des Redebeitrags ist es also zu fragen: „Was will ich erreichen, wenn ich jetzt spreche. Konkret was begründen, was widerlegen, was verstärken, was infrage stellen, worum die Hörer bitten, wozu sie auffordern usw.?" Der Zwecksatz formuliert die für diese Hörer in dieser Situation beabsichtigte Konsequenz (vgl. Geißner, 1982, S. 124).

Durch den Zwecksatz sind Sie in keiner Weise in Ihrer Argumentation eingeengt, denn er kann eine Feststellung, eine Behauptung, einen Wunsch, eine Bitte, eine Frage oder eine Aufforderung beinhalten. Wichtig ist, dass er kurz und bündig ist und dem anderen konkret vermittelt, was der Sprecher von ihm erwartet, was geschehen soll. Durch den Zwecksatz wird das Argument **hörerwirksam**. Der Hörer weiß nun, was von ihm erwartet wird, was er u. U. tun soll.

Steht der Zwecksatz fest, ist zu überlegen, wie er für das Gegenüber nachvollziehbar gemacht werden kann. Das geht nur über **(2.) Begründungen,** mit denen die im Zwecksatz formulierte Aufforderung, Bitte, Feststellung etc. begründet, veranschaulicht bzw. plausibel gemacht wird. Dabei kommt es nicht darauf an, möglichst viele, sondern möglichst geeignete Begründungen zu finden: Geeignet sind die Argumente, die am ehesten zu überzeugen vermögen. Einfühlungsvermögen und die Kenntnis der Interessen des Gesprächspartners sind hier hilfreich.

Bei der Planung einer Argumentation sollte noch etwas bedacht werden: Um es den Zuhörern zu erleichtern, die Argumentation im Gesprächsverlauf zu verstehen, wird jeweils auch der **(3.) Anlass** benannt, weshalb jemand sich in das Gespräch einschaltet, vielleicht will der, der gerade spricht, an die Vorrednerin anknüpfen *(„Frau Mack, Sie haben zwei Gegenargumente gebracht ...")* oder sagen, warum er sich gerade jetzt äußert *(„Die ganze Zeit schon beschäftigt mich der folgende Gedanke ...")*. Dieser **Situationsbezug** erleichtert es den anderen Gesprächsteilnehmern, dem Gespräch zu folgen.

Tipp

Planen Sie Ihre Argumentation „vom Ende her". Überlegen Sie erst zum Schluss, wie Sie sich in die Gesprächsrunde einfädeln, wählen also den Anlass. Wenn Sie sich zu Wort melden, machen Sie es umgekehrt: Sie nennen logischerweise zuerst den Anlass, dann die Begründungen und schließen mit dem Zwecksatz.

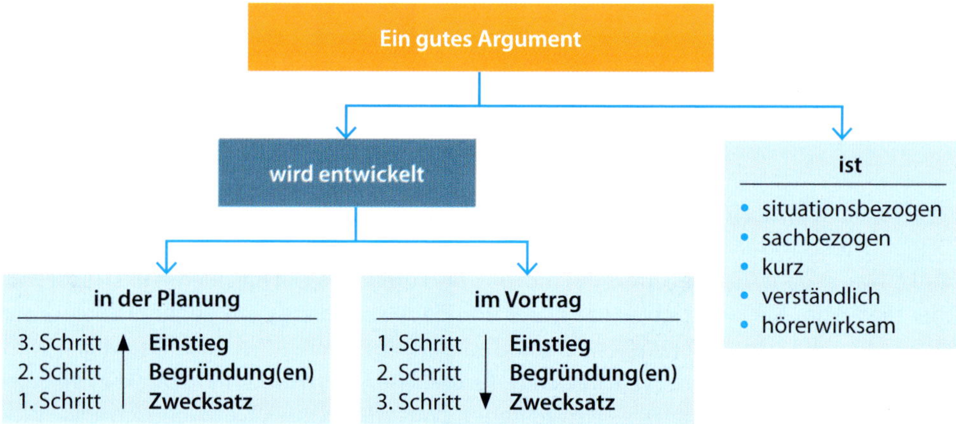

Dazu zwei Beispiele: In einer Besprechung geht es um den nächsten Termin:

Frau A.:	*(1)*	*Frau F. schlägt den Donnerstagabend nächster Woche als Besprechungstermin vor.*	***Einstieg***
	(2)	*Dafür spricht, dass wir uns geeinigt haben, diesmal alle am anschließenden Elternstammtisch teilzunehmen. Um nach Hause zu gehen, ist die Zeit zwischen Schließung und Stammtisch zu kurz, wir könnten also die Zeitlücke gut für uns nutzen und ersparen uns einen zusätzlichen Termin.*	***Begründung(en)***
	(3)	*Seid Ihr einverstanden?*	***Zwecksatz***
Herr D.:	*(1)*	*Frau A. hat den Donnerstagabend nächster Woche vorgeschlagen. Diesen Tag finde ich ungünstig,*	***Einstieg***
	(2)	*weil wir am Nachmittag ab 16.30 Uhr Supervision haben. Danach noch unsere Besprechung: Das ist nicht mehr produktiv. Mittwochnachmittag 16.00 Uhr war in diesem Jahr doch unser bevorzugter Zeitpunkt für Besprechungen und er ist doch vorsorglich schon im Terminkalender vorgemerkt.*	***Begründung(en)***
	(3)	*Stimmt bitte auch über meinen Vorschlag heute ab.*	***Zwecksatz***

Aufgaben

1. *Sammeln Sie Zwecksätze zu unterschiedlichen Themen und notieren Sie diese auf Karteikarten. Jeder zieht eine Karteikarte und vervollständigt die Argumentation.*
2. *Tauschen Sie Ihre Erfahrungen über argumentative Gespräche in Gruppen mit unterschiedlichem sprachlich-kulturellem Hintergrund aus.*
3. *Wie schätzen Sie die Chancen ein, dass Gruppenmitglieder, deren Erstsprache nicht Deutsch ist, in der Lage sind, sich überhaupt an Klärungs- und Streitgesprächen zu beteiligen?*

Projektidee

„Amerikanische Debatte"

Eine „amerikanische Debatte" ist eine Pro- und Kontra-Diskussion mit bestimmten Regeln. Sie könnte an der Fachschule/Fachakademie über ein aktuell in der Ausbildung diskutiertes Thema, wie die Gestaltung von Leistungsnachweisen, geführt werden. Wesentlich ist, dass das Ergebnis der Debatte praktisch relevant ist, also Veränderungen angestoßen werden können. Informationen zur Durchführung finden Sie im Internet unter dem Stichwort „amerikanische Debatte".

Tipp

Laden Sie rechtzeitig zu der Debatte ein, ohne Publikum macht sie keinen Spaß.

4.3 Ein Anliegen vertreten

Es gehört zum Alltag von sozialpädagogischen Fachkräften, in Gremien oder Gruppen berufliche Interesse zu vertreten, und das bedeutet z. B., Eltern zu gewinnen, beim Umbau des Spielplatzes mitzuhelfen, Jugendliche davon zu überzeugen, bei der Renovierung der Gruppenzimmer mitanzupacken, den Träger zu bewegen, solche Vorhaben zu finanzieren. Damit diese Anliegen nicht auf taube Ohren stoßen, müssen sie argumentativ vertreten werden.

Für ein Anliegen gilt strukturell all das, was für das einzelne Argument dargelegt wurde: Das Ziel des Anliegens wird in einem konkreten Zielsatz formuliert, nur dass er sich nicht auf ein einzelnes Argument bezieht, sondern auf die Verbindung mehrerer Argumente. Wie beim einzelnen Argument sollte der Zwecksatz einen deutlichen Aufforderungscharakter haben (*„Deshalb brauchen wir dringend Ihre Mithilfe für die Gestaltung der Außenanlage."*), denn die Eltern, der Träger, die Jugendlichen sollen ja für ein bestimmtes Handeln gewonnen werden. Damit der Zwecksatz hörerwirksam ist, muss er kurz und prägnant sein.

Eine Studierende hat zur eigenen Sicherheit ihr Anliegen schriftlich vorformuliert:

> **„Liebe Mitstudierende,**
>
> wie wir durch die SMV-Mitglieder in unserem Kurs gehört haben, ging es in der letzten Lehrerkonferenz darum, dass wir Studierende kaum bereit sind, die Gesprächsleitung im Unterricht zu übernehmen. Wollen wir das ändern?
>
> Als Erstes finde ich, wird jeder von uns, der die Leitung übernimmt, auf bestimmte Weise geschult. Als Gesprächsleitung muss ich das Geschehen genau verfolgen, mir die genannten Hauptargumente merken, auf Meldungen achten und (Teil-)Zusammenfassungen machen. Dadurch ist man als Leitung gezwungen, den Überblick zu behalten und dadurch auf das Gesprächsziel hinzuleiten. Deshalb lohnt es, die Gesprächsleitung zu übernehmen – hier lässt sich viel lernen!
>
> Als zweiten Aspekt möchte ich die Mitarbeit nennen. An mir selbst merke ich (und weiß ich durch Gespräche mit anderen), dass es manchmal schwer ist, in jeder Unterrichtsstunde rege mitzuarbeiten. Durch die Übernahme der Gesprächsleitung kommt meiner Ansicht nach Abwechslung in das Unterrichtsgeschehen und die Kursmitglieder könnten mehr Engagement zeigen, motiviert mitzuarbeiten.
>
> Als dritten und letzten Punkt möchte ich die Vorbereitung auf das Berufsleben nennen. Kein Erzieher kommt an Diskussionen oder Teamsitzungen vorbei. Um diese auch professionell und mit Routine zu leiten, ist die Übung in der Fachakademie die optimale Vorbereitung.
>
> Deshalb appelliere ich an Euch, häufiger bei uns im Kurs die Gesprächsleitung zu übernehmen!“

Aufgaben

1. *Vergleichen Sie dieses Anliegen mit den Kriterien für zielgerichtetes Argumentieren. Prüfen Sie auch, inwieweit die vier Verständlichmacher (s. Kap. VI 2) umgesetzt werden.*
2. *Ein schriftlich ausformulierter Text ist für ein freies Sprechen ungeeignet. Erarbeiten Sie für die obige Textvorlage einen redetauglichen Stichwortzettel.*

Oft geht es beim Vertreten eines Anliegens darum, einen Ist-Zustand zu verbessern. Im obigen Beispiel hat die Studierende im Mittelteil zwischen Einleitung und Zwecksatz drei überzeugende stichhaltige Argumente aneinandergereiht. Die Studierende könnte im Mittelteil auch ein anderes Aufbauschema verwenden, nämlich das folgende:

Fragestellung	Zielrichtung
1. Warum spreche ich?	Aufmerksamkeit der Zuhörer gewinnen (Problem verdeutlichen, aktueller Anlass etc.)
2. Was ist? Wie kam es dazu?	Ist-Zustand (Situationsbeschreibung)
3. Was sollte sein?	Soll-Zustand (angestrebtes Ziel)
4. Wie lässt sich das erreichen?	Lösungsweg von Ist nach Soll
5. Tut es!	Handlungsaufforderung (Zwecksatz)

Bei der Planung muss Schritt 5 als erster, Schritt 1 als letzter überlegt werden!

Aufgaben

1. *Proben Sie den Ernstfall: Suchen Sie sich ein Thema, das Ihnen beruflich wichtig ist, und vertreten Sie Ihr Anliegen vor einer selbstgewählten Zielgruppe. Vielleicht ist es möglich, Mutige dabei mit der Videokamera zu filmen.*
2. *Beraten Sie miteinander, wie Heranwachsende, deren Erstsprache nicht Deutsch ist, unterstützt werden könnten, ein Anliegen zu vertreten.*

5 Scheinargumentationen erkennen

Worum geht es?

Teamgespräche können heftig sein, und zwar dann, wenn im Team folgenschwere Entscheidungen getroffen werden müssen und die Teammitglieder nicht einer Meinung sind: z. B. darüber, ob die Öffnungs- und Schließzeiten des Jugendzentrums geändert werden sollten. Das Interesse für die eigene Sache kann dazu verleiten, in den Teamgesprächen, bewusst oder unbewusst, die Grundregeln einer fairen Argumentation zu verletzen. Gesprächs- und Argumentationsfähigkeit schließen ein,

- *eine unfaire „Argumentation" bei sich selbst und bei anderen zu erkennen und*
- *in der Lage zu sein, diese zurückzuweisen.*

An welches Vorwissen/welche Vorerfahrungen können Sie anknüpfen?

5.1 Scheinargumentieren

Aufgaben

1. *Klären Sie den Begriff „Manipulation".*
2. *Tauschen Sie sich über Gespräche aus, in denen Sie im Rückblick das Gefühl haben, dass Ihr Gesprächspartner nicht (mehr) fair argumentiert hat. Wie haben Sie diese Situation(en) erlebt?*

Wenn eine Erzieherin eine Praktikantin, die nicht immer in der Teamsitzung protokollieren möchte, mit dem Hinweis *„Das ist halt bei uns so"* abblockt oder ein Schüler, der sich von der Lehrkraft ungerecht behandelt fühlt, diese mit der Bemerkung *„Die anderen in der Klasse finden das auch ungerecht"* unter Druck setzt, dann argumentieren beide nicht mehr, sondern manipulieren durch Sprache.

Man spricht von Scheinargumentationen, wenn nicht mehr fair argumentiert wird, also die eigene Meinung nicht nachvollziehbar sachlich begründet wird mit der Absicht, in der strittigen Frage zu einer annehmbaren Lösung zu kommen, die alle mittragen können. Wer scheinargumentiert, entzieht sich diesem manchmal mühsamen (aber im Blick auf ein tragfähiges Ergebnis lohnenswerten und notwendigen) Gesprächsprozess durch zweifelhafte Ausführungen, die keine sachlichen Begründungen beinhalten, diese aber vortäuschen.

Wird bewusst unfair argumentiert, geht es einzig und allein darum, Recht zu behalten, die eigenen Vorstellungen, eigenen Interessen durchzusetzen. Der Sprecher benutzt Sprache dabei subtil als Manipulationsinstrument und will sich überhaupt nicht verständigen, glaubwürdig und ernsthaft diskutieren bzw. wahrhaftig argumentieren. Damit sind die wesentlichen Voraussetzungen für ein faires Gespräch nicht mehr gegeben (s. o. „konstruktiv streiten"; vgl. außerdem Hofer, 1995, S. 127).

5.2 Formen der Scheinargumentation

Faktische Scheinargumentation
In einer Argumentation geht es um Fakten: Begründet wird mit dem Hinweis auf statistische Angaben, Gesetze, Vorschriften u. Ä. Je konkreter solche Angaben sind, desto mehr überzeugen sie. Doch auch Begründungen, die Fakten beinhalten, können manipulativ sein, dann nämlich, wenn diese ganz bewusst einseitig ausgewählt (statistische Angaben), überholt (Vorschriften, Gesetze) oder falsch sind. Genau dies unterscheidet die faktische Scheinargumentation von einer Argumentation.

Hier nutzt der Redner die Situation aus, um seine Interessen durchzusetzen: Die Zuhörer können in der Regel die genannten Fakten ja nicht unmittelbar überprüfen und sofort den Manipulationsversuch aufdecken. *(„Wir haben ja über Solarzellen im Rahmen des Umbaus unserer Kita gesprochen. Das kommt leider nicht infrage, weil die Kosten über 5 000,00 € liegen.")*

Plausibilitätsscheinargumentation
Hierzu zählen alle Sprachmuster, die auf Selbstverständliches, Einleuchtendes verweisen wie: *„Niemand wird bestreiten, dass ...", „Es ist eine unbestrittene Erfahrung, dass ...", „Jedem von uns ist doch klar ...". („Niemand von Ihnen wird bestreiten, dass bei einem Neubau heute Solarzellen auf dem Dach einfach dazugehören.")*

Auch das Theorie-Praxisargument: *„Grundsätzlich ist das zutreffend, was Sie sagen, aber im konkreten Fall ..."* (bzw. umgekehrt) ist typisch für eine Plausibilitätsscheinargumentation. *(„Grundsätzlich bin ich wie Sie ein Befürworter von Solarzellen auf dem Dach. Das ist eine gute Sache, aber wenn ich an die Kosten denke, meine ich, dass wir bei unserem Umbau darauf verzichten sollten.")*

Der Trick bei der Plausibilitätsargumentation besteht darin, argumentative Überlegungen im Ansatz zu unterlaufen und damit zu verhindern.

Moralische Scheinargumentation
Fakten, Thesen, Behauptungen werden verbunden mit moralisch-ethischen Grundsätzen. Oft nimmt der Sprecher höhere Werte (Anständigkeit, Ehrlichkeit, Umweltbewusstsein etc.) für seine Argumente in Anspruch. *(„Unser Team ist ausgesprochen umweltbewusst, deswegen ist es doch klar, dass wir alle für Solarzellen auf dem neuen Dach sind.")*

Häufig kommt die moralische Argumentation in Form einer rhetorischen Frage daher, die niemand verneinen kann. *(„Haben wir uns nicht schon immer für ökologische Themen interessiert? Deswegen habe ich für den nächsten Elternabend einen Referenten zum Thema Solaranlage in unsere Einrichtung eingeladen.")*

Prestige-Scheinargumentation
Dieser Manipulationsversuch zielt darauf, andere für die eigene Meinung dadurch zu gewinnen, dass, statt sachlich zu argumentieren, auf eine anerkannte Persönlichkeit verwiesen wird, die genauso denkt, sich genauso verhält, wie es der Linie der eigenen Überlegungen entspricht. *(„Ich meine, wir sollten bei unserem Umbau auch an Solarzellen auf dem Dach denken. Ich habe mit meinem Nachbarn gesprochen, der arbeitet als Wärmetechniker bei den Stadtwerken. Der hält das auch für sinnvoll.")*

Emotionale Scheinargumentation
Ängste, Ohnmachtsgefühle, aber auch Glücksgefühle, Sehnsüchte nach Gemeinschaft, Erfolg usw. werden direkt angesprochen, um den oder die Gesprächspartner zum Handeln zu bewegen. *(„Wenn wir jetzt nicht Solarzellen für unser Dach beantragen, kriegen wir die nie mehr von unserem Träger bewilligt.")*

Hierzu gehört auch der Aufbau eines gemeinsamen Feindbildes. *(„Wir müssen unseren Antrag, für das neue Dach Solarzellen einzuplanen, rechtzeitig auf die Tagesordnung für die Vorstandssitzung setzen lassen. Ihr wisst ja, was das für Bürokraten sind.")*

Scheinargumentiert auf der emotionalen Ebene wird auch, wenn Fremdgruppen angegriffen werden, um die Solidarität in der eigenen Gruppe zu stärken und Widersprüche zu verdecken. (Im Vorstand gibt es wegen des geplanten Dachneubaus samt Solarzellen Differenzen: *„Ich meine, auf die Solarzellen können wir verzichten, die sind sehr teuer. Und überhaupt, die Grünen: Da reden sie dauernd von ökologischem Bauen, wenn's drauf und dran geht, kaufen sie selbst im nächsten Baumarkt ein, weil's dort billiger ist.")*

Taktische Scheinargumentation
Mögliche oder tatsächliche Einwände und Gegenargumente werden gebracht, aber nicht ernst genommen. Es fehlt die inhaltliche Auseinandersetzung. Der Hinweis auf Gegenargumente dient nur als Einleitung, um die eigene Meinung darzulegen. *(„Was die Solarzellen angeht, gibt es dazu natürlich auch andere Meinungen, aber ich finde, dass sie bei einer so kleinen Dachfläche nichts bringen.")*

Das Gleiche gilt für die Strategie der Scheinzustimmung. *(„Ja, das stimmt, was Sie sagen/da muss ich Ihnen Recht geben, aber in unserem Konzept räumen wir der Bewahrung der Schöpfung einen hohen Stellenwert ein. Deswegen sollten wir doch nochmals über die Solarzellen nachdenken.")*

Auch Aussagen wie *„in Wirklichkeit, in Wahrheit"* manipulieren die Zuhörer, denn ihnen wird durch solche Wendungen nahegelegt, dass es einen neutralen, objektiven Standpunkt gibt, der nicht mehr angefochten werden kann. Der Sprecher erscheint dann als derjenige, der die Wahrheit, die Wirklichkeit kennt und dessen Meinung man sich deshalb anschließen sollte. *(„Sie haben sich hier sehr mit dem Nutzen von Solarzellen beschäftigt und Untersuchungen zur Energieersparnis durch Solartechnik vorgelegt. Lassen Sie sich nichts vormachen, in Wirklichkeit sind diese Zahlen doch Ergebnisse aus der grünen Ecke.")*

Scheinargumentationen, in welcher Form auch immer, sind gefährlich, weil sie psychologisch ausgeklügelt sind. Sie sollten nicht stillschweigend hingenommen werden, denn sie verhindern eine sachlich begründete Lösung.

Tipp

Nicht immer können Sie bei einer Scheinargumentation von einer manipulativen Absicht ausgehen, sie kann dem Sprecher auch nicht bewusst sein. Auch deswegen sollten Sie diese unbedingt ansprechen (Metakommunikation).

Aufgaben

1. *Überlegen Sie im Anschluss an die Argumentationsrunde, wie Sie Scheinargumentationen im Gespräch aufdecken bzw. ansprechen könnten.*
2. *Argumentationsrunden (max. 10 Min.) mit vorgegebenen Themen, die auf der Rückseite von kleinen Karten stehen; Dreiergruppen bilden: Jede Gruppe zieht eine Karte, zwei Teilnehmerinnen argumentieren zum vorgegebenen Thema, eine beobachtet das Gespräch. Wer scheinargumentiert, bekommt eine gelbe Karte.*

VI Mit Eltern zusammenarbeiten

1 Frei zu Eltern sprechen

2 Gekonnt präsentieren

3 Mit Eltern in der Sprachförderung zusammenarbeiten

4 Schriftliche Formen der Zusammenarbeit mit Eltern

5 Angemessen mit Beschwerden umgehen

In fast allen Arbeitsfeldern der Erzieherin kommt der Zusammenarbeit mit den Eltern ein hoher Stellenwert zu. Voraussetzung für die Zusammenarbeit ist, dass ein Erzieherinnenteam den Eltern wichtige Informationen, Ideen und Konzepte gut vermitteln kann, sei es schriftlich im Elternbrief (Anregungen dazu in Kap. VI 4) oder bei Präsentationen, z. B. am Elternabend.

Der Unterricht im Fach Deutsch kann Sie im Hinblick auf die spätere Zusammenarbeit mit den Eltern vor allem bei der Entwicklung der dazu notwendigen sprachlichen und rhetorischen Kompetenzen unterstützen.

1 Frei zu Eltern sprechen

Worum geht es?
Studierende in der Ausbildung haben in der Regel kein Problem, ihren Mitstudierenden eigenständig erarbeitete Inhalte frei vorzutragen, und doch werden die ersten Elternabende als aufregend erlebt.
Wer nicht viel Erfahrung hat, muss sich besonders gut auf die Redesituation vorbereiten. Daher geht es in diesem Kapitel darum,

- *zu wissen, was variationsreiches und engagiertes Sprechen ausmacht, und*
- *sich einen redetauglichen Stichwortzettel anlegen zu können.*

An welches Vorwissen/welche Vorerfahrungen können Sie anknüpfen?

Einen Stichwortzettel anlegen

Jemand, der einen schriftlich ausformulierten Text abliest, wird bei den Zuhörern nicht „ankommen". Vielmehr ist das In-Kontakt-Sein mit den Zuhörern gefragt. In Kontakt sein kann eine Erzieherin, wenn sie ihre Gedanken beim Sprechen formuliert. Den gedanklichen Ablauf kann man aber nicht erst in der Redesituation entwerfen, das wäre eine Überforderung. Wenn Sie Eltern informieren oder deren Zustimmung zu einem Vorhaben gewinnen wollen, dann sollten Sie sich einen genauen Redeplan erstellen und dazu Stichworte festhalten.

Dazu gibt es mehrere Möglichkeiten:

- Stichworte auf kleine Karteikarten (DIN A6) schreiben, die Sie entsprechend der inhaltlichen Reihenfolge nummerieren. Jedes Kärtchen enthält einen Leitgedanken als Überschrift sowie drei bis fünf weiterführende Stichworte. Wichtig ist, dass Sie damit während Ihres Vortrags die Struktur der Rede erkennen und Ihren Zuhörern verdeutlichen können.

Tipp

Hilfreich ist es, für die Karten innerhalb eines jeden Oberpunktes (also für die jeweils dazugehörigen Unterpunkte) eine andere Kartenfarbe zu wählen, da Sie dann selbst einen besseren Überblick über den Aufbau haben und besser wissen, an welcher Stelle Sie sich gerade befinden.

- Stichworte in einer vorgegebenen Struktur auf Karteikarten im Format DIN A5 schreiben.

  Das könnte zum Thema „Möglichkeiten der Partizipation im Hort" so aussehen:

Oberpunkt	Unterpunkt	Beispiel
Konkrete Partizipationsmöglichkeiten	Kinderparlament	1x monatlich, Regeln festlegen, Planung von größeren Aktionen
	Gesprächsrunde	Mitbestimmung der Wochenplanung

- Ein Mindmap als Stichwortzettel nutzen.

Tipp

Stichwortzettel sollten stets leicht kartoniert sein, weil dann beim Vortrag ein Rascheln oder Zerknittern vermieden wird. Beschriften Sie Ihre Stichwortzettel immer nur auf einer Seite und nummerieren Sie sie fortlaufend.

Einsatz von sprecherischen Ausdrucksmitteln

Schon in den 60er-Jahren des vergangenen Jahrhunderts hat eine Untersuchung gezeigt, dass Erfolg und Wirkung eines Vortrags oder einer Rede zu 55 % von Blickkontakt, Körperhaltung und Gestik abhängen, zu 38 % von der Stimme und nur zu 7 % vom Inhalt! Dieses Verhältnis ist seither als „55-38-7-Regel" bekannt. Zwar werden diese Zahlen von vielen angezweifelt, jedoch hat das der Regel zugrunde liegende Experiment gezeigt, dass der nonverbale Anteil des Vortrags, d. h. sprecherische Ausdrucksmittel und Körpersprache, in ihrer Bedeutung nicht hoch genug eingeschätzt werden können. Die Stimmigkeit zwischen Inhalt und nonverbalen Mitteilungen sowie allem, was sich über die Stimme ausdrücken lässt, trägt wesentlich zum Erfolg der Rede bei (vgl. Stangl, Präsentations- und Vortragstechnik, S. 6). Es ist also wichtig, die Ausdruckskraft der Stimme zu nutzen und sprecherische Mittel gezielt einzusetzen:

- **Lautstärke**
- **Artikulation**
  Jemand, der deutlich, aber leise spricht, ist immer noch besser zu verstehen, als jemand, der laut genug, aber undeutlich spricht.
- **Sprechtempo**

Tipp

Aufregung beim freien Sprechen führt oft dazu, dass man verhältnismäßig schnell spricht, um das Ganze bald hinter sich zu bringen. Deshalb sollten Sie sich bewusst auf ein eher langsames Sprechtempo einstellen (das den Zuhörern dann sowieso schneller erscheint).

- **Betonung**
- **Satzmelodie**
  Ungeübte Sprecher bleiben oft mit der Stimme am Satzende oben, statt sie zu senken. Durch das Absenken der Satzmelodie am Satzende wird den Zuhörern eine Gliederungshilfe vermittelt.
- **Pausen**
  Pausen markieren Sinneinheiten und geben den Zuhörern Raum für die Aufnahme und Verarbeitung des vorher Gesagten.

Tipp

Meist unterschätzt man als Sprecher die Länge der Pausen!

- **Variationsreiches Sprechen**
  Es entsteht durch Betonung, Wechsel der Lautstärke, der Sprechgeschwindigkeit und der Satzmelodie. Dadurch wird die Aufmerksamkeit der Zuhörer aufrechterhalten. Es trägt damit wesentlich zur Stimulanz bei (vgl. Verständlichkeitskriterien in Kap. VI 2).

Blickkontakt

Wenn Sie frei sprechen, gibt Ihnen das die Möglichkeit, mit Ihren Zuhörern während der ganzen Sprechzeit in (Blick-)Kontakt zu sein.

Aufgabe

Weshalb ist Blickkontakt unverzichtbar, wenn Sie frei zu einer Gruppe sprechen?

Tipp

Wichtig ist, dass Sie Blickkontakt zu allen halten, also z. B. nicht nur nach einer Seite schauen. Achten Sie darauf, ob Sie die Zuhörer wahrnehmen (und nicht über die Zuhörer hinweg ins Leere schauen).

Mimik/Gestik

Man macht sie nicht, man hat sie: Auf keinen Fall sollten Sie sich bestimmte Gesten vornehmen. Das Gleiche gilt für die Mimik. Es hat keinen Sinn, in einer Sprechsituation ein „besonderes" Gesicht machen zu wollen. Versuchen Sie, die Zuhörer freundlich anzuschauen.

Inneres Engagement

Als Vortragende können Sie durch die Lebendigkeit Ihres Sprechens wesentlich dazu beitragen, dass die Zuhörer „gerne" zuhören. Das gelingt dann am besten, wenn Sie aus innerem Engagement heraus sprechen, d. h. selbst Interesse daran haben, die Zuhörer als solche zu gewinnen. Wenn es Ihnen am Elternabend wichtig ist, den Eltern bestimmte Informationen zu vermitteln oder sie von etwas zu überzeugen, dann werden Sie anders sprechen als jemand, dem dies im Grunde egal ist. Und dieser Unterschied zeigt sich daran, dass Sie aus einer innerlich aktiven und engagierten Haltung heraus zu anderen sprechen. Das ist aber nur möglich, wenn Sie dabei auch authentisch sind.

Tipp

Sprechen Sie Ihren Vortrags- bzw. Redetext immer mehrere Male zur Probe. Das gibt Ihnen Sicherheit und Selbstbewusstsein.

Tipp

Zum Umgang mit der eigenen Aufregung (vgl. Lachnit, 2001, S. 52 f.):

- *Eine sehr gute Vorbereitung sowohl des Inhalts, der Visualisierung als auch des freien Sprechens hilft wesentlich, die nicht zu vermeidende Aufregung zu minimieren.*
- *Denken Sie positiv! Malen Sie sich kein Horrorszenario aus! Freuen Sie sich auf Ihre Zuhörer, die von Ihnen Neues erfahren wollen!*
- *Streben Sie nicht nach Perfektion! Kleine Schwächen finden Zuhörer in der Regel sympathisch!*
- *Wählen Sie Kleidung, in der Sie sich vor Ihren Zuhörern wohlfühlen. Bedenken Sie, dass auch ein gepflegtes Äußeres Ihnen ein großes Stück Sicherheit vermittelt.*

- *Machen Sie kurz vor dem freien Sprechen einige Atemübungen. Atmen Sie vor allem tief ein und aus. Sie können einige Atemzüge hintereinander machen und bei jedem Atemzug etwas tiefer einatmen. Solch lange Atemzüge sorgen dafür, dass Ihr Kreislauf mit genügend Sauerstoff versorgt wird, gleichzeitig wirkt das bewusste Atmen beruhigend.*

Aufgabe

Üben Sie sich im Einsatz sprecherischer Ausdrucksmittel, indem Sie nacheinander das folgende Gedicht laut lesen:

- *so schnell, so langsam wie möglich,*
- *so laut, so leise wie möglich, dann verschiedene Lautstärken aufeinanderfolgen lassen (schneller Wechsel von sehr laut – sehr leise – (laut) flüstern),*
- *mit übertriebener Artikulation lesen und*
- *unterschiedliche Klangfarben ausprobieren: einige Zeilen als Liebeserklärung, als Wutausbruch etc. lesen.*

Gedicht | Oskar Pastior (1927–2006)

Fräulein Falf aber meinte man solle
einfach drauf los man könne ganz
einfach das machen was los geht man
wäre gut beraten alles einfach zu
tun das heißt einfach alles zu tun
was drauf ist und los geht sie mein-
te auch das ginge ganz gut man müsse
nur einfach freundlich den finger
heben und es anständig machen und
vor allem niemandem weh tun meinte
sie los machen los machen los machen

(Pastior, 2006)

2 Gekonnt präsentieren

Worum geht es?

Früher sprach man von einem Vortrag *oder einem* Referat, *dann z. B. von einem* „Input" *(über die Haushaltsplanung der Einrichtung), von einem* Statement *oder einer* Kurzrede, *z. B. auf einer Bürgerversammlung, um die Einrichtung eines Spielplatzes zu fordern. Heute benutzt man für all diese Redesituationen meist den Begriff* „Präsentation".

Im Folgenden geht es darum,

- *den Begriff „Präsentation" zu klären,*
- *sich die Bedeutung des Hörerbezugs klarzumachen,*
- *zu wissen, was die Verständlichkeit einer Präsentation beeinflusst,*
- *unterschiedliche Ziele – informieren oder überzeugen – bei der Erarbeitung der Präsentation zu berücksichtigen und*
- *die Bedeutung von audiovisuellen Hilfsmitteln zu kennen und diese gezielt einzusetzen.*

An welches Vorwissen/welche Vorerfahrungen können Sie anknüpfen?

Was versteht man unter einer Präsentation?

Eine oder mehrere Personen
z. B. wer?

stellen für eine Zielgruppe
z. B. wen?

bestimmte Inhalte dar.
z. B. was?

Ziel ist es, diese Zielgruppe zu informieren oder zu überzeugen.
z. B. worüber/wovon?

Die Darstellung wird unterstützt durch rhetorische und bildhafte Mittel.
z. B. durch welche?

An die Darstellung schließt sich eine Fragerunde oder Diskussion an.
(Vgl. Hartmann/Jacobs-Strack, 2004, S. 31)

Jede Präsentation braucht ein Ziel

Aufgabe

In der Ausbildung erleben Sie selbst viele Präsentationen im Unterricht, in Projektphasen etc. Überlegen Sie gemeinsam, wie klar für Sie jeweils das Ziel war.

Eine Präsentation kann nur gelingen, wenn für die Präsentierenden selbst das Ziel zu informieren bzw. zu überzeugen von Anfang an klar und eindeutig ist. Die Ausformulierung des Ziels ist daher der erste Schritt bei der Vorbereitung einer Präsentation.

Die folgenden Fragen sind dafür hilfreich:

- Was genau sollen die Eltern (bzw. die Teilnehmer an der Präsentation) am Ende der Präsentation wissen?
- Worüber und wie wollen wir, die Erzieherinnen, sie derart informieren, dass sie genau diese Punkte nicht wieder vergessen?
- Wovon wollen wir sie überzeugen, sodass sie anschließend in einer bestimmten Weise handeln?

Jede Präsentation wird für eine konkrete Zielgruppe maßgeschneidert

Will ein Erzieherinnenteam bei den Eltern das vorher festgelegte Präsentationsziel erreichen, dann muss dieses Ziel auf die konkrete Zielgruppe bezogen werden. Man spricht daher davon, einen **Hörerbezug** herzustellen.

Um sich so konkret wie möglich die Zielgruppe, zu der man spricht, zu vergegenwärtigen, ist es hilfreich, sich – am besten gemeinsam im Team – immer im Blick auf das Ziel Gedanken über die Zuhörer zu machen. In Bezug auf deren Erwartungen und Ansprüche müssen dann die Inhalte der Präsentation ausgewählt und aufbereitet werden. Dazu sind Fragen wie die folgenden hilfreich:

- Wer sind meine Zuhörer: Geschlecht, Bildungsstand, kultureller Hintergrund, Deutsch als Erst- oder Zweitsprache?
- Welches Vorwissen bringen die Mütter und Väter in Bezug auf das Thema mit? Was muss daher unbedingt angesprochen, was kann weggelassen werden?
- Welche Einstellungen haben sie wahrscheinlich zum Thema?

Jede Präsentation muss so verständlich wie möglich sein

Dass eine Präsentation verständlich sein soll, hört sich wie eine Binsenweisheit an. Aber wie erreicht man Verständlichkeit? Aufgrund von wissenschaftlichen Untersuchungen in den 70er-Jahren des vergangenen Jahrhunderts sind vier Dimensionen der Verständlichkeit beschrieben worden, die zwar für das Erstellen schriftlicher Texte erarbeitet wurden, sich aber auch auf Präsentationen beziehen lassen (vgl. Langer/Schulz von Thun/Tausch, 1973). Nur wenn diese sogenannten Verständlichmacher berücksichtigt werden, können die Zuhörer die Inhalte der Präsentation gut behalten. Diese werden daher im Folgenden kurz beschrieben.

Einfachheit

Wesentliche Voraussetzung für die Verständlichkeit ist ein einfacher *Satzbau*. Einfache kurze Sätze können die Zuhörer gut aufnehmen, bei langen verschachtelten verliert man schnell den Faden.

Das Kriterium der Einfachheit bezieht sich auch auf die *Wortwahl*. Das heißt, es ist wichtig, möglichst konkrete, geläufige und anschauliche Wörter zu benutzen. Am Elternabend ist dabei die Zusammensetzung der Eltern zu bedenken (vgl. Hörerbezug herstellen): Wie viele Mütter oder Väter haben eventuell Verständnisschwierigkeiten aufgrund von Sprachproblemen? Fremdwörter sollte man vermeiden oder sie zumindest erklären. Fachwörter sollten an einem Elternabend nur dann gebraucht werden, wenn dies notwendig ist und sie vorher erläutert wurden (z. B. Autonomie des Kindes).

Struktur verdeutlichen (Gliederung/Ordnung)

Aufgabe

Was wissen Sie über die Funktionsweise unseres Gedächtnisses? Lesen Sie in Kap. I 1.2 die entsprechenden Informationen noch einmal nach.

Für viele Schüler/-innen ist das Wort „Gliederung" eher ein Schreckwort, das Erinnerungen an den Stress des Aufsatzschreibens zu irgendwelchen Themen, die nicht die eigenen waren, wachruft. Dass die Gliederung/Ordnung von Inhalten aufgrund der Funktionsweise unseres Gedächtnisses für uns eine wesentliche Voraussetzung für das Aufnehmen neuer Informationen ist, wird dabei meist übersehen. Empirische Untersuchungen haben gezeigt, dass die Dimension der inhaltlichen Strukturierung für die Verständlichkeit eines Textes die wichtigste ist (vgl. Stangl, Verständlichkeit). Deshalb kommt es für den Erfolg einer Präsentation sehr stark darauf an, den Zuhörern das Erfassen der Vortragsstruktur zu erleichtern („roter Faden").

Beispiele:

- *Die Themenstellung verdeutlichen: Das Thema soll klar eingegrenzt sein und auf jeden Fall visualisiert werden (Flipchart, Folie, Handout). Für die Zuhörer ist es hilfreich, wenn deutlich wird, in welche größeren Zusammenhänge das Thema eingebettet ist. Dadurch wird schon vorhandenes Vorwissen aktiviert.*
- *Einen Überblick über die Grobgliederung geben („Ich spreche zuerst über …, dann über … und mein letzter Punkt ist …"): Dadurch wird bei den Zuhörern Interesse geweckt und Vorwissen aktiviert. Das Gedächtnis weiß bereits, welche „Andockstellen" benötigt werden. Außerdem wissen die Teilnehmer dann während der Präsentation, an welchen Stellen im Gesamtablauf man sich gerade befindet – das gibt Sicherheit und verbessert das Verstehen und Behalten.*

- *Die einzelnen Teile der Präsentation (Hauptpunkte der Gliederung) sollen klar voneinander abgegrenzt werden („Ich komme jetzt zu Punkt ...“). Das erleichtert es dem Gedächtnis, die Inhalte zu speichern.*
- *Logische Bezüge und Zusammenhänge verdeutlichen („Damit habe ich jetzt die Voraussetzungen genannt. Doch welche Folgen hat das für uns?“) und entsprechende Überschriften bei der Visualisierung setzen.*
- *Am Ende der Präsentation die zentralen Aussagen noch einmal kurz zusammenfassen. Diese bleiben dann länger im Gedächtnis verankert.*
- *Verknüpfung mit bereits vorhandenem Wissen ermöglichen. Denn wenn etwas außerhalb des bisherigen Erfahrungshorizontes liegt, kann es nicht gespeichert werden. Wenn solche Verknüpfungsmöglichkeiten vom Präsentierenden durchgehend angeboten werden, wird auch das Behalten wesentlich erleichtert („Im letzten Jahr haben wir uns auf dem Elternabend mit dem Thema ... beschäftigt.“).*

Kürze/Prägnanz
Teilnehmer einer Präsentation möchten in begrenzter Zeit wichtige Informationen zu einer Fragestellung erhalten. Verständlich wird die Informationsvermittlung u. a. dadurch, dass die Inhalte nicht langatmig und breit vorgetragen werden, sondern dass man zur Sache kommt und die Inhalte möglichst knapp hält. Allerdings dürfen diese nicht so knapp dargestellt sein, wie es z. B. bei einem schriftlichen Lesetext der Fall sein kann. Die Zuhörer müssen der Präsentation folgen können, d. h., sie können nicht – wie beim Lesen – innehalten, um sich das Gelesene noch einmal zu vergegenwärtigen. Vielmehr müssen sie sich während des Zuhörens konkrete Vorstellungen von den Inhalten machen können. Dafür sind zum einen die Visualisierungen ganz wichtig, zum anderen Beispiele (Stimulanz s. u.). Solche Beispiele stehen aber einer ausgeprägten Kürze entgegen, sodass man hier eher von einem „Mittelwert“ sprechen sollte. Das heißt, dass die Beispiele nicht ausufern und Erklärungen nicht lang und umständlich sein sollten. Prägnanz erreichen Sie vor allem dadurch, dass Ihnen selbst klar ist, was Sie aussagen wollen und wie Sie dies knapp, aber präzise ausdrücken können. Die Gesamtdauer einer Präsentation an einem Elternabend sollte 30 Minuten nicht überschreiten.

Aufmerksamkeit aufrechterhalten – zusätzliche Stimulanz
Jeder von uns hat schon die Erfahrung gemacht, dass wir beim Zuhören in Gedanken abschweifen. Deshalb ist Stimulanz notwendig, also alles, was die Zuhörer „bei der Stange hält“. Das können sprachliche Mittel sein, die Vortragsweise oder die Visualisierung.

Beispiele:

- *eine Einleitung, die Neugier auslöst und zum Zuhören motiviert*
- *Rückbezug auf die eigenen Erfahrungen der Eltern („Als Sie klein waren ...“)*
- *rhetorische Fragen, durch die Aufmerksamkeit neu angeregt wird*

- *Bilder und bildhafte Wendungen, die auch die Gefühle der Zuhörer ansprechen („Das ist so, wie wenn im Garten ein erstes Schneeglöckchen sichtbar wird …")*
- *Beispiele, die sich die Anwesenden konkret vorstellen können*
- *direktes Anreden der Zuhörer („Sie, liebe Eltern …")*
- *Einbeziehen situativer Gegebenheiten („Schauen Sie einmal den Wandschmuck im Raum an, dann …")*
- *Film- oder Hörbeispiele zur Veranschaulichung der Inhalte*

Solche Stimulanzien dürfen aber nicht so ausgeweitet werden, dass dabei der Aspekt der Kürze/Prägnanz außer Acht gerät (s. o.).

Wesentlichen Anteil an der Stimulanz hat auch die Art und Weise des freien Sprechens (s. Kap. VI 1). Außerdem kommt der Visualisierung eine große Bedeutung zu. Daher wird darauf im nächsten Punkt gesondert eingegangen.

Jede Präsentation braucht Visualisierungen

Bezüglich des Einsatzes von Präsentationssoftware-Folien hört man immer wieder Vorbehalte: „Kommst du mit einer Präsentationssoftware oder hast du was zu sagen?" Diese Kritik an der Präsentationssoftware zielt darauf, dass häufig mit reinen Textfolien gearbeitet und die Verdeutlichung der Informationen durch Visualisierung, d. h. Bilder und Grafiken, vernachlässigt wird. Allerdings können auch reine Textfolien das Verstehen unterstützen, wenn sie die Struktur des Vortrags verdeutlichen, d. h. die Oberpunkte bzw. die einzelnen Thesen hervorgehoben und ihnen die wichtigsten Unterpunkte bzw. Argumente zugeordnet werden.

Folien dürfen aber auf keinen Fall reinen Fließtext zeigen. Es kann mit Stich- bzw. Schlüsselwörtern gearbeitet werden oder mit ganz kurzen Sätzen, die nur aus Subjekt, Prädikat und Objekt bzw. adverbialer Bestimmung bestehen.

Statt mit einer Präsentationssoftware kann auch auf Flipchart oder Stellwand visualisiert werden. Dazu geeignet sind vor allem „Strukturbilder", z. B. an einem Elternabend im Hort:

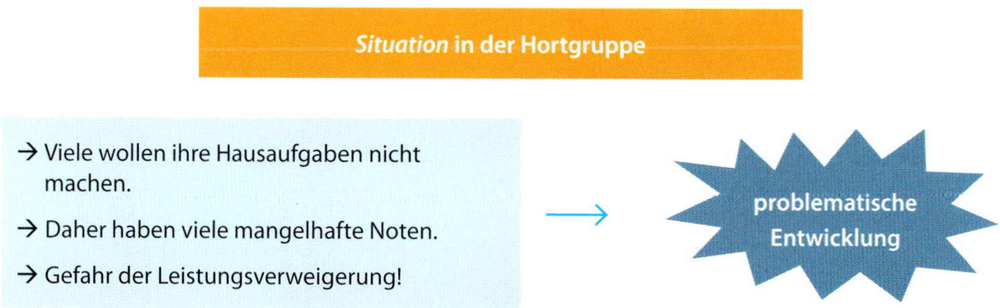

Worauf ist besonders zu achten?

- *Jede Folie hat nur ein Thema. Ist dafür keine ganze Folie notwendig, so bleibt sie teilweise leer.*
- *Als Faustregel gilt im Hinblick auf die Aufnahmefähigkeit unseres Gedächtnisses: nicht mehr als fünf Informationen/Kernaussagen zu diesem einen Thema pro Folie!*
- *Bilder dürfen keine reine Dekoration sein, sondern müssen eine erläuternde Funktion haben.*
- *Jede Folie (oder eine Gruppe von zwei bis drei aufeinanderfolgenden Folien) braucht eine Überschrift. Das erleichtert Zuhörern den Wiedereinstieg, wenn sie in Gedanken kurz abgeschweift sind.*
- *Auf eine gut lesbare Schrift, z. B. Arial, achten.*
- *Schriftgröße der Überschriften: 32 pt, mindestens 16 pt, besser 24 pt für Unterpunkte. Nicht mehr als drei unterschiedliche Schriftgrößen verwenden!*
- *Bilder, Tabellen, Grafiken mit hohem Informationswert unterstützen die Aufmerksamkeit der Zuhörer.*
- *Farben sparsam und gezielt einsetzen, zu viele Farben verwirren.*

Der professionelle Eindruck Ihrer Präsentation wird verstärkt, wenn Sie bei den Folien mit einer einheitlichen Kopf- oder Fußzeile, evtl. verbunden mit dem Logo Ihrer Einrichtung, arbeiten.

Tipp

Probieren Sie vor der Präsentation aus, wie viel Redezeit Sie für Ihre Folien brauchen. Empfohlen werden vier Minuten Redezeit pro Folie!

Anforderungen an die Gestaltung von Folien

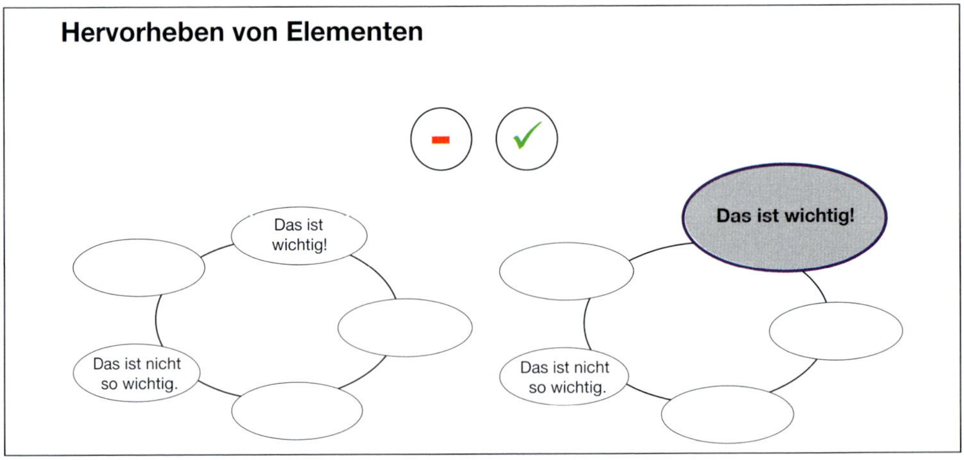

Tipp

Die Visualisierung mit Laptop und Beamer sollte auf jeden Fall vor der Präsentation ausprobiert werden.

Aufgabe

Diskutieren Sie die jeweiligen Vorzüge bzw. Nachteile von Präsentationssoftware, Flipchart, Pinnwand etc. als Visualisierungsmöglichkeit. Was ist das Medium Ihrer Wahl? Begründen Sie Ihre Antwort.

Projektidee

Führen Sie mit Ihrer Klasse ein Planspiel – aufbauend auf den Inhalten dieses Kapitels – zu einem Elternabend in einer Kindertagesstätte durch. Legen Sie als Erstes fest, wie groß Ihre Einrichtung ist und ob sie altersübergreifend arbeitet oder als Kinderkrippe, Kindergarten oder Hort organisiert ist. Einigen Sie sich dann auf ein Thema bzw. das Ziel des Elternabends und verteilen Sie die Rollen (Teammitglieder, Väter, Mütter jeweils mit unterschiedlichem Bildungsstand, unterschiedlichen deutschen Sprachkenntnissen, verschiedenem kulturellen Hintergrund etc., Funktion des Gesprächsleiters bzw. Moderators). Verfassen Sie eine Einladung zum Elternabend, auch für die Eltern, die nur wenig Deutsch sprechen (siehe Kap. VI 4). Erarbeiten Sie eine Präsentation zum vereinbarten Thema des Elternabends und überlegen Sie, was die Gesprächsleitung für die anschließende Diskussion leisten sollte. Bereiten Sie schließlich auch einen Rückmeldebogen für die Eltern vor („Ihre Meinung interessiert uns.").

Führen Sie dann das Planspiel durch, wobei einige von Ihnen die Beobachterrolle übernehmen. Reflektieren Sie anschließend gemeinsam mit Ihrer Lehrkraft den Ablauf.

3 Mit Eltern in der Sprachförderung zusammenarbeiten

Eltern sind stolz, wenn ihr Kind schon spricht, und voller Sorge, wenn in diesem Bereich ihrer Meinung nach die Entwicklung nicht so verläuft, wie sie es sich erhofft hatten. Dabei haben Erziehungsberechtigte, das gilt in besonderem Maße für jene, deren Erstsprache nicht Deutsch ist, hohe Erwartungen an die sozialpädagogischen Fachkräfte. Sie übersehen allerdings leicht oder sind sich dessen nicht bewusst, wie wichtig ihr eigener Part bei der Sprachförderung ist.

Worum geht es?

Sprachförderung ist ein Schlüsselthema für die Zusammenarbeit von sozialpädagogischen Fachkräften und Erziehungsberechtigten. Gelingt es, dass in diesem Bereich beide Seiten die gleichen Ziele haben, wirkt sich das positiv auf die Sprachentwicklung der Kinder aus. Im Folgenden geht es darum,

- *sich die Bedeutung der Zusammenarbeit für die Sprachentwicklung von Kindern bewusst zu machen und*
- *sich über praktische Möglichkeiten einer Zusammenarbeit zu informieren.*

An welches Vorwissen/welche Vorerfahrungen können Sie anknüpfen?

Eine wichtige Säule der Zusammenarbeit mit Müttern und Vätern in der Sprachförderung ist der regelmäßige Kontakt zwischen ihnen und der Erzieherin.

Aufnahmegespräch

Das Aufnahmegespräch bietet den Erzieherinnen eine gute Möglichkeit, sich auch über die Sprachkenntnisse des Kindes zu informieren, sodass in der Einrichtung relativ früh über eventuell notwendige Fördermaßnahmen gesprochen werden kann. So ist es auch möglich, sich rechtzeitig durch Fachleute von außen beraten zu lassen.

Ist ein Kind zwei- oder mehrsprachig aufgewachsen, gilt es, dessen Sprachbiografie zu ermitteln, sodass das Kind gezielt sprachlich gefördert werden kann. Es ist sinnvoll, diese Informationen schriftlich festzuhalten. Im Aufnahmegespräch werden die Weichen für die Zusammenarbeit gestellt. Positiv ist es, wenn die Erzieherin im Vorfeld klärt, ob ein Dolmetscher für das Gespräch gebraucht wird, und sie sich absichert, dass der Dolmetscher selbst auch über ausreichende Sprachkenntnisse verfügt, damit nicht ein „Stille Post"-Effekt entsteht.

Tipp

Informationen zu den Sprachkenntnissen könnten in eine „Familienkartei" eingetragen werden, d. h., für jedes Kind wird eine Karteikarte angelegt, auf der wichtige Infos über das Kind und die Familie stehen (Vorsicht, Datenschutz beachten!).

Elternabend

Angesichts des Erwartungsdrucks, dem die Erzieherinnen im Bereich Sprachförderung ausgesetzt sind, sind Elternabende zum Thema Sprachförderung zu Beginn des Kindergartenjahres unverzichtbar. Es ist notwendig, dass alle Eltern das Sprachförderkonzept der Einrichtung nachvollziehen können, z. B. auch die Bedeutung von Literacy-Erziehung, und nicht darauf warten, dass endlich „richtig" Deutsch gelernt wird.

Eine wichtige Aufgabe bei Elternabenden ist es, sicherzustellen, dass die vermittelten Informationen bei den Eltern auch wirklich ankommen. Organisatorische Absprachen können z. B. in Form eines Ergebnisprotokolls (siehe Kap. VII 1) festgehalten werden, das am Schwarzen Brett der Einrichtung ausgehängt wird. Hierbei sollten auch kreative Lösungen dafür gefunden werden, wie wichtige Informationen auch die Eltern erreichen, die schlechte oder keine Deutschkenntnisse haben.

Elterngespräch

In sinnvollen Zeitabständen sollte die Erzieherin die Sorgeberechtigten über die Sprachentwicklung ihres Kindes informieren. Dazu gehört, die Beobachtungen zu dokumentieren (siehe Kap. II 6), um im Elterngespräch nachvollziehbar und überzeugend die eigenen Einschätzungen erläutern zu können.

Anregung zur Literacy-Erziehung

Zu Hause mit Vater, Mutter oder älteren Geschwistern ein Bilderbuch anzuschauen und miteinander darüber zu reden, ist nicht nur ein schönes gemeinsames Erlebnis, sondern man weiß heute, dass dies zugleich eine ideale Form der Sprachförderung (siehe Kap. II 3.4) darstellt: Im Dialog mit einer Bezugsperson erfährt ein Kind Zuwendung, es fühlt sich geborgen und kann sich für Neues öffnen. Vorlesen, Erzählen und Bilderbuchbetrachtungen vermitteln dem Kind sprachlich neue Lernerfahrungen, wie z. B. die Erweiterung von Syntax und Wortschatz und den Erwerb kommunikativer Fähigkeiten. Inhaltlich lernt es neue Welten kennen und begreift, dass es neben den Alltagsdingen noch eine andere Welt gibt, die Welt der Fantasie, die man mit Sprache erschaffen kann (vgl. Ulich, 4/2003, S. 8).

Für Vorlesen, Erzählen und Bilderbuchbetrachtungen, also Literacy-Erziehung, sollte auch in der Familie Raum sein. Untersuchungen belegen, dass die Familie die wichtigste Sozialisationsinstanz für das Leben ist: Ob Kinder später Lust am Lesen und Interesse an Büchern haben, wird in der eigenen Familie grundlegend bestimmt. Für vom Bildungswesen nicht erreichte Familien ist es aus verschiedenen Gründen schwieriger, diese Chancen wahrzunehmen.

Für Kinder mit sprachlichen Defiziten ist demnach die Zusammenarbeit zwischen Erzieherin und Eltern im Elementarbereich notwendig und das Zeitfenster für die Sprachentwicklung sehr günstig.

Aufgabe der sozialpädagogischen Fachkräfte ist es, die Sorgeberechtigten über diese Zusammenhänge zu informieren und sie zu motivieren, ihren Kindern auch zu Hause einen Zugang zu Literacy zu eröffnen. Darüber hinaus ist es für Eltern hilfreich, in der Einrichtung Anregungen für die Literacy-Erziehung zu bekommen und von den Erzieherinnen in den eigenen Bemühungen zu Hause bestärkt zu werden.

Förderung der Familiensprache

Was Eltern mit nicht deutschprachigem Hintergrund zunächst verblüffen mag, ist die Erkenntnis, dass der Schlüssel für das Erlernen der deutschen Sprache die konsequente Förderung der Erstsprache ist (vgl. Strätz/Militzer, 2003, S. 20–23).

Kinder lernen Deutsch umso besser, je mehr sie in der Erstsprache „zu Hause" sind. Sie nutzen, ohne dass ihnen das bewusst ist, die in der Erstsprache „gelernten" sprachlichen Grundmuster. Das hier bereits erworbene sprachliche Wissen unterstützt also den Erwerb der Zweitsprache. Eltern fördern ihre Kinder sprachlich also gerade dadurch, dass sie zu

Hause die Familiensprache pflegen und nicht versuchen, mit den Kindern ausschließlich Deutsch zu sprechen. Je differenzierter das Sprachwissen in der Erstsprache ist, desto mehr wächst die Wahrscheinlichkeit, auch die Zweitsprache differenziert sprechen zu lernen. Dieser Sachverhalt sollte wieder und wieder erläutert werden, damit Mütter und Väter die Bedeutung der Familiensprache für die Sprachentwicklung verstehen.

Aufgaben

1. *Sammeln Sie Vorschläge, wie die Familiensprache in der Einrichtung sichtbar gemacht und aufgewertet werden kann.*
2. *Welche Zeiten bieten sich im Kita-Alltag an, um „Sprachinseln" einzuplanen, d. h. Zeiten, in denen die Kinder untereinander in ihrer Muttersprache sprechen dürfen?*

In diesem Zusammenhang ist noch etwas zu bedenken: Ob Eltern verschiedener ethnischer Herkunft ihren Part bei der Sprachförderung übernehmen, hängt nicht zuletzt davon ab, ob die Zusammenarbeit zwischen ihnen und der Erzieherin auf gegenseitiger Anerkennung und Wertschätzung der jeweils anderen Sprache und Kultur aufgebaut ist und ob Erzieherinnen und Eltern partnerschaftlich miteinander umgehen. Die Fachkräfte sollten „Schrittmacher" sein, indem sie ihren Respekt und ihr Interesse für die fremde Sprache und Kultur ausdrücken und zeigen. Glaubwürdig ist das allerdings nur, wenn sie dabei authentisch sind.

Tipp

Laden Sie Eltern anderer Ethnien ein, Märchen aus ihrer kulturellen Tradition vorzulesen!
Für alle Kinder bedeutet das einen Rollentausch, durch den sie viel gewinnen: Die fremdsprachigen Kinder bauen Selbstbewusstsein hinsichtlich ihrer eigenen Traditionen auf, die deutschsprachigen Kinder entwickeln Einfühlungsvermögen und Verständnis für die Situation nicht deutschsprachiger Kinder.

Projektidee

Einen gemeinsamen Bibliotheksbesuch planen: Ein gemeinsamer Bibliotheksbesuch kann Eltern die Schwellenangst nehmen, Bibliotheken aufzusuchen. Es sollte vorher erkundet werden, was man braucht, um einen Bibliotheksausweis zu bekommen.

4 Schriftliche Formen der Zusammenarbeit mit Eltern

Worum geht es?

Adressaten aller schriftlichen Formen der Zusammenarbeit sind die Eltern als Partner in der Erziehung bzw. als Kunden. Dabei stellen die verschiedenen schriftlichen Formen spezifische Anforderungen an Inhalt, Sprache und Gestaltung. Da sie „nach draußen" gehen, sind sie ein Teil der Öffentlichkeitsarbeit der Einrichtung. Im Folgenden geht es darum,

- *sich über die verschiedenen Formen der schriftlichen Zusammenarbeit mit Eltern zu informieren und*
- *auf formale und sprachliche Anforderungen aufmerksam zu werden.*

An welches Vorwissen/welche Vorerfahrungen können Sie anknüpfen?

Einrichtungen stützen ihre Arbeit nicht nur dadurch (vgl. zum Folgenden Bernitzke/Schlegel, 2004, S. 256–268), dass sie mit den Erziehungsberechtigten sprechen, sondern dass sie sie auch anschreiben. Der Vorteil für beide Seiten liegt auf der Hand: Die Einrichtung kann so kontinuierlich Einblick in den Gruppenalltag geben. Wichtige Informationen sorgen zudem für den gleichen Informationsstand.

Der schriftliche Kontakt mit den Erziehungsberechtigten wird vor allem hergestellt durch:

- *schriftliche Kurzmitteilungen*
- *Aushänge*
- *Einladungen*
- *Elternbriefe*

Dabei überschneiden sich die jeweiligen Kommunikationswege: Die neue Mitarbeiterin kann sich im Elternbrief und in einem Aushang vorstellen. Mitteilungen über Ferientermine und Schließzeiten, Vorankündigungen von Unternehmungen werden in der Regel ausgehängt und/oder sind im Elternbrief angegeben. Aktuell wichtige Infos, z. B. über Krankheiten der Kinder, bekommen die Eltern als schriftliche Kurzinfo. Viele Einrichtungen kontaktieren die Erziehungsberechtigten ausschließlich oder zusätzlich zu Schreiben in Papierform über E-Mails.

Bei wichtigen Informationen ist es notwendig, dass sich die Erzieherinnen – z. B. durch Rücksprache – überzeugen, ob nicht deutschsprachige Eltern die Inhalte verstanden haben.

Was auch immer Eltern an „Schriftlichem" von der Einrichtung erhalten, es prägt ihr Bild – bewusst oder unbewusst – von dieser Einrichtung. Es geht also für die Einrichtung immer auch um Öffentlichkeitsarbeit.

Tipp

Nehmen Sie ernst, dass korrektes und verständliches Schreiben in der Öffentlichkeit hoch bewertet wird. Sprechen Sie im Team ab, wer jeweils welchen Text auf Fehler gegenliest.

Kurzmitteilung

Wie der Name besagt, ist die schriftliche Kurzmitteilung kurz und informativ. Sie beschränkt sich inhaltlich meist auf einzelne Informationen wie Hinweise auf veränderte Schließzeiten oder Ferientermine. Sprachlich ist sie schnörkellos: sachlich, genau und zielgruppenorientiert. Im Mittelpunkt steht die klare Information. Dieser ist auch das Layout untergeordnet.

Die Kurzmitteilung enthält:

- *Briefkopf der Einrichtung*
- *Anrede- und Grußformel mit Unterschrift der Gruppenleitung und/oder der Leiterin*
- *Ort und Datum der Herausgabe*
- *eventuell eine Zeile für die Unterschrift der Erziehungsberechtigten (für einen Informationsnachweis) bzw. bei E-Mails die Anforderung einer elektronischen Lesebestätigung*

Haus Sonnenschein

Kindertagesstätte und Kinderhotel

15. Juli 20..

An die Eltern des Elementarbereichs Krugstraße 2
Erster Tag nach der Sommerpause

Liebe Eltern,

am 3. August 20.., dem ersten Tag nach der Sommerpause, werden wir **nicht in den Wald** gehen.
An diesem Tag werden wir uns vor allem über die Erlebnisse der vergangenen Wochen austauschen und die neuen Kinder im Elementarbereich herzlich empfangen und sie mit ihrer neuen Umgebung vertraut machen.

Ihr Team Haus Sonnenschein

Aufgabe

Prüfen Sie die obige Kurzinfo: Ist sie inhaltlich vollständig und verständlich abgefasst (Kriterien, s. Anhang)?

Aushang

Das Schwarze Brett kann für vielerlei Informationen genutzt werden, die die Arbeit der sozialpädagogischen Fachkräfte transparent machen: Wochenpläne, Tages- und Wochenberichte, Informationen des Trägers, Fotodokumentation über ein laufendes Projekt u. a. m.

Damit die Aushänge gelesen werden, müssen sie inhaltlich kurz und knapp gehalten sein – niemand liest einen ganzseitigen Fachartikel am Schwarzen Brett – und sollten durch unterschiedliche, inhaltsbezogene oder sprachliche „Eyecatcher" die Aufmerksamkeit auf sich ziehen. Das Schwarze Brett sollte unbedingt klar strukturiert sein.

Aufgabe

Entwickeln Sie Vorschläge für die Strukturierung des Schwarzen Bretts.

Tipp

Das Schwarze Brett darf nicht durch Infos „zugepflastert" werden. Es sollten nur wichtige Infos ausgewählt werden.

Einladung

Tipp

Klären Sie, bevor Sie sich an die Arbeit machen, die Frage der Finanzierung. Selbst Kopien mit dem einrichtungseigenen Kopierer müssen in der Regel abgerechnet werden.

Gut gestaltete Einladungen machen neugierig, deshalb muss im Vorfeld Folgendes geklärt werden:

- **Zielgruppe**
  Wer einlädt, muss eine klare Vorstellung von der Zielgruppe haben, die erreicht werden soll. Ob Eltern z. B. aus dem ländlichen oder großstädtischen Milieu kommen, ob sie Traditionen pflegen oder sich über diese bewusst hinwegsetzen, solche Faktoren müssen in Sprache und Gestaltung einer Einladung berücksichtigt werden.
- **Format**
  Einladungen unterscheiden sich schon äußerlich in Größe und Format. Die Wahl des Formats hängt von der Situation ab, in der die Einladung gelesen wird, und davon, wer erreicht werden soll.

Poster/Plakat	– großformatig, wird an die Wand geklebt, im „Vorbeigehen" zu lesen; verlangt professionelle Gestaltung; bei Sommerfesten u. Ä. üblich
Handzettel	– max. DIN A4, kann eine persönliche Anrede enthalten („Liebe Eltern"), liegt in Einrichtungen aus oder wird ausgeteilt; enthält wichtige Kurzmitteilungen; oft bescheidenes Layout
Flyer	– kleiner als DIN A4, in allen möglichen Formaten; oft sehr professionell, ohne persönliche Anrede; fungiert wie ein Handzettel

- **Vollständigkeit der Informationen**

  - ***Was?*** *Anlass/Art der Veranstaltung (z. B. Elternabend zum Thema …), Ablauf bzw. Programm*
  - ***Wann?*** *Datum, Beginn, Ende*
  - ***Wo?*** *Genaue Ortsangabe, evtl. Wegbeschreibung*
  - ***Erwartungen an Gäste?*** *Essen mitbringen/besondere Bekleidung u. a. m.*
  - ***Kosten*** *Eintritt, Spendenerwartung*
  - ***Hinweis auf den rechtlich Verantwortlichen (V. i. S. P.)***

- **Sprache**
  Sprachlich sollten Einladungen einerseits appellativ formuliert werden (die Adressaten neugierig machen und zum Besuch verlocken), andererseits darf die appellative Sprache nicht zu Lasten der gleichfalls notwendigen Informationen gehen.

- **Gestaltung/Layout**
  Unterstützt durch elektronische Textverarbeitung können auch Erzieherinnen professionell Einladungen layouten. Oberstes Gebot: Durch die Gestaltung soll die Aufmerksamkeit des Lesers auf die Informationen gelenkt werden, deshalb gilt es, die Einladungen durch das Layout nicht zu überfrachten.

Aufgaben

1. *Informieren Sie sich genauer über Grundsätze der Gestaltung/des Layouts.*
2. *Was halten Sie von den auf S. 188 abgedruckten Flyern?*

Elternbrief

Einen Elternbrief herauszugeben, ist anspruchsvoller, als eine Kurzmitteilung zu schreiben, weil er inhaltlich umfangreicher ist, unterschiedliche Textsorten enthält und insofern besondere Anforderungen an die sprachliche Gestaltung und das Layout stellt.

- **Inhalt**
  Der Elternbrief berichtet nicht nur auf unterhaltsame Weise über den pädagogischen Alltag in der Einrichtung, er will informativ sein und hat darüber hinaus auch eine familienunterstützende Funktion, z. B. wenn er Eltern in schwierigen Lebenssituationen auf Beratungsstellen aufmerksam macht.

Der Elternbrief enthält:
- *Termine und Vorankündigung von Veranstaltungen*
- *Buchtipps*
- *aktuelle Themen (von pädagogischen Fragen bis hin zu rechtlichen)*
- *Interessantes aus den Gruppen*
- *Impressum*

- **Sprache**
  Ein Elternbrief ist sprachlich abwechslungsreich, nicht nur durch die verschiedenen Textsorten, die hier möglich sind, sondern auch dadurch, dass die Texte von verschiedenen Verfasserinnen stammen. Das sprachliche Niveau richtet sich nach der Zielgruppe.

- **Gestaltung**
  „Auf die Gestaltung kommt es an!" (vgl. WDK-Spezial, 2001, S. 2, auch zum Folgenden) und damit diese abwechslungsreich ist und zum Lesen verlockt, gilt es einige Gestaltungsprinzipien zu beachten:
  - eine gleichbleibende Grundstruktur entwickeln,
  - mit festen Rubriken arbeiten – der Leser findet also den Buchtipp oder Veranstaltungshinweise usw. immer an der gleichen Stelle –,
  - verschiedene Informationselemente einsetzen wie Bilder mit Bildkommentaren, Zwischenüberschriften in Fließtexten (Texte über mehrere Seiten), Kästen (mit kleinerem Schriftgrad) und Raster (Text farblich unterlegen).

Tipp

Geht der Elternbrief an viele Eltern, deren Erstsprache nicht Deutsch ist, ist es umso wichtiger, dass gestalterische Elemente wie Fotos, Bilder und Piktogramme den Text auflockern und den Inhalt mit erklären.

Projektidee

Kooperationspartner suchen! Bieten Sie Einrichtungen an, in denen Sie z. B. Praktika gemacht haben oder mit denen Ihre Fachschule/Fachakademie zusammenarbeitet, im Rahmen der Ausbildung (Bildungsbereich Ästhetik und Kunst) Einladungen für bestimmte Gelegenheiten zu entwerfen. Die besten Entwürfe werden prämiert.

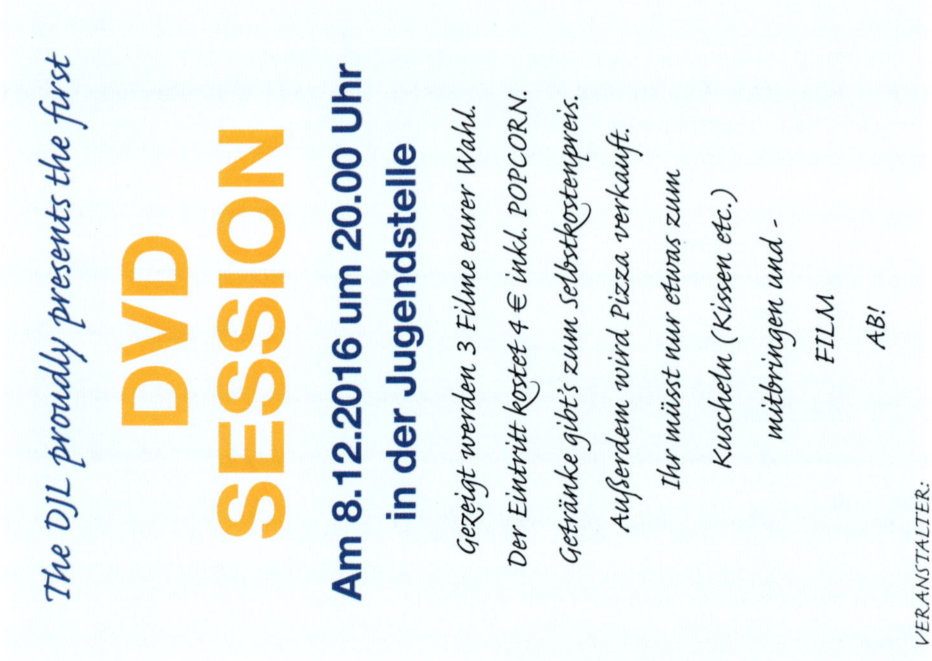
The DJL proudly presents the first
DVD
SESSION
Am 8.12.2016 um 20.00 Uhr
in der Jugendstelle
Gezeigt werden 3 Filme eurer Wahl.
Der Eintritt kostet 4 € inkl. POPCORN.
Getränke gibt's zum Selbstkostenpreis.
Außerdem wird Pizza verkauft.
Ihr müsst nur etwas zum
Kuscheln (Kissen etc.)
mitbringen und -
FILM
AB!
VERANSTALTER:

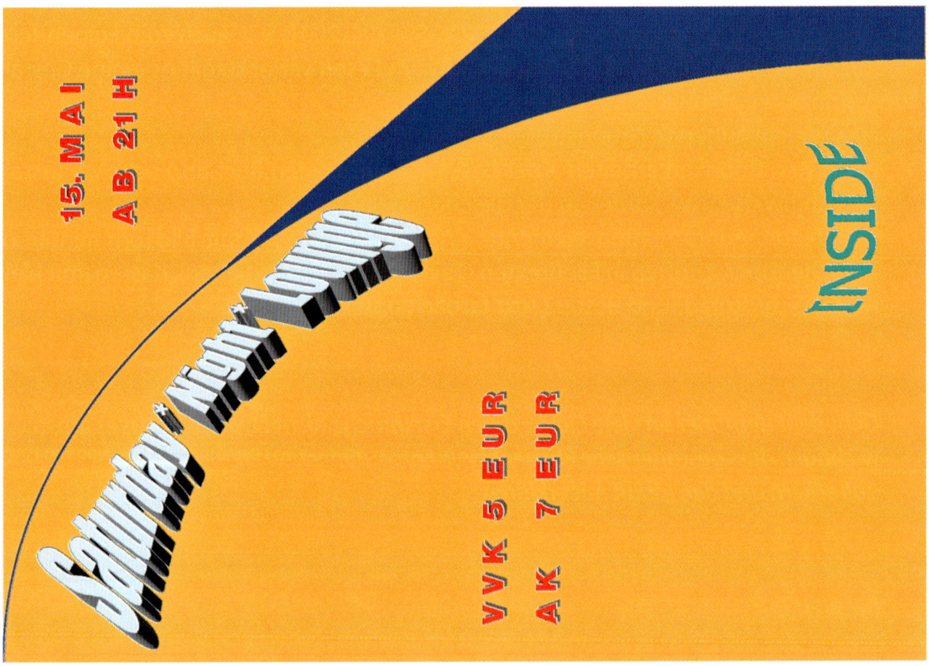
Saturday Night Lounge
15. MAI
AB 21 H
VVK 5 EUR
AK 7 EUR
INSIDE

5 Angemessen mit Beschwerden umgehen

Wer hat nicht schon erlebt, dass sich irgendjemand über irgendetwas in einer sozialpädagogischen Einrichtung beschwert: Oft sind es die Mütter oder Väter (oder die Nachbarn, die Kinder und Jugendlichen selbst oder sogar der eigene Träger). Erzieherinnen, die sich Beschwerden anhören müssen, fühlen sich dadurch oft angegriffen und reagieren entsprechend „genervt" nach dem Motto: „Da strengen wir uns ununterbrochen an und jetzt passt es denen nicht!"

Worum geht es?

Auch wenn in einer Einrichtung sehr professionell gearbeitet wird, wird man sich dort mit Beschwerden auseinandersetzen müssen. Das hängt damit zusammen, dass Eltern für ihre Kinder nur „das Beste" wollen und schnell das Gefühl haben, dass die Einrichtung das nicht leistet. Daher ist es ganz wichtig, dass eine Erzieherin sich durch Beschwerden nicht persönlich angegriffen fühlt. Im Folgenden geht es daher darum,

- *sich bewusst zu werden, inwiefern Beschwerden eine Chance zur Qualitätsentwicklung mit sich bringen, und*
- *zu lernen, wie man konstruktiv, d. h. sprachlich angemessen, auf Beschwerden eingehen kann (zum Folgenden vgl. Pesch/Sommerfeld, 2002).*

An welches Vorwissen/welche Vorerfahrungen können Sie anknüpfen?

Welche Chancen mit Beschwerden verbunden sind

Aufgaben

1. *Tauschen Sie sich in Dreiergruppen darüber aus, welche Erfahrungen Sie in Ihrer bisherigen Praxis damit gemacht haben, wie Erzieherinnen mit Beschwerden von Eltern umgehen.*
2. *Setzen Sie eines Ihrer Beispiele in einem kleinen Rollenspiel um: Eine Mutter oder ein Vater beschwert sich über einen Sachverhalt, von dem das eigene Kind betroffen ist. Notieren Sie aus der jeweiligen Sicht der beteiligten Personen, welche Motive, Erfahrungen, Gefühle und Argumente eine Rolle spielen könnten. Welche Erwartungen und Gefühle hören Sie bei den beteiligten Personen heraus und was „versteckt" sich hinter deren Art und Weise zu argumentieren?*

In vielen Einrichtungen werden Beschwerden als „Störung" erlebt, die den normalen Ablauf durcheinanderzubringen droht. Darauf scheinen sich auch viele Eltern einzustellen, die oft ihre Beschwerden untereinander austauschen, ohne dass die Erzieherinnen etwas davon erfahren. Die Erzieherinnen glauben dann zwar, dass die Eltern mit der Einrichtung zufrieden sind, der Wirklichkeit entspricht das aber nicht. Wenn Erzieherinnen an Beschwerden kein Interesse haben, dann sehen sie die Eltern nicht als „Kunden", für deren Anregungen und Rückmeldungen sie offen sein sollten. Damit nehmen sie sich auch die Chance, die Beschwerden als wichtige Quelle zu nutzen, um auf mögliche Schwachstellen der eigenen Einrichtung aufmerksam zu werden. Oft steigert sich dann die Unzufriedenheit der Eltern und irgendwann „platzt" jemand. Umso schwieriger ist es dann, mit einer solchen Beschwerde umzugehen. Für die Erzieherin kann es wichtig sein, sich klarzumachen, was eine Beschwerde genau genommen ist:

Beschwerde
Jemand hat eine Erwartung an die Einrichtung, die aber enttäuscht wird.

Eine Beschwerde muss sich also nicht unbedingt auf grobes Fehlverhalten beziehen. Solche unerfüllten Erwartungen der Mütter und Väter zu kennen, ist für das Team sehr wichtig, weil es nur dann möglich ist, diese zu bedenken und unter Umständen nach Lösungen zu suchen. Beschwerden sind daher eigentlich ein guter Anlass, um die Beziehungen zu Eltern zu verbessern (vgl. Pesch/Sommerfeld, 2002, S. 52).

Aufgabe

Für den richtigen Umgang mit Beschwerden kommt es vor allem auf die eigene Einstellung zu Beschwerden an. Diskutieren Sie, ob Sie als Erzieherin in der Praxis die folgenden Sätze unterschreiben würden:

- *Wir wollen, dass sich möglichst alle unzufriedenen Eltern bei uns beschweren.*
- *Wir ermutigen unsere Eltern, Beschwerden und Verbesserungsvorschläge offen zu äußern.*
- *Die Eltern sollen wissen, an wen sie sich mit welchen Beschwerden wenden können.*
- *Wir machen es den Eltern leicht, ihre Beschwerden an uns zu richten.*

Sie haben diese Sätze zunächst aus der Perspektive als zukünftige Erzieherinnen diskutiert. Wechseln Sie jetzt Ihre Perspektive und ersetzen Sie das Wort „Eltern" jeweils durch das Wort „Studierende" und die Wörter „wir" bzw. „uns" durch „Lehrkräfte". Diskutieren Sie, inwiefern sich Ihre Einstellung zu diesen Sätzen verändert.

Tipp

Die Einstellung zu Beschwerden ist sehr stark abhängig von der jeweiligen Perspektive, von der aus man die Beschwerde wahrnimmt. Versuchen Sie, immer wenn Sie eine Beschwerde hören, diese zuerst einmal aus der Perspektive des „Kunden" wahrzunehmen.

Beschwerden „vier-ohrig" hören

Aufgaben

1. *Stellen Sie sich folgende Situation in einem Grundschulhort vor: Ein Vater holt seine achtjährige Tochter ab und sagt zur Erzieherin: „Jetzt kommt Sabine zum zweiten Mal mit zerrissener Hose und aufgeschlagenem Knie nach Hause. Was ist hier denn eigentlich los? Passt denn hier niemand auf? Das ist ja unmöglich! Ich werde mich beim Träger beschweren – andere Eltern sehen das übrigens genauso!"*
   Schreiben Sie spontan auf, mit welchem Satz Sie antworten würden.
   Vergleichen Sie Ihre Sätze in einer Kleingruppe. Wie schätzen Sie die jeweilige gefühlsmäßige Reaktion des Beschwerdeführers auf Ihre Antwort hin ein?
2. *Mit Beschwerden kann man leichter umgehen, wenn man vier-ohrig hört. Wiederholen Sie daher Ihre Kenntnisse über das Kommunikationsmodell von Schulz von Thun (Kap. III 2.2) und wenden Sie es auf die von Ihnen formulierten Sätze an.*

Beispiel: *In einem Hort beschwert sich eine Mutter: „Das Essen ist hier nicht gerade toll. Woanders wird viel besser und abwechslungsreicher gekocht, da schmeckt's den Kindern!"*

- **Das Beziehungs-Ohr**
  Die Erzieherin hört zuerst einmal auf dem Beziehungs-Ohr: *„Andere Erzieherinnen arbeiten besser als du/ihr"*. Daraus zieht sie für sich den Schluss: *„Diese Mutter hält mich und meine Arbeit für nicht gut."* Sie fühlt sich abgewertet, reagiert gekränkt und erlebt die Beziehung zu dieser Mutter als belastend.
  Menschen mit empfindlichen Beziehungs-Ohren begehen häufig den Fehler, dass sie einer Sachauseinandersetzung ausweichen und das Gespräch auf die Beziehungsebene verlagern. Also: Eine sachliche Kritik wird nicht angenommen, sondern es erfolgt eine Reaktion auf der Beziehungsebene, die z. B. autoritär oder ironisch sein kann.

- **Das Appell-Ohr**
  Wahrscheinlich hört sie mit ihrem Appell-Ohr auch eine (vermeintliche) Aufforderung heraus: *„Streng dich/strengt euch mehr an, kocht besser und abwechslungsreicher!"* Sie ist empört, dass sie noch mehr leisten soll.
  Wer überwiegend das Appell-Ohr benutzt, macht sich die Gedanken des anderen ganz einseitig zu eigen und beschäftigt sich mit der Frage, was er denn zu tun habe und was er tun kann, um dem (vermeintlichen) Wunsch des Sprechers nachzukommen. Man ist gewissermaßen auf dem „Appell-Sprung". Kleinste Signale werden auf ihre Appell-Komponente hin untersucht. Der Zuhörer verliert auf diese Weise die Antenne für das, was er selbst denkt und fühlt, und ist fast nur für den anderen da.

- **Das Selbstkundgabe-Ohr**
  Wahrscheinlich ist die Erzieherin, die stark auf dem Beziehungs- oder Appell-Ohr hört, kaum sensibel für das, was ihr die Mutter über sich selbst mitteilt: *„Mir ist es ein großes Anliegen, dass es meinem Kind schmeckt"* oder vielleicht sogar *„... dass mein Kind sich gesund ernährt"* oder eventuell noch stärker *„Ich habe Angst, dass mein Kind nicht gerne in den Hort geht, wenn es ihm da nicht schmeckt".* Diese Möglichkeiten werden entweder gar nicht gehört oder auch nicht durch Nachfragen geklärt. Damit würde sich die Perspektive der Erzieherin von ihrer eigenen Person weg auf die Bedürfnisse und Wünsche der Mutter hin verschieben. Dann bräuchte sie sich auch nicht gekränkt fühlen, sondern würde Anknüpfungspunkte für ein Gespräch mit der Mutter finden.

- **Das Sach-Ohr**
  Das Sach-Ohr wird beim Hören einer Beschwerde oft vernachlässigt. Die Mutter spricht von einem Vergleich mit dem Essen in anderen Einrichtungen. Vielleicht würden sich – auf der Sachebene – Anregungen aufnehmen lassen. Der Erzieherin könnte nachfragen, ob die Mutter genauere Informationen über den dortigen Speisezettel hat, oder sie könnte sich vornehmen, das Thema „Essensqualität" auf der nächsten Teamsitzung anzusprechen. Es könnte ihr auch einfallen, dass sie schon längst zu einer Nachbareinrichtung diesbezüglich Kontakt aufnehmen wollte, diese Fragestellung aber vergessen hatte. Dann könnte sie sich sogar bei der Mutter für den Hinweis bedanken.

Tipp

Für den Umgang mit Beschwerden ist es hilfreich, sein Sach-Ohr zu trainieren. „Mit dem Sach-Ohr schützen Sie sich davor, die Forderungen anderer in vorauseilendem Gehorsam zu übernehmen oder sich selbst fertig zu machen. Sie können die Beschwerdegründe und Argumente anderer erst einmal in aller Ruhe prüfen und dann gelassener damit umgehen." (Pesch/Sommerfeld, 2002, S. 38)

Auf Beschwerden sprachlich angemessen eingehen

Aufgabe

Tragen Sie zusammen, was Sie im Laufe Ihrer bisherigen Ausbildung schon alles zum Thema „Gesprächsführung" gelernt haben.

Wenn Sie in der Lage sind, bei einer Beschwerde auf Ihrem Sach-Ohr nicht taub zu sein, dann ist für den konstruktiven Umgang mit der Beschwerde schon viel gewonnen. Angemessenes Hinhören muss aber ergänzt werden durch die Fähigkeit, mit dem Beschwerdeführer so zu sprechen bzw. zu kommunizieren, dass dieser sich mit seinem Anliegen ernst genommen fühlt. Im Folgenden werden dazu einige grundlegende Aspekte zusammengestellt:

- **Aktives Zuhören**
  Eine Erzieherin kann die Gesprächsregel „konzentriert zuhören" (vgl. Kap. IV 2) voll umsetzen und trotzdem kann derjenige, der seine Beschwerde loswerden will, das Gefühl haben, er rede ins Leere. Passives Zuhören ist also zu wenig. Wie Sie „aktiv

zuhören“, können Sie in Kap. III 4.2 nachlesen. Im Folgenden finden Sie aber zusätzlich noch einige Hinweise, welche Techniken der Gesprächsführung in Beschwerdegesprächen besonders wichtig sind. Eltern, die sich beschweren, brauchen zuerst einmal das Gefühl, dass sie mit ihrer Beschwerde „ankommen“. Zeigen Sie daher als Erzieherin Interesse an der Person und deren Anliegen. Durch „Türöffner“ können Sie zum Weitersprechen ermuntern. Beispiele dafür sind *„hm“, „ja“, „ich verstehe“*, aber auch die Wiederholung besonders wichtig erscheinender Aussagen (*„Sie meinen also, dass …“*).

- **Nachfragen**
  Zu den sogenannten Türöffnern gehört auch das Nachfragen. Die Erzieherin zeigt dadurch ihrem Gesprächspartner, dass sie verstehen will, worum es geht. Nachfragen lässt sich nach dem Sachverhalt der Beschwerde (*„Was ist genau passiert?“*), aber auch nach Gefühlen (*„Und das hat Sie ärgerlich gemacht?“*) oder nach Meinungen bzw. Einstellungen (*„Und für Sie ist das ganz besonders wichtig?“*) (vgl. Kap. IV 2).

- **Nonverbale Mitteilungen wahrnehmen**
  Aktiv zuhören setzt voraus, dass Sie sich voll auf Ihr Gegenüber konzentrieren. Dann können Sie auch unausgesprochene Gefühle wahrnehmen, z. B. an der Körperhaltung, an Mimik und Gestik, am Klang der Stimme, am Atemrhythmus. Solche Wahrnehmungen anzusprechen, kann die Beschwerdeführer entlasten, z. B. mit Sätzen wie: *„Das hat Ihnen ganz schön zugesetzt.“* oder: *„Darüber sind Sie ziemlich verärgert.“*

- **Zusammenfassen**
  Im Beschwerdegespräch kann es hilfreich sein, komplexe Sachverhalte zusammenzufassen (*„Ich fasse mal kurz zusammen, was ich bisher verstanden habe, ob das nach Ihrer Meinung so zutrifft. Ihnen geht es darum, …“*).

- **Übersetzen**
  Beschwerden werden oft viel zu spät geäußert, wenn sich bereits eine Menge Ärger aufgestaut hat. Die Beschwerden werden dann als Vorwürfe geäußert, durch die sich die Erzieherin angegriffen fühlt. Das Gespräch kreist dann nur noch um die Frage, ob die Beschwerde überhaupt nicht, zu einem kleinen oder größeren Teil berechtigt ist. Das führt aber nicht weiter. Die Atmosphäre entspannt sich schnell, wenn Sie als Erzieherin zu klären versuchen, um welchen Wunsch es geht. Statt der Mutter, die sich über das Essen in der Einrichtung beschwert, zu antworten: *„Die können sich das auch leisten, die haben ja viel höhere Elternbeiträge!“*, ist es hilfreich, auf den hinter der Beschwerde stehenden Wunsch der Mutter einzugehen, z. B. so: *„Ihnen ist Michis Ernährung besonders wichtig. Habe ich das richtig verstanden?“* Es gilt herauszufinden, was eventuell hinter der Äußerung im Sinne einer Selbstkundgabe stehen könnte. Vielleicht wird dann aus einem Vorwurf eine Bitte, aus einer Anschuldigung die Mitteilung von Angst und Sorge. Eine Anklage lässt sich womöglich als (nachvollziehbare?) Wut und Ärger „übersetzen“. Mit solchen „Botschaften“ lässt sich aber viel leichter umgehen als mit Vorwürfen, Anschuldigungen oder Anklagen.

- **Einen Fehler selbstsicher eingestehen**
  Alle Gesprächskompetenz nutzt nichts, wenn wirklich Fehler passiert sind. Jemand kann sich beschweren, dass er über die Ferienfahrt der Einrichtung viel zu spät informiert wurde. Es hilft nichts, das schönzureden, und das ist ganz unabhängig davon,

wie angemessen, vorwurfsvoll, unpassend die Beschwerde vorgetragen wird. Ein solcher Fehler sollte ohne Zögern eingestanden und es sollte kurz (aber nicht langatmig und weit hergeholt) begründet werden, warum es dazu kam. Ein Ausdruck des Bedauerns ist hilfreich (*„Das tut mir leid“, „Das hätte eigentlich nicht passieren dürfen.“*). Vielleicht kann man sich bedanken, dass der andere seinen Unmut geäußert hat, und darauf hinweisen, dass das die Zusammenarbeit erleichtert.

Tipp

Wenn man eine Beschwerde hört, ist es hilfreich, sich klarzumachen, dass man nicht als Person gemeint ist, sondern dass es um Sachverhalte geht, mit denen man in der beruflichen Rolle „Erzieherin“ zu tun hat.

Aufgabe

Sammeln Sie Elternbeschwerden, die Sie aus Ihrer bisherigen Praxis kennen. Eine von Ihnen trägt dann eine der Beschwerden vor, die andere nimmt die Beschwerde an und reagiert darauf. Welche Schwierigkeiten bemerken Sie und welche Lösungen sehen Sie dafür?

Beleidigungen zurückweisen

Es kann durchaus sein, dass Beschwerden vor allem zwischen Tür und Angel so vorgetragen werden, dass sie beleidigen und verletzen. Dann ist immer die Gefahr der Eskalation gegeben, weil jeder von uns dazu neigt, in einer solchen Situation „zurückzuschlagen“. Vater: *„Also, das hätte ich von Ihnen nicht erwartet – und Sie wollen Erzieherin sein?“* Erzieherin: *„Also, solche Väter wie Sie brauchen wir hier in unserer Einrichtung nicht. Kein Wunder, dass Benno immer wieder in der Gruppe ausrastet.“* Es lässt sich leicht ausmalen, wie ein solcher Dialog weitergeht.

Welche Strategien sind in einer solchen Situation hilfreich?

- **Überhören und zur Tagesordnung übergehen**
  Das kann dann sinnvoll sein, wenn jemand kurz Dampf ablassen muss, aber dann sachlich weiterreden kann.
- **Nur auf dem Sach-Ohr hören**
  Dabei übergeht man die Mitteilung auf der Beziehungsebene, die verletzt, und knüpft an den Sachbezug an: „Sagen Sie mir, was Sie so verärgert hat.“
- **Übersetzen**
  Wie oben beschrieben geht es darum, die Aussage nicht auf sich persönlich zu beziehen, sondern zu fragen, was beim anderen an Gefühlen und Wünschen hinter einer beleidigenden Aussage steht. Möglich ist das aber nur, wenn die Situation so viel Rollendistanz zulässt.

- **Den Angriff zurückweisen und gleichzeitig Verständnis zeigen**
  „Ich verstehe, dass Sie sehr verärgert sind. Aber so kommen wir nicht weiter. Setzen wir uns in Ruhe zusammen und versuchen wir, eine Lösung für das Problem zu finden."

- **Mit einer Ich-Botschaft antworten**
  „Die Art, wie Sie mit mir sprechen, macht mich ärgerlich. Mir ist aber Ihre Kritik wichtig. Können Sie mir genauer sagen, worum es Ihnen geht?"

Tipp

Es kann sein, dass Mütter oder Väter sich in einer Art und Weise äußern, die Sie vollständig aufwühlt. In der Regel wird dann zwischen Person und Sache nicht mehr getrennt, d. h., weil etwas an einer Sache nicht gut gelaufen ist, wird die Person abgewertet. Dann ist niemand in der Lage, die vorher genannten Strategien umzusetzen. Es ist daher sinnvoll, das Gespräch zu beenden und einen anderen Termin vorzuschlagen. „Ich fühle mich sehr verletzt. Ich brauche jetzt erst etwas Abstand. Ich schlage vor, dass wir uns morgen in Ruhe zusammensetzen, um darüber zu reden!"

Leitfaden für ein Beschwerdegespräch

In der Regel wird man vorschlagen, Beschwerden in einem kurzen Gespräch zu klären. Wie kann ein Beschwerdegespräch ablaufen? Dazu im Folgenden (vgl. Pesch/Sommerfeld, 2002, S. 73 ff.) einige Hinweise:

- **äußere Bedingungen**
  Eine ruhige und ungestörte Atmosphäre ist wichtig. Die Sitzordnung sollte die Symmetrie der Beteiligten deutlich machen, der zeitliche Rahmen für das Gespräch sollte zu Beginn mitgeteilt werden.

- **Gesprächseröffnung**
  Nach der Begrüßung sollte der Anlass des Gesprächs in einer beschreibenden und nichtwertenden oder parteiergreifenden Form mitgeteilt werden. Unter Umständen ist es wichtig, zu begründen, wer in welcher Rolle am Gespräch teilnimmt (z. B. die Einrichtungsleiterin, wenn es um grundsätzliche Entscheidungen geht, die für die ganze Einrichtung gelten etc.).

Tipp

Verzichten Sie auf Small Talk. Der Beschwerdeführer könnte das als Ablenkung erleben und sich nicht ausreichend ernst genommen fühlen.

- **Beschwerdeannahme**
  Der Beschwerdeführer soll ausreichend Zeit haben, seine Sicht der Dinge darzulegen. Die Erzieherin sollte aktiv zuhören, sodass der andere sich mit seinem Anliegen ernst genommen fühlen kann. Das gilt auch dann, wenn er Vorwürfe äußert oder seinen Emotionen freien Lauf lässt. Nur wenn die Erzieherin regelrecht beleidigt wird, sollte sie dies zurückweisen (s. o.).

- **Beschwerde-Klarheit**
  Hier geht es darum, den Kern der Beschwerde zu verstehen. Oft ist der Kern schnell deutlich, z. B. wenn jemand sich darüber beschwert, dass die Einrichtung in den Osterferien geschlossen ist. Beschwerden können aber auch wenig konkret sein. Dann ist es wichtig, dass die Erzieherin durch Nachfragen herausfindet, worum es ihrem Gesprächspartner eigentlich geht. Im Vordergrund steht dann herauszuhören, was der andere über sich selbst mitteilt (= Selbstkundgabe). Erst wenn klar ist, was der Kern der Beschwerde ist, können Lösungen gesucht werden. Dabei muss die Sicht des Beschwerdeführers auf jeden Fall ernst genommen werden. Auf dessen Perspektive kommt es an, auch wenn die Erzieherin eine andere Einstellung zum Problem hat.
  Der Vater will zunächst, dass sein Unwille über die Schließung in den Osterferien verstanden wird, erst dann kann er die Argumente, die die Schließung notwendig machen, nachvollziehen.

- **gemeinsame Lösungssuche**
  Hier ist vor allem Flexibilität im Denken gefragt, weil nur dann neue Lösungen gefunden werden können, bei denen es keine Verlierer gibt. Denn es gibt „Gewinner-Verlierer-Lösungen" und „Gewinner-Gewinner-Lösungen". Einem Verlierer wird eine Lösung präsentiert, die er zu schlucken hat: *„Das steht so in unserer Konzeption. Dann müssen Sie sich halt eine andere Einrichtung suchen."* Bei der Gewinner-Gewinner-Lösung geht es darum, Alternativen zu diskutieren und nach Teillösungen, mit denen beide Seiten leben können, zu suchen.

- **Ergebnissicherung**
  Das Gesprächsergebnis sollte von der Erzieherin noch einmal zusammengefasst werden. Dadurch erhält der Beschwerdeführer noch einmal Gelegenheit, die Vereinbarung zu hören und ausdrücklich zuzustimmen. Ist eine Einigung auf eine Lösung nicht möglich, dann sollte auch das benannt werden. In diesem Fall sollte ein weiterer Gesprächstermin ausgemacht werden.

- **Verabschiedung**
  Diese sollte zum Gesprächsverlauf passen. Hat sich die Situation entspannt, dann sollte die Erzieherin ihre Zufriedenheit zeigen. Konnte keine Lösung gefunden werden, dann kann – ohne Übertreibung – Bedauern darüber ausgedrückt werden und das Interesse, bald zu einer Problemlösung zu finden.

Aufgabe

An Ihrer Schule gibt es wahrscheinlich auch einmal Anlass zu Beschwerden. Suchen Sie sich einen solchen aus und führen Sie ein Beschwerdegespräch (drei Studierende übernehmen die Rolle der Schulleitung und der Lehrkräfte, drei Studierende vertreten die Studierendenmitverwaltung (SMV). Die anderen beobachten und notieren, wie sich die „Lehrkräfte" sprachlich äußern und wie die Studierenden darauf reagieren.

VII Dokumentarische Texte verfassen

1 Das Protokoll

Worum geht es?

Protokollieren ist für Sie nicht neu, denn in der Schule haben Sie sich schon Grundkenntnisse dazu angeeignet. Da im Rahmen der Erzieherinnenausbildung das Protokollieren des Unterrichtsverlaufs als Leistungsnachweis erbracht werden kann und in der erzieherischen Praxis die Ergebnisse von Teamsitzungen, Elternabenden oder Dienstbesprechungen zu dokumentieren sind, werden diese beiden Protokollformen hier nochmals aufgegriffen.

Im Folgenden geht es darum,

- *Kenntnisse über das Verlaufs- und Ergebnisprotokoll zu sichern und*
- *sich die Bedeutung von Protokollen für die Qualitätssicherung der Einrichtung bewusst zu machen.*

An welches Vorwissen/welche Vorerfahrungen können Sie anknüpfen?

Das Verlaufs- und Ergebnisprotokoll

Protokollieren ist eine oft unterschätzte Aufgabe: Das Mitschreiben (siehe Kap. I 3) im Unterricht oder in einer Teamsitzung ist die Grundlage eines jeden Protokolls. Es erfordert Konzentration und Urteilsvermögen, denn schon beim Mitschreiben muss Wichtiges von Unwichtigem unterschieden werden. Dabei spielt es eine entscheidende Rolle, welche Funktion das jeweilige Protokoll hat: Soll es nur knapp informieren oder Abläufe detailgenau wiedergeben? Die Information muss auch immer sachlich korrekt, also zuverlässig sein. Protokolle haben eine festgelegte äußere Form, die vorgibt, wo sich z. B. die Angaben über An-/Abwesenheit der Teilnehmenden oder die zu verhandelnden TOPs usw. finden. So wird der „Zugriff" auf das Protokoll einfacher. Von daher ist es sinnvoll, sich an den vorgegebenen Aufbau zu halten. In Protokollen bleibt die persönliche Meinung der Protokollantin außer Acht.

Die dokumentarische Qualität des Textes macht ein Protokoll zu einer wichtigen Informationsquelle für Dritte. Es vermittelt darüber hinaus einen Eindruck von der Arbeitsweise und vom Arbeitsstil in einem Unterrichtsfach bzw. in einer Einrichtung.

Verlaufs- und Ergebnisprotokolle haben unterschiedliche Funktionen. Von der jeweiligen Funktion hängt ab, wie sie jeweils auszuarbeiten sind (vgl. zum Folgenden Langer, Protokolle):

Das Verlaufsprotokoll

Das Verlaufsprotokoll erlaubt es den Schülern, sich auf den Unterricht zu konzentrieren, und unterstützt sie, wenn sie durch Unterrichtsversäumnisse entstandene Wissenslücken schließen müssen. Als Leistungsnachweis wird mit dem Verlaufsprotokoll die Fähigkeit geübt, die Struktur der Unterrichtsstunde zu durchschauen. Da Unterrichtsinhalte wiedergegeben werden, bedeutet das, sich erneut mit dem Unterrichtsstoff auseinanderzusetzen. Das Verlaufsprotokoll zeichnet den Weg zu den Ergebnissen im Unterricht nach. Wiedergegeben werden die für die Ergebnisfindung

- wichtigen Arbeitsschritte,
- Thesen und Argumente,
- Redebeiträge,
- Zwischen- und Endergebnisse und
- offene Fragen und Hinweise auf die folgende Stunde.

Angehängt werden bei Bedarf Anträge im Wortlaut, Definitionen, Thesenpapiere u. a. m.

Tipp

Um nicht alle Kursteilnehmer einzeln auflisten zu müssen, genügt es z. B. auf das Klassenbuch o. Ä. zu verweisen oder Kurslisten anzuhängen.

Das Ergebnisprotokoll

Anders als das Verlaufsprotokoll beschränkt sich das Ergebnisprotokoll auf die Wiedergabe von Ergebnissen/Beschlüssen. All das, was z. B. in der Teamsitzung besprochen wurde, erscheint nur insoweit im Ergebnisprotokoll, als es (in Form von zusammengefassten Redebeiträgen, Argumenten usw.) die getroffenen Entscheidungen/Beschlüsse nachvollziehbar macht. Das Ergebnisprotokoll informiert über:

- Ausgangspunkte bzw. Fragestellungen der Sitzung,
- Diskussionsbeiträge (zusammengefasst, ohne Namensnennung), soweit sie für den Sitzungsverlauf relevant sind,
- Abstimmungsergebnisse und Beschlüsse der Sitzung und
- künftige Arbeitsschritte und Aufgabenverteilungen.

Das **erweiterte Ergebnisprotokoll** gibt außer den Ergebnissen auch wesentliche Stellungnahmen oder wörtliche Reden wieder, allerdings in begrenztem Umfang. Hier hat die Protokollantin einen Ermessensspielraum (Kriterium ist die Bedeutsamkeit des Gesagten für den Verlauf der Besprechung/Sitzung o. Ä.).

Aufgabe

Orientieren Sie sich anhand des folgenden Ergebnisprotokolls über den Aufbau eines Protokolls. Achten Sie dabei besonders auf Details, die zur Gliederung/Ordnung beitragen (s. Anhang 2).

Beispiel für ein Ergebnisprotokoll

Protokoll der Heimbeiratssitzung

Termin: 13.04.20..
Anwesende: Annette Fahr, Lisa Becker, Willi Herms
Abwesende: Marianne Rutz (entschuldigt), Rainer Fahr
Ort: Wohnheim St. Anna, München
Uhrzeit: 19.30–21.00 Uhr

TAGESORDNUNGSPUNKTE
1. Zimmerrenovierung
2. Fahrrad-Entsorgung
3. Küchenrenovierung

Zu 1) Zimmerrenovierung
Nach längerer Diskussion beschließt der Heimbeirat, dass die Bewohnerinnen des Wohnheims in Zukunft die Wände ihrer Zimmer nach eigenen Vorstellungen anstreichen können, allerdings nur mit Wandfarben, die die Heimleiterin genehmigt hat. Türen dürfen nicht angestrichen werden.

Zu 2) Fahrrad-Entsorgung
In einer Aufräumaktion sollen die alten, unbenutzten Fahrräder zum Sperrmüll transportiert werden. Zuständig für die Organisation: **LISA**
Organisatorischer Ablauf:
- Information mit Terminangabe wird am „Infobrett" ausgehängt.
- Die Heimbewohnerinnen kennzeichnen ihre Räder durch Namensschilder bis zum 17.04.20...
- Nach Ablauf der angegebenen Frist werden alle nicht markierten Fahrräder entsorgt.

Zu 3) Küchenrenovierung
Im Etat des Wohnheims stehen für das laufende Rechnungsjahr noch Gelder für Anschaffungen zur Verfügung. Der Heimbeirat stimmt dem Antrag der Bewohnervertretung zu, dass dieses Geld (2 000,00 €) für die Renovierung der Küchen ausgegeben werden soll. Wünsche anmelden bei **WILLI**

München 14.04.20.. ....
(Protokollantin)

Auszug aus dem Verlaufsprotokoll einer Rhythmikstunde:

> Zu 2) Unterrichtsbesuche
>
> Frau M. informiert die Gruppe über den Wunsch von drei „Externen", stundenweise am Unterricht teilnehmen zu können. Andrea äußert Bedenken wegen der augenblicklichen Spannungen innerhalb des Kurses. Beate schlägt vor, im zweiten Teil der Stunde ein Konfliktgespräch zu versuchen und in der Nächsten Stunde erst zu entscheiden. Frau M. erklärt sich einverstanden.
>
> Zu 3) Rhythmische Übung mit Instrumenten nach freier Wahl
>
> Die folgende Übung nimmt einen Inhalt der letzten Stunde noch einmal auf: Jeder holt sich ein beliebiges Instrument und stellt im Kreis zunächst einmal dessen Klang vor. Dabei steht so viel Zeit zur Verfügung wie nötig. Als Nächstes probiert jeder sein Instrument aus mit dem Ziel, es in einem passenden Rhythmus und Tempo zu spielen.
>
> Nun fordert Frau M. die Gruppe auf, Tempo und Rhythmus langsam an das der anderen anzugleichen, so lange, bis alle sich in einen gemeinsamen Rhythmus und in das gleiche Tempo hineingefunden haben.
>
> In diesem Prozess, der ca. 3–5 Min. dauert, übernimmt die Handtrommel zunehmend eine Leitfunktion.

Aufgabe

Vergleichen Sie die Ausarbeitung der TOPs auf S. 200 und 201.

Tipp

Besprechen Sie in der Lerngruppe, ob es möglich ist, Verlaufsprotokolle in den verschiedenen Fächern in Ordnern zu sammeln und für alle zugänglich aufzubewahren.

Anforderungen an die sprachliche Darstellung

Es gibt klare Anforderungen an die sprachliche Ausarbeitung von Protokollen:

*Protokolle müssen **ausformuliert** werden, da Stichworte missverständlich sein können. Dies geschieht in einer **sachlichen Sprache** (vgl. Bericht in Kap. VII 2).*

Satzbau

- Kurze Sätze, bzw. überschaubare Haupt-/Nebensatzgefüge
- Auflistung mit Spiegelstrichen dort, wo es vom Inhalt her sinnvoll ist
- Zeitform: Präsens Indikativ, Diskussionsbeiträge werden im Konjunktiv wiedergegeben.

Wortwahl

- Genau und treffend
- Explizit und implizit **wertende Adjektive, Verben und Substantive vermeiden**, wie z. B. *„Maria führt aus."* statt *„Maria verbreitet sich über ..."*; *„Es wird ein Antrag gestellt."* statt *„Schnell wird noch ein Antrag gestellt."*; *„In der anschließenden Diskussion wird hervorgehoben ..."* statt *„In der anschließenden lebendigen Diskussion wird hervorgehoben ..."* u. Ä.
- Bei der Wiedergabe von Gesprächsbeiträgen im Verlaufsprotokoll: **Wörter** und **Wendungen** einfügen, die **logische Zusammenhänge** verdeutlichen, wie z. B. Begründungen, Schlussfolgerungen, Ursachen, Konsequenzen (z. B. weil, denn, folglich oder *„Frau Maier sagt, daraus ergebe sich .../... dafür spreche .../... dagegen könne eingewandt werden ..."* u. a. m.
- Im Ergebnisprotokoll Wendungen benutzen, die dessen Ergebnisorientierung verdeutlichen, wie z. B. *„nach halbstündiger Diskussion wird beschlossen"*; *„in der Diskussion einigen sich die Teilnehmer darauf"*.

Tipp

Achten Sie auf einen ökonomischen Sprachstil, d. h., die einzelnen Sätze bzw. Absätze sollen jeweils eine neue Information enthalten; inhaltliche Wiederholungen streichen.

Aufgaben

1. *Suchen Sie aus den oben abgedruckten beiden Protokollpassagen für die Protokollform typische sprachliche Formulierungen heraus.*
2. *Besorgen Sie sich Protokolle aus Ihrer Ausbildungsstätte/Einrichtung (Vorsicht: Einverständnis der Protokollanten einholen, sonst gibt's Ärger!). Prüfen Sie, ob diese den Kriterien der Verständlichkeit, besonders dem Aspekt Gliederung/Ordnung, genügen.*

Übersicht über alle notwendigen Arbeitsvorgänge

Stichwort-Mitschrift in ein Protokoll umwandeln

Die Stichwort-Mitschrift in ein Protokoll umzuwandeln beinhaltet:

- die Angaben für den **Protokollkopf** zusammenzustellen,
- die **Tagesordnungspunkte** aufzulisten (u. U. können diese nach Ober- und Unterpunkten zusammengefasst werden),
- die **TOPs** entsprechend der Protokollform **verständlich auszuarbeiten** und dabei die Überschriften nicht zu vergessen (vgl. Musterprotokoll) und
- das Protokoll mit **Ort, Datum und Unterschrift** zu versehen.

Tipp

Nutzen Sie die praktischen Anregungen zum Mitschreiben in Kap. I 3.

Das Protokoll zugänglich machen

Die Protokollantin muss sicherstellen, dass das Protokoll für alle Teilnehmer der Sitzung zugänglich ist, z. B. indem sie es den Sitzungsteilnehmern aushändigt, im Protokollordner abheftet, am Schwarzen Brett aushängt o. Ä.

Das Protokoll verabschieden

Korrekt ist es, wenn das Protokoll in der folgenden Sitzung verabschiedet wird. Die Gesprächsleitung klärt, ob es Einwände gegen das vorliegende Protokoll gibt. (Das setzt voraus, dass es von allen Teilnehmern der Sitzung gelesen wurde.)

Gibt es keine Einwände, gilt das Protokoll als angenommen, sind Korrekturen notwendig, werden sie im Protokoll der Sitzung festgehalten, beides unter TOP 0 „Protokollnachlese". Dieses Verfahren ist so etwas wie eine „eingebaute Sicherung" gegen Fehlinformationen.

Projektidee

An vielen Ausbildungsstätten gibt es Arbeits- oder Studientage zu aktuellen Themen. Auf der Grundlage der Einzelprotokolle der verschiedenen Veranstaltungen könnte eine Dokumentation entstehen. Gibt es viel Interesse an dieser Dokumentation, muss die Finanzierung geklärt werden. Wichtig ist, dass jede Veranstaltung mindestens von zwei Teilnehmerinnen dokumentiert wird.

2 Der Bericht

Das Thema „Kinder beobachten" ist von Beginn der Ausbildung an ein Schlüsselthema. Die Beobachtungen müssen dokumentiert, d. h. „versprachlicht" werden. Insofern ist dies auch ein wichtiges Thema im Deutschunterricht.

Worum geht es?

Berichte haben in der pädagogischen Arbeit einen sehr hohen Stellenwert. Sie müssen sprachlich korrekt sein. Deshalb geht es im Folgenden darum,

- *sprachliche Vorgaben für einen schulischen Beobachtungsbericht zu kennen,*
- *darauf zu achten, dass die gewählten Formulierungen möglichst wenig Interpretationsspielraum lassen,*
- *sich der besonderen Verantwortung in Bezug auf den sprachlichen Ausdruck eines Berichts für das Jugendamt bewusst zu werden.*

An welches Vorwissen/welche Vorerfahrungen können Sie anknüpfen?

Aufgaben

1. *Informieren Sie sich, welche Art von Berichten Sie als Erzieherin später schreiben müssen. Wodurch unterscheiden sich diese in ihrer Zielsetzung?*
2. *Tragen Sie zusammen, was Sie bisher zum Thema Wahrnehmung, Beobachtung und Dokumentation gelernt haben.*

Zur Sprache des Praxisberichts

- **„Subjektivität" und „Objektivität" eines Berichts**
  In einem Beobachtungsbericht ist es besonders wichtig, zwischen einer Schreibweise zu unterscheiden, die vom eigenen Erleben bestimmt ist, und einer Schreibweise, die auf möglichst sachliche Wiedergabe von Informationen abzielt. Manchmal werden hierfür die Begriffe „subjektiv" und „objektiv" verwandt. Allerdings können solche Etikettierungen leicht irreführen, weil nicht deutlich wird, dass auch ein „objektiver" Bericht von subjektiver Wahrnehmung her mitgeprägt ist. So können z. B. zwei Erzieherinnen, die in der stationären Jugendhilfe beschäftigt sind, ein Gespräch mit einem neu aufgenommenen Kind und dessen Eltern führen und dabei ganz Unterschiedliches bei den Familienmitgliedern wahrnehmen. Beide können diese jeweiligen Wahrnehmungen in einem anschließenden Bericht durchaus in einer sachlichen „objektiven" Sprache wiedergeben. Die Auswirkungen dieser unbewussten „Auswahl" können nie ganz vermieden werden. Es bedeutet, beim Lesen eines Berichts stets einen „Vorbehalt" einzubauen, auch dann, wenn dieser ganz sachlich verfasst ist. Dieser „Vorbehalt" bezieht sich darauf, dass andere Berichtende vielleicht anderes wahrgenommen hätten.

- **Sachliche Berichtssprache**
  Grundsätzlich gilt für die Sprache eines Berichts, dass Wörter, die eine subjektive Wertung enthalten, nicht verwendet werden. Die Sprache ist durchgehend „sachlich". Was das genau heißt, wird deutlich, wenn man die Sachlichkeit einer Sprache im Zusammenhang mit dem Kommunikationsmodell von Schulz von Thun untersucht. Danach lässt sich eine „sachliche" Sprache dann feststellen, wenn die vermittelte „Botschaft" ausschließlich der Seite des Sachbezugs zuzuordnen ist, und zwar so, dass diese Seite „explizit" ist. (Im Gegensatz dazu gibt es auch implizite Botschaften, d. h., die Wortwahl erscheint auf den ersten Blick sachlich. Bei einer genaueren Prüfung bemerkt man aber, dass die Äußerung „versteckt", d. h. implizit, Botschaften auf einer anderen Ebene vermittelt, z. B. auf der Ebene der Selbstkundgabe oder des Appells.)

Aufgabe

Informieren Sie sich in Kap. III 2.2 über die vier Seiten einer Botschaft und über die Verständlichkeitskriterien (Kap. VI 2 und Anhang 2).

Die Unterscheidung zwischen expliziter und impliziter Botschaft hilft, die Sachlichkeit der Berichtssprache zu prüfen. Auch wenn Sie sich beim Schreiben eines Berichts um Sachlichkeit bemüht haben, fällt Ihnen wahrscheinlich beim ersten Überarbeiten auf, dass es trotz des Bemühens um sachliche Sprache immer noch Wörter gibt, die als subjektiv wertend aufgefasst werden können. Meist hängt das damit zusammen, dass die Wertung implizit ist. Dies ist bei manchen Wortarten eher der Fall als bei anderen. Es ist daher hilfreich, beim Schreiben von vornherein entsprechende Wortarten zu vermeiden. Die wichtigsten werden daher im Folgenden vorgestellt.

- **Vermeidung von Adjektiven**
  Wenn die Sprache eines Berichts keine Wertungen enthalten soll, dann ergibt sich daraus, dass der Text keine Botschaften auf der Ebene der Selbstkundgabe enthalten darf, wie zum Beispiel: *„Ich schätze Maria in ihrer Art als sehr ruhig ein."* Versucht man diesen Satz so zu verändern, dass es keine explizite Selbstoffenbarung mehr gibt, sondern der Sachaspekt im Vordergrund steht, dann könnte er heißen: *„Maria ist ein ruhiges Kind."* Dieser Satz genügt auf den ersten Blick den Anforderungen an eine sachliche Berichtssprache. Er enthält aber immer noch eine „Selbstkundgabe", nämlich die Feststellung, dass Maria „ruhig" sei. Dass dies eine subjektive Einschätzung ist, wird schnell einsichtig, wenn man sich klarmacht, dass jemand anders an Maria durchaus lebhafte Züge wahrnehmen könnte, z. B. dann, wenn er selbst ein „ruhiger" Mensch ist und damit eine ganz andere Vorstellung davon hat, was „ruhig" und was „lebhaft" ist. Streicht man nun das Adjektiv „ruhig" als einer Berichtssprache nicht angemessen, dann bleibt der Satz übrig: „Maria ist ein Kind." Dies ist zwar nun tatsächlich eine sachliche Feststellung, also eine Botschaft ausschließlich mit einem Sachbezug, aber sie enthält auch keine Beobachtungsinformationen mehr über Maria – und um das Vermitteln solcher Informationen geht es im Bericht.

  Was wird daran deutlich? Die entsprechende Information darf sprachlich nicht durch ein wertendes, eine subjektive Einschätzung bezeichnendes Adjektiv vermittelt werden, sondern zunächst muss die Wahrnehmung/Beobachtung so beschrieben werden, dass der Leser selbst zu dem Schluss kommen kann, dass Maria ein „ruhiges" Kind ist: *„Maria sitzt zehn Minuten lang am Werktisch, ohne aufzustehen. Sie schneidet ca. drei bis fünf cm breite Papierstreifen von der Länge einer DIN-A4-Seite aus. Dabei öffnet und schließt sie die Schere mit gleichmäßigen Bewegungen. Sie spricht in dieser Zeit nur zweimal mit Kathi, die rechts neben ihr sitzt. Sie fragt diese …"*

Oder: *„Peter ist stolz auf die Schlange, die er geknetet hat."* Stattdessen können Sie genau beschreiben, was Sie hören und sehen können: *„Peter ist mit dem Kneten fertig. Er läuft gleich zur Erzieherin und zeigt ihr, was er gemacht hat, und sagt dabei: ‚Schau mal, von mir!' Dann zeigt er es noch Anja, Thomas und Sebastian und lacht dabei."*

Allerdings würde ein Bericht, der auf diese Art seitenweise Beobachtungen aneinanderreiht, schwer verständlich sein. Es können daher im Bericht nur beispielhafte Beobachtungen mehrerer einzelner Situationen wiedergegeben werden, die dann zusammenfassend zu deuten sind. Dabei können dann die entsprechenden Adjektive benutzt werden. So kann der Leser die Stimmigkeit der mit dem Gebrauch des Adjektivs vermittelten Einschätzung selbst überprüfen.

- **Vermeidung von implizit wertenden Substantiven/Verben**
  Implizit wertende Wörter erkennt man daran, dass das jeweilige Wort durch ein anderes ersetzt werden könnte, das der Forderung nach „Sachlichkeit" entspricht. So kann z. B. anstelle des Wortes „Mädchen" der Begriff „Göre" oder „Teenie" benutzt werden. Beide Wörter verraten eine deutlich wertende Einschätzung der Person, die diese Wörter benutzt. Insofern vermitteln diese Begriffe nach dem Modell von Schulz von Thun auch eine Botschaft auf der Ebene der Selbstkundgabe. Diese wird aber nicht explizit gemacht, sondern bleibt implizit, d. h., sie muss „entschlüsselt" werden.

- **Vorsicht bei Adverbien**
  Modale oder zeitliche Adverbien lassen ebenfalls unterschiedliche Interpretationen zu. *„Plötzlich stand Theo auf …", „Sie spielte immer wieder mit Tobias."* – jeder wird sich dabei etwas anderes vorstellen.

- **Unbestimmte Zahlwörter durch bestimmte ersetzen**
  Bestimmte Zahlwörter geben eine präzise Zahl an *(ein, zwei …)*, unbestimmte Zahlwörter lassen die Angabe in der Schwebe *(„Sie schaut regelmäßig einige Geschichtenbücher an.")*.

- **Konjunktionen, die Zusammenhänge nahelegen, vermeiden**
  Konjunktionen, die auf einen Ursache-Wirkungs-Zusammenhang verweisen, sollten im Bericht vermieden werden, z. B. weil, deshalb, darum.
  „Renate weint, weil Lukas nicht mit ihr spielen will." Stattdessen: *„Renate zieht Lukas am Arm in die Puppenecke. Als sie seinen Arm loslässt, läuft er sofort zu Tobias in die Bauecke. Renate fängt an zu weinen."*
  Das Gleiche gilt für Konjunktionen, die den Zusammenhang einer Bedingung und Folge bezeichnen, z. B. obwohl, dennoch.

- **Detailgenaue Sprache**
  Beim Schreiben des Berichts ist es wichtig, dass die verwendeten Wörter möglichst eindeutige und konkrete Informationen vermitteln. *„Auf die Aufforderung des Berufspraktikanten hin reagiert Kai nicht …"* Hier erfährt der Leser nicht, wie die Aufforderung konkret formuliert war. Hatte der Berufspraktikant gesagt: *„Nun komm gefälligst sofort her!"* oder *„Wir gehen alle zum Fußballplatz. Es wäre schön, wenn du auch mitkommst."*?

- **Kommentare der Erzieherin**
  Sie können solche subjektiven Anmerkungen in den Bericht einbringen, sollten diese aber sprachlich so ausdrücken, dass sie sofort erkennbar sind. *„Sabine lief im Ablauf von einer Stunde sechs Mal zur Erzieherin und wollte von ihr auf den Arm genommen werden. Ich ärgerte mich über Sabines Verhalten, da ich den Eindruck hatte, dass sie eine Show abzog."*

Tipp

Überlegen Sie beim Verfassen eines Berichts immer, ob Ihr Sprachgebrauch beim Leser andere Vorstellungen auslösen kann, als es Ihre eigenen sind. Versuchen Sie genau so zu formulieren, dass vergleichbare Vorstellungen entstehen können. Diese werden dann zur Grundlage der Interpretation.

Aufgaben

1. *Im Folgenden finden Sie einen Beobachtungsbericht einer Studierenden, der in der Fachzeitschrift TPS innerhalb eines Aufsatzes veröffentlicht wurde. Inwiefern entspricht der Bericht den oben beschriebenen sprachlichen Vorgaben?*

Kim ist drei Jahre alt und Koreaner. Er ist zwar mit der Kita vertraut, aber neu in dieser Gruppe.

Die Kinder spielen auf dem Abenteuerspielplatz im Freien. Kim steht auf diesem Platz, dreht seinen Körper leicht hin und her, setzt sich in die Hocke, schaut den anderen Kindern beim Spielen und Schaukeln zu. Er fasst sich ans rechte Ohr, dreht sich etwas nach rechts, wiegt sich in der Hocke, klatscht in die Hände, spielt mit dem Mulch, wiegt sich hin und her, bewegt die Hände, faltet sie wie zum Gebet, schaut seine Hände an, wippt kurz, hält die Hände vor die Augen. Dann greifen seine Hände an die Ohren, er steht auf, kneift die Augen zu, wieder auf, wiegt sich, spricht einige Worte koreanisch, steht unbeweglich. Nun wackelt er kurz nach vorn, nach hinten, schaut anderen Kindern nach, hebt einen Arm und zieht den Ärmel über die Hand und wieder zurück. Er singt etwas, dreht sich um, verschränkt die Hände, nimmt sie an die Seite und bewegt die ausgestreckten Arme auf und ab. Er sagt etwas, steht da und schaut, geht mit einem Bein leicht in die Hocke, dreht sich um, fasst an seine Ohren, singt, greift sich ins Gesicht, an die Augen. Er dreht sich um und läuft ein paar Schritte, setzt sich wieder in die Hocke, linke Hand am Mund, einen Finger im Mund. Jetzt stützt er sein Kinn auf die linke Hand, hat die rechte Hand am Schuh, spielt dann mit Mulch und erzählt etwas auf Koreanisch. Er wendet sich um, hält mit der linken Hand einen Finger der rechten Hand fest, wiegt sich hin und her, schaut in den Himmel, blickt vorbeigehenden Kindern nach und richtet sich wieder auf. Er spielt mit seinen Händen, wippt mit dem Körper und nimmt sich dann einen kleinen Stock von der Erde auf, dreht ihn zwischen den Fingern, legt den Kopf schräg und schaut gähnend zur Erzieherin. Wippt, dreht sich weg, spielt mit den Händen im Mulch, schaut anderen Kindern zu und lächelt. Bewegt sich in der Hocke zwei Schritte vorwärts (andere Kinder laufen ihn fast um), wippt hin und her zur Seite, schaut intensiv anderen Kindern beim Treckerfahren hinterher, dreht sich dabei in der Hocke, die Hände spielen miteinander. Er bewegt sich in der Hocke wieder zwei Schritte vorwärts, schaut sich seine Fingernägel an, streckt die Hände nach vorne aus, hebt seinen Po an und fällt fast vornüber, als er aufsteht. Er hält die Hände neben sich, wechselt von einem Bein aufs andere, macht einen spitzen Mund, während seine Hände seitlich auf und ab gehen. Dann zieht er die linke Hand in den Ärmel vom Anorak, hält ihn vor sein Gesicht, zieht sich auch noch die Kapuze über, wendet sich langsam um und geht.

(Kazemi-Veisari, 2008, S. 8)

2. *Erika Kazemi-Veisari führt diesen Bericht als ein gutes Anschauungsbeispiel dafür ein, wie eine Erzieherin vorurteilsfrei wahrnimmt und der Versuchung widersteht, das Wahrgenommene gleich mit bereits gespeichertem Vorwissen in Beziehung zu setzen. Eine solche Haltung gibt ihrer Meinung nach die Möglichkeit, bei Kindern zu entdecken, wie sie Aufmerksamkeit und Vertiefung nutzen, um sich ein Bild zu machen von dem, was sie wahrnehmen und empfinden, und das in Einklang zu bringen mit ihrer eigenen Person.*

   Inwiefern können Sie das nachvollziehen? Welche Schlussfolgerungen ziehen Sie für sich und Ihre spätere Arbeit als Erzieherin daraus?

3. *Informieren Sie sich über das vom Deutschen Jugendinstitut entwickelte Konzept der Bildungs- und Lerngeschichten. Überlegen Sie mit einer Lernpartnerin: Inwiefern entsprechen diesem Ansatz die oben beschriebenen Vorgaben für die Sprache eines Berichts? Welche Ergänzungen halten Sie für notwendig? Halten Sie diese schriftlich fest.*

Berichte an das Jugendamt

Grundsätzlich gelten die Anforderungen an die Sprache eines schulischen Praxisberichts ebenso für die Berichte, die eine Erzieherin z. B. an das Jugendamt schickt. Ein solcher Bericht wird aber in der Regel weniger Beschreibungen, sondern auch wertende Zusammenfassungen enthalten. Hier wird die Professionalität der Erzieherin vorausgesetzt, die zum Beispiel wertende Adjektive wie „schüchtern" nur dann benutzt, wenn sie diese durch exakte Beobachtungen belegen kann. Es sollte aber auch in einem Bericht an das Jugendamt jede Charakterisierung wie zum Beispiel „schüchtern" durch wenigstens eine kurze Beschreibung eines entsprechenden Verhaltens für den Leser nachvollziehbar gemacht werden.

Aufgabe

- *Beurteilen Sie die Sprache des folgenden Auszugs aus einem Bericht einer Sozialpädagogischen Tagesgruppe an das Jugendamt. Diskutieren Sie auch mit Ihrer Praxisbetreuungslehrkraft darüber:*

Auszug aus einem Bericht an das Jugendamt

Susa kam im Alter von 10 Jahren in die Tagesgruppe „Vogelnest". Während der Anfangszeit war Susa sehr ruhig und zurückhaltend. Sie beobachtete die Kinder und die Betreuungskräfte und brauchte lange Zeit, um sich aktiv in die Gruppe einzubringen. Sie wirkte schüchtern und spielte nur auf Aufforderung mit anderen Kindern. Von den anderen Gruppenkindern wurde sie dennoch bald akzeptiert und vor allem die Mädchen suchten immer wieder den Kontakt zu ihr und forderten sie regelmäßig auf, mitzuspielen.

Im Laufe der Zeit „taute" Susa auf und zeigte sichtlich Freude und Spaß an der Gruppe. Je enger der Kontakt wurde, desto offener und lauter wurde sie und es kam immer wieder zu kleineren Streitereien, mit denen Susa nicht zurechtkam. In solchen Situationen wird sie laut, brüllt und schreit, beschimpft Kinder und Erwachsene mit wüsten Ausdrücken und läuft regelmäßig weg. Meist erscheint sie dann mehrere Tage nicht in der Tagesgruppe und erst nach längeren telefonischen Aufforderungen durch die Betreuungskräfte sind dann Mutter und Tochter zu überreden, die Tagesgruppe wieder zu besuchen.

Trotz wiederholten Weglaufens ist Susa in die Gruppe integriert und übernimmt immer wieder eine Führungsrolle. Sie hat jedoch keine engeren Freundschaften und zieht sich immer wieder „raus", wenn es ihr zu nahe geht.

3 Das Portfolio

Worum geht es?

In Tageseinrichtungen für Kinder ist das Portfolio eine wichtige Dokumentationsmethode geworden. Deshalb sollten angehende Erzieherinnen während ihrer Ausbildung eigene Erfahrungen mit dem Portfolio sammeln. Dabei geht es vor allem um das eigene Schreiben und damit um ein wichtiges Thema des Deutschunterrichts. Im Folgenden werden daher

- *Gemeinsamkeiten und Unterschiede zwischen einem Portfolio erläutert, das eine Erzieherin gemeinsam mit einem Kind in einer Kindertagesstätte erarbeitet, und einem Portfolio, das Sie während der Ausbildung für sich gestalten, sowie*
- *einige Hinweise für die Erarbeitung eines Portfolios während der Ausbildung gegeben.*

An welches Vorwissen/welche Vorerfahrungen können Sie anknüpfen?

Der Begriff „Portfolio" setzt sich aus den beiden lateinischen Wörtern „portare" (tragen) und „folium" (Blatt) zusammen. Grob gesagt ist ein Portfolio eine zielgerichtete Sammlung von Texten, Arbeitsergebnissen, Beobachtungen sowie Bildern und Fotos. Diese sagen etwas über Kompetenzen, Lernergebnisse und Lernprozesse aus. Die Reflexion dieser Lernprozesse ist ein wesentlicher Teil des Portfolios.

Aufgabe

Die Zuordnung des Portfolios zu den dokumentarischen Texten lässt sich infrage stellen. Klären Sie zunächst, welche Bedingungen erfüllt sein müssen, damit ein Text als dokumentarisch bezeichnet werden kann. Diskutieren Sie dann zu viert, ob dies auf ein Portfolio zutrifft. Zwei vertreten die Ansicht, dass die Zuordnung stimmt, zwei sind dagegen. Überlegen Sie anschließend, wer die überzeugenderen Argumente hat.

Das Portfolio in der Kindertagesstätte

Ein wesentliches Ziel eines Portfolios ist es, Lernprozesse zu dokumentieren und zu reflektieren. In der Kindertagesstätte hält die Erzieherin die individuellen Lernerfahrungen und Entwicklungsschritte der einzelnen Kinder mit kleinen Berichten, Fotos, von den Kindern gemalten Bildern etc. fest. Die Kinder kommen auch selbst zu Wort, z. B. mit Kommentaren zu Bildern oder Fotos oder es werden Gespräche mit ihnen festgehalten. Auch Beobachtungsprotokolle, Lerngeschichten, Mitwirkung an Projekten sowie Einschätzungen der pädagogischen Fachkräfte können im Portfolio dokumentiert werden. Es geht dabei sowohl um die „Produkte" der Kinder als auch um deren Lernprozess. Damit ein Portfolio gelingen kann, ist daher zum einen die Dialogfähigkeit der pädagogischen Fachkraft gefragt, um das Kind in die Gestaltung seines Portfolios einzubeziehen, zum anderen auch ihre Fähigkeit, ihre Beobachtungen sprachlich angemessen und verständlich schriftlich zu dokumentieren.

Aufgabe

Informieren Sie sich in Kap. VII 2 über die Anforderungen an das Schreiben eines Berichts. Welche Vorgaben für die Sprache eines Berichts gelten Ihrer Meinung nach nicht für das Portfolio? Begründen Sie Ihre Meinung.

Grundlegende Prinzipien der Portfolioarbeit mit Kindern sind:

- „Es werden aussagekräftige Originaldokumente der Kinder zu Prozessen und Produkten ihres Lernens gesammelt und direkt dokumentiert – so dass auch nicht beteiligte Personen daraus etwas entnehmen können.
- Die Sammlung der Dokumente kommt unter aktiver Beteiligung der Kinder zustande.
- Die Portfolioarbeit interessiert sich für die subjektiven Deutungen der Kinder zu ihren Werken.
- Es finden Gespräche zu den Portfolios statt.
- Die Portfolios werden gemeinsam wahrgenommen und gewürdigt."

(Winter, Portfolioarbeit)

Wenn die Kinder ihr eigenes Portfolio ansehen, erfahren sie dabei viel Wertschätzung: Ihnen wird anschaulich, wer sie sind und was sie können. Deshalb ist es wichtig, dass das Portfolio Originaldokumente enthält, über die das Kind authentisch sichtbar wird, und nicht nur sein Lernstand bzw. seine Leistung gezeigt werden (vgl. Winter, Portfolios in der Frühpädagogik).

Aufgabe

Besorgen Sie sich ein Portfolio aus der Praxis. Üben Sie in einem Rollenspiel ein Entwicklungsgespräch mit Eltern zu diesem Portfolio. Eine Studierende übernimmt die Rolle der Erzieherin, ein bis zwei andere Studierende die Rolle von Vater/Mutter/(Groß-)Eltern, zwei weitere Studierende beobachten. Tauschen Sie sich im Anschluss über das Gespräch aus. Was ist gut verlaufen, was war eher schwierig?

Das Portfolio in der Ausbildung mit unterschiedlichen Schwerpunkten

Das Portfolio in der Ausbildung verlangt viele Fähigkeiten, die im Deutschunterricht entwickelt werden: sich neues Wissen selbstständig zu erarbeiten; fachliche Inhalte verständlich darzustellen; unterschiedliche Methoden schriftlicher Darstellung anzuwenden, wie z. B. Zusammenfassungen, Mindmaps, Fotodokumentationen; gut zu strukturieren; durch originelle Gestaltungseinfälle die Aufmerksamkeit eines potenziellen Lesers aufrechtzuerhalten; verständlich zu schreiben. Dazu finden Sie in den jeweiligen Kapiteln dieses Buches wichtige Informationen. In der Regel vereinbaren die Lehrkräfte mit den Studierenden Ziele und Kriterien für die Erarbeitung eines Portfolios. Im Folgenden kann daher nur beispielhaft dargestellt werden, welche unterschiedlichen Schwerpunkte gesetzt werden können:

- **Auseinandersetzung mit einer fachlichen Fragestellung**
  Hierzu kann das Portfolio z. B. enthalten:
  - eigene Zusammenfassungen von Fachtexten,
  - Fragen, die an Experten gestellt wurden (z. B. an die Anleiterin, Elternvertreterin, Leiterin einer Einrichtung, Trägervertretung, Fachberatung etc.) sowie deren Antworten,
  - selbst verfasste Texte, Mindmaps, Grafiken, Fotos, eigene Zeichnungen oder Bilder.

  Genauso wichtig wie die dargestellten Lernergebnisse ist die Dokumentation des eigenen Lernprozesses (Wie bin ich vorgegangen und warum gerade so?) z. B. durch Arbeitsblätter, Notizen, Mindmaps, Fotoprotokolle etc. und dessen Reflexion (z. B. Wie erfolgreich war mein Vorgehen? Was hätte ich anders machen können? Welche Kompetenzen habe ich mir angeeignet? Was nehme ich mir für meine nächsten Lernschritte vor?).
- **Die Erfahrungen aus den die theoretische Ausbildung begleitenden Praktika**
  Hier gilt es in jedem Praktikum, z. B. die Praxisstelle kurz zu skizzieren, die eigenen Einsatzschwerpunkte darzustellen, die jeweiligen persönlichen und beruflichen Lernziele zu benennen, die eigene Motivation zu beschreiben, den Zuwachs an Kompetenzen darzustellen sowie die gemachten Erfahrungen und den Lernprozess zu reflektieren. Neben selbst verfassten Texten können hier z. B. auch Fotos, Beobachtungsprotokolle, Protokolle von Anleitergesprächen, Rückmeldungen von Teamkolleginnen, der Anleiterin, den Kindern, deren Eltern/Großeltern eingebracht werden. Bei der Reflexion des Lernprozesses helfen z. B. Fragen wie die folgenden: Was hat mich für meine Arbeit in der Praxisstelle besonders motiviert? Inwiefern habe ich meine persönlichen und beruflichen Lernziele erreicht? Welchen Zugewinn an Kompetenzen kann ich bei mir feststellen? Welche Folgerungen für meine weitere Praxis ziehe ich aus den gemachten Erfahrungen? Welche persönlichen Entwicklungsschritte habe ich an mir wahrgenommen und wie will ich diese weiterführen?
- **Ein Portfolio über ein Kind verfassen**
  Im Unterschied zu einem Portfolio, das Sie als Erzieherin später in der Praxis im Dialog mit einem Kind gestalten, kommen bei einem Portfolio, das Sie im Rahmen Ihrer Aus-

bildung erstellen, Aspekte hinzu, die Ihren eigenen Lernprozess einbeziehen. Dazu gehört z. B. die Reflexion über den eigenen Beobachtungsprozess und die Beziehung zum Kind, der kollegiale Austausch mit der Anleiterin darüber und die Verknüpfung mit Ihrem theoretischen Hintergrundwissen.

Die Portfolios werden in der eigenen Lerngruppe präsentiert und jeweils im Hinblick auf Lernergebnis und Lernprozess gemeinsam reflektiert.

Aufgaben

1. *Tauschen Sie sich in einer Kleingruppe darüber aus, mithilfe welcher Fragen Sie Ihren Lernprozess, den Sie im Portfolio dargestellt haben, reflektieren können.*
2. *Gestalten Sie – unabhängig von den Vorgaben Ihrer Schule – Ihr ganz persönliches Portfolio, das auch biografische Bezüge enthalten kann: „Ich auf dem Weg zur kompetenten Erzieherin".*

Tipp

Die Fragen zum Lernprozess erscheinen Ihnen vielleicht ungewohnt. Aber gerade durch die Klärung dieser Fragen gelingt es Ihnen, Ihre lernmethodische Kompetenz und Ihre Professionalität als Erzieherin weiterzuentwickeln.

VIII Öffentlichkeitswirksame Texte schreiben

1 Der Geschäftsbrief

Worum geht es?
Zu den Aufgaben von sozialpädagogischen Fachkräften gehört es u. a., an Behörden, Träger oder Eltern zu schreiben. Um diese Aufgaben kompetent erledigen zu können, ist es notwendig,

- *sich bewusst zu machen, dass die Schreiben eine Form von Öffentlichkeitsarbeit darstellen, und*
- *sich über die Richtlinien für berufliche Schreiben zu informieren.*

An welches Vorwissen/welche Vorerfahrungen können Sie anknüpfen?

1.1 Der Geschäftsbrief in Papierform

Schreiben in Papierform

Für Geschäftsbriefe gibt es sehr genaue Vorschriften, die den Zweck haben, den Schriftverkehr zu vereinheitlichen. Entsprechende Richtlinien sind in der DIN-Norm 5008 angegeben.

Aufgabe

Klären Sie anhand des folgenden Musterbriefes die Vorgaben für einen Geschäftsbrief.

.
.
.
.
Silke Schwarz — Hortstedt, 02.08.20..
Städtischer Hort — **Absenderfeld** — (Ort, Datum)
Heidestr. 8 — **ohne Leerzeile**
33333 Hortstedt
0553/889123
SiS@t-online.de
.
.
.
.
Jugenderholungsstätte e. V. — **Adressfeld**
Frau/Herr
Furtkoppel 26
23730 Schashagen — **ohne Leerzeile**
.
.
.
.
.
Ferienfreizeit vom 20.07.2010 — **„Betreff“ als Wort entfällt**
.
.
Sehr geehrte Frau Wiemann, — **Anrede mit Komma als Abschlusszeichen; ist der Empfänger nicht bekannt → telefonisch erfragen**
entsprechend Ihrem Vorschlag … — Ich-Satzanfänge vermeiden
xxxxxxxxxxxxxxxxxxxxxxxxxx
xxxxxxxxxxxxxxxxxxxxxxxxxx — **Kerntext → durch Absätze/Leerzeilen gliedern**
xxxxx
xxxxxxxxxxxxxxxxxxxxxxxxxx
.
xxxxxxxxxxxxxxxxxxxxxxxxxx
xxxxxxxxxxxxx
.
Mit freundlichen Grüßen — **Grußformel**
.
.
.
Silke Schwarz — **Vorname Nachname**
Silke Schwarz
Gruppenleiterin — **u. U. Funktion benennen**
.
.
.
Anlage

Achten Sie darauf, wer das Schreiben öffnen soll – berechtigt ist, wer an erster Stelle genannt wird:

Frau M. Mix
Fachschule/Fachakademie für
Sozialpädagogik

oder

Fachschule/Fachakademie für Sozialpädagogik
Frau M. Mix

Tipp

Benutzen Sie bei der Unterschrift blaue Tinte (Unterscheidung Original – Kopie).

Aufgabe

Überlegen Sie, in welchen Fällen in Geschäftsbriefen die Funktionsbezeichnung unter der Unterschrift unerlässlich ist.

1.2 Der Geschäftsbrief als E-Mail

Geschäftsbriefe als E-Mails unterscheiden sich nicht prinzipiell von Geschäftsbriefen in Papierform, dennoch gibt es formale und inhaltliche Abwandlungen. Der E-Mail-Kopf (vgl. Duden, 2013, S. 124 f.) enthält vorgegebene Zeilen für:

- Anschrift (An-Zeile)
- Verteiler (cc-Zeile)
- Personen, die ohne Wissen des Empfängers eine Kopie erhalten (bcc-Zeile)
- Betreff (Betreffzeile)

Der Text der E-Mail wird in das Textfeld geschrieben, Anrede und Schlussformel entsprechen den Angaben für Briefe in Papierform. Unter die Unterschrift werden differenzierte Absenderangaben gesetzt.

Inhaltlich übermittelt eine E-Mail – anders als ein Geschäftsbrief in Papierform – jeweils nur eine Information, um den Zugriff in der Ablage zu erleichtern. Möchten Sie mehrere Infos weitergeben, schicken Sie mehrere E-Mails.

Aufgabe

Ermitteln Sie anhand des folgenden Screenshots, welche Absenderangaben bei E-Mails üblich sind.

Tipp

Achten Sie darauf, Ihre beruflichen E-Mails direkt an den Bearbeiter zu schicken, damit sie nicht verloren gehen.

An... Suspik, Melanie

Cc... Mirash, Fjodor

Bcc...

Betreff: Kostenübernahme Tischtennisplatte

Anfügen... Rechnung.pdf (528 KB)

Sehr geehrte Frau Suspik,

im Anhang übersende ich Ihnen - wie vorhin telefonisch besprochen - die Rechnung für die inzwischen angeschaffte Tischtennisplatte.

Für die Übernahme der Kosten durch den Lions Club Hinterföhring möchte ich mich im Namen des gesamten Teams, aller Kinder und deren Eltern, noch einmal sehr bedanken.

Natürlich werden wir den Mitgliedern des Lions Club eine Einladung zu unserem ersten Tischtennisturnier zuschicken.

Mit freundlichen Grüßen,

Meike Müller

Hort Schlummerland
Betzstraße 15
80240 Neuberg

Tel.: 01234/567890

e-mail: info@schlummerland.de

2 Die Pressemitteilung

Worum geht es?

Wer gehört werden will, muss trommeln. Das gilt heute auch verstärkt für den Non-Profit-Bereich. Eine sozialpädagogische Einrichtung kann noch so gut arbeiten – wenn dies nicht vor Ort bekannt ist, wird es auf Dauer schwer sein, genügend Anmeldungen bzw. Nachfragen zu erhalten. Neben dem eigenen Internetauftritt ist die Präsenz der Einrichtung in den lokalen Printmedien wichtig. Ziel dabei ist es, auf die Vielseitigkeit und Qualität der eigenen Arbeit aufmerksam und diese transparent zu machen.

Deshalb können Sie sich im Folgenden darüber informieren,

- *worauf es bei einer Pressemitteilung ankommt.*

An welches Vorwissen/welche Vorerfahrungen können Sie anknüpfen?

Zusammenarbeit mit der Lokalpresse

Aufgabe

Informieren Sie sich, welche lokalen Zeitungen es in Ihrer Gemeinde, in Ihrem Stadtteil gibt. Finden Sie heraus, welcher Redakteur/welche Redakteurin für Sie als Leiterin einer Kindertagesstätte Ihr Ansprechpartner sein könnte, wenn Sie einen Text über die Arbeit der Einrichtung in der Zeitung veröffentlichen möchten.

Je vielseitiger die Themen sind, über die in der Presse berichtet wird, desto differenzierter können sich die Leser ein Bild von der Einrichtung machen. Die lokale Presse wird aber nur dann Beiträge über eine Einrichtung veröffentlichen, wenn sie davon ausgehen kann, dass

- die Inhalte bei den Leserinnen und Lesern auf breites Interesse stoßen,
- die Nachrichten einen aktuellen Bezug haben und
- der Informationsgehalt nachprüfbar und klar ist.

Es ist sinnvoll, dass ein Mitglied des Teams die Zusammenarbeit mit der Presse übernimmt. Dieses kann den möglichen Ansprechpartner/die Ansprechpartnerin der lokalen Zeitung zu einem Besuch in die Einrichtung einladen – am besten, wenn es gerade etwas Interessantes zu berichten gibt. So erhält der Redakteur/die Redakteurin einen persönlichen Eindruck von der Einrichtung. Dadurch ist er/sie wahrscheinlich in Zukunft eher motiviert, einen Text über besondere Ereignisse, aber auch über den Alltag in der Einrichtung zu veröffentlichen.

Die Pressemitteilung

Die Pressemitteilung stellt eine Serviceleistung Ihrer Einrichtung für Redakteure/Journalisten dar mit dem Ziel, dass diese Mitteilungen mehr oder weniger unverändert in der Lokalpresse veröffentlicht werden. Lokalredakteure haben in der Regel wenig Zeit und sind daher für Vorlagen (= Pressemitteilung) dankbar. Daher sind Ihre Initiative und Ihr Schreibtalent gefragt. Nutzen Sie alle geeigneten Anlässe für eine Pressemitteilung!

Aufgabe

Welche Anlässe könnten Sie für eine Pressemitteilung Ihrer Ausbildungsstätte nutzen?

- **Aufbau der Pressemitteilung**

  Die Pressemitteilung ist eine Nachricht und muss sachlich, verständlich, überprüfbar, aktuell und glaubwürdig sein. Leitend sind die sogenannten W-Fragen:

Wer? Was? Wann? Wo? Wie? Warum? Wozu?

  Die wesentlichen Informationen (= die Antworten auf die ersten W-Fragen: Wer? Was? Wann? Wo? Eventuell auch „Wie"?) gehören an den Anfang der Pressemitteilung und bilden die unumgänglichen Kerninformationen für die Leserinnen und Leser.

  Details des „Wie" (z. B. Höhepunkte des Programms, Unterstützung durch die Musikkapelle der Gemeinde), des „Warum" (z. B. Aufnahme vieler Flüchtlinge und Asylbewerber in der Gemeinde; mehr Anmeldungen von Kindern aus unterschiedlichen Herkunftsländern in der Einrichtung) und des „Wozu" (Integration der Neuankömmlinge;

Verbesserung der Kommunikation in der Gemeinde) können dann im weiteren Textverlauf angesprochen werden. Entscheidend ist, dass das Interesse des Lesers bis zum Schluss erhalten bleibt.

- **Funktion der Überschrift**
  Es empfiehlt sich, die Pressemitteilung mit einer Überschrift und, bei längeren Texten, auch mit einer Unterüberschrift zu versehen. Denn in einer Lokalredaktion gehen so viele Nachrichten ein, dass die Redakteure im Tagesgeschäft oft keine Zeit für langes Abwägen und Vertiefen haben. Ein Blick auf die Überschrift (Wird das Thema die Zeitungsleser ansprechen?) und dann wird die Entscheidung getroffen. Die Überschrift muss daher das Thema auf den Punkt bringen und den Leser neugierig machen. Bei längeren Texten ist es sinnvoll, noch eine Unterüberschrift einzufügen. Diese informiert sachlich darüber, was die Pressemitteilung beinhaltet. Die Überschrift gehört nicht zum Text. Deshalb greift der Text die inhaltliche Aussage der Überschrift noch einmal auf.

Aufgabe

Beurteilen Sie in einer Kleingruppe die folgenden Überschriften – welchen der folgenden Pressemitteilungen (auch wenn Sie deren Inhalt noch nicht kennen) geben Sie eine Chance, veröffentlicht zu werden? Bei den Überschriften handelt es sich um Originalbeiträge von Studierenden einer Fachakademie, die diese in Unterrichtsstunden zum Thema „Pressearbeit" erarbeitet haben. Sie stellten erste Versuche dar, die später vervollkommnet wurden. Also: Machen Sie mit, schreiben Sie ruhig um und ergänzen Sie eigene Vorschläge!

1. **Internationales Straßenfest**
   Der Kindergarten Sonnenschein plant ein Straßenfest für und mit allen Kulturen unserer Gemeinde.
2. **Chacoogo zu Besuch beim interkulturellen Straßenfest**
   Ein Straßenfest, das unterschiedlichste Kulturen zusammenbringt.
3. **Internationales Straßenfest der Einrichtung Max und Moritz**
   Verschiedene Nationaltäten lernen sich näher kennen und es wird ein Austausch verschiedener Kulturen stattfinden.
4. **Internationales Straßenfest im Kindergarten Max und Moritz**
   als Annäherung von Menschen mit unterschiedlichen Kulturen
5. **Internationales Straßenfest**
   Einmal um die Welt
6. **„Salut, Merhaba und Hallo"**
   Internationales Straßenfest des Kindergartens Max und Moritz
7. **Auf der Straße wird es kunterbunt**
   Der Kindergarten Max und Moritz lädt zum internationalen Straßenfest ein.

Tipp

Hat die Redaktion Interesse an illustrierenden Fotos, so nutzen Sie die Chance: Ein Bild sagt oft mehr als 1 000 Worte und motiviert, wie die Überschrift, zum Lesen. Doch gehen Sie bitte umsichtig vor und befassen Sie sich im Vorfeld unbedingt mit den Themen „Sozialdatenschutz in Kindertageseinrichtungen" und dem „Recht am eigenen Bild".

Aufgabe

Informieren Sie sich über das Recht am eigenen Bild und verfassen Sie dazu ein Merkblatt für Ihre Einrichtung.

- **Sprache der Pressemitteilung**

  Eine Pressemitteilung ist ein sachlicher Bericht. Entsprechend sachlich ist auch die Sprache: keine Ich- oder Wir-Formulierungen, keine Leser-Anrede, keine wertenden Adjektive. Wenn Sie auf Positives verweisen wollen, können Sie z. B. Rückmeldungen von Teilnehmern zitieren. Das lockert zugleich auf (Stimulanz!). Vermeiden Sie, dass ein Aspekt mehrmals angesprochen wird und dadurch der Text unnötig aufgebläht wird. Am besten ist es, sich im Vorfeld mit der Lokalredaktion auf eine mögliche Textlänge zu verständigen.

  Es ist hilfreich, sich beim Formulieren der Pressemitteilung die späteren Zeitungsleser vorzustellen. Was interessiert diese besonders? Ist der Text für sie verständlich? Sind die Verständlichkeitskriterien (vgl. Anhang 2) durchgehend umgesetzt? Besonders wichtig sind bei einer Pressemitteilung neben der vollständigen Information die Einfachheit der Sprache und die Kürze der Sätze. Nebensätze sind oft überflüssig und können in der Regel durch zwei kurze Hauptsätze ersetzt werden. Fach- und Fremdwörter gehören in der Regel nicht in eine Pressemitteilung. Wird eine Person im Text namentlich erwähnt, so werden deren Vor- und Nachname genannt. Eine Bezeichnung mit „Frau" oder „Herr" ist in einem Pressetext absolut unüblich (also Ulrike Müller und nicht „Frau Müller").

Tipp

Lassen Sie eine Pressemitteilung vor Abgabe noch einmal gegenlesen und nutzen Sie das Rechtschreibkorrekturprogramm.

Aufgabe

Prüfen Sie kritisch die folgenden Pressemitteilungen, die von denselben Studierenden verfasst wurden, die die oben zu lesenden Überschriften erarbeitet haben. Schreiben Sie ruhig um und ergänzen Sie eigene Vorschläge.

Vorschlag A:

Auf der Straße wird es kunterbunt
Der Kindergarten Max und Moritz lädt zum internationalen Straßenfest ein.

Am Samstag, den 18. September 2016, findet in der Miastraße 19 ein internationales Zusammentreffen der Laimer Gegend statt. Dieses beginnt um 13 Uhr und endet circa um 17 Uhr. Der Kindergarten Max und Moritz hat mit dem gesamten Team und den Kindern das abwechslungsreiche Programm zusammengestellt. Die Erzieherin Susanne Elsner äußerte sich dazu: „Unsere Kinder bereicherten die Planung mit ihren individuellen Ideen und Vorstellungen. Ihre Erfahrungen aus den unterschiedlichen Kulturen flossen somit in die Organisation hinein."

Musikalische Darbietungen von der bekannten Band „Chacoogo" untermalen dieses Fest.

Doch das Programm hat noch mehr zu bieten: Essen und Trinken verschiedenster Kulturen als auch Aktionen wie Tombola und Gewinnspiele runden das Ganze besonders ab.

„Das wird ein kunterbuntes Fest, alle meine Freunde sind auch dabei: Erkan, Öznur, Karima und Sascha", meint das vierjährige Wichtelkind Lukas.

Gesponsert wird dieses große Ereignis von der Bäckerei Hauser sowie der Laimer Filiale der Stadtsparkasse.

Vorschlag B:

„Salut, Merhaba und Hallo"
Internationales Straßenfest des Kindergartens Max und Moritz

Der Kindergarten Max und Moritz veranstaltet am 18. September 2016 von 13.00 bis 17.00 Uhr in der Miastraße 19 ein internationales Straßenfest. Um die verschiedenen Kulturen des Stadtteils zu vereinen, bietet die Einrichtung für Kinder und Erwachsene eine Vielfalt an kulinarischen Spezialitäten mit musikalischer Untermalung durch die Band „Chacoogo". Das Fest wird von der Bäckerei Hauser und der Sparkassenfiliale Laim finanziell unterstützt.

Projektidee
Verfolgen Sie einen Monat lang die Veröffentlichungen zu allen schulischen und sozialpädagogischen Einrichtungen in Ihrer Gemeinde. Werten Sie diese aus: Welches Bild wird sich der Leser machen? Wie professionell wird er die Arbeit in den Einrichtungen einschätzen? etc. Bauen Sie dann eine Zusammenarbeit mit der lokalen Presse auf mit dem Ziel, dass diese regelmäßig über Ihre Ausbildungsstätte berichtet.

3 Die Website

Worum geht es?
Von der Krippe bis zur Jugendhilfe – die meisten Einrichtungen haben inzwischen ihre eigene Website als „digitale Visitenkarte" (vgl. Hesse/Schrader, 2014, S. 160). Auch für Sie gehört die Nutzung von Websites als Informationsquelle vermutlich zum Alltag. Im Rahmen der Ausbildung geht es aber um einen Perspektivenwechsel, darum,

- *sich Basiswissen anzueignen, um zu der Erstellung bzw. Aktualisierung der Website der Einrichtung, in der Sie arbeiten, inhaltlich beitragen zu können, und*
- *relevante Fachbegriffe zu verstehen.*

An welches Vorwissen/welche Vorerfahrungen können Sie dabei anknüpfen?

Website, Site, Internetseite, Webseite: Von ihrer Bedeutung her sind diese Begriffe austauschbar, wobei Webseite wenig gebräuchlich ist (s. Duden Online). Sie bezeichnen alle Seiten eines Internetauftritts, die hinter einer Adresse im World Wide Web (abgekürzt www) stehen. Die Homepage, oft gleichgesetzt mit der Website, ist der Name für die Startseite eines Internetdokuments.

Im Folgenden geht es nicht um die technische Umsetzung, sondern die inhaltliche Kernfrage: Was soll auf der Site stehen und wie soll sie aussehen? Die Entscheidung über Inhalt (Content), Sprache, Design und Struktur des Internetauftritts sind Schlüssel für den Erfolg, der daran gemessen werden kann, wie oft die Internetseiten angeklickt werden und ob die Besucher letztlich auch als Kunden aktiv werden, z. B. ihre Kinder in dieser Kita anmelden.

Ein erfolgreicher Internetauftritt setzt differenzierte Vorüberlegungen zum **Content** voraus, an denen alle in der Einrichtung beteiligt werden sollten. Dabei ist Folgendes zu klären:

- Was ist das Ziel der Website?
- Um welche Zielgruppe(n) geht es?
- Welche Inhalte sind uns wichtig? Welche Schlüsselwörter (Keywords) werden für den Text ausgewählt?
- Enthält die Site solche Inhalte (Content), die dem Besucher den gewünschten Handlungsimpuls vermitteln?
- Sind die Inhalte suchmaschinenoptimiert (d. h. so organisiert, dass die Website in den unbezahlten Suchergebnissen weiter nach oben auf der Trefferliste rückt)?
- Wie kann die Startseite (Homepage) inhaltlich und sprachlich so attraktiv und zugleich übersichtlich gestaltet werden, dass der Besucher verleitet wird, den gesamten Internetauftritt durchzusehen statt gleich weiterzublättern?

Da viele Aufrufe auf Suchmaschinen zurückgehen, hängt viel von der Suchmaschinenoptimierung *(kurz „SEO" für „search engine optimization")* der Site ab – eine Aufgabe für Profis – und hierbei wiederum von verschiedenen Kriterien (vorrangig der Onpage- und Offpage-Optimierung):

1. Die **Onpage-Optimierung**: Dies sind Verbesserungen, die Sie selbst an Ihrer eigenen Seite vornehmen können, und zwar durch die Wahl der **Keywords**. Das sind Wörter im Text selbst oder Wörter, mit denen der Text verschlagwortet wird. Es geht dabei um die spezifischen Merkmale der Einrichtung, z. B. konzeptionelle Besonderheiten, spezielle Förderangebote, Serviceleistungen wie lange Öffnungszeiten, die auf der Website interessegeleitet formuliert werden.
2. Die **Offpage-Optimierung**: Haben alle Website-Betreiber ein gutes Keywording, entscheiden letztlich die Suchmaschinen das Ranking der Seiten anhand bestimmter Kriterien (z. B. Ist Ihre Einrichtung von der Gemeinde auf deren Seite empfohlen und verlinkt oder hat die lokale Tageszeitung einen Online-Artikel mit einem Querverweis zu Ihrer Homepage geschrieben?)

Ähnlich wie bei Einladungen spielt für die Internetpräsenz das **Webdesign** eine wichtige Rolle und genau wie dort gilt die Grundregel: Weniger ist mehr! Das Design konkurriert nicht mit dem Inhalt, sondern unterstützt die Präsentation der Inhalte, verrät etwas über Stil/Charakter der Einrichtung und hat gleichzeitig die Zielgruppe im Auge. Das gilt in gleicher Weise für die **Sprache**.

Noch ein Wort zur **Struktur**: In der Sitemap – sozusagen das Inhaltsverzeichnis der Seite auf der Homepage – werden alle Einzeldokumente (hierarchisch) strukturiert dargestellt, als Ober- und Unterpunkte. Das hilft dem Besucher, sich auf der Website zurechtzufinden. In diesem Zusammenhang fällt als Qualitätsmerkmal ins Gewicht, wie der Besucher durch die Internetseite navigiert wird: Verliert er schnell den Überblick oder findet er jederzeit leicht seinen „Standort"? Die Sitemap spielt auch wieder im Zusammenhang mit den Suchmaschinen eine Rolle, da sie von jenen ausgelesen und auf Konsistenz überprüft wird.

Auf die eigene Website verweisen zu können, ist in vielen Situationen praktisch, aber nur, wenn sie kontinuierlich gepflegt und vor allem aktualisiert wird.

Tipp

Entscheiden Sie im Team, ob die Website auch FAQs (frequently asked questions) zu der Einrichtung enthalten soll.

Wie bei allen Publikationen ist auch auf Websites ein Impressum anzugeben. Dieses sollte angeben, wer für die Website verantwortlich ist nach § 55 Abs. 2 RStV, sowie die Kontaktdaten aufführen. Außerdem sind Haftungsfragen (Haftungsausschluss) sowie der Datenschutz zu beachten.

Aufgaben

1. *Nachfolgend sind einzelne Keywords aufgelistet, die als Bausteine für den Internetauftritt einer Fachschule /Fachakademie für Sozialpädagogik oder einer Kita infrage kommen. Überlegen Sie, welche dieser Keywords besonders wichtig und welche eher unwichtig sind, und ordnen Sie diese den Kategorien „unverzichtbar", „vielleicht" und „kann fehlen" zu. Ergänzen Sie, was Ihrer Meinung nach fehlt. Begründen Sie Ihre Meinung. Strukturieren Sie abschließend die Ergebnisliste für die Sitemap nach Ober- und Unterpunkten.*

   Unsere Geschichte – Familie – Kontakt – Unsere Philosophie – Karriere – Wertschätzung – Kita-Gutscheine – Trägerschaft – Pflanzaktion auf dem Gelände – Freie Kita-Plätze – Konzept – Bildung – FAQs – Grenzen und Freiräume – Von dankbaren Mägen – Aktuelles – Stellenangebote – Qualität – Leitbild – Integrierte Vorschule

2. *Informieren Sie sich bei der zuständigen Lehrkraft, was der Haftungsausschluss auf der Website z. B. einer Kita oder eines Hortes umfasst.*

3. *Viele Websites haben die Rubrik FAQs: Stellen Sie fest, ob die Website Ihrer Fachakademie/Fachschule eine Liste häufig gestellter Fragen enthält. Ist dies der Fall, überprüfen Sie in Kleingruppen die Fragen auf Vollständigkeit. Ist dies nicht der Fall, sammeln Sie entsprechende Fragen. Achten Sie darauf, sich verständlich auszudrücken.*

4. *Ein überzeugender Internetauftritt unter Einbeziehung von Fachleuten ist auch eine Geldfrage. Diskutieren Sie den Vorschlag, die Kosten für eine professionelle Website durch Werbung auf der Seite zu finanzieren.*

Tipp

Websites bieten sich auch für einen Blog an, eine Internetpublikation in Form eines öffentlich einsehbaren Tagebuches, z. B. über Praktikumserfahrungen im Ausland.

IX Berufliche Kompetenzen kommunizieren

1 Sich bewerben

2 Ein Arbeitszeugnis verstehen und ausstellen

1 Sich bewerben

Worum geht es?
Inhaltlich und formal überzeugende Bewerbungen sind nicht nur Ausdruck von Professionalität, sie erhöhen auch die Chancen der Bewerberin auf einen Arbeitsplatz. Im Folgenden geht es darum,

- *die Anforderungen an eine Bewerbungsmappe zu kennen,*
- *sich über das Vorstellungsgespräch zu informieren und*
- *Kompetenzorientierung als Kernanforderung des Bewerbungsverfahrens zu erfassen.*

An welches Vorwissen/welche Vorerfahrungen können Sie anknüpfen?

1.1 Die Bewerbungsmappe

In Bewerbungen geht es um Kompetenz, Leistungsmotivation und Persönlichkeit der Bewerberin (vgl. zum Folgenden Hesse/Schrader, 2002, S. 79 ff.). Deshalb muss die Bewerbungsmappe – in der Regel der Erstkontakt des Arbeitsgebers mit der Bewerberin – so gestaltet sein, dass sie den potenziellen Arbeitgeber interessiert und überzeugt.

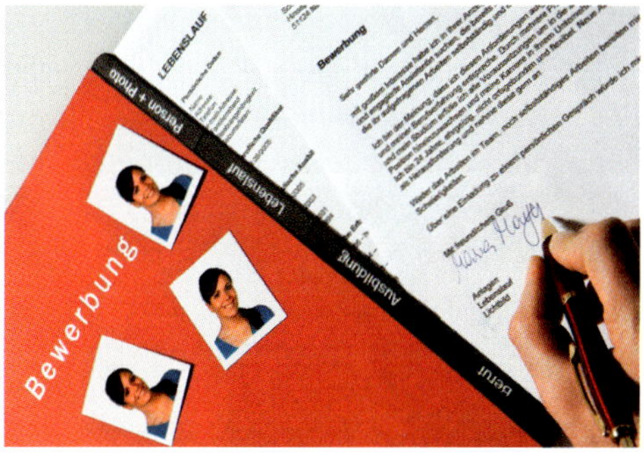

Zu einer korrekten Bewerbung gehören, und zwar in dieser Reihenfolge angeordnet:

- *Deckblatt mit Foto*
- *Anschreiben*
- *Lebenslauf*
- *die „dritte Seite" (Zusatzinformationen)*
- *Anlagen (Zeugnisse, Beurteilungen u. Ä.)*

Alle Bewerbungsunterlagen sollten in einer Mappe präsentiert werden.

Sich fachlich einschätzen

Der Träger/Die Einrichtung entscheidet, was er/sie von einer Bewerberin erwartet, aber die Bewerberin punktet nur, wenn sie ihre beruflichen Fähigkeiten und personalen Kompetenzen überzeugend darstellt.

Ein Weg, sich fachlich einzuschätzen, ist die sogenannte Positivliste, in der Sie berufliche Fähigkeiten und Kenntnisse zusammentragen.

Aufgaben

1. *Prüfen Sie die Begabungsliste unten kritisch. Ist sie inhaltlich stimmig? Entsprechen die Formulierungen dem Bild der kompetenten Erzieherin?*
2. *Ergänzen Sie die Positivliste durch weitere erzieherische Kompetenzen.*

Was alles an Begabungen möglich ist …	***Was noch …?***
Öffentlichkeitsarbeit machen	*auf Eltern zugehen*
trösten	*Kontakt knüpfen*
andere akzeptieren, wie sie sind	*für Ruhe sorgen*
Musik machen	*Konflikte lösen*
Atmosphäre schaffen	*staunen*
Kindern etwas erzählen können	*schreiben*
beobachten	*Fantasie haben*
Grenzen annehmen	*teilen können*
sich auf eine Sache konzentrieren	*vermitteln*
verzeihen können	*sich mit Kleinstkindern beschäftigen*
Theater spielen	*jemandem helfen, seine Fähigkeiten zu entdecken*
singen	*auf andere zugehen*
Raum wohnlich gestalten	*zuhören*
zu sich stehen	*Fragen stellen*
basteln	*eine eigene abweichende Meinung vertreten*
etwas gestalten	*„Höhergestellten" etwas Kritisches sagen*
kochen	*Gleichaltrigen etwas Kritisches sagen*
tolerant sein	*ein Fest vorbereiten*
Konflikte ansprechen	*meditieren*
Initiative ergreifen	*geduldig sein*

Tipp

Bewerten Sie die Nennungen in Ihrer Positivliste z. B. mit einem Punktesystem (1–12 Punkte) und präzisieren Sie so für sich selbst Ihr fachliches Profil.

Einen Arbeitsplatz suchen

Eine Stellenanzeige vermittelt wesentliche Informationen über den zukünftigen Arbeitsplatz, sie sollte gründlich gelesen und ausgewertet werden. Das schließt auch ein, darauf zu achten, was nicht gesagt wird.

Bei der Suche nach dem geeigneten Arbeitsplatz ist die Ausschreibung unter folgenden Gesichtspunkten zu prüfen:

- persönliche Anforderungen
- berufliche Erwartungen
- Termine
- Gehaltshinweise
- Sonderkonditionen (Wohnmöglichkeit, Sondervergütungen u. Ä.)

Man erspart sich Enttäuschungen, wenn man schon im Vorfeld – über die Analyse der Stellenanzeige hinaus – versucht, ein möglichst genaues und umfassendes Bild von der zukünftigen Stelle zu gewinnen: Durchaus üblich ist Telefonkontakt (Frage nach Infomaterial). Aufschlussreich sind auch die Homepage und das Konzept der Einrichtung.

Versuchen Sie Informationen zu bekommen über:

- *den pädagogischen Schwerpunkt der Einrichtung*
- *das Konzept der Sprachförderung, der musischen Bildung o. Ä.*
- *die Anwendung von Qualitätssicherungsverfahren*
- *die tatsächliche Anleitung von Praktikanten*
- *die weltanschauliche bzw. religiöse Orientierung der Einrichtung*

Aufgabe

Welche Anforderungen stellen Sie persönlich an Ihren Arbeitsplatz?

Das Deckblatt

Das Erste, worauf der Blick in der Bewerbungsmappe fällt, ist das Deckblatt. Für dessen Gestaltung gibt es keine verbindlichen Regeln.

Es sollte jedoch die folgenden Bestandteile enthalten: ein aktuelles Bewerbungsfoto (nicht älter als ein Jahr), den Titel der Bewerbung (z. B. „Bewerbung als Berufspraktikantin im Bereich Schulsozialarbeit") und die Kontaktdaten der Bewerberin.

Aufgabe

Entwerfen Sie ein Deckblatt für Ihre eigene Bewerbung.
Vergleichen Sie die verschiedenen Entwürfe in der Lerngruppe.

Der Lebenslauf

Ein Lebenslauf ist mehr als eine bloße Faktensammlung. Die aufgelisteten Daten sollen ein umfassendes Bild des eigenen beruflichen Werdegangs vermitteln.

Das erfordert:

- *berufsbezogene, wichtige Daten in den Lebenslauf aufzunehmen*
- *eine zeitlich lückenlose Darstellung*
- *eine übersichtliche Anordnung der Angaben*

Oberstes Gebot ist, dass die Angaben korrekt sind. Angeführt werden Daten, die den eigenen beruflichen Werdegang umreißen und die einen Eindruck von der Person der Bewerberin vermitteln, etwa Freizeitaktivitäten sowie ehrenamtliches Engagement. Was auch immer Sie anführen, stellen Sie im Anschreiben Bezüge her zwischen den Angaben im Lebenslauf und den beruflichen Anforderungen des neuen Arbeitsplatzes.

Sind die Daten zusammengetragen, müssen diese in einer schlüssigen Reihenfolge im Lebenslauf erscheinen. Berufsanfänger beginnen zweckmäßigerweise mit der Vergangenheit, da sie noch nicht so viel zu „bieten" haben, Erzieherinnen mit längerer Berufspraxis gehen von der gegenwärtigen Berufssituation zurück in die Vergangenheit. Machen Sie Zeitangaben in Jahren, wenn sie länger zurückliegen, sonst als Monat/Jahr. Ein Lebenslauf wird handschriftlich (mit Ort und Datum) unterschrieben. In Bewerbungen bei kirchlichen Trägern ist die Religions- bzw. Konfessionszugehörigkeit anzugeben.

Tipp

Verfassen Sie den Lebenslauf vor dem Anschreiben, denn er zwingt zum Überdenken der persönlichen und beruflichen Entwicklung. So bekommen Sie Impulse für Ihr Anschreiben.

Das Anschreiben

Die Bewerberin stellt ihre Kompetenzen verständlich (s. Anhang 2) dar, d. h., sie erläutert kurz und prägnant, warum sie sich gerade für diese Stelle bewirbt und was gerade für sie als zukünftige Mitarbeiterin bzw. Praktikantin spricht. Eine Seite sollte dafür reichen.

Form und Aufbau

Im Gegensatz zu Deckblatt und Lebenslauf hat das Anschreiben eine klare Form, es gelten die Standards für Geschäftsbriefe DIN 5008 (vgl. Kap. VIII 1).

Einleitung	Anrede Bezug herstellen	Sehr geehrte …, entsprechend unserem Telefonat am …, Ihre Anzeige interessiert mich, weil … o. Ä.
Kerntext	Darstellung Ihrer Qualifikation in Rückkopplung mit den Erwartungen des Arbeitgebers	Sie erwarten …, ich bin in der Lage, ich halte mich für geeignet, weil …
Schluss	Einladung zum Vorstellungsgespräch ansprechen auf Kontaktmöglichkeiten hinweisen Grußformel	Über eine Einladung … freue ich mich. Wegen Unterrichtsverpflichtungen bin ich telefonisch erreichbar zwischen … Mit freundlichen Grüßen

Kerntext

Im Kerntext sind einige wenige, aber überzeugende Argumente gefragt, und diese müssen sich auf das Anforderungsprofil der Stelle beziehen. Nullaussagen (*„Ich interessiere mich für die Stelle …“; „Ich habe viel Erfahrung …“*) gehören nicht in eine kompetenzorientierte Bewerbung, sie können aber als Überleitungssätze zu inhaltlich informativen Aussagen fungieren.

Im Kerntext kommt es darauf an, dass Sie Ihr tatsächliches Können differenziert darstellen: Ein Arbeitgeber will wissen, ob Sie von Umweltpädagogik eine Ahnung haben oder ob Sie nur in diesen Bereich „hineingeschnuppert“ haben. Verweisen Sie auf „Grundkenntnisse“, „Basiswissen“ oder „vielseitige Erfahrungen“, „Kompetenzen“ und nicht auf das, was Sie nicht können.

Sprache

Konkret ist darauf zu achten, dass die Bewerbung verständlich und gut lesbar ist, d. h.

- keine Schachtelsätze und keine gestelzte Wortwahl (*„bezugnehmend auf“, „Erklärungsbedarf haben“*)
- einfache Sätze
- präzise Wortwahl (verweisen Sie auf Ihren Abschluss als „staatlich anerkannte Erzieherin“ statt nur von der „Erzieherinnenausbildung“ zu sprechen; vermitteln Sie Kompetenz durch den Hinweis, dass Ihnen das Konzept „Literacy-Erziehung“ theoretisch und/oder praktisch vertraut ist, statt nur „Erfahrungen mit Sprachförderungen“ zu erwähnen)
- abwechslungsreiche Formulierungen (nicht immer mit *„Ich habe …“, „Ich kann …“* beginnen)
- Gebrauch von Fremdwörtern und Fachausdrücken nur insofern diese funktional sind (Motivation, Krisenintervention)
- aktive Verben (*„Ich kann Grenzen setzen.“* statt *„Der Umgang mit Grenzen ist für mich selbstverständlich.“*)
- direkte Aussagen (*„Über eine Einladung zum Vorstellungsgespräch freue ich mich.“* statt: *„Über eine Einladung zum Vorstellungsgespräch würde ich mich freuen.“*)

Vera Bangel 20.03.20..
Karlstr. 3
80202 München
E-Mail: v.bangel@gmx.de
Mobil: 0172 2234567

Bewerbung als Berufspraktikantin im Bereich Schulsozialarbeit zum 01.09.20../
Ihre Anzeige in der SZ 01.03.20../Telefonat 19.05.20..

Frau Möller
Stadtjugendamt/Kinder- und Jugendarbeit
Freistr. 4
80876 München

Sehr geehrte Frau Möller,

wie gestern telefonisch besprochen, schicke ich Ihnen noch meine Unterlagen.

Auf das Thema Schulsozialarbeit bin ich im Zusammenhang mit individueller Lernförderung an der Grundschule aufmerksam geworden; in der Einzelförderung habe ich gelernt, „mein“ Kind geduldig und zugewandt zu begleiten und jeden kleinsten Fortschritt aufmerksam wahrzunehmen. Ich konnte auch an Gesprächen von Erzieherinnen und Lehrkräften teilnehmen. Das Team hat mir bestätigt, dass ich Kinder genau beobachte und mich mit konstruktiven Vorschlägen für Fördermaßnahmen an den Gesprächen beteilige.

Mein besonderes berufliches Interesse gilt der erzieherischen Arbeit mit aggressiven Kindern und Jugendlichen (Ausbildung als Mediatorin, Antiaggressionstraining nach Bach, Kratzer, Ulich). Hier bringe ich praktische Erfahrungen und Vorwissen mit.

Neu sind für mich fachliche Arbeitskreise, die Sie in der Anzeige ansprechen: Ich bin bereit und fähig, mich in neue Themenbereiche selbstständig einzuarbeiten, und eine kritisch mitdenkende Gesprächsteilnehmerin zu sein.

Da ich Freude an jeglicher Art von Sport habe, kann ich Kinder und Jugendliche motivieren, in sportlichen Spielen Stärken auszuprobieren, auf Schwächen anderer Rücksicht zu nehmen, und so das Zusammengehörigkeitsgefühl stärken, auch in multinationalen Gruppen.

Ich hoffe auf eine Einladung zum Vorstellungsgespräch.

Mit freundlichen Grüßen

Vera Bangel

Aufgabe

Prüfen Sie, inwieweit das oben stehende Anschreiben den besprochenen Kriterien entspricht. Achten Sie besonders auf konkrete Kompetenzbeschreibungen. Begründen Sie eventuelle Verbesserungen.

Tipp

Im Internet finden Sie Bausteine für eine Bewerbung. Wandeln Sie diese so ab, dass sie inhaltlich und sprachlich für Sie stimmig sind.

„Dritte Seite"

Die sogenannte dritte Seite kann optional angefügt werden und bietet der Bewerberin die Chance, zusätzlich auf sich neugierig zu machen, indem sie über das im Anschreiben Gesagte hinaus Akzente setzt. Mögliche Themen sind:

- Ich über mich
- Zu meiner Person
- Was mir noch wichtig ist

Zeugnisse/Beurteilungen

Legen Sie der Bewerbungsmappe nur die für den Arbeitgeber relevanten Zeugnisse und Beurteilungen (als Kopie) bei, hier gilt es also adressatenbezogen auszuwählen. Die Zeugnisse werden in der Mappe so angeordnet, dass das letzte Zeugnis obenauf liegt.

1.2 Die Online-Bewerbung

Immer mehr Arbeitgeber erwarten – statt der klassischen Bewerbungsmappe – eine Online-Bewerbung von Ihnen. Dabei sind zwei Formen zu unterscheiden: die E-Mail-Bewerbung (ein Sonderfall ist die sog. Kurzbewerbung) und die Bewerbung über ein standardisiertes Online-Formular, das die Einrichtung auf ihrer Webseite bereitstellt.

Grundsätzlich besteht eine Online-Bewerbung aus den gleichen Bestandteilen (Anschreiben, Lebenslauf, evtl. dritte Seite, Zeugnisse) wie eine Bewerbung in Papierform und muss genauso sorgfältig verfasst werden. Große Vorteile für Sie sind die Kostenersparnis, denn es entstehen keine Papier-, Druck- und Portokosten, und der Zeitgewinn, da der Postversand entfällt.

Bewerbung per E-Mail

Sie bewerben sich per E-Mail und hängen Ihre Bewerbungsunterlagen als PDF-Dateien (oder zusammengefasst als eine einzige Datei) an. Dabei gelten folgende Regeln:

- Der Anhang sollte nicht größer als 2 bis 3 Megabyte sein und nicht mehr als drei Dateien umfassen, die dritte Seite wird dem Lebenslauf beigefügt.
- Die einzelnen Dateien müssen so benannt werden, dass sie schnell und eindeutig der Bewerberin zugeordnet werden können, also z. B. „Nachname-Lebenslauf.pdf".
- Die E-Mail wird an eine Person, nicht an die Einrichtung adressiert (ggf. den Empfänger telefonisch abklären). Denken Sie an eine präzise Betreffzeile, z. B. „Bewerbung für das Berufspraktikum Kindertagesstätte".
- In der Nachricht selbst verweisen Sie auf die Stellenausschreibung und evtl. vorangegangene (telefonische) Kontakte, damit Ihre Bewerbung direkt zugeordnet werden kann.

Eine **Kurzbewerbung** sollte wirklich kurz sein: Statt einen Anhang mit ausführlichen Materialien mitzuschicken, bewirbt sich die Bewerberin mit einer E-Mail, die nicht länger als eine Seite ist und de facto ein verknapptes Anschreiben darstellt. Die nicht zu unterschätzende Schwierigkeit liegt in der Kürze: Jedes Wort, jeder Satz muss sorgfältig überlegt werden. Die Kurzbewerbung ist darauf angelegt, dass der Arbeitgeber bei Interesse weitere Informationen anfordert.

Bewerbung per Online-Formular

Bei dieser Form der Bewerbung trägt die Bewerberin ihre Angaben in ein standardisiertes Online-Formular auf der Webseite der Einrichtung ein und lädt die geforderten Bewerbungsunterlagen (siehe oben) hoch. Die vorgegebene Strukturierung erleichtert die Bewerbung, andererseits ist der individuelle Spielraum erheblich eingeschränkt. Für zusätzliche Informationen steht in der Regel ein Textfeld zur Verfügung. Sie müssen mit einer automatischen Auswertung Ihrer Eingaben rechnen.

1.3 Das Vorstellungsgespräch

Ziel des Vorstellungsgesprächs ist für den Arbeitgeber, einen persönlichen Eindruck von der Bewerberin zu gewinnen und damit seine Entscheidungsgrundlage zu erweitern. Für Sie bietet dieses Gespräch die Chance, näher in Erfahrung zu bringen, ob die Stelle Ihren Erwartungen wirklich entspricht. Zudem bietet es den Beteiligten die Möglichkeit, noch offene Fragen zu klären.

Ablauf eines Vorstellungsgesprächs

Vorstellungsgespräche beinhalten feste Gesprächsbestandteile und laufen in der Regel folgendermaßen ab:

- *Begrüßung/Gesprächseinstieg (über den Anfahrtsweg, das Wetter u. Ä.)*
- *Fragen des Arbeitgebers*
  - *zu Bewerbungsmotiven/zur Leistungsmotivation („Warum haben Sie sich gerade bei uns beworben?",„Auf welche beruflichen Erfolge sind Sie besonders stolz?")*
  - *zum beruflichen Werdegang („Ich sehe aus Ihren Unterlagen, dass Sie vor der Ausbildung zur Erzieherin als Bankkauffrau gearbeitet haben. Warum dieser Berufswechsel?")*
  - *zum persönlichen Hintergrund („Wie würden Sie sich charakterisieren?")*
- *Fragen der Bewerberin zum Arbeitsplatz (z. B. zu Details des Konzeptes, zu Fortbildungsmöglichkeiten u. Ä.)*
- *Verabschiedung*

Zum Vorstellungsgespräch sollten Sie Ihre Unterlagen über die neue Arbeitsstelle in Papierform mitbringen, sodass Sie sich auf diese beziehen können (z. B. *„In Ihrem Konzept verweisen Sie auf eine intensive Elternarbeit …"*), außerdem Papier und Stift, um sich eventuell im Gespräch Notizen machen zu können.

In der erzieherischen Praxis wird eine Bewerberin oft vom ganzen Team eingeladen, d.h., dass Sie sich auf unterschiedliche Fragesteller und unterschiedliche Fragen einstellen muss. In der Gesprächssituation verlangt das Blickkontakt mit dem jeweiligen Gesprächspartner, aber auch immer wieder mit allen am Gespräch Beteiligten. Haben Sie eine Frage nicht genau verstanden, fragen Sie nach. Versuchen Sie bei Ihren Antworten,

- Ihre Aussagen mit Beispielen zu konkretisieren. *(„Ich habe Erfahrung im Umgang mit Gewalt. Im Berufspraktikum konnte ich bei der Einführung von ‚Faustlos' an einer Grundschule mitarbeiten. Ich weiß nicht, ob Sie das Projekt kennen? Es geht um die Förderung sozial-emotionaler Kompetenzen.")*
- sich differenziert zu äußern. *(„Die Reaktion der Eltern war unterschiedlich, die Mehrheit reagierte zustimmend, dazu gehörten auch alle Eltern mit Migrationshintergrund …")*
- kritische Bemerkungen mit einzuschließen, die begründet werden müssen. *(„Ich frage mich, ob man bei diesem Projekt nicht höchstens in Gruppen bis zu sechs Kindern arbeiten sollte, weil …")*
- den Bezug zum neuen Arbeitsplatz selbst immer wieder herzustellen. *(„Ich habe Erfahrungen im Umgang mit Gewaltprävention, und zwar mit ‚Faustlos' … Dieses Projekt gibt es übrigens inzwischen auch für Vorschulkinder. Eventuell könnte das hier in der Einrichtung*

auch auf Interesse stoßen.") Voraussetzung ist allerdings, sich vorher gut zu informieren, damit Sie nicht „Eulen nach Athen tragen".

Tipp

Auch wenn es im sozialpädagogischen Bereich keinen Dresscode gibt, sollte auch Ihre Kleidung signalisieren, dass Sie eine ernst zu nehmende Gesprächspartnerin sind.

Themen des Vorstellungsgesprächs

Auflockernde Bemerkungen (Wetter, Anfahrtsweg u. Ä.) bei der Begrüßung dienen dazu, die Spannung zu Gesprächsbeginn abzubauen.

Zentrale Themen des Vorstellungsgesprächs sind in der Regel Lebenslauf und Leistungsmotivation. Enthält Ihr Lebenslauf Lücken, gibt es Brüche in Ihrem Werdegang oder schlechte Zeugnisse, sollten Sie damit rechnen, danach gefragt zu werden. Die Leistungsmotivation wird gerne indirekt abgefragt *(„Was sind Ihre größten Erfolge, Misserfolge?")*. Hier geht es vorrangig um berufliche Aspekte, aber wenn Sie eine Karate-Gruppe erfolgreich mit aufgebaut oder sich in besonderer Weise selbst qualifiziert haben (Erwerb des „braunen Gürtels"), ist das erwähnenswert, weil es aussagekräftig ist hinsichtlich Ihrer Wertvorstellungen (ehrenamtliches Engagement) und Ihrer Leistungsbereitschaft.

Im Mittelpunkt des Vorstellungsgesprächs steht die Person der Bewerberin – ihr Auftreten, ihre Kommunikationsfähigkeit in der Gesprächsrunde, ihre Fähigkeit zur Selbstreflexion *(„Nennen Sie drei Stärken, drei Schwächen ...")* und zum selbstkritischem Denken *(„Projekt ‚Faustlos' ist deswegen erfolgreich, weil wir die Eltern einbezogen haben ..."* oder: *„... ist gescheitert, weil es nicht gelungen ist, Teilaufgaben zu delegieren, entscheidende Absprachen im Team nicht schriftlich festgehalten wurden und der finanzielle Spielraum nicht sorgfältig abgeklärt war.")*. Die geistige Flexibilität der Bewerberin wird auch gerne mit überraschenden Fragen geprüft: *„Sie sind körperlich klein und kaum älter als die Jugendlichen des Wohnprojektes: Wie verschaffen Sie sich Respekt?"* oder *„Stellen Sie sich vor, es gibt in der erzieherischen Praxis einen generellen Einstellungsstopp: Was machen Sie dann beruflich?"*

Abschließend wird Ihnen in der Regel die Möglichkeit gegeben, selbst Fragen zu stellen: Diese sollten Sie nutzen und sich schon bei der Durchsicht der Unterlagen der Einrichtung überlegen, was Sie in Erfahrung bringen möchten. Das spiegelt Ihr Interesse wider und zeigt, dass Sie sich intensiv mit der neuen Arbeitsstelle auseinandersetzen.

Unzulässige Fragen

Durch das Allgemeine Gleichbehandlungsgesetz von 2006 sind Benachteiligungen aufgrund folgender Gegebenheiten verboten:

- Religion oder Weltanschauung (Ausnahme: Tendenzbetrieb)
- Rasse oder ethnische Herkunft
- sexuelle Identität
- Alter
- Behinderung

Entsprechende Fragen sind unzulässig. Werden sie trotzdem gestellt, gilt es, sich nicht einschüchtern zu lassen, sondern souverän zu reagieren, z. B. mit einer Gegenfrage: *„Sie haben sich für mein Alter interessiert, ich vermute, es geht um meine Familienplanung?"* oder *„Sie fragen, woher ich eigentlich komme. Ist das für die angebotene Stelle von Bedeutung?"*

Aufgabe

Skizzieren Sie gemeinsam in der Lerngruppe eine konkrete Bewerbungssituation. Bilden Sie zwei Gruppen: Die eine bereitet das Gespräch aus der Sicht des Arbeitgebers vor, die andere aus der Sicht der Erzieherin. Spielen Sie die Situation durch. Wird es für eine Seite „brenzlig" mit der Antwort, kann ein anderes Mitglied der Vorbereitungsgruppe durch ein Handzeichen signalisieren, dass es jetzt das Gespräch fortsetzen möchte.

Tipp

Bewerben Sie sich in einem Tendenzbetrieb (z. B. kirchliche Einrichtung) müssen Sie mit entsprechenden Fragen, z. B. zu Ihrer persönlichen Einstellung und erzieherischen Grundhaltung, rechnen.

2 Ein Arbeitszeugnis verstehen und ausstellen

Worum geht es?

Arbeitszeugnisse sind in der beruflichen Biografie einer Erzieherin wichtige Dokumente. Sie sind aber nur dann aussagekräftig, wenn sowohl derjenige, der das Arbeitszeugnis geschrieben hat, als auch derjenige, der es liest, die Konventionen in diesem Zusammenhang kennt. Deshalb ist es für eine Erzieherin wichtig,

- *mit den Anforderungen an den Aufbau eines Arbeitszeugnisses vertraut zu sein,*
- *auf möglicherweise verschlüsselte Mitteilungen aufmerksam zu werden und*
- *allgemein übliche sprachliche Formulierungen zu kennen, mit denen in einem Arbeitszeugnis Leistungsstufen entsprechend einer Notenskala gekennzeichnet werden.*

An welches Vorwissen/welche Vorerfahrungen können Sie anknüpfen?

Aufgaben

1. *Als Erzieherin werden Sie später Arbeitszeugnisse erhalten und – wenn Sie die Leitung einer Einrichtung übernehmen – auch selbst Arbeitszeugnisse verfassen bzw. daran mitwirken. Im Arbeitszeugnis geht es also darum, „beurteilt zu werden" und „andere zu beurteilen". Beides löst ganz unterschiedliche Gefühle aus.*
   Tragen Sie mit einer Studierenden in Partnerarbeit zusammen, was Ihnen zu diesen beiden Stichworten alles einfällt. Welche Probleme ergeben sich jeweils?
2. *Klären Sie, z. B. mithilfe des Internets, den Unterschied zwischen einem einfachen und einem qualifizierten Arbeitszeugnis.*

Allgemeine Konventionen

Seit ca. 100 Jahren hat jeder Arbeitnehmer bei der Beendigung des Arbeitsverhältnisses einen Rechtsanspruch auf ein Arbeitszeugnis (vgl. § 630 BGB). Dieser Anspruch richtet sich gegen den Arbeitgeber, also in der Regel gegen den Träger der Einrichtung. Man kann das Zeugnis vom Zeitpunkt der Kündigung an verlangen und auf eine möglichst rasche Ausstellung dringen (in der Regel binnen 14 Tagen).

Will sich eine Erzieherin beruflich verändern, dann kann sie ein **Zwischenzeugnis** einfordern, um dies ihren Bewerbungsunterlagen beizufügen. Ein Zwischenzeugnis kann auch verlangt werden, wenn jemand z. B. innerhalb der Einrichtung den Arbeitsplatz wechselt oder vor einer längeren Arbeitsunterbrechung wie z. B. Elternzeit steht oder auch wenn die Leitung einer Einrichtung wechselt. Für Form und Inhalt des Zwischenzeugnisses gelten die allgemeinen Grundsätze.

Qualifizierte Arbeits- oder Zwischenzeugnisse mit der Beurteilung der Leistung und des Verhaltens sind zumeist der einzige Nachweis über die Leistungen in vergangenen Arbeitsverhältnissen. Es ist daher sehr wichtig, als Arbeitnehmerin das Zeugnis hinsichtlich Vollständigkeit der Angaben, Angemessenheit der Leistungseinschätzung etc. zu überprüfen oder überprüfen zu lassen. Binnen Jahresfrist kann die Korrektur eines Arbeitszeugnisses verlangt werden.

Tipp

Lassen Sie Ihr erstes Arbeitszeugnis auf jeden Fall von einer entsprechenden Beratungsstelle überprüfen. Dazu können Sie auch das Internet nutzen.

- **Verfasser des Zeugnisses**
  In der Regel wird die Leiterin einer Einrichtung einen Entwurf des Zeugnisses aufsetzen, der dann vom Trägervertreter (evtl. mit einigen Modifikationen) übernommen und unterschrieben wird. Diejenige oder derjenige, der das Zeugnis unterschreibt, muss auf jeden Fall in der Hierarchie der Einrichtung erkennbar über der beurteilten Erzieherin stehen. Die Erzieherin kann also in ihrer Funktion als Gruppenleiterin nicht das Zeugnis für die Kinderpflegerin unterschreiben. Das heißt aber nicht, dass sie nicht zu den Inhalten des Zeugnisses befragt werden kann.

Tipp

Sollte man Ihnen anbieten, für Ihr eigenes Zeugnis einen Entwurf aufzusetzen, so sollten Sie diesen Vorschlag ablehnen. Erstens ist es schwierig, seine eigene Arbeitsleistung und sein Verhalten qualifiziert zu beurteilen. Zweitens ist es leicht möglich, dass Sie sich ein mittelmäßiges bis schlechtes Arbeitszeugnis ausstellen, weil Sie sich in den schwierigen Konventionen des Zeugnisschreibens nicht so gut auskennen.

- **Äußere Form**
  Das Zeugnis wird auf dem Briefpapier des Arbeitgebers (DIN-A4-Format) geschrieben. Ausstellungsort und -datum sind anzugeben und es muss handschriftlich unterschrieben werden. Die Überschrift ist „Zeugnis", „Arbeitszeugnis" oder „Zwischenzeugnis" und wird in der Regel in Fettdruck geschrieben. Ansonsten darf es im Zeugnistext keinerlei Hervorhebungen, z. B. durch Fett-/Kursivdruck, Unterstreichungen oder z. B. durch „Gänsefüßchen" geben.

- **Aufbau**
  Die Struktur eines Arbeitszeugnisses ist standardisiert. Die übliche Reihenfolge ist:
  - Überschrift
  - Einleitung: persönliche Daten einschließlich Berufsbezeichnung, Beginn und Ende des Arbeitsverhältnisses unter Einbeziehung des Werdegangs innerhalb der Einrichtung
  - vollständige und genaue Tätigkeitsbeschreibung
  - differenzierte Leistungsbeurteilung mit Hinweis auf Weiterbildungsbereitschaft einschließlich zusammenfassender Beurteilung
  - Beurteilung des persönlichen und sozialen Verhaltens mit zusammenfassender Beurteilung
  - Schlussformel (Gründe für die Beendigung des Arbeitsverhältnisses, Dankes-/Bedauernsformel, Zukunftswünsche)

- **Die Leistungsbeurteilung**
  Hier gilt der Grundsatz, dass die Leistungsbeurteilung wahr sein muss. Der Arbeitgeber muss dabei aber seiner Fürsorgepflicht für den Arbeitnehmer nachkommen und einen wohlwollenden Maßstab anlegen. Wo genau die Grenze zwischen Wohlwollen und Wahrheitspflicht liegt, ist im Einzelfall schwer zu sagen. Auf jeden Fall dürfen einmalige negative Vorfälle nicht ins Zeugnis aufgenommen werden.

  Die Aussagen im Leistungsteil sollten sich auf die einzelnen Bereiche der Tätigkeitsbeschreibung beziehen (z. B. pädagogische Arbeit, Teamarbeit, Zusammenarbeit mit Eltern etc.). Der Leistungsteil endet mit der Leistungszusammenfassung, die auch für die Gesamtnote entscheidend ist.

- **Die Beurteilung des persönlichen Verhaltens**
  Hier wird in erster Linie auf das Verhalten gegenüber Vorgesetzten und Kollegen eingegangen. Dabei ist diese Reihenfolge vorgegeben. Wird erst das Verhalten gegenüber Teamkollegen erwähnt und dann erst das Verhalten gegenüber der Leitung, dann kann

die geänderte Abfolge bedeuten, dass das Verhalten gegenüber der Leitung als schwierig eingeschätzt wurde.

- **Zusammenfassende Gesamtbeurteilung**
  Dafür gibt es mehr oder weniger feststehende Formulierungen, die einer Notenskala entsprechen (s. u.).

- **Schlussformel**
  Es sollte klar benannt werden, auf wessen Initiative die Kündigung zurückgeht. Kündigungsgründe, die negative Auswirkungen bei der Bewerbung auf eine andere Stelle haben könnten (persönliche Gründe, wie z. B. Krankheit oder verhaltensbedingte Gründe), dürfen im Zeugnis nicht genannt werden.

Sprachliche Verschlüsselungstechniken

Für das Verfassen von Arbeitszeugnissen hat sich inzwischen eine besondere Sprache herausgebildet, die nur der „Kundige" versteht. Hintergrund für diese speziellen sprachlichen Formulierungen mit einem ganz bestimmten („geheimen") Aussagewert ist die höchstrichterlich festgelegte Vorgabe, dass das Zeugnis keine negativen Bewertungen enthalten darf. Der Arbeitgeber ist vielmehr verpflichtet, seiner „Fürsorgepflicht" und „sozialen Mitverantwortung" für den Arbeitnehmer nachzukommen. Der Arbeitgeber will aber gleichzeitig dem neuen Arbeitgeber Hinweise auf eventuelle Probleme geben. Dadurch ist eine Art „geheime Zeugnissprache" entstanden, durch die sich aber neue Probleme stellen, weil die Entschlüsselung immer nur von Vermutungen ausgehen kann. Eine ganz einheitliche Zeugnissprache gibt es eben doch nicht und möglicherweise haben der alte und der potenzielle neue Arbeitgeber darüber ganz unterschiedliche Vorstellungen. So kann es zu erheblichen Missverständnissen kommen. Da es für eine Erzieherin wichtig ist, solche speziellen Verschlüsselungstechniken zu kennen, seien im Folgenden einige benannt:

- **Leerstellentechnik**
  Wichtige Punkte des Aufbauschemas fehlen, was zu negativen Schlussfolgerungen bei einem künftigen Arbeitgeber führen kann. Besonders problematisch ist, wenn Angaben zum Sozialverhalten oder die Dankesformel oder die Zukunftswünsche am Schluss nicht erwähnt werden. Dies lässt auf eine besondere Verstimmung am Arbeitsplatz schließen.

- **Reihenfolgetechnik**
  Eine Änderung der Reihenfolge innerhalb des Aufbauschemas kann einen Hinweis auf die von der Erzieherin gesetzten Schwerpunkte geben. Wird zum Beispiel das Sozialverhalten der Leistungsbeschreibung vorangestellt, kann dies bedeuten, dass die sozialen Kontakte zu anderen Kollegen wichtiger genommen wurden als die Tätigkeit.

- **Ausweichtechnik**
  Hier werden Nebensächlichkeiten und Banalitäten großartig in den Vordergrund gestellt, Wichtiges ist dagegen gar nicht oder nur am Rande erwähnt. Es sollte misstrauisch machen, wenn einer Erzieherin attestiert wird, welchen Wert sie auf die Sauberkeit der Räume legte, aber Aussagen zur pädagogischen Arbeit fehlen.

- **Andeutungstechnik**
  Im Zeugnis sollte jedes Wort hinterfragt und auf seine eigentliche Bedeutung hin untersucht werden. Formulierungen wie *„bemühen"* oder *„streben"* lassen vermuten, dass sich die Erzieherin ohne Erfolg bemühte. Worte wie *„im Rahmen ihrer Fähigkeiten"* lassen annehmen, dass diese nur gering waren. Eine *„ordnungsgemäße"* oder *„pflichtgemäße"* Erbringung der Leistung steht für den sogenannten Dienst nach Vorschrift, mangelnde Kooperationsbereitschaft sowie fehlende Flexibilität. *„Geselligkeit"*, mit der eine Erzieherin *„zur Verbesserung des Betriebsklimas beitrug"*, kann als verdeckter Hinweis für Alkoholgenuss im Dienst gelesen werden.

- **Ausführlichkeitstechnik**
  Wenn Nichtigkeiten oder reine Hilfstätigkeiten ausführlich beschrieben werden, so sollte das beim Leser Misstrauen wecken.

Sprachliche Formulierungen entsprechend einer Notenskala

Bei der abschließenden Gesamtbeurteilung kommt eine Skala abgestufter positiver Formulierungen zur Anwendung. Es handelt sich um das folgende Schema:

Benotung	Formulierung im Zeugnis
sehr gut	*Stets zu unserer vollsten Zufriedenheit* oder *in jeder Hinsicht/außerordentlich zufriedenstellend* oder ähnlich
gut	*Stets zu unserer vollen Zufriedenheit* oder *zu unserer vollsten Zufriedenheit* oder *voll und ganz zufriedenstellend*
befriedigend	*Zu unserer vollen Zufriedenheit*
ausreichend	*Zu unserer Zufriedenheit*
mangelhaft	*Im Großen und Ganzen zufriedenstellend*
ungenügend	*Er/Sie war bemüht, die Aufgaben zu unserer Zufriedenheit zu erledigen* oder *er/sie führte die übertragene Aufgabe mit Fleiß und Interesse aus*

Auch bei der Beurteilung des Sozialverhaltens haben sich solche Standardformulierungen eingebürgert:

Sehr gut	*Ihr persönliches Verhalten war stets vorbildlich. Bei Vorgesetzten und Kolleginnen war sie sehr geschätzt.*
gut	*Ihr persönliches Verhalten war stets einwandfrei. Bei Vorgesetzten und Kolleginnen war sie geschätzt.*
befriedigend	*Ihr persönliches Verhalten gegenüber Vorgesetzten und Kolleginnen war einwandfrei.*
ausreichend	*Ihr Verhalten gegenüber Vorgesetzten und Kolleginnen war höflich und korrekt. Ihre Führung gab zu Beanstandungen keinen Anlass.*

mangelhaft	*Ihr persönliches Verhalten gegenüber den Kolleginnen war einwandfrei (= Mängel gegenüber Vorgesetzten oder umgekehrt).*
ungenügend	*Das persönliche Verhalten von Frau X war nicht frei von Beanstandungen. Es fiel ihr schwer, sich in die Einrichtung einzufügen.*

Aufgaben

1. *Formulieren Sie im Hinblick auf Ihre Anleiterin in Ihrer letzten Praxisstelle den ersten Teil eines qualifizierten Arbeitszeugnisses, also die Einleitung und die Tätigkeitsbeschreibung. Daten wie z. B. die Dauer des Arbeitsverhältnisses können Sie sich ausdenken.*

2. *Im Folgenden finden Sie ein Originalzeugnis von einer Studierenden, die vor ihrer Ausbildung zur Erzieherin als Kinderpflegerin gearbeitet hat. Prüfen Sie das Zeugnis*
   - *im Hinblick auf die Bewertungsstufe, die der Zeugnisempfängerin attestiert werden soll. Prüfen Sie, an welchen Stellen des Zeugnisses und an welcher Wortwahl diese deutlich wird.*
   - *im Hinblick auf den Verfasser des Zeugnisses (Selbstkundgabe). Wie schätzen Sie diesen ein? Begründen Sie Ihre Meinung anhand des Textes.*

Kindergarten Märseburg
Kirchplatz 1
94356 Strohdorf
Tel. 08934 741

Zeugnis

Susanna Schmitz war in der Zeit vom 1.09.20.. bis zum 31.08.20.. in unserem Kindergarten als Kinderpflegerin in Vollzeit tätig.

Der Kindergarten Märseburg betreut in drei Gruppen derzeit 79 Kinder zwischen drei und sechs Jahren. Die meisten Kinder kommen aus intakten Familien oder Lebensgemeinschaften. Der Ausländeranteil liegt unter zehn Prozent.

Das Konzept unseres Kindergartens sieht die Einrichtung als Ganzes. Gruppenübergreifende Betreuungs- und Bildungsformen wie Frühdienst, Morgenkreis, Intensivförderung usw. ermöglichen den Kontakt zu allen Kindern der Einrichtung. Für ca. zwei Stunden am Tag werden die Kinder beim Freispiel, bei der gemeinsamen Brotzeit und bei der gezielten Beschäftigung in festen Gruppen betreut. Die Bildungsangebote werden für den gesamten Kindergarten zusammen erarbeitet und sind für alle Gruppen bindend. Für die Ganztagskinder werden kostenfrei jeweils einmal wöchentlich folgende zusätzliche Bildungsangebote gemacht:

- Spielerische Einführung in die englische Sprache,
- Musikalische Früherziehung im kleinen Orffschulwerk.

Frau Schmitz wurde wechselweise in der Ganztagsgruppe und der Zwischenzeitgruppe eingesetzt. Aufgrund ihrer lückenhaften Ausbildung konnte Frau Schmitz zu Beginn ihrer Tätigkeit nicht alle ihrem Berufsstand entsprechenden Arbeiten ausführen. Sie nahm die Hilfestellung des Teams gerne an und füllte die Lücken in ihrer Verfügungszeit durch Überstunden. Frau Schmitz wurde neben den pflegerischen und pädagogischen Gruppenarbeiten die alleinige Gestaltung der Entspannungszeit übertragen, damit sie ihre psychologischen und pädagogischen Fähig- und Fertigkeiten erproben und entfalten kann.

Die musikalische Früherziehung der Ganztagskinder gehörte ebenso zu ihrem Aufgabengebiet wie der Wäschedienst und das Kehren im Garten und das Leeren des Papierkorbes.

Die ihr übertragenen und sofort kontrollierten Aufgaben erledigte sie zu unserer vollsten Zufriedenheit.

Frau Schmitz kannte alle Kinder im Kindergarten und hatte zu vielen ein sehr herzliches Verhältnis. Die Eltern suchten Kontakt zu ihr und traten ihr liebevoll und tolerant entgegen.

Frau Schmitz nutzte die Möglichkeit der Fortbildung und der Teilnahme an der Belehrung zum Infektionsschutz.

Bei Aktivitäten und Festen des Kindergartens half Frau Schmitz bei der Vorbereitung und Durchführung. An Teamsitzungen nahm sie teil. Protokolle wurden vom Team im Wechsel erstellt. Frau Schmitz war im Team integriert.

Frau Schmitz beendet das Arbeitsverhältnis, um sich an der Fachakademie zur Erzieherin ausbilden zu lassen.

Wir bedauern das Ausscheiden und hätten Frau Schmitz noch gerne in ihrem weiteren Reifeprozess begleitet.

Strohdorf, den 29.8.2016 Unterschrift

X Sachtexte analysieren

1 Methoden der Texterschließung

2 Formen der Textwiedergabe

3 Einen Übungstext bearbeiten

1 Methoden der Texterschließung

Worum geht es?

Wer lesen kann, sieht sich – nicht zuletzt im Zeitalter der digitalen Medien – einer Fülle von „Geschriebenem" gegenüber. Umso wichtiger ist es gerade für pädagogische Fachkräfte, die auch als Multiplikatoren tätig sind, beim Lesen kritisch zu sein. Darüber hinaus ist die Analyse von Sachtexten prüfungsrelevant. Im Folgenden finden Sie Hinweise

- *zum Umgang mit Verständnisschwierigkeiten im Text,*
- *zu Textarten und Textsorten und*
- *zur Sprachanalyse.*

An welches Vorwissen/welche Vorerfahrungen können Sie anknüpfen?

Schwierige Textstellen klären

Voraussetzung für kritisches Lesen ist es, den Text selbst zu verstehen. Als Erstes müssen also Verständnisschwierigkeiten ausgeräumt werden (siehe auch Kap. I 5).

Handelt es sich um einzelne Begriffe oder um schwer verständliche **Textstellen**, geht man nach folgendem Prinzip vor:

- unbekannte Begriffe klären
- die Aussagen mit eigenen Worten (und Sätzen) wiederzugeben versuchen
- für das Verständnis den Textzusammenhang mit heranziehen

Ein kritischer Leser wird sich allerdings fragen, warum einzelne Textpassagen so schwer verständlich sind. Gründe dafür könnten sein:

- der eigene Mangel an Leseerfahrung
- die Unfähigkeit bzw. Bequemlichkeit des Verfassers, sich einfach auszudrücken (vgl. Dimensionen der Verständlichkeit)
- die bewusste oder unbewusste Absicht, den Leser durch so viel „Gelehrtheit" einzuschüchtern
- durch „hochgestochene" Formulierungen einen mangelnden Praxisbezug zu überdecken

Textarten und Textsorten

Die Literaturwissenschaft versucht, die Fülle vorhandener Texte durchschaubar zu machen (obwohl alle Ordnungsversuche letztlich problematisch sind, da die Grenzen zwischen den Texttypen faktisch oft verschwimmen).

Literarische Texte beinhalten, vereinfacht gesagt, Erdichtetes, in der dichterischen Fantasie Entstandenes, fachsprachlich: eine Fiktion. Was nicht fiktional ist, also nicht der Literatur zugerechnet wird, ist ein Sach- oder Gebrauchstext.

Diese erste grobe Unterscheidung ist jedoch nicht ausreichend. Bei Gebrauchstexten wird weiter differenziert zwischen verschiedenen ***Textarten****, nämlich*

1. ***informierenden Texten****, d. h. Texten, die in erster Linie an der Sache orientiert sind und Sachverhalte genau darstellen,*
2. ***kommentierenden Texten****, d. h. Texten, die in erster Linie Eindrücke, Gefühle, Überzeugungen wiedergeben und den Leser mit Wertungen konfrontieren, und*
3. ***appellativen Texten****, d. h. Texten, die in erster Linie Emotionen auslösen und zum Handeln bewegen wollen.*

Die Welt der Texte ist so vielgestaltig, dass jede Textart nochmals in sich verschiedene Ausprägungen aufweist, die sogenannten **Textsorten**.

Textsorten (z. B. in Zeitungen/Fachzeitschriften)	
Abhandlung	*sachbezogene fachliche Darstellung (Zeit: Präsens)*
Bericht	*sachliche Darstellung, Wiedergabe von Ereignissen*
Erörterung	*strukturierte Darlegung von Problemen und Sachverhalten, die durch Argumente überzeugen will*
Glosse	*kurze, kritische, ironische oder polemische Stellungnahme zu aktuellen Ereignissen*
Kommentar	*kritische Meinungsäußerung zu aktuellen Ereignissen, in der auch erläutert und argumentiert wird*
Rezension	*kritische Besprechung (Information und persönliches Urteil) von Büchern, Theaterstücken usw.*

Merke: *Ein „Artikel" ist ein kleiner Aufsatz in einer Zeitung/Zeitschrift und keine Textsorte.*

Die Grenzen zwischen diesen Textsorten sind fließend. Aber weshalb bemüht man sich dann um diese Zuordnungen? Es geht hierbei darum, dem Leser zu helfen, die Texte in ihrer Eigenart zu erfassen, d. h. beispielsweise ein Gedicht nicht für eine Realitätsbeschreibung zu halten oder den politischen Kommentar in der Zeitung nicht als objektive Darstellung anzusehen. Kritisches Lesen setzt daher das Wissen in Bezug auf diese Zuordnungen und die verschiedenen Textsorten voraus.

Aufgaben

1. *Ordnen Sie die genannten Textsorten den drei Textarten zu.*
2. *Mit welchen Textsorten haben Sie es z. B. in der Ausbildung zu tun?*

Sprachliche Mittel

Sprache ist verräterisch: Wer jeden Satz mit „ich" beginnt, von dem ist kaum zu erwarten, dass er Sachverhalte aus einer anderen als der eigenen Perspektive wahrnehmen kann. Wer von „wir" spricht, ohne sich vorher mit den Kollegen inhaltlich abgestimmt zu haben, suggeriert durch die Formulierung Gemeinsamkeit, wo sie nicht vorhanden ist, vielleicht um eigene Interessen manipulativ durchzusetzen. Ein Autor, der den Leser achtet, wird alles daran setzen, ihn nicht sprachlich zu steuern, sondern er wird ihm Freiräume eröffnen für das eigene Urteil.

Die folgenden Leitfragen für die Sprachanalyse sollen es erleichtern, die sprachliche Gestaltung des Textes zu durchschauen. Ob die eingesetzten Mittel dazu dienen, die Aussageabsicht zu verstärken oder ob sie die Grenze zur Manipulation überschreiten, lässt sich nur vom Textzusammenhang her beurteilen.

Tipp

Denken Sie daran, dass die Analyse sprachlicher Mittel zweierlei verlangt: Sie müssen feststellen, welche Mittel eingesetzt werden, und diese dann interpretieren (welche Wirkung haben sie in diesem Text?).

Leitfragen für die Sprachanalyse

- **Was fällt an der Wortwahl auf?**
  - Wortarten: Welche Wortart ist besonders häufig?
  - Wortbildung: Gibt es Fremdwörter, Wortneubildungen?
  - Wortcharakter: Gibt es besonders ausdrucksstarke, implizit auf- oder abwertende oder bildhafte Wörter?
  - Sprachebene:
    - Standard- oder Hochsprache („Schriftsprache"), z. B. *wir gingen die Stufen hinauf; wir stiegen die Stufen empor*
    - Fachsprache, z. B. psychologische Fachsprache
    - Gruppensprachen, z. B. Jugendsprache, Sozialpädagogenjargon u. a.
    - Umgangssprache, z. B. *macht nix*
    - Dialekt
- **Was kennzeichnet den Satzbau?**
  - Satzkonstruktion: Werden einfache Hauptsätze oder verschachtelte Haupt-/Nebensatzgefüge, Ellipsen, Parenthesen benutzt?
  - Satzart: Kommen Aussage-, Frage-, Ausrufesätze häufig vor?
  - Wortstellung im Satz: Ist die Satzgliedfolge gebräuchlich?
- **Welche rhetorischen Mittel werden benutzt?**
  Rhetorische Figuren dienen dazu, einen Text künstlerisch auszugestalten. Diese Ausgestaltung kann sich auf Worte und/oder Sätze beziehen.

Rhetorische Figuren

Alliteration	– *Aneinanderreihung von Wörtern mit gleichem Anlaut,* *z. B. „Milch macht müde Männer munter!"* *➔ hebt die Aussage hervor*
Anspielung	– *versteckter, nur für Eingeweihte erkennbarer Hinweis,* *z. B. „Die notwendigen Mittel für das Jugendzentrum – nur Peanuts."* *➔ will unterhaltsam/geistreich sein*
Antithese	– *Entgegensetzung (von These und Antithese, aber auch einzelner Wörter),* *z. B. „Alle reden vom Wetter. Wir nicht."; „Praxis – gerne, Theorie – nein danke."* *➔ spitzt zu, verschärft die Aussage*
Bild	– *Sammelbezeichnung für (verschiedene) bildhafte Ausdrucksweisen, oft mit Metapher gleichgesetzt (s. u.).* *➔ erschließt Dimensionen und Deutung*
Ellipse	– *unvollständiger Satz,* *z. B. „Was nun?"; „Nein, danke!"* *➔ steigert die Wirkung der Aussage*
Emphase	– *nachdrückliche Hervorhebung einer Aussage,* *z. B. „Wir sind keineswegs einverstanden."; „Das genügt mir völlig."* *➔ intensiviert die Aussage*
Euphemismus	– *Beschönigung, Umschreibung einer unangenehmen Sache,* *z. B. „thermische Verwertung" für „Müllverbrennung", „entschlafen" für „sterben"* *➔ verhüllt die Realität, um die es in der Aussage geht*
Hyperbel	– *Übertreibung,* *z. B. „Ich habe dir schon tausendmal gesagt …"* *➔ verstärkt die Aussage durch Überspitzung*
Inversion	– *Umkehrung der üblichen Wortstellung,* *z. B. „Tausendmal habe ich dir schon gesagt …"; „Pünktlich wolltest du sein."* *➔ hebt die Aussage hervor*
Ironie	– *versteckter Spott,* *z. B. „Du bist mal wieder sehr pünktlich!"* *➔ wertet den anderen ab, kritisiert versteckt*
Klimax	– *Aufzählung in steigender Aussageintensität,* *z. B. „Wir warteten Sekunden, Minuten, Stunden."* *➔ intensiviert die Aussage*

Metapher	–	*„Übertragung" eines Begriffes in einen anderen Vorstellungsbereich; im Gegensatz zum Vergleich fehlt die Konjunktion „wie",* *z. B. „Bausteine" einer Konzeption", „Quelle" unseres Ärgers* *➔ erschließt durch die Bildlichkeit eine neue Deutung*
Modewort	–	*Wort, das gerade in Mode ist, z. B. „Deine Brille ist cool."* *➔ betont, dass der Schreiber „up to date" ist*
Personifikation	–	*Vermenschlichung von Begriffen oder Dingen,* *z. B. „Mein Auto weiß die Antwort."* *➔ macht durch Verfremdung aufmerksam*
Pleonasmus	–	*eine Sache wird doppelt ausgedrückt (nach dem Motto „doppelt gemoppelt hält besser"), z. B. „weißer Schimmel"* *➔ verstärkt (scheinbar) die Aussage*
Rhetorische Frage	–	*Scheinfrage,* *z. B. „Sie möchten doch jetzt eine Pause?"* *➔ stellt Aufmerksamkeit her*
Synästhesie	–	*Mischung verschiedener Sinneseindrücke in einer Aussage,* *z. B. „kalte Farben", „heiße Musik"* *➔ hebt die Formulierung durch Verfremdung hervor*
Vergleich	–	*zwei Bereiche in Beziehung setzen,* *z. B. „Die Jugendlichen haben wie verrückt geschuftet."* *➔ veranschaulicht die Aussage*
Wortspiel	–	*mit Worten spielen,* *z. B. „Der Bundestag braucht eine Diät, nicht höhere Diäten."* *➔ will unterhalten*

- **Was fällt an den Satzzeichen auf?**
  Ist eine auffällige Benutzung von Anführungszeichen, Doppelpunkt (z. B. vor Zusammenfassungen, Folgerungen), Gedankenstrichen, von Ausrufe- oder Fragezeichen erkennbar? Auch hier gilt: Es reicht nicht nur, z. B. eine auffallende Häufung von Fragezeichen in einem bestimmten Textabschnitt festzustellen, sondern dieses Phänomen muss im Textzusammenhang gedeutet werden.

2 Formen der Textwiedergabe

Worum geht es?
Sie kennen das vermutlich aus eigener Erfahrung: Inhalte sind dann richtig verstanden, wenn man sie präzise und verständlich wiedergeben kann. Dazu bieten sich u. a. die folgenden Methoden der Inhaltsangabe an:

- *den Grundgedanken eines Textes zu formulieren (Überblicksinformation) sowie*
- *den Gedankengang des Textes aufzudecken und wiederzugeben (strukturierte Inhaltsangabe).*

An welches Vorwissen/welche Vorerfahrungen können Sie anknüpfen?

Die Überblicksinformation

Bei der Lektüre eines längeren Textes besteht die Gefahr, sich in Details zu verlieren. Ziel der Überblicksinformation ist es von daher, das Thema und den Grundgedanken, also die **Kernaussage** des Textes zu ermitteln. Dies erfordert von der Leserin Abstraktionsfähigkeit. Die Überblicksinformation ermöglicht auch einen ersten kritischen Zugang zum Text: nämlich zu prüfen, ob dessen Kernaussage interessant oder banal, originell oder allgemein bekannt ist usw.

Die Überblicksinformation ist die kürzeste Form der Inhaltsangabe, denn sie informiert überblickartig in ein bis zwei Sätzen über das Wesentliche (Beispiel s. S. 254):

- Autor, Titel, Quelle (Erscheinungsort, Verlag, Erscheinungsjahr, Seitenzahl)
- Textsorte
- Thema und Grund- oder Kernaussage (im Kommentar z. B. Meinung des Autors)

Tipp

Erstellen Sie ein Mindmap, um den Inhalt einzelner Abschnitte zusammenzufassen. So können Sie leichter die Grundaussage erfassen.

Die strukturierte Inhaltsangabe

In einer strukturierten Inhaltsangabe wird nicht nur der Inhalt eines Textes zusammengefasst (wie im Beispieltext in Kap. I 5), sondern auch analysiert, wie die Ausführungen gedanklich entwickelt werden. Die strukturierte Textwiedergabe verbindet also die Inhaltsangabe mit der Darstellung des Gedankengangs. Sie fördert kritisches Lesen in besonderer Weise, weil mit der Aufdeckung der Struktur zugleich Stärken und Schwächen der Gedankenführung in der Untersuchung sichtbar werden.

Wird die Struktur des Gedankengangs schriftlich festgehalten, geschieht das mithilfe von sogenannten Strukturwörtern (vgl. Anhang 2). Wie das praktisch zu bewerkstelligen ist, sehen Sie auf S. 254 f.

Tipp

Achten Sie auf Strukturwörter im Text: Oft enthält der Text Signalwörter, die auf den gedanklichen Aufbau hinweisen (z. B. weil, deshalb, daraus folgt).

Verfasserabsicht und Verwendungszweck eines Textes

Wer einen Text bearbeitet, muss sich bewusst machen, welche Absicht der Verfasser beim Schreiben hatte. Dabei wird leicht übersehen, dass es genau genommen nur darum gehen kann, wie Sie als Leserin den Text verstehen (vgl. Kap. XII 1).

Die Verfasserabsicht wird aus der Analyse von Inhalt und Sprache des Textes ermittelt. In den Prüfungsaufgaben (s. S. 253) ist die Verfasserabsicht ein Element der Überblicksinformation (Es geht um ...).

> ***Beispiel:*** *Wird in einem Artikel verständlich (also ohne ein besonderes Wissen vorauszusetzen und ohne Fachvokabular zu benutzen) und anhand von Beispielen erläutert, wie Eltern sich bei Schlafstörungen von Kindern verhalten sollten, dann kann aufgrund von Inhalt und Sprache des Artikels auf die Verfasserintention geschlossen werden. Ganz offensichtlich beabsichtigt dieser Verfasser, Eltern zu unterstützen und zu beraten, aber es ist nicht seine Absicht, sich an der wissenschaftlichen Diskussion über Schlafstörungen zu beteiligen.*
> *Damit ist auch der* ***Verwendungszweck*** *dieses Textes eindeutig: ein Ratgeber für Eltern zu sein, die sich in der entsprechenden Situation befinden.*

3 Einen Übungstext bearbeiten

Worum geht es?
Im Folgenden geht es darum, an einem Beispieltext exemplarisch zu zeigen,

- *wie Sachtexte in Prüfungen zu bearbeiten sind und*
- *in welcher Form die Arbeitsergebnisse schriftlich festgehalten werden.*

An welches Vorwissen/welche Vorerfahrungen können Sie anknüpfen?

Burkhard Müller-Ullrich: Mit 15 bist du waffenreif!

Lieutenant Colonel Dave Grossman hat einen Terminkalender wie ein Opernstar. Dabei sind seine Töne alles andere als erbaulich. Er spricht darüber, wie man Menschen erschießt. Er ist der Großmeister der *Killologie*. Er hat nicht nur diesen Begriff, sondern das Forschungsgebiet als solches selbst geschaffen, die Wissenschaft vom Töten. Sein Fachgebiet ist genau jener Aspekt des Kampfes, über den auch Soldaten nicht so genau Bescheid wissen möchten: Wie es ist, Menschen zu töten?

Der Mensch hat – wie übrigens auch die meisten Tiere – eine tief sitzende Hemmung die eigenen Artgenossen umzubringen. Die Evolutionsbiologen deuten dies seit Konrad Lorenz als ein von der Natur vorgegebenes Verhaltensprogramm, das dazu dient, die Spezies vor der Selbstauslöschung zu bewahren. Selbst Piranhas kämpfen untereinander nur mit Flossenschlägen; ihre tödlichen Beißattacken reservieren sie sich für artfremde Lebewesen.

Aus diesem Grunde waren die Tötungsquoten der meisten Armeen der Welt quer durch die Geschichte bemerkenswert niedrig. Nach der Schlacht von Gettysburg zum Beispiel, jenem entscheidenden Waffengang des amerikanischen Bürgerkrieges, der Anfang Juli 1863 die Niederlage der sezessionistischen Südstaaten besiegelte, wurden auf dem Feld 27 000 Musketen eingesammelt; 90 % davon waren geladen, mehr als die Hälfte sogar mehrfach. Das heißt, die Soldaten haben gar nicht gefeuert.

Die Wirklichkeit auf den Schlachtfeldern sah so aus: Lange Zeit passierte nichts, und man war nur darum besorgt, seine Waffe ordentlich zu laden. Wenn dann der Kampf begann und plötzlich Feinde in Menschengestalt auftauchten, war man so aufgewühlt, dass man die Waffe erst einmal wieder senkte – und erneut lud. „Das ist eine phänomenale Erkenntnis über die menschliche Natur", sagt Grossman. „Die Soldaten sind bereit zu sterben, sie sind bereit, sich für ihre Nation zu opfern, aber sie sind offenbar nicht ohne Weiteres bereit zu töten." Militärisch betrachtet stellt dies ein Problem dar, an dessen Bearbeitung Grossman 23 Jahre lang mitgewirkt hat – als Ausbilder der U.S. Army. […]

Mit 42 Jahren begann Grossman eine Karriere als freiberuflicher Autor und Gastredner. Doch kaum hatte er den Dienst bei den Streitkräften quittiert, da geschah in seiner Heimatstadt Jonesboro etwas, das wie ein schlimmer ironischer Kommentar zu seiner früheren Tätigkeit erscheint, Jonesboro im Bundesstaat Arkansas ist seit dem 24. März 1998 bekannt für eines der grässlichsten Blutbäder, das amerikanische Schüler an amerikanischen Schulen angerichtet haben. Ein Elf- und ein Dreizehnjähriger lösten erst falschen Feueralarm aus und beschossen dann aus dem Hinterhalt die aus dem Gebäude laufenden Menschen. Eine Lehrerin und vier Mädchen starben im Kugelhagel, zehn weitere Personen wurden schwer verletzt.

Erstaunlich ist, mit welcher Präzision und Treffsicherheit die jugendlichen Killer zu Werke gingen. Genauso wie ein halbes Jahr zuvor in Pearl, Mississippi, wo ein 16-Jähriger erst seine Mutter und dann etliche Mitschüler erschoss, oder zwei Monate nach Pearl – in Paduca, Kentucky, wo ein Vierzehnjähriger drei Studenten tötete, oder in Springfield, Oregon, oder in Littleton, Colorado. Was Fachleute jeweils am meisten verwundert, sind die dabei erzielten Trefferquoten, die jedem Elitesoldaten zur Ehre gereichen würden. Selbst durchtrainierte Scharfschützen müssen sich anstrengen, um da mithalten zu können.

Die Tragödie an der Westside Middle School in Jonesboro ereignete sich bloß ein paar Straßen hinter Grossmans Haus. Seitdem geht der ehemalige Soldatenausbilder der Frage nach: Wie werden Kinder zu kalten Killern ausgebildet? Grossman weiß: Zum Töten gehört Können, das ohne Ausbildung gar nicht zu haben ist. Es handelt sich dabei nicht nur um technisches, sondern vor allem um psychisches „Vermögen". […]

„Wer formt die Nervenstränge Jugendlicher so", fragt Grossman, „dass sie nicht schon nach dem Anblick der Wirkungen des ersten Schusses vor Erschrecken zusammenbrechen?" Die Schreie, die Wunden, das Blut, die Panik und schließlich die grässlichen Erscheinungsformen des Todes müssen die Jugendlichen irgendwann durch vielfaches Sehen trainiert haben, um im Augenblick der Tat davon unerschüttert zu bleiben und ihr Vernichtungsvorhaben durchführen zu können. „Oh, ja", sagt Grossman, „die Medienforschung liefert widersprüchliche Ergebnisse. Und es ist chic geworden, die Medien für wirkungslos zu halten.“ Bei der Soldatenausbildung führt die Verwendung von Medien allerdings zu ausgezeichneten Ergebnissen. […]

Es ist nicht nur die Absenkung der Angst- und Ekelschwelle, die der Konsum von realitätsnahen Tötungsdarstellungen bewirkt, sondern es ist eine Form von Konditionierung, die sogar bei der Armee als inakzeptabel gilt – jedenfalls bei einer von rechtsstaatlichen Grundwerten geleiteten Armee. Die Rede ist von der sogenannten positiven Verstärkung. Wenn das Killen mit Lusterfahrung verbunden wird, dann – so lehrt Grossman – verwandelt sich der Soldat in eine wahrhaft entmenschte Tötungsmaschine. Die Japaner machten das im Zweiten Weltkrieg mit ihren Leuten. Und das Kino macht es mit Kindern, indem sich der Anblick von Massenexekutionen, Leichen und verstümmelten Torsi mit dem Geschmack von Popcorn und Cola sowie dem Duft des Parfüms der Freundin zu einem prekären Gesamteindruck verbindet.

Grossmans Buch *Stopp Teaching Our Kids to Kill* ist voll von solchen Beispielen. Natürlich kann man sie sämtlich wegwischen mit der Behauptung, es sei ja nichts bewiesen. Gebetsmühlenartig wiederholen Cineasten und Feuilletonisten, Videofreaks und Fernsehfritzen seit Jahrzehnten ihren Glaubenssatz, dass die Wirkung von Bildern auf die Seele eine bloße Einbildung sei. Grossman kann darüber nur lachen, schließlich lebt ein gigantischer Wirtschaftszweig, nämlich die Werbeindustrie, seit der Erfindung des Films von der Annahme des Gegenteils: Würde so viel Geld in Reklamespots gepumpt, wenn zu befürchten wäre, dass derlei Produktionen bei den Betrachtern gar keine Verhaltensfolgen hätten? Grossman führt auch eine Studie an, der zufolge sich in jeder Region der USA, wo das Fernsehen Einzug hielt, 15 Jahre später die Mordrate verdoppelte: erst an der Ostküste, dann an der Westküste, dann in der Mitte. 15 Jahre, so lange brauchen Fernseh-Kids, um waffenreif zu werden. […]

Der von den Bildschirmapologeten gern geäußerte Hinweis auf den Abschaltknopf ist da bloß zynisch. Sie sagen, wem Gewaltdarstellungen nicht gefallen, der brauche sie ja nicht anzusehen. Doch erstens sind Kinder zu solchen autonomen Entscheidungen nicht fähig. Und zweitens nützt den zahllosen Toten, die in der zivilisierten Welt von Jugendlichen hingemetzelt wurden, solche Belehrung nicht viel. Schließlich haben andere an ihrem Lebens-Abschaltknopf gespielt.

(Müller-Ullrich, Süddeutsche Zeitung, 15./16.06. 2002, leicht gekürzt und bearbeitet)

Aufgaben

1. *Formulieren Sie eine Überblicksinformation.*
2. *Verfassen Sie eine strukturierte Textwiedergabe.*
3. *Erläutern Sie die Aussage, dass das Attentat von Jonesboro „wie ein schlimmer ironischer Kommentar“ (Z. 57 f.) zu Grossmans früherer Tätigkeit als Soldatenausbilder erscheine.*
4. *Beschreiben Sie die Beeinflussung des Lesers durch Sprache in den Zeilen 1–12.*
5. *Setzen Sie sich mit der Auffassung auseinander, dass „Kinder zu solchen autonomen Entscheidungen nicht fähig“ (Z. 162 f.) seien.*

Eine Überblicksinformation verfassen

Aufgabe

Prüfen Sie die folgende Überblicksinformation: Enthält sie das Thema und die Grund- oder Kernaussage des Artikels?

„In dem Kommentar ‚Mit 15 bist du waffenreif!', erschienen in der Süddeutschen Zeitung vom 15./16. Juni 2002, geht es Burkhard Müller-Ullrich um die Frage, wie amerikanische Jugendliche zu Killern werden können. Der Autor bezieht sich in seinen Ausführungen auf Forschungsergebnisse des Tötungsexperten D. Grossman, der die Ursache für dieses an sich ‚unnatürliche' Verhalten – Menschen haben eine Hemmung, Artgenossen zu töten – in den realitätsnahen Tötungsdarstellungen in den Medien sieht.
Die Möglichkeit, die Sendungen abschalten zu können, lässt der Autor nicht als Gegenargument gelten."

Eine strukturierte Textwiedergabe verfassen

Gehen Sie in folgenden Schritten vor, um eine strukturierte Textwiedergabe zu erarbeiten:

- Aufbau und Inhalt des Textes in Stichworten festhalten (vgl. Raster).
  Dabei sollte auf die optische Gliederung des Textes (Absätze, Zwischenüberschriften) geachtet werden, in der Regel markiert sie Sinnabschnitte;
- diese Arbeitsergebnisse dann als zusammenhängenden Text ausformulieren (s. u.).

Beispiel:

Textbeleg/ Zeilenangabe	**Wie** geht der Autor vor? (Erfassen des Textaufbaus)	**Was** wird ausgesagt? Erkennen wesentlicher Sinnabschnitte
Z. 1–12	stellt Gewährsmann Grossman vor	Experte in der Wissenschaft vom Töten
Z. 13–23	verweist auf Erkenntnisse der Evolutionsbiologie	Tötungshemmung des Menschen gegenüber Artgenossen dient der Arterhaltung
Z. 24–35	begründet damit	niedrige Tötungsquoten in Kriegen

Aufgabe

Setzen Sie die strukturierte Textwiedergabe fort und formulieren Sie Ihre Ergebnisse entsprechend dem folgenden Muster:

„Einleitend stellt der Autor seinen Gewährsmann Dave Grossman vor (Z. 1–6), einen Experten in der Wissenschaft vom Töten. Im nächsten Abschnitt wird auf wissenschaftliche Erkenntnisse der Evolutionsbiologie hingewiesen (Z. 7–11), nach denen der Mensch gar nicht ohne Weiteres Töten könne, weil er eine Tötungshemmung habe, die der Arterhaltung diene …"

Eine Aussage des Übungstextes erläutern

Aufgabe

Prüfen Sie die nachfolgende Erläuterung von Z. 57/58, dass das Attentat von Jonesboro „wie ein schlimmer ironischer Kommentar zu Grossmans früherer Tätigkeit als Soldatenausbilder" erscheint.

[Einleitung] „Im Folgenden möchte ich die Textstelle Z. 57/58 erläutern, dass das Attentat von Jonesboro ‚wie ein schlimmer ironischer Kommentar' zu Grossmans früherer Tätigkeit als Soldatenausbilder erscheint:
[Umschreibung in eigenen Worten] Das Attentat wird als eine böse Erläuterung zu der früheren Berufstätigkeit Grossmans als Soldatenausbilder gewertet, die diese zugleich insgeheim verspottet.
[Eigentliche Erläuterung] Damit ist gemeint, dass das Attentat zeigt, dass die Wissenschaft nicht unfehlbar ist. Die Ironie liegt eher darin, dass ausgerechnet bei denen, deren Job das Töten ist und die dafür auch noch wissenschaftlich ausgebildet werden, die ‚tiefsitzende Hemmung die eigenen Artgenossen umzubringen' (Z. 12 f.) funktioniert. Kinder und Jugendliche können dagegen einfach so, ohne Ausbildung, besser töten als jeder darin ausgebildete Soldat."

Die Sprache eines Übungstextes analysieren

Die Sprache eines Textes lässt sich gut folgendermaßen analysieren: zuerst die sprachlichen Mittel analysieren (vgl. Raster) und dann das Ergebnis ausformulieren (s. u.). Orientieren Sie sich an dem folgenden Beispiel:

Was steht im Text?	Sprachliches Mittel?	Wirkung?
„Mit 15"	Satzbau: Voranstellung präpositionale Ergänzung	jugendliches Alter wird hervorgehoben
„Du"	Anrede 2. Person Sing.	provoziert Leser, macht neugierig
„waffenreif"	Neuschöpfung → Reife für Waffennutzung, Anspielung auf Redewendung „reif für die Insel"	Widerspruch (Alter – Anspruch auf Reife/Waffen brauchen) verstärkt durch abwertenden Unterton

Was steht im Text?	Sprachliches Mittel?	Wirkung?
Z. 1 Lieutenant, Colonel, Terminkalender wie ein Opernstar	Dienstgrade aufgezählt, Vergleich	militärischer Rang betont, Militär erscheint in neuem Licht: gefragt wie ein Star
Z. 5 Großmeister	Ironie	Leistung wird relativiert
Z. 6 Killologie	Wortschöpfung	überraschend: Wissenschaft → Spaß oder Ernst?

Die Ausarbeitung der Ergebnisse Ihrer Analyse könnte folgendermaßen aussehen:

„Die Überschrift weckt die Aufmerksamkeit des Lesers: Nachdrücklich (durch Satzumstellung und Ausrufesatz) wird festgestellt, dass alle Fünfzehnjährigen (Personalpronomen, 2. Person Singular) – ein Alter, in dem ein Mensch eigentlich noch unreif ist – für Waffen die nötige Reife besitzen. Diese provozierende Feststellung lässt aufhorchen und macht neugierig auf den Artikel.
Auch zu Beginn (Z. 1) des Textes wird der Leser mit Widersprüchlichem konfrontiert: D. Grossman, dessen militärische Ränge angeführt und damit unterstrichen werden, ist gefragt wie ein Prominenter …"

Aufgabe

Setzen Sie die Sprachanalyse fort.

Zu einem Problem im Text Stellung nehmen

Der Umfang der Stellungnahme bemisst sich nach der zur Verfügung stehenden Zeit und der Zahl der einzelnen Arbeitsaufträge, die zu bearbeiten sind. Wenn die Aufgabe sich auf eine Textstelle bezieht, sollte einleitend kurz erläutert werden, wie der Schreiber das Zitat versteht.

Die Stellungnahme sollte sich an den Kriterien für schriftliches Argumentieren orientieren (s. Kap. XI 1):

„In seinem Kommentar behauptet Müller-Ullrich, dass Kinder nicht in der Lage seien, eigenständig ohne Aufforderung von anderen das Fernsehen auszuschalten, wenn ihnen Gewaltdarstellungen nicht gefallen. Mit dieser Aussage möchte ich mich im Folgenden auseinandersetzen…"

XI Argumentative Texte verfassen

1 Schriftlich argumentieren

Worum geht es?

In ihrer beruflichen Rolle müssen Erzieherinnen in der Lage sein, ihre Meinung oder die des Teams z. B. zu pädagogischen Fragen gegenüber Eltern, Vorgesetzten und in der Öffentlichkeit überzeugend schriftlich zu vertreten.

Während im Streitgespräch (siehe Kap. V 2) die direkte Rückkopplung mit den Gesprächspartnern und die Beachtung nonverbaler Signale möglich sind, fehlt diese Unmittelbarkeit beim schriftlichen Argumentieren. Allerdings erlaubt dies ein kalkuliertes, planvolles Vorgehen.

Im Folgenden geht es unter Rückgriff auf die klassische, schulische Form der Erörterung darum,

- *sich die Anforderungen an überzeugendes schriftliches Argumentieren zu vergegenwärtigen und*
- *zu ermutigen, die eigene Meinung zu vertreten.*

An welches Vorwissen/welche Vorerfahrungen können Sie anknüpfen?

Lineare und dialektische Erörterung

Im Folgenden wird schulisches Vorwissen vorausgesetzt und auf komplexere Fragestellungen und auf Themen der beruflichen Praxis bezogen. Die lineare und die dialektische Erörterung sind ein gutes Übungsfeld für zwei exemplarische Formen des schriftlichen Argumentierens, mit dem pädagogische Fachkräfte beim Abfassen von Stellungnahmen konfrontiert werden.

Probleme können in unterschiedlicher Weise erörtert werden: Aufgabe kann sein, einzelne Problembereiche zu analysieren – Gründe, Ursachen, Folgen – und/oder Sachverhalte durch Beispiele zu veranschaulichen. Dann handelt es sich um die sogenannte lineare Erörterung. Soll eine Ausgangsbehauptung/-aussage bewertet, d. h. das Für und Wider geprüft und gegeneinander abgewogen werden, geht es um die sogenannte dialektische Erörterung. In der Ausbildung wird noch einmal an praxisrelevanten Themen geübt, beide Erörterungsformen zu unterscheiden.

Aufgaben

Im Folgenden finden Sie zwei Themenformulierungen zu berufsbezogenen Fragen: Welche Fragestellung ist dialektisch, welche linear angelegt? Begründen Sie Ihre Zuordnung.

1. *„Bildungsprozesse zu planen, ist eine grundlegende erzieherische Aufgabe." Begründen Sie diese Aussage, die Bildungs- und Erziehungsplänen für Kinder in Tageseinrichtungen zugrunde liegt. Ziehen Sie dazu Beispiele aus der Praxis heran.*
2. *„Kinder haben das Recht, dass ihre religiösen Fragen in allen Einrichtungen – nicht nur in kirchlichen – Raum bekommen." Diskutieren Sie diese Forderung.*

Aufbau/Gliederung

Alle Erörterungen sind gleich aufgebaut: Sie haben eine Einleitung, die zum Thema hinführt, im Hauptteil wird argumentiert, ein Schlussgedanke beendet die Ausführungen. Lineare und dialektische Erörterung unterscheiden sich allerdings grundsätzlich darin, wie sie im Hauptteil angelegt sind:

In der **linearen Erörterung** werden die Gesichtspunkte, die der Schreiberin wichtig sind, inhaltlich differenziert nacheinander, also sozusagen „in einer Linie" aufgeführt. In der Regel werden zuerst die weniger wichtigen, dann die bedeutsamen Aspekte genannt. In der Gliederung erscheinen diese Gesichtspunkte als Haupt-/Oberpunkte mit Unterpunkten.

In der **dialektischen Erörterung** bewertet die Schreiberin ihre Überlegungen nach Pro und Kontra, Vorteilen und Nachteilen, die jeweils begründet werden, aber dies allein genügt nicht. Sie muss darüber hinaus den Gegensatz zwischen Pro und Kontra, Vorteilen und Nachteilen auflösen, indem sie eine „Lösung" (eigene Meinung, Synthese) entwickelt. Die Gliederung des Hauptteils kennzeichnet immer eine Entgegensetzung samt Lösung. Dabei kann auf jedes Pro-Argument sofort ein Kontra-Argument folgen oder es werden alle Kontra-Argumente und alle Pro-Argumente jeweils geblockt dargestellt.

In der Synthese (Lösung) geht es darum, eine neue eigene Position zu finden, die das bisher Gesagte ernst nimmt. Die Schreiberin tappt also in eine Falle, wenn sie sich einfach der Pro- oder Kontra-Meinung anschließt. Wer zu Pro neigt, aber auch Gegenargumente aufgezeigt hat, kann diese in der „Lösung" nicht einfach ignorieren, genauso wenig kann, wer eigentlich Kontra ist, völlig außer Acht lassen, dass vorher auch Pro-Argumente angeführt werden. Die Schreiberin bezieht sich in der Synthese auf beide dargestellten Positionen. Möglich ist:

- gravierende Einwände zu widerlegen,
- die Zustimmung zu dem einen oder anderen Argument abzuschwächen (z. B. *„Sprachprobleme der Kinder sind in der Tat gravierend, aber nicht durchgängig bei allen Kindern mit Deutsch als Zweitsprache vorhanden."*),

- neue Gesichtspunkte einzuführen (z. B. *„Bei der Diskussion wurde bisher nicht beachtet, dass Sprachprobleme nicht allein Kinder haben, deren Erstsprache nicht Deutsch ist. Deswegen sollte die Teilnahme am Förderunterricht abhängig gemacht werden vom tatsächlichen Sprachdefizit, nicht aber davon, ob Deutsch Erst- oder Zweitsprache ist."*).

Aufbau des Hauptteils in der linearen Erörterung
Hauptpunkt
Hauptpunkt usw.

Aufbau des Hauptteils in der dialektischen Erörterung

Block mit Pro-Argumenten		*Pro-Argument/Kontra-Argument*
Block mit Kontra-Argumenten	*oder:*	*Pro-Argument/Kontra-Argument usw.*
Synthese		*Synthese*

Gliederungssystematik
Üblicherweise werden die Gliederungspunkte formal mit einer Buchstaben-Ziffern-Kombination oder ausschließlich mit Ziffern (nummerisch) versehen. Für die Wahl der Gliederungssystematik spielt es keine Rolle, ob es um eine lineare oder dialektische Erörterung geht.

Tipp
Wählen Sie die Gliederungssystematik, mit der Sie gut arbeiten können.

Argumentieren

Vorwissen aktivieren:
Voraussetzung für die Argumentation → Sachkenntnis

Argument → BEHAUPTUNG
BEGRÜNDUNG/BELEG
VERANSCHAULICHUNG/BEISPIEL

Beispiel:
*Der Beruf der Erzieherin ist in unserer Gesellschaft wenig anerkannt, **weil** die Vorstellung vorherrscht, dass jeder erziehen kann.*
Das zeigt sich z. B. an wiederholten Vorstößen von politischer Seite, Mütter ohne pädagogische Ausbildung allein aufgrund von Kindererziehungszeiten in Kindertagesstätten mitarbeiten zu lassen.

***Argumentation** → Verknüpfung von Argumenten zu einem bestimmten Thema*

Aufgabe

Aktivieren Sie Ihr Vorwissen und ergänzen Sie folgende Behauptungen schriftlich zu schlagkräftigen Argumenten:

- *Angehende Erzieherinnen sollten sich berufspolitisch engagieren …*
- *Die Ausbildung von Erzieherinnen ist unzulänglich …*
- *Sprachförderung ist eine zentrale Aufgabe in der erzieherischen Praxis …*

Arbeitsschritte, um ein Thema zu erörtern

Aufgabenstellung erfassen

Bevor Sie sich auf ein bestimmtes Thema festlegen, sollten Sie sich klarmachen, um welche Inhalte es geht und welche Aufgabenstellung (Form der Erörterung) vorliegt.

Themafrage(n) stellen

Mit der Themafrage oder den Themafragen konkretisieren, präzisieren und begrenzen Sie das Thema. Sprachlich und inhaltlich sind diese nicht mit der Themenformulierung identisch. Die Themafragen leiten von der Einleitung zum Hauptteil über und benennen, worauf im Hauptteil geantwortet wird. Mit den Erschließungsfragen erschließen Sie die Bandbreite der Themenstellung.Unter diesen wählen Sie – und damit begrenzen Sie Ihre Ausführungen – einige wenige aus, welche Sie in der Erörterung bearbeiten. Das sind die Themafragen.

Beispiel:

Thema: *„Bildungsprozesse zu planen, ist eine grundlegende erzieherische Aufgabe." Begründen Sie diese Aussage, die Bildungs- und Erziehungsplänen für Kinder in Tageseinrichtungen zugrunde liegt. Ziehen Sie dazu Beispiele aus der erzieherischen Praxis heran.*

Erschließungsfragen:

Welche Bildungsprozesse werden in der erzieherischen Praxis geplant?
Von wem?
Inwiefern sind sie grundlegend?
Welche Gründe (entwicklungspsychologische + familiäre + institutionelle (Kirche) + gesellschaftliche + politische) gibt es?
Beispiele aus Krippe und Elementarbereich?
Was sind Bildungs- und Erziehungspläne (Begriffsklärung)?

Themafrage(n):

Welche entwicklungspsychologischen Gründe vonseiten der Kinder, welche familiären Gründe und welche von staatlicher Seite stehen hinter dieser Aussage?
Welche Beispiele aus Kindertageseinrichtungen (unter Dreijährige, Elementarbereich) zeigen das?

Das Material/Den Stoff sammeln

Neben dem traditionellen Verfahren, über W-Fragen (Wer ist ...? Was heißt ...? Welche Wirkungen...? Wo geschieht ...? Wann ...? Warum ...? Wie ...?) bietet sich auch das Mindmapping (s. Kap. I 2.3) als geeignete Methode an, um Gedanken und Ideen zum Thema als Antwort auf die Themafrage(n) zu sammeln.

Tipp

Benutzen Sie für Ideen zu den Arbeitsanweisungen bei mehrteiligen Fragestellungen einzelne DIN-A4-Blätter (einseitig beschriften), so erleichtern Sie sich die Systematisierung des Materials.

Sich über die eigene Meinung klar werden

Bei der dialektischen Themenstellung ist die Meinung des Schreibers gefragt. Oft hat er zu einem Problem bereits eine feste Meinung. Diese sollte im Hinblick auf die Stoffsammlung überprüft werden bzw. der Schreiber sollte sich angesichts des vorliegenden Materials fragen, welche Meinung er nun tatsächlich vertreten will.

Tipp

Formulieren Sie Ihre Meinung/Entscheidung in einem Satz (Zwecksatz). Diesen Satz sollten Sie sich während der Gliederung und der Ausarbeitung des Aufsatzes immer wieder in Erinnerung rufen, damit Sie so ***zielgerichtet*** *wie möglich argumentieren.*

Das Material gliedern

Aus der Stoffsammlung muss nun eine Gliederung entwickelt werden, die zum „roten Faden" für die Ausarbeitung wird. Hinter diesem Arbeitsschritt verbergen sich mehrere Aufgaben:

- *Hauptpunkte aus dem gesammelten Material herausfiltern und erkennen, was jeweils – als Unterpunkt – den Hauptpunkten zugeordnet werden muss.*
- *Die Ober- und Unterpunkte schlüssig anordnen, d. h. die Unterpunkte in Bezug auf den Oberpunkt in eine logische Reihenfolge bringen, die Oberpunkte in Bezug auf die Gesamtthematik logisch ordnen.*
- *Einleitungs- und Schlussgedanken festlegen.*
- *Sich für eine Gliederungssystematik entscheiden.*
- *Alle Gliederungspunkte überschriftartig formulieren.*

Tipp

In der Gliederung vollständige Sätze vermeiden; Stichworte, vor allem in den Unterpunkten, können sinnvoll sein.

Aufgabe

Ist das Thema Ihrer Meinung nach in der nachfolgend abgedruckten Gliederung richtig umgesetzt? Ist die Gliederung formal und sprachlich korrekt? Verbessern Sie die Gliederung.

Unsere Gesellschaft braucht …

… Menschen, die Verantwortungsbewusstsein und Zivilcourage haben.
Zeigen Sie dies an Beispielen aus dem Alltag auf! Wie kann Ihrer Meinung nach zu Verantwortungsbewusstsein und Zivilcourage erzogen werden?

1 In einer Berliner U-Bahn wurde ein junger Ausländer von drei Skinheads bedroht.

2 Möglichkeiten, im Alltag Zivilcourage und Verantwortungsbewusstsein zu zeigen
2.1 Verantwortung übernehmen
2.1.1 für Minderheiten
2.1.2 für die Natur
2.1.3 für Tiere
2.1.4 für die Schöpfung
3 Zivilcourage bedeutet den Mut zu haben,
3.1 für seine Meinung einzustehen
3.2 anderer Meinung zu sein

4 Möglichkeiten, den Menschen zu Verantwortung und Zivilcourage zu erziehen
4.1 Erziehung der Kinder
4.1.1 zu Selbstständigkeit
4.1.2 zu Selbstvertrauen
4.2 Förderung der Verantwortungsbereitschaft
4.2.1 durch Aufklärung
4.2.2 durch Medien
4.2.3 durch Gesetze

5 Nur wer selbst Zivilcourage/Verantwortungsbewusstsein zeigt, kann andere dazu erziehen!

Gliederung ausarbeiten

Bei diesem Schritt kommt es darauf an, die Gesichtspunkte der Gliederung verständlich auszuarbeiten (s. auch Anhang 2), so dass sie den Leser überzeugen: Die Begründungen bzw. Belege müssen stichhaltig, Beispiele themenbezogen und anschaulich sein. Pauschalisierungen schwächen, vernünftige Einschränkungen stärken die Aussagekraft von Argumenten.

Tipp

Modellerörterungen finden Sie in Sammlungen für die Abiturvorbereitung Deutsch (Fachoberschule/Gymnasium) in Buchhandlungen, aber auch im Internet.

Einleitung und Schluss schreiben

Einleitung und Schluss bilden den Rahmen einer Erörterung. Deswegen sind Argumente hier fehl am Platz.

Die **Einleitung** führt präzise zum Thema, z. B. durch

- eine Begriffsklärung,
- einen geschichtlichen Rückblick oder
- durch einen Hinweis auf ein aktuelles Ereignis.

Die Einleitung muss mit der Formulierung des Themas abschließen.

Ein gelungener Schluss weist einen eigenen Schlussgedanken auf, z. B.

- Anmerkungen zur zukünftigen Entwicklung oder
- Hinweise zur Realisierbarkeit der vorangegangenen Überlegungen.

Tipp

Mit einer Frage oder einem Zitat zu enden, ist wirkungsvoll, setzt aber „Treffsicherheit" voraus.

In einer Erörterung geht es darum,

- *die Aufgabenstellung zu verstehen und diese durch die Themafrage(n) zu erschließen.*
  Wird das Thema richtig und in vollem Umfang erfasst?
  Werden die Arbeitsaufträge umgesetzt?
- *überzeugend zu argumentieren.*
  Sind die Argumente auf das Thema bezogen?
  Werden Behauptungen durch überzeugende Begründungen gestützt und durch geeignete Beispiele veranschaulicht?
  Ist die Argumentation originell/eigenständig?
- *sich verständlich auszudrücken und die Regeln der Grammatik, der Rechtschreibung und der Zeichensetzung zu beachten.*

2 Eine fachbezogene Arbeit verfassen

Worum geht es?
Am Ende der Erzieherinnenausbildung steht eine fachbezogene Arbeit (Facharbeit), in der Sie eine sozialpädagogische Aufgabenstellung fächer- bzw. lernbereichsübergreifend bearbeiten müssen. Eine fachbezogene Arbeit zu schreiben, setzt auch Kompetenzen voraus, die explizit Lernstoff im Deutschunterricht sind, wie z. B.

- *Themenstellungen kritisch zu analysieren und zu gliedern,*
- *Fachliteratur zu recherchieren, zu erarbeiten und korrekt zu zitieren und*
- *sich sprachlich korrekt auszudrücken und verständlich zu schreiben.*

An welches Vorwissen/welche Vorerfahrungen können Sie anknüpfen?

2.1 Arbeitsschritte

Im Folgenden werden die Arbeitsschritte benannt, die notwendig sind, um die Facharbeit zu verfassen.

Tipp

Informieren Sie sich, ob es in Ihrer Ausbildungsstätte einen Leitfaden zur Erstellung einer Facharbeit gibt.

Themenstellungen kritisch analysieren
Am Anfang der Facharbeit muss die Analyse der Aufgabenstellung stehen: Grundlegende Informationen dazu finden Sie in Kap. XI 1. Bei mehrteiligen Fragestellungen sind die Arbeitsaufträge unterschiedlich: etwas darstellen, Beispiele aus der Praxis heranziehen, Probleme aufzeigen usw.

Literaturrecherche
Ausführliche Informationen zu diesem Arbeitsschritt finden Sie in Kap. I 4. Wenn Sie einen Überblick über den Umfang der Fragestellung Ihrer Arbeit gewonnen haben, ist es zweckmäßig, nochmals mit der zuständigen Lehrkraft zu sprechen und u. U. Vorschläge zu machen, wie das Thema präzisiert, eingegrenzt oder umformuliert werden kann.

Tipp

Um nicht in der Fülle von Materialien zu ersticken, sollten Sie im Vorfeld sorgfältig die Suchkriterien bzw. -begriffe auswählen.

Die Gliederung erarbeiten
Lesen Sie in Kap. XI 1 nach, worauf es bei einer Gliederung grundsätzlich ankommt.

Tipp

Nehmen Sie sich Zeit für die Gliederung: Sie ist Ihr roter Faden, an dem entlang Sie die Arbeit schreiben: Alles, was jetzt nicht richtig durchdacht ist, erschwert die Ausarbeitung später erheblich.

Ausarbeitung
Überprüfen Sie Ihr Wissen über schriftliches Argumentieren (siehe Kap. XI 1) und vergegenwärtigen Sie sich die Kriterien für korrekte Rechtschreibung und verständliches Schreiben (Anhang 1 und 2). Von besonderem Gewicht in der Ausarbeitung ist der Aspekt Gliederung/Ordnung: Die Facharbeit stellt die gedankliche Auseinandersetzung mit der vorgegebenen Fragestellung dar. Deshalb ist es unverzichtbar, die verschiedenen Strukturierungsmöglichkeiten wie Strukturwörter, Zwischenüberschriften u. a. sowie die Möglichkeiten einer grafischen Gliederung (Absätze, Leerzeilen, Kästen u. a.) einzusetzen, um die gedanklichen Zusammenhänge zu verdeutlichen.

Tipp

Stecken Sie beim Formulieren fest, überlegen Sie laut und erzählen Sie jemandem, was Sie „eigentlich" schreiben wollen. Dann schreiben Sie das genauso auf.

2.2 Fachliteratur zitieren

Wer einen fachbezogenen Text verfasst oder eine mündliche Präsentation erarbeitet, muss sich zunächst mit Fachliteratur (in Papierform oder im Internet) auseinandersetzen und wird sich in der Darstellung auch darauf beziehen. Wenn Sie fremdes Material, also die Darstellungen/Überlegungen anderer aufgreifen, müssen Sie dies in Ihrem Text als Übernahme kenntlich machen, d. h. zitieren und die jeweilige Quelle angeben. Dadurch machen Sie deutlich, woran Sie Ihre Überlegungen anschließen und auf welchen Grundlagen Sie aufbauen. Durch das Angeben der Fundstellen werden die zugrunde gelegten Quellen und Materialien für den Leser nachprüfbar.

Das Kenntlichmachen der Übernahme fremder Gedanken ist auch deswegen so wichtig, weil die Erkenntnisse anderer als deren geistiges Eigentum gelten und dies respektiert werden muss.

Direktes und indirektes Zitat

Sie müssen immer die Quellen angeben – egal, ob Sie die Vorlage wörtlich (= direkt) zitieren oder nur den Gedankengang übernehmen bzw. den Wortlaut geringfügig abändern (= nichtwörtliches bzw. indirektes Zitat). Der einzige Unterschied ist der, dass das wörtliche

Zitat in Anführungszeichen („…") gesetzt wird, während das nichtwörtliche nur durch den Verweis auf die Fundstelle erkennbar wird (Kurzzitation am Ende des indirekten Zitats oder Verweis auf eine Fußnote). In diesem Fall leiten Sie die Quellenangabe jeweils mit „vgl." (= vergleiche) ein.

Beim wörtlichen Zitat darf der Originalwortlaut nicht verändert werden, es sei denn, dies wird kenntlich gemacht (z. B. Auslassungen durch […], Hervorhebungen durch „Hervorhebung vom Verf.").

Tipp

Manche Studierende glauben, viel zu zitieren würde eher ein negatives Bild auf die Verfasserin/den Verfasser werfen. Das Zitieren zeigt jedoch, dass sich jemand eigenständig mit Fachliteratur vertraut machen und sie verarbeiten kann.

Die bibliografische Angabe

Am Ende einer schriftlichen Arbeit gibt man alle Quellen in einem Literaturverzeichnis an, und zwar jeweils mit der bibliografischen Angabe.

Bibliografische Angabe

Diese besteht aus den Angaben, die im Bibliothekswesen notwendig sind, um die Quelle zu identifizieren. Dafür hat sich eine feste Abfolge mit bestimmten Satzzeichen eingebürgert, z. B. Name des Autors, Vorname: Buchtitel. Untertitel (falls vorhanden), Verlag, Erscheinungsjahr. Vor der Verlagsangabe wird oft zusätzlich noch der Erscheinungsort genannt.

Handelt es sich um ein E-Book, so sind die bibliografischen Angaben dieselben. Zusätzlich muss der entsprechende Link angegeben werden, unter dem das E-Book gelesen werden kann sowie das Datum des letzten Zugriffs.

Beispiel:
Zboralski, Katrin: Kreative Sprachförderung nach Maria Montessori, Freiburg, Verlag Herder, 2015. Wenn Sie das entsprechende E-Book zitieren wollen, dann geben Sie dieselbe bibliografische Angabe an mit einem Verweis auf das E-Book: Zboralski, Katrin: Kreative Sprachförderung nach Maria Montessori, Freiburg, Verlag Herder, 2015, E-Book, http://www.herder.de/elvis_img/herder/titel/cover/0004317727_0001.jpg, letzter Zugriff am 30.4.2015.

- Gibt es mehrere Autoren (oder Erscheinungsorte), trennt man deren Namen mit Schrägstrich, ab drei Namen fügt man hinter dem ersten „u. a." (= und andere) ein:
  Beispiele:
  - *Langenmayr, Margret/ter Haar, Christine: Kompetenzen. Deutsch für sozialpädagogische Berufe, Köln, Bildungsverlag EINS, 2017.*

- *Sievers, Britta u. a.: Jugendhilfe – und dann? Zur Gestaltung der Übergänge junger Erwachsener aus stationären Erziehungshilfen – ein Arbeitsbuch, Frankfurt/Main, Verlag Internationale Gesellschaft für erzieherische Hilfen, 2015.*

- Handelt es sich um einen **Sammelband**, der von einer Person herausgegeben wurde (= Herausgeber) und Einzelbeiträge verschiedener Autoren enthält, dann setzt man hinter den Namen des Herausgebers „(Hrsg.)" oder „(Hg.)":

  Beispiel:

  Neuss, Norbert (Hrsg.): Grundwissen Krippenpädagogik, Ein Lehr- und Arbeitsbuch, 3. überarbeitete Auflage, Cornelsen Schulverlage GmbH, Berlin, 2014.

- Soll nur ein **einzelner Beitrag** eines solchen Sammelbandes angegeben werden, dann gibt man erst den Verfasser des Beitrags mit dessen Titel, dann den Namen des Herausgebers mit dem Buchtitel an sowie die Seitenzahlen, auf denen der Beitrag zu finden ist:

  Beispiel:

  Wertfein, Monika: Der kompetente Säugling – entwicklungspsychologisches Basiswissen, in: Neuss, Norbert (Hrsg.): Grundwissen Krippenpädagogik, Ein Lehr- und Arbeitsbuch, 3. überarbeitete Auflage, Cornelsen Schulverlage GmbH, Berlin, 2014, S. 45–58.

- Zitiert man einen **Aufsatz aus einer Fachzeitschrift**, so nennt man den Namen der Zeitschrift, das Erscheinungsjahr sowie die Heftnummer:

  Beispiel:

  Speidel, Nora: Flüchtlingskinder in der Kita, in: KiTa aktuell. Fachzeitschrift für Leitungen, Fachkräfte und Träger der Kindertagesbetreuung, Ausgabe für Bayern, 27. Jg., 2/2015, S. 30–33.

- Zitiert man aus einer Zeitschrift, deren Texte im Internet zugänglich sind, dann heißt es entsprechend:

  Beispiel:

  Baier, Dirk: Ausmaß, Entwicklung und Folgen von innerfamiliärer Gewalt gegen Kinder und Jugendliche, in: unsere jugend, 67. Jg., 4/2015, S. 146–154, www.dx.doi.org/10.2378/uj2015.art22d, letzter Zugriff 20.04.2015.

Kurzzitation als Fundstellenangabe in schriftlichen Texten

Es gibt verschiedene Möglichkeiten, wie man in schriftlichen Arbeiten während der Ausbildung oder in Veröffentlichungen wie z. B. einem Elternbrief zitieren kann. Eine Möglichkeit ist z. B. die, dass man am Ende des Zitats eine hochgestellte Zahl (Fußnote) anbringt ([1]) und unten in der Fußzeile die bibliografische Angabe mit der entsprechenden Seitenzahl, auf der sich das Zitat findet, vermerkt. Einfacher und heute üblich ist die Kurzzitation. Hier brauchen Sie nur den Nachnamen des Verfassers/der Verfasserin sowie das Erscheinungsjahr und die Seitenzahl, auf der sich das Zitat findet, anzugeben, und zwar in Klammern direkt am Ende des zitierten Satzes. Erst dann folgt der Punkt, der den Satz abschließt. Hinter dem Verfassernamen und hinter der Angabe des Erscheinungsjahres wird jeweils ein Komma gesetzt.

Beispiel:

„Normen, Werte und Kultur des jeweils anderen Landes sind oft unbekannt und erfordern ein behutsames Kennenlernen und Erklären." (Speidel, 2015, S. 31).

Wenn Sie in Ihrer Facharbeit mehrere Bücher desselben Autors verwenden, macht auch eine korrekte Kurzzitation die unterschiedlichen Titel deutlich.

Beispiel:
Speidel, Flüchtlingskinder, 2015.

Diese Form der Kurzzitation setzt voraus, dass es ein Literaturverzeichnis gibt, in dem die bibliografischen Angaben aller verwendeten Bücher, Zeitschriftenaufsätze und Internetseiten aufgelistet sind. Bringen Sie dafür die Nachnamen der Verfasser in eine alphabetische Reihenfolge.

Tipp

Die bibliografische Angabe findet sich in der Regel auf der Rückseite der Titelseite (Impressumseite) eines Buches. Wenn Sie unsicher sind, welches die bibliografischen Angaben sind, dann orientieren Sie sich an dem Copyright- Zeichen: ©.

Aufgabe

Suchen Sie sich in der Schulbibliothek bzw. im Internet zu jeder der oben beschriebenen Varianten ein Beispiel und schreiben Sie sich die jeweilige bibliografische Angabe auf.

Zitieren in mündlichen Präsentationen

Wenn Sie in einer Präsentation einen Satz wörtlich zitieren, dann verweisen Sie während Ihres Vortrags auf den Namen des Autors („Ich zitiere im Folgenden Wolfgang Tietze …"). Bei nichtwörtlichen Zitaten brauchen Sie dies nur zu machen, wenn Sie sich während einer längeren Passage auf eine Veröffentlichung beziehen.

Zitieren von Internetseiten

Veröffentlichungen von Texten aus dem Internet sind wie Printmedien zitierfähig. Sie geben den Namen des Autors an (Vor- und Nachname) oder, falls ein solcher nicht angegeben ist, den Namen der Körperschaft oder der Person, die die Seite betreibt, dann den Titel des Textes und das auf der Website angegebene Veröffentlichungs- bzw. Aktualisierungsdatum, zum Schluss die URL, also die genaue Internetadresse. Da sich Websites oft ändern, ist es üblich auch das Datum des letzten Zugriffs auf die Seite anzugeben.

Beispiel:
Mustermann, Max: Beispiel-Überschrift, unter:
http://www.beispiel-internetseite.de/pfad, letzter Zugriff am 25.01.20..

Tipp

Viele Schulen verlangen bei schriftlichen Arbeiten, dass einer schriftlichen Arbeit, in der Internetseiten zitiert werden, ein Ausdruck der entsprechenden Seiten beigefügt wird.

XII Lesen – fremde Welten entdecken

Die Überschrift des Kapitels deutet an, was Menschen aller Altersstufen immer wieder dazu bewegt, ein Buch in die Hand zu nehmen oder ins Theater zu gehen und an (Autoren-)Lesungen teilzunehmen, kurzum: Weshalb es sich lohnt, literarische Texte zu lesen und Heranwachsende dafür zu interessieren.

1 Literatur- und Wirklichkeitserfahrung

Worum geht es?

Lesen kann fremde Welten erschließen. Der Zugang zum Text wird erleichtert, wenn der Leser

- *eine Vorstellung davon gewinnt, dass und wie literarisch-poetische Texte die von uns erfahrene Alltagswirklichkeit spiegeln,*
- *sich der Mehrdeutigkeit literarischer Texte bewusst wird und*
- *versteht, dass es keine „objektive" bzw. „richtige" Textbedeutung gibt, sondern er aufgrund seiner persönlichen Erfahrungen mitbestimmt, welche Bedeutung ein literarischer Text für ihn hat.*

An welches Vorwissen/welche Leseerfahrungen können Sie in Bezug auf diese Feststellungen anknüpfen?

Aufgaben

1. *Von eigenen Leseerfahrungen erzählen:*
   Bestücken Sie gemeinsam ein Bücherregal (auf Packpapier aufgemalt): ein Regalbrett für wichtige Bücher während der Kindergartenzeit, eines für das Grundschulalter usw.; aus buntem Tonpapier „Buchrücken" ausschneiden, beschriften und mit Klebeband festkleben (maximal drei pro Schülerin). Erzählen Sie von der Bedeutung dieses Buches für Sie persönlich.
2. *Die eigene Lesebiografie aufzeichnen:*
   Markieren Sie gemeinsam auf einer Wandzeitung eine Leseroute z. B. in Form eines Weges mit Altersangaben; wichtige Titel eintragen.
3. *Bringen Sie persönliche Leseerfahrungen, z. B. in Form eines Buchtipps, in den Unterricht ein. Wichtig ist, dass der Buchtipp sich nicht in endlosem Nacherzählen des Inhalts erschöpft, sondern kreativ gestaltet ist und potenzielle Leser neugierig macht.*

Was charakterisiert einen literarischen Text?

Wenn wir Gebrauchstexte lesen, tun wir dies, um uns zu informieren oder uns eine Meinung zu bilden. Solche Texte (wie z. B. ein Bericht, ein Kommentar, die Erörterung eines fachlichen Themas in einer Fachzeitschrift) sind für uns eindeutig, d. h., es ist uns beim Lesen in der Regel klar, wie wir den Text zu verstehen haben. Beim Lesen erzählender Texte ist dies nicht der Fall. Woran liegt das?

Literarische Texte sind fiktionale Texte

Erzählungen oder Romane und zum Teil auch Gedichte handeln von Menschen, die etwas erleben, was auch wir erleben könnten: Textfiguren haben Beziehungen und lieben sich, leben in Konflikten, für die sie Lösungen suchen, kennen Ängste, die sie bewältigen wollen. Sie leben in konkreten Räumen, die uns (meist) vertraut erscheinen, z. B. in Landschaftsräumen, aber auch in Denk-Räumen. Wenn wir eine Erzählung, eine Kurzgeschichte oder einen Roman lesen, begeben wir uns während der Zeit des Lesens in die Welt dieser Figuren hinein, wir lieben und ängstigen uns mit ihnen, d. h., wir identifizieren uns. Wenn uns das, was die Figuren erleben, zu viel wird, dann hören wir einfach wieder auf zu lesen. Dies ist ohne Weiteres möglich, denn die erzählte Welt ist eine ausgedachte. Daher nennt man literarische Texte auch **fiktionale** Texte. Dies ist ein wesentliches Charakterisierungsmerkmal.

Literarische Texte vermitteln „Ansichten" von „Wirklichkeit"

Das, was sich ein Autor ausdenkt, hat immer Bezug zu unserer Wirklichkeit, sodass die erzählte Wirklichkeit von uns wiedererkannt werden kann. Sonst würden wir nicht lesen. Das Erzählte würde uns fremd und verschlossen bleiben.

Aber das, was uns erzählt wird, ist auch nie identisch mit der Wirklichkeit – schon deswegen nicht, weil ein Text uns ja nur Ausschnitte der Wirklichkeit vorstellen kann, die aus einer bestimmten Perspektive heraus dargestellt werden. In gewisser Hinsicht ist ein fiktionaler Text also ein Spiegel, in dem wir Ausschnitte der Wirklichkeit wiedererkennen. Aber der Blick in den Spiegel vergrößert, verkleinert oder macht etwas sichtbar, was sonst nicht ohne Weiteres zugänglich ist. Das heißt, wenn jemand erzählt, dann vermittelt er uns dabei eine **„Ansicht" von Wirklichkeit.** Diese „Ansicht" deckt sich zum Teil mit unseren eigenen Vorstellungen von Wirklichkeit, aber wir lernen auch eine „Ansicht" kennen, die für uns neu, überraschend und vielleicht auch verunsichernd ist, oder die uns in unserer vertrauten Denkweise herausfordert. Fiktionale Texte können uns auch ein Modell von Wirklichkeit vermitteln, das uns zu deren Veränderung auffordert.

Literarische Texte sind aufgrund ihrer Unbestimmtheitsstellen mehrdeutig

Dies erschließt sich häufig erst dann, wenn man sich genauer mit dem Text auseinandersetzt. Zwar stellt ein fiktionaler Text vieles ganz „bestimmt" dar, sodass wir uns als Leser etwas Konkretes vorstellen. Würden allerdings mehrere Leser ihre Vorstellungen in einem Bild gestalten, dann würden schnell zahlreiche Unterschiede über das, was jeder sich vorstellt, deutlich. Das hat damit zu tun, dass ein fiktionaler Text vieles **unbestimmt** und daher **mehrdeutig** lässt und lassen muss. Dies ist ein weiteres charakteristisches Merkmal literarischer Texte.

Wie viel unbestimmt bleibt, ist von Text zu Text unterschiedlich. Textfiguren werden in manchen Texten genau beschrieben, ein anderes Mal bekommen wir nur wenige oder gar keine Hinweise, z. B. in Bezug auf das Alter der Figuren, auf ihr Aussehen, ihre Vorerfahrungen, ihre Gefühle. Das Gleiche gilt für die Räume, in denen die Handlungen eines Textes „passieren". All das, was in einem Text unbestimmt gelassen wird, füllen wir als Leser auf. Wie wir diese „Unbestimmtheitsstellen" eines Textes für uns konkretisieren, hängt mit unseren eigenen Fantasien, Gefühlen und unseren Vorerfahrungen zusammen. Deshalb können wir beim Lesen auch immer etwas über uns selbst erfahren. Oft ist es in einem Gespräch über einen Text überraschend zu hören, dass andere ganz unterschiedliche Vorstellungen zu einem Text äußern. Versucht man dem nachzugehen, warum man einen Text gerade so versteht und nicht anders, dann ergibt sich die Möglichkeit der Selbsterfahrung.

Bedeutung als Zusammenspiel von Text und Leser
Die moderne Literaturwissenschaft versucht, diesem Sachverhalt dadurch gerecht zu werden, dass sie nicht mehr wie früher von einer „objektiven" Textbedeutung ausgeht. Vielmehr stellt sie die Mehrdeutigkeit fiktionaler Texte als eines ihrer entscheidenden Merkmale heraus. Es wird betont, dass Texte keine Bedeutung „an sich" haben, sondern dass der Leser aktiv an der Textbedeutung Anteil hat und sich die Bedeutung aus dem **Zusammenspiel von Text und Leser ergibt**. Darin steckt eine Aufwertung des Lesers und eine Herausstellung seiner Kreativität – Lesen hat dann auch etwas mit Selbstbewusstsein zu tun.

Auf die Bedeutungsfindung wirkt sich auch die jeweilige gesellschaftliche Situation aus. Zum Beispiel bekommen Texte von Wolfgang Borchert, die sich ursprünglich auf die Kriegs- und Nachkriegssituation nach dem Zweiten Weltkrieg bezogen, in der Gegenwart wieder eine zusätzliche Bedeutung aufgrund aktueller Kriege. Aktuelle gesellschaftliche und politische Erfahrungen und Denkweisen bestimmen also das jeweilige Textverständnis mit. Man sagt daher, dass fiktionale Texte grundsätzlich **„offen"** sind und dass gesellschaftliche Wandlungen Bedeutungsschichten freilegen, die vorher so nicht erfahrbar waren.

Aufgabe

Welchen besonderen Akzent hat Lesen und Verstehen literarischer Texte in dieser Darstellung? Wie passt dieser zu Ihren bisherigen Erfahrungen mit Lesen und Gesprächen über Leseerfahrungen?

Was heißt literarische Textanalyse?

Mit der Auffassung, dass der Leser aktiv an der Textbedeutung Anteil hat, ist nicht gemeint, dass Textbedeutung der Beliebigkeit des Lesers anheimgestellt ist. Die Deutungsmöglichkeiten sind vielmehr **begrenzt** durch das, was den Text eindeutig macht, also bestimmt. Es ist daher wichtig, sich zunächst über die Bestimmtheiten eines Textes klar zu werden. Diese lassen sich auf verschiedenen Ebenen festmachen. Man spricht in diesem Zusammenhang von den Strukturen eines Textes. Damit sind unterschiedliche „Schichten" eines Textes gemeint, die sich als unterschiedliche Bedeutungsebenen beschreiben lassen. Diese sind z. B.

- **Die inhaltliche Ebene**
  Bedeutung entsteht hier durch die Darstellung der Textfiguren und ihrer Handlungen bzw. ihres Nichthandelns, durch ihre Charakterisierung sowie die Darstellung ihrer Beziehungen und Denkweisen. Dazu kommt die Beschreibung von Raum, Ort und Zeit. Die genaue „Beobachtung", d. h. die Feststellung, was wie bestimmt wird, ist der erste Schritt zur Textdeutung (genauso wie die Beobachtung eines Kindes anschließend „ausgewertet", d. h. gedeutet wird).

- **Die sprachliche Ebene**
  Sprachliche Mittel haben in literarischen Texten oft einen stärkeren Anteil an der Entstehung von Bedeutung, als es in Gebrauchstexten der Fall ist. Daher ist den sprachlichen Mitteln, ihren Auffälligkeiten und auch dem, was an üblichen sprachlichen Mitteln fehlt, besonderes Augenmerk zu schenken. Die Analyse der sprachlichen Mittel kann genauso angelegt werden wie die Analyse der Sprache von Sachtexten. Es sollten also Wortwahl, Satzbau, rhetorische Mittel und Satzzeichen genau untersucht werden, um anschließend zu überlegen, welche Bedeutungen dadurch entstehen.

- **Die Ebene des Erzählens**
  Hier geht es darum, wie der Erzähler den Rahmen, also Anfang und Ende seines Textes gestaltet und aus welcher Perspektive heraus erzählt wird. Durch die Art und Weise, wie erzählt wird, wird die Wahrnehmung des Lesers mehr oder weniger stark gelenkt. Welche Möglichkeiten es für die Gestaltung der Erzählperspektive gibt, ist in den Materialien zur literarischen Textanalyse in Kap. XII 6 dargestellt.

Einen literarischen Text zu analysieren, heißt also, die wichtigsten Ebenen, durch die Textbedeutung entsteht, genau zu untersuchen mit dem Ziel, das eigene Textverständnis zu sichern. Manchmal müssen Textbedeutungen, die ein Leser spontan gefunden hat, bei einer genaueren Textanalyse als nicht haltbar aufgegeben werden, weil sie zu dem, was den Text auf einer der genannten Ebenen bestimmt macht, in Widerspruch stehen.

Klärt man, was in einem Text genau bestimmt wird bzw. was unbestimmt bleibt, dann zeigen sich Spielräume für das Textverständnis des Lesers. So können manchmal im Gespräch über Leseerfahrungen unterschiedliche Textbedeutungen entdeckt werden, für die kein „Richtig" oder „Falsch" festgestellt werden kann. Dann kommt es vielmehr darauf an, wie differenziert und einleuchtend ein Leser sein Textverständnis vom Text her begründen kann, oder es bleiben unterschiedliche Textdeutungen nebeneinander stehen.

Tipp

Im Deutschunterricht wird oft die Frage gestellt: „Was wollte der Dichter erreichen?" Jetzt wissen Sie, dass eine solche Frage nicht sinnvoll ist. Denn Textbedeutung ist nicht davon abhängig, was ein Autor „gemeint" und ein Leser herauszufinden hat. Dies würde der Denkweise von der „Offenheit" literarischer Texte und der Beteiligung des Lesers, der seine eigenen Erfahrungen an den Text heranträgt, nicht entsprechen.

Aufgabe

Textarbeit erfordert die Unterscheidung von Beobachtung und Deutung. Überlegen Sie, wo vergleichbare methodische Schritte in der erzieherischen Arbeit vollzogen werden müssen. Welche Unterschiede sehen Sie?

2 Kinder in ihrer Zeit – Romanauszüge lesen

Wie die Welt oder das Leben darstellen? Darum geht es im Roman (vgl. Burdorf/Fasbender/Moennighoff, 2007, Stichwort Roman), der dem wachsenden Lesebedürfnis seit der Erfindung der Buchdruckerkunst Rechnung trägt.

Ursprünglich (12. Jh., Frankreich) galt jede Schrift in der Volkssprache als „romanz" – im Gegensatz zum gelehrten Schrifttum in Latein. Im Laufe der Jahrhunderte entwickelt „der Roman" eine kaum übersehbare Vielfalt an Themen und Ausgestaltungen (u. a. historischer Roman, Entwicklungsroman, Liebesroman, Kriminalroman, Fantasy-Roman) bis hin zu experimentellen Formen (z. B. James Joyce, Ulysses; Alfred Döblin, Berlin Alexanderplatz) und dem postmodernen Roman (z. B. Patrick Süßkind, Das Parfum).

Romanauszüge können die für Romane typische, weit ausgesponnene Darstellung von Zusammenhängen nicht widerspiegeln, aber sie können vielleicht die eine oder andere Leserin (jenseits von Unterricht und seinen zeitlichen Möglichkeiten) zur Lektüre des Gesamtwerkes verlocken.

Worum geht es?
In Romanen kommen auch Kinder vor: als Hauptfiguren oder als Nebenfiguren, als Helden oder als Opfer u. v. m. Die hier ausgewählten Romanausschnitte

- *vermitteln einen Eindruck vom Leben der „Kinder in ihrer Zeit", dargestellt aus männlicher bzw. weiblicher Autorenperspektive,*
- *zeigen exemplarisch literarische Gestaltungsmöglichkeiten auf und*
- *könnten Lust auf (Weiter-)Lesen machen.*

An welches Vorwissen/welche Vorerfahrungen können Sie anknüpfen?

Jonathan Safran Foer: Extrem laut und unglaublich nah

Der Roman von Foer handelt von dem altklugen, naseweisen und fantasievollen Oskar Schell. Er ist eine kleine Nervensäge, vor allem aber ist er tief verstört, weil sein Vater bei dem Angriff auf das World Trade Center ums Leben kam. Oskar will nun herausfinden, weshalb der Vater sich ausgerechnet an diesem Tag dort aufhielt (vgl. Verlagsmitteilung auf der Buchrückseite). Im folgenden Textauszug erinnert sich Oskar an eine Episode mit seinem Vater:

„Dad?“ „Ja?“ „Erzählst du mir eine Geschichte?“ „Gern.“ „Eine gute?“ „Im Gegensatz zu all den langweiligen, die ich dir sonst erzähle?“ „Genau.“ Ich schmiegte mich ganz, ganz dicht an ihn, so dicht, dass sich meine Nase in seine Achselhöhle bohrte. „Und du unterbrichst mich auch nicht?“ „Ich gebe mir Mühe.“ „Denn sonst kann man keine Geschichte erzählen.“ „Außerdem nervt es.“ Am liebsten mochte ich den Moment, bevor er anfing.

„Es gab einmal eine Zeit, da hatte New York einen sechsten Bezirk.“ „Was ist ein Bezirk?“ „Das meine ich mit Unterbrechungen.“ „Ja, klar, aber wenn ich nicht genau weiß, was ein Bezirk ist, kapiere ich die Geschichte doch gar nicht.“ „Ein Bezirk ist deine unmittelbare Nachbarschaft. Oder auch die etwas weitere.“ „Wenn es früher einen sechsten Bezirk gab, was sind dann die fünf Bezirke?“ „Brooklyn, Queens, Staten Island, die Bronx und natürlich Manhattan, versteht sich von selbst.“ „War ich schon mal in einem der anderen Bezirke?“ „Bist du jetzt still?“ „Ich will es doch einfach nur wissen.“

„Vor ein paar Jahren waren wir in der Bronx im Zoo. Weißt du noch?“ „Nein.“ „Und wir sind in Brooklyn gewesen, um uns die Rosen im Botanischen Garten anzuschauen.“ „War ich in Queens?“ „Ich glaube nicht.“ „War ich in Staten Island?“ „Nein.“ „Hat es *wirklich* einen sechsten Bezirk gegeben?“ „Genau das wollte ich dir gerade erzählen.“ „Keine Unterbrechungen mehr – versprochen.“

Als Dad zu Ende erzählt hatte, stellten wir das Radio wieder an und bekamen jemanden herein, der Französisch sprach. Das war besonders toll, weil es mich an den Urlaub erinnerte, als wir gerade zurückgekehrt waren und der von mir aus für immer hätte weitergehen können. Nach einer Weile fragte Dad mich, ob ich wach sei. Ich sagt Nein, denn ich wusste, dass er nicht gehen würde, bevor ich nicht richtig schlief, und außerdem wollte ich nicht, dass er am nächsten Tag bei der Arbeit müde war. Er gab mir einen Kuss auf die Stirn und wünschte mir eine gute Nacht, dann war er zur Tür hinaus.

„Dad?“ „Ja?“ „Nichts.“

Das nächste Mal hörte ich seine Stimme, als ich am Tag darauf von der Schule nach Hause kam. Wegen dem, was passiert war, hatten wir früher Schluss. Ich machte mir keine Sorgen, weil Mom und Dad in Midtown arbeiteten, und Oma arbeitete sowieso nicht, versteht sich von selbst, also waren alle Menschen, die ich liebte, in Sicherheit.

(Foer, 2008, S. 28–29. Die englische Originalausgabe erschien 2005, die deutsche Ausgabe erstmals ebenfalls 2005.)

Aufgaben

1. *Tauschen Sie sich miteinander über erste Leseeindrücke aus.*
2. *Welches Bild gewinnen Sie von der Person des Vaters, des Sohnes und der Beziehung zwischen beiden? Ziehen Sie Textbelege heran, um Ihr Textverständnis nachvollziehbar zu machen.*
3. *Ermitteln Sie drei typische sprachliche Eigentümlichkeiten und erläutern Sie deren Funktion im Text.*

Johann Wolfgang von Goethe: Die Leiden des jungen Werther

In seinem Briefroman „Die Leiden des jungen Werther" (1774) schildert Goethe die unglückliche Liebe des jungen Werther zu Lotte. Im folgenden Briefauszug – alle Briefe sind an den Freund Wilhelm gerichtet – beschreibt Werther seinen ersten Besuch im Hause des Amtmanns S., um die ihm noch unbekannte Lotte zu einem Ballbesuch abzuholen. Lotte versorgt nach dem Tod der Mutter ihre sechs jüngeren Geschwister.

[...] Ich war ausgestiegen, und eine Magd, die ans Tor kam, bat uns, einen Augenblick zu verziehen, Mamsell Lottchen würde gleich kommen. Ich ging durch den Hof nach dem wohlgebauten Hause, und da ich die vorliegenden Treppen hinaufgestiegen war und in die Tür trat, fiel mir das reizendste Schauspiel in die Augen, das ich je gesehen habe. In dem Vorsaale wimmelten sechs Kinder von eilf zu zwei Jahren um ein Mädchen von schöner Gestalt, mittlerer Größe, die ein simples weißes Kleid, mit blassroten Schleifen an Arm und Brust, anhatte. Sie hielt ein schwarzes Brot und schnitt ihren Kleinen rings herum jedem sein Stück nach Proportion ihres Alters und Appetits ab, gab's jedem mit solcher Freundlichkeit, und jedes rief so ungekünstelt sein „Danke!", indem es mit den kleinen Händchen lange in die Höhe gereicht hatte, ehe es noch abgeschnitten war, und nun mit seinem Abendbrot vergnügt entweder wegsprang, oder nach seinem stillern Charakter gelassen davonging nach dem Hoftore zu, um die Fremden und die Kutsche zu sehen, darin ihre Lotte wegfahren sollte. – „Ich bitte um Vergebung", sagte sie, „dass ich Sie herein bemühe und die Frauenzimmer warten lasse. Über dem Anziehen und allerlei Bestellungen fürs Haus in meiner Abwesenheit habe ich vergessen, meinen Kindern ihr Vesperbrot zu geben, und sie wollen von niemanden Brot geschnitten haben als von mir." Ich machte ihr ein unbedeutendes Kompliment, meine ganze Seele ruhte auf der Gestalt, dem Tone, dem Betragen, und ich hatte eben Zeit, mich von der Überraschung zu erholen, als sie in die Stube lief, ihre Handschuhe und den Fächer zu holen. Die Kleinen sahen mich in einiger Entfernung so von der Seite an, und ich ging auf das jüngste los, das ein Kind von der glücklichsten Gesichtsbildung war. Es zog sich zurück, als eben Lotte zur Türe herauskam und sagte: „Louis, gib dem Herrn Vetter eine Hand." – Das tat der Knabe sehr freimütig, und ich konnte mich nicht enthalten, ihn, ungeachtet seines kleinen Rotznäschens, herzlich zu küssen. – „Vetter?", sagte ich, indem ich ihr die Hand reichte, „glauben Sie, dass ich des Glücks wert sei, mit Ihnen verwandt zu sein?" – „O", sagte sie mit einem leichtfertigen Lächeln, „unsere Vetterschaft ist sehr weitläufig, und es wäre mir leid, wenn Sie der schlimmste drunter sein sollten." – Im Gehen gab sie Sophien, der ältesten Schwester nach ihr, einem Mädchen von ungefähr elf Jahren, den Auftrag, wohl auf die Kinder acht zu haben und den Papa zu grüßen, wenn er vom Spazierritte nach Hause käme. Den Kleinen sagte sie, sie sollten ihrer Schwester Sophie folgen, als wenn sie's selber wäre, das denn auch einige ausdrücklich versprachen. Eine kleine, naseweise Blondine aber, von ungefähr sechs Jahren, sagte: „Du bist's doch nicht, Lottchen, wir haben dich doch lieber." – Die zwei ältesten Knaben waren hinten auf die Kutsche geklettert, und auf mein Vorbitten erlaubte sie ihnen, bis vor den Wald mitzufahren, wenn sie versprächen, sich nicht zu necken und sich recht fest zu halten. [...]

(Goethe, 1965, S. 21 f.)

Aufgaben

1. *Welchen Einblick in das Leben von Kindern gewinnen Sie? Welches Lebensgefühl wird für Sie fassbar? Belegen Sie Ihre Aussagen mit Textstellen.*
2. *Der Romanauszug endet damit, dass die beiden Jungen versprechen müssen, „sich nicht zu necken und sich recht fest zu halten". Wie könnte diese Episode enden? Versuchen Sie in „Goethe-Deutsch" weiterzuschreiben.*
3. *Falls Sie noch etwas im „Werther" weiterlesen möchten, bietet sich dafür die CD „Deutsche Literatur von Lessing bis Kafka" (Studienbibliothek: hrsg. v. Mathias Bertram. Digitale Bibliothek 1) an.*

Tipp

Ulrich Plenzdorf: Die neuen Leiden des jungen W., Frankfurt a. M., Suhrkamp, 1976.

Herta Müller – Literaturnobelpreisträgerin 2009

Im Folgenden finden Sie eine kurze Szene aus dem Roman „Atemschaukel" von Herta Müller, in der die Autorin die Erfahrungen ihres Freundes, des Lyrikers Oskar Pastior, in einem sowjetischen Arbeitslager beschreibt (vgl. das Gedicht von Oskar Pastior in Kap. VI 1). Kurz nach dem Erscheinen des Romans im Jahr 2009 erhielt Herta Müller für ihr bisheriges literarisches Werk den Literaturnobelpreis.

Herta Müller: Himmel unten Erde oben

Im Sommerhaus auf der Wench, tief im Obstgarten, stand eine Holzbank ohne Lehne. Sie hieß Hermannonkel. Den Namen hatte sie, weil wir niemanden kannten, der so hieß. Der Hermannonkel hatte in der Erde zwei runde Füße aus Baumstämmen. Sein Sitzbrett war nur an der Oberseite glattgesägt, an der Unterseite war die Rinde am Holz. In der prallen Sonne schwitzte der Hermannonkel Harztropfen. Wenn man sie abzupfte, waren sie am nächsten Tag nachgewachsen.
Weiter oben auf dem Grashügel stand die Tante Luia. Sie hatte eine Lehne und vier Beine und war kleiner und schlanker als der Hermannonkel, und älter als er. Der Hermannonkel war ihr nachgekommen. Ich ließ mich vor der Tante Luia den Hügel hinunterrollen. Himmel unten Erde oben und dazwischen Gras. Immer hielt das Gras mich an den Füßen fest, dass ich nicht in den Himmel falle. Immer sah ich den grauen Unterleib der Tante Luia.

An einem Abend saß die Mutter auf der Tante Luia, und ich lag vor ihren Füßen auf dem Rücken im Gras. Wir schauten hinauf. Die Sterne waren alle da. Und die Mutter zog sich den Kragen ihrer Strickjacke übers Kinn, bis der Kragen Lippen hatte. Bis nicht sie, sondern der Kragen sagte:

Der Himmel und die Erde sind die Welt. Der Himmel ist so groß, weil darin für jeden Menschen ein Mantel hängt. Und die Erde ist so groß wegen den ganzen Entfernungen bis zu den Zehen der Welt. Bis dorthin ist es aber so weit, dass man mit dem Denken aufhören muss, weil man die Entfernungen wie eine leere Übelkeit im Magen spürt.

Ich fragte: Wo ist das Weiteste auf der Welt.

Wo sie aufhört.

An den Zehen.

Ja.

Sind es auch zehn.

Ich glaube, ja.

Weißt du, welcher Mantel dir gehört.

Erst wenn ich oben im Himmel bin.

Dort sind doch die Toten.

Ja.

Wie kommen sie dorthin.

Sie wandern mit der Seele.

Hat die Seele auch Zehen.

Nein, Flügel.

Haben die Mäntel Ärmel.

Ja.

Sind die Ärmel ihre Flügel.

Ja.

Sind der Hermannonkel und die Tante Luia ein Paar.

Wenn das Holz heiratet, dann ja.

Dann stand die Mutter auf und ging ins Haus. Und ich setzte mich auf die Tante Luia, genau dorthin, wo sie gesessen hatte. Dort war das Holz warm. Im Obstgarten zitterte der schwarze Wind.

(Müller, 2009, S. 200 f.)

Aufgaben

1. *Welche Assoziationen löst der Text bei Ihnen aus? Tauschen Sie sich in Ihrer Lerngruppe darüber aus.*

2. *Nennen Sie drei Textstellen, bei denen Sie entweder Satzbau, Wortwahl oder ein rhetorisches Mittel auffällig finden. Inwiefern erweitert sich Ihr Textverständnis durch diese Beobachtungen?*

3. *Wie schätzen Sie die Beziehung zwischen Mutter und Kind ein?*

4. *Der Dialog zwischen der Mutter und dem „Ich" könnte ein Gesprächsbeispiel aus dem Bereich „Philosophieren mit Kindern" sein. Welche zwei Textstellen motivieren Sie zum Philosophieren mit Kindern?*

3 Anregungen zur Lektüre von Kurzgeschichten

Die literarische Kennzeichnung von Texten als „Kurzgeschichten" (vgl. Burdorf/Fasbender/Moennighoff, 2007) ist nicht nur begrifflich an die amerikanische Short Story angelehnt, sondern orientiert sich auch inhaltlich an deren erzählerischen Merkmalen (Verzicht auf längere Einleitung, Handlungsstrang ohne Nebenhandlungen, geringe Ortswechsel, wenige Personen, offener Schluss). In Deutschland findet die literarische Rezeption der Short Story erst nach 1945 statt.

Worum geht es?

Anders als der Roman beschränkt sich die Kurzgeschichte auf einen kleinen Ausschnitt aus der Realität, verzichtet auf weit ausholende Reflexionen und eignet sich aufgrund ihrer Kürze in besonderer Weise als Experimentierfeld. Die Lektüre von Kurzgeschichten kann dazu beitragen,

- *Realität aus einem neuen Blickwinkel wahrzunehmen und darüber nachzudenken,*
- *aufmerksam zu werden für Kürze als erzählerisches Gestaltungsprinzip und*
- *die Freude am Lesen zu bestärken.*

An welches Vorwissen/welche Vorerfahrungen können Sie anknüpfen?

Ingrid Mylo: Indienfahrt

Da hat er den Kollegen in der Kantine bis zum Erbrechen von Indien vorgeschwärmt, und dass er es, „wartet's nur ab", schon bald bis dahin gebracht haben würde. Doch entweder ist seine Energie für die Unternehmung beim Erzählen darüber draufgegangen, oder er glaubt doch nicht so recht an die Sache. Oder das letzte Quentchen Mut, alles auf eine Fahrkarte zu setzen, fehlt ihm ganz einfach: es bleibt beim Reden und die Tat ein Traum. Und in dem Maß, in dem den Kollegen in der Kantine die Geduld beim Zuhören schwindet, wächst ihr Spott, und der Mittagstisch-Indienfahrer muss mehr und mehr Arbeit in die Verdrängung des Gefühls, versagt zu haben, investieren. Da ist es erheblich einfacher, sich eine Familie zuzulegen, und ihr die Schuld in die Schuhe zu schieben. Wenn jetzt jemand sagt: „Wolltest du nicht nach Indien?", hat das Scheitern nichts mehr mit ihm zu tun: „Ach, wenn es nach mir ginge, wäre ich längst da, aber du weißt ja, die Frau, die Kinder, die Verpflichtungen ..."

(Mylo, 2004, S. 13)

Aufgaben

1. *Recherchieren Sie im Internet über die Autorin.*
2. *Auf der Umschlagklappe des Textbandes heißt es: „Ingrid Mylo erzählt von ein paar obskuren Lebensformen, verschollenen und überlebenden." Inwiefern können Sie in dem Text „Indienfahrt" eine solche Lebensform entdecken und wodurch wird diese charakterisiert? Welches Bild von Familie deutet sich an und wie stehen Sie dazu?*
3. *Nennen Sie eine sprachliche Auffälligkeit des Textes. Inwiefern wird dadurch Ihr Textverständnis beeinflusst?*

Albert Ostermaier: Made love

Er führte sie mit seinen Nachrichten durch die ganze Stadt. Sie trug ihre Sehnsucht mit sich herum wie einen Lösegeldkoffer, der auf Umwegen in seine Hände gelangen sollte, ihr Körper ein Zahlenschloss, das nur er öffnen konnte. Er hatte mit seinen Worten einen Peilsender in ihr Herz implantiert. Sie wusste nicht, ob er sie auf ihren Irrwegen beobachtete, hinter einer Säule stand, wenn sie auf einem Parkdeck unter ein Auto kroch, um eine Polaroid einer U-Bahn-Station zu finden, ein Nummernschild um eine Zahl ergänzte, die auf einem Rückspiegel stand, eine Mailbox anrief, die mit einer mechanischen Stimme eine Zeit ansagte. In einem Schließfach fand sie einen Schlüssel und den Duftstreifen eines Parfüms, den er aus einer Zeitschrift gerissen haben musste.

Sie kannte diesen Geruch. In einer Boutique lag eine Tüte mit einem Kleid für sie bereit. Niemand konnte sich an den Käufer erinnern, es wurde telefonisch bestellt, bezahlt von einem Boten. Ihre Größe stimmte. Als sie sich in der Kabine umzog, fand sie eine Postkarte auf den Spiegel geklebt: eine Dünenlandschaft, das Meer nicht vom Himmel zu unterscheiden, Spuren im Sand, auf der Rückseite eine Seitenzahl. War er nicht nur in ihre Herzwände, sondern auch in ihre Wohnung eingebrochen? Auf ihrem Nachttisch lag ein Buch, das immer dort lag, wie ein Talisman, ein Engel, auf dessen Buchrücken sie ihre Ängste vergaß. Immer vor dem Einschlafen las sie darin, immer die gleichen Zeilen, und bettete die Karte dann wieder zwischen die Seiten. Sicherlich hatte sie ihm das alles geschrieben, und er fügte ihr Leben, das sie aus den Augen verloren hatte, wieder wie ein Puzzle zusammen, nachdem er alle Teile, aus denen sie bestand, kräftig durcheinander geschüttelt und auf dem Boden verstreut hatte. Sie wartete in einem Café, Happy Hour, nur noch ein paar Menschen, dann müsste sie aufbrechen. Die Menschen saßen an ihren Tischen wie in Einzelzimmern, zappten mit ihren Blicken von Gesicht zu Gesicht und hofften, dass eine Tür sich öffnete. Er konnte keiner von ihnen sein. Sie glaubte einfach nicht, dass er Zigaretten drehen oder seine Autoschlüssel neben den Aschenbecher werfen würde, in einem elektronischen Terminkalender blättern und sich Notizen machen würde wie Striche an eine Zellenwand: Klammeraffen in ihrer multimedialen Einsamkeit.de. Es war Zeit, sie wollte bezahlen. Sie hätte es sich denken können, es wäre sinnlos gewesen zu fragen, wer. Es regnete, die Autos stauten sich vor den Ampeln, Koordinatennetze aus Rücklichtern, Hochhäusern, deren Fenster sich wie fallende

Dominosteine erleuchteten, Laternen auf Drahtseilen über die Straßen gespannt. Auf der Rolltreppe glitt sie in den U-Bahnschacht, ging immer wieder Schritte zurück, hatte Angst anzukommen, die letzte Schwelle zu überspringen, um die Ecke zu gehen, vorbei an dem Passbildautomaten bis zu der Tür, die sie aufschließen sollte. Als sie den Automaten passierte, blitzte es, sie ging weiter, lief dann zurück, riss den orangefarbenen Vorhang auf: niemand, nur das Geräusch des Föhns, der die Bilder trocknete, überbelichtete. Der Schlüssel passte. Es war völlig dunkel, wahrscheinlich ein Reinigungsraum. Sie stolperte, tastete nach dem Lichtschalter, als er sie berührte, ihre Hand auf ihre Lippen führte, kein Wort jetzt. Sie küssten sich, zuerst fast scheu, sie fühlte seinen Atem auf ihren Augen. Alles an ihm war ihr so vertraut. Ob sie mehr vor Angst oder Erregung zitterte, konnte sie unter seinen Händen nicht mehr unterscheiden. Sie liebten sich. Plötzlich zuckte sie auf, schrie vor Schock, als es auf ihrem Bauch eiskalt wurde. Kurz drauf hörte sie die Tür ins Schloss fallen. Sie kroch zur Tür, fand den Lichtschalter, geblendet von den Neonröhren konnte sie zuerst nichts sehen, bis sie die Eiswürfel auf dem Boden entdeckte, die Shorts mit den Kaffeeflecken.

(Ostermaier, 2002, S. 156–158)

Aufgaben

1. *Ostermaiers Erzählung nutzt die typischen Elemente der Kurzgeschichte. Zeigen Sie diese im Text auf und gehen Sie deren Wirkung nach.*
2. *Über die Sehnsucht der Frau heißt es gleich zu Beginn, sie trug sie herum „wie einen Lösegeldkoffer": Untersuchen Sie dieses sprachliche Bild und zwei weitere, mit denen der Autor das Verhalten der Frau zu fassen versucht.*

4 Verdichtete Erfahrungen – Gedichte lesen

In Gedichten verdichten Autoren ihre Beobachtungen, Erfahrungen, Gefühle und Einstellungen zum Leben. Sie können dabei auch charakteristische Elemente einsetzen wie Rhythmus, Reim, Zeilenlänge, Strophen. Allerdings verzichten moderne Autoren oft gerade auf diese sogenannte gebundene Sprache.

Gedichte stellen durch ihre reduzierte Form, inhaltliche Kürze, sparsame Sprache und u. U. ungewohnte Bildlichkeit für die Lesenden einen besonderen Reiz dar – aber oft auch eine besondere Herausforderung.

Worum geht es?
Die folgende Auswahl moderner Gedichte ist – gemessen an deren Formenreichtum und Themenvielfalt – zufällig, und doch vermitteln sie etwas davon, was zeitgenössische Lyrik (auch) ist: überraschend und ganz nah am Leben.
Die Beschäftigung mit den ausgewählten Texten kann dazu führen,

- *überraschende Bezüge und ungewohnte Bilder zu entdecken und die ausgesprochenen Empfindungen zu teilen,*
- *durch ein kreatives „Aufschlüsseln" der Texte Interesse an der Auseinandersetzung mit Gedichten anzuregen.*

An welches Vorwissen/welche Vorerfahrungen können Sie anknüpfen?

Nicht müde werden | Hilde Domin

Nicht müde werden
sondern dem Wunder
leise
wie einem Vogel
die Hand hinhalten.

(Domin, 2006, S. 294)

Aufgaben

1. *Die Verfasserin starb 2006 im Alter von 96 Jahren. Ein Nachruf in der Frankfurter Allgemeinen Zeitung von Hans Hartung (24.02.2006) war überschrieben mit dem Titel: „Die Mutmacherin: Zum Tode von Hilde Domin". Inwiefern macht uns Hilde Domin mit diesem Gedicht Mut? Welches sprachliche Mittel trägt Ihrer Ansicht nach dazu besonders bei?*
2. *Sie wollen einen Kalender gestalten, bei dem Sie jedem Gedicht ein Foto zuordnen. Sammeln Sie Ideen, wie Sie dieses Gedicht fotografisch gestalten könnten.*

Schön und gut und klar und wahr | Robert Gernhardt

Da sind diese vier weißen Tauben,
die sich in das Blau des Himmels schrauben.

Sie leuchten sehr auf beim Steigen,
um sich kurz darauf dunkel zu zeigen.

Das machen sie immer gemeinsam,
nie flog auch nur eine je einsam.

Warum die das tun? Keine Ahnung.
Möglicherweise als Mahnung:

Es ist schön, sich im Aufwind zu wiegen
Es ist gut, nicht alleine zu fliegen
Es ist klar, daß Steigen schon viel ist
Es ist wahr, daß der Weg das Ziel ist.

(Gernhardt, 2008)

Aufgaben

1. *Welches sprachliche Mittel finden Sie besonders auffällig und welche Bedeutung verknüpfen Sie damit?*
2. *Wie verstehen Sie die „Mahnung", die Robert Gernhardt den „vier Tauben" aufträgt?*
3. *Informieren Sie sich über den Autor.*

Ich und Du | Mascha Kaléko

Ich und Du wir waren ein Paar
Jeder ein seliger Singular
Liebten einander als Ich und als Du
Jeglicher Morgen ein Rendezvous
Ich und Du wir waren ein Paar
Glaubt man es wohl an die vierzig Jahr
Liebten einander in Wohl und in Wehe
Führten die einzig mögliche Ehe
Waren so selig wie Wolke und Wind
Weil zwei Singulare kein Plural sind.

(Kaléko, 2001, S. 37)

Aufgaben

1. *Sprechen Sie das Gedicht laut gemeinsam, und zwar jeder in dem Ausgangstempo, das ihm angemessen erscheint. Versuchen Sie allmählich einen gemeinsamen Rhythmus zu finden. Welche Erfahrungen machen Sie dabei?*
2. *Wie wird in diesem Gedicht Beziehung verstanden? Wie setzt Kaléko ihre Vorstellung von Beziehung sprachlich um?*

Die süße Miezekatze | Christian Futscher

Ich habe die Katze angelockt
Ich habe ihr Futter gegeben
Ich habe sie liebkost
Gestreichelt
Geherzt
[…]

(Futscher, 2009, Auszug)

Aufgaben

1. *Lesen Sie zunächst den unvollständigen Text: Der Autor hat den Originaltext noch um zwei Zeilen ergänzt: Wie könnten sie Ihrer Meinung nach lauten? Vergleichen Sie Ihre Vorschläge.*
2. *Machen Sie sich nun mit dem vollständigen Text vertraut.*
   a) Tauschen Sie sich miteinander über Ihr Textverständnis aus.
   b) Gedichte sind oft „nah am Leben": Sehen Sie Parallelen zwischen dem scheinbar widersprüchlichen Verhalten des „Ich" im Gedicht und Verhaltensweisen von Kindern?
   c) Worauf beruht Ihrer Meinung nach die sprachliche Wirkung des Textes?

That's life | Ulla Hahn

Meistens kommst du dir vor
wie 'ne Fliege
mit einem Bein
im Leim.
Fünf Beine frei – aber
das eine!
Entweder
du opferst es
und hinkst voran
oder
bleibst kleben.
That's life seit Adam und Eva
Vertrieben wurden aus dem Paradies.

(Hahn, 2004, S. 77)

Aufgaben

1. *Informieren Sie sich über die Autorin.*
2. *Benennen Sie zwei auffällige sprachliche Mittel und diskutieren Sie, welche möglichen Bedeutungen sich Ihnen dadurch erschließen.*
3. *Das Gedicht schlägt zwei Lösungen für eine schwierige Situation vor – denken Sie sich eine weitere Möglichkeit aus und formulieren Sie diese so, dass sie in das Gedicht passt. Für welche würden Sie sich persönlich entscheiden?*

Reisevorbereitung

Keller ↓
🧳↑↓🧳↑↓🧳↑↓💼💼↑
Adresse 🗒✎🔑 → Nachbarn 💶 leihen
↓📫 leeren↑
Katze ↓→ Freundin→↑
→🧳→🧳←→🧳↙💼→💼
♒ Schwimmzeug ↘🧳
📷 suchen
Haare ✂
Mutter ✍
💳 in Handtasche
Testament 📁
🗑 leeren ↓↑
☎ Freund ↑ ♋ ☞↓
⌛ läuft
✉✍🗒✍
→🧳🧳🧳💼💼
✎ ✓✓✓✓✓✓✓✓✓✓✓✓✓✓✓✓✓👍
🧳↓↑🧳↓↑🧳↓↑💼💼↓↑
📷 über Schulter 👍
↓→✈

(Reisevorbereitung. Originalbeitrag. © Babette Werth, Berlin)

Aufgaben

1. *„Reisevorbereitung" ist vom Schriftbild her ein ungewöhnliches Gedicht durch das Nebeneinander von Schrift- und Bildsprache: Was löst das Gedicht in Ihnen aus?*
2. *Probieren Sie aus, was passiert, wenn Sie einzelne Icons in Schriftsprache übersetzen und umgekehrt: Analysieren Sie das Wort „Reisevorbereitung" auf seine Konnotation und Denotation (siehe Kap. III 1).*
3. *Inwiefern teilen Sie die Einstellung, dass das Benutzen von Icons zu Sprachverlust führt?*

Tipp

Tragen Sie sich gegenseitig Ihre Lieblingsgedichte vor.

Projektidee
Autorenlesung organisieren
Literaturcafé initiieren

5 E-Books lesen

Worum geht es?
Im Folgenden geht es darum,

- *Jugendliche/junge Erwachsene auf E-Books aufmerksam zu machen und Bücherlesen in ihr Blickfeld zu rücken.*

An welches Vorwissen/welche Vorerfahrungen können Sie anknüpfen?

Digital lesen

E-Books sind Dateien zum Herunterladen auf E-Reader, Tablets und Smartphones. Je nach Speicherkapazität der Geräte, die in Zukunft noch zunehmen wird, lassen sich mehr als 1 000 Titel herunterladen. Überwiegend handelt es sich bei E-Books um Romane, also um Titel aus der Belletristik. E-Books gibt es für Kinder, Jugendliche und Erwachsene.

Fast 40 % der Heranwachsenden lesen, und zwar sowohl gedruckte Bücher als auch E-Books. Trotz zunehmender Internetnutzung hat sich dieser Wert seit Jahren nicht geändert (vgl. JIM 2014). Analoges und digitales Lesen konkurrieren nicht miteinander, vielmehr zeigen die Jugendlichen ein flexibles Leseverhalten. Kurz gesagt werden unterwegs E-Books gelesen und zu Hause zum Schmökern ist das klassische Bücherlesen angesagt. Mit E-Books ändert sich der Bücherkonsum derjenigen, die sowieso schon lesen, also nicht.

Anders stellt sich die Situation von Heranwachsenden dar, für die der Zugang zu Büchern nicht selbstverständlich ist, weil sie aus Familien mit eingeschränktem Zugang zur Bildung kommen. Das hat nicht nur eine „Wissenskluft" zur Folge (vgl. auch zum Folgenden Fahrer, 2014), sondern bedeutet auch, dass diese Heranwachsenden keine Bücherleser im herkömmlichen Sinn sind, also weder Krimis noch Science-Fiction oder Romane u. a. in ihrer Freizeit lesen. Für sie ist es nicht „normal", auch durch Bücher fremde Welten – innere wie äußere – zu entdecken oder die eigenen Erfahrungen in Büchern wiederzufinden und so sich selbst besser zu verstehen. Ihre Leseerfahrungen beschränken sich auf das Lesen von Gebrauchsanweisungen, Formularen, Katalogen u. Ä. („alltagsintegriertes, funktionales Lesen"), wobei Lesen überwiegend digitales Lesen bedeutet.

Noch ein weiterer Aspekt ist im Zusammenhang mit dem Lesen von Büchern aufschlussreich: In einer Studie mit sechsten Klassen hat die Stiftung Lesen ermittelt, dass „E-Reader und E-Books für leseferne Schülerinnen und Schüler attraktiver [sind] als das herkömmliche Bücherregal mit Printbüchern. Eine vorhandene Hemmschwelle zum (Erst-)Kontakt mit Büchern kann gesenkt werden, insbesondere für dicke Bücher, die in Druckform einschüchternd wirken." (Studie zum Potenzial von E-Readern in der Leseförderung). Dieses Ergebnis gilt vermutlich auch für die Wenig-Leser unter älteren Jugendlichen und jungen Erwachsenen. Diese Gegebenheiten – ein psychologisch leichterer Zugriff, lesen können und digitales „Know-how" – bedeuten nicht, dass die Wenig-Leser unter den Heranwachsenden mit neuer Selbstverständlichkeit E-Books lesen, aber sie bieten die Chance, E-Books in der erzieherischen Praxis leichter ins Blickfeld der Jugendlichen zu rücken.

Aufgabe

Besinnen Sie sich noch einmal auf Ihre persönlichen Leseerfahrungen (siehe auch die Aufgaben zu Beginn des Literaturkapitels), und zwar explizit auf Ihre Erfahrungen mit dem Lesen von E-Books. Tauschen Sie sich in der Kleingruppe darüber aus.

Auf E-Books aufmerksam machen

Für Jugendliche ohne selbstverständlichen Zugang zu Büchern ist es ein weiter Weg vom Lesen von Gebrauchstexten auf Smartphones zum Lesen von E-Books. Um sie auf diesem Weg zu unterstützen, brauchen die sozialpädagogischen Fachkräfte nicht nur einen langen Atem, sondern müssen glaubwürdig sein: Nur wer selbst Bücher mag und gerne liest, kann andere für das Bücherlesen gewinnen. In der Praxis ist schon viel erreicht, wenn es gelingt, auf E-Books aufmerksam zu machen und das Bücherlesen positiv zu besetzen. Hilfreich könnte dabei sein,

- wahrzunehmen, dass die Heranwachsenden überhaupt lesen und ihnen dies als Stärke bewusst zu machen. Das fördert ihr Selbstbewusstsein als Lesende wie auch ihr Selbstwertgefühl.
- in Gesprächen über Themen, die die Heranwachsenden bewegen, auch Lesetipps zu geben, und dies eher beiläufig, dafür aber konsequent. Dabei gibt es viele Möglichkeiten: von geeigneten Titeln zur Entspannung und Unterhaltung bis hin zu „ernsten Themen" wie Verlust von nahen Menschen, Liebe und Liebeskummer, enttäuschte Hoffnung, Zukunftsträume u. Ä.

Aufgabe

Setzen Sie sich kritisch mit digitalen Bilderbuchangeboten auseinander. Beziehen Sie dabei Ihre Lehrkraft der Literatur- und Medienpädagogik mit ein. Entwickeln Sie Ziele für die Zusammenarbeit mit Müttern und Vätern von Kleinst- und Kleinkindern.

6 Theater und Drama

Worum geht es?
Im Folgenden geht es darum,

- *sich über die spezifischen Möglichkeiten des Theaters klar zu werden und zu realisieren, dass in Theateraufführungen die Textvorlage interpretiert wird,*
- *eine Vorstellung von den unterschiedlichen Möglichkeiten von Theater und Film zu gewinnen,*
- *Anstöße zu erhalten, um sich selbst im szenischen Spiel zu erproben.*

An welches Vorwissen/welche Vorerfahrungen können Sie anknüpfen?

Szenisches Spiel und sinnliche Wahrnehmung

Im Drama wird ein Ablauf von Geschehnissen und Ereignissen nicht erzählt, sondern Zuschauern durch das, was die Figuren des Dramas sagen und tun, vorgeführt. Es ist aufschlussreich, dass in der Alltagssprache vom „Zuschauer“ und nicht vom „Zuhörer“ gesprochen wird. Daran wird deutlich, dass im Drama – im Gegensatz zu erzählenden und lyrischen Texten – Bedeutung nicht nur in Bezug auf den Text konstruiert wird, sondern zu einem erheblichen Teil im Zusammenspiel mit dem Bühnenraum, dem Bühnenbild und der Beleuchtung, den benutzten Requisiten, den Kostümen der Figuren, mit Mimik, Gestik, sprecherischen Ausdrucksmitteln und der persönlichen Ausstrahlung der Schauspieler/-innen. Ein szenischer Text ist darauf ausgerichtet, mit allen Sinnen aufgenommen zu werden.

Theateraufführungen als Textdeutungen

Was für das Vorlesen eines erzählenden Textes oder eines Gedichtes gilt, nämlich dass ein Text dabei immer gedeutet wird, trifft für die Aufführung eines szenischen Textes erst recht zu: Regisseur, Bühnenbildner, Schauspieler führen den Zuschauern ihr jeweiliges Verständnis der Textvorlage vor. In der großen Linie ist dabei der Regisseur bestimmend. Es kann sogar sein, dass dieser eine Textvorlage kürzt oder leichte sprachliche Änderungen vornimmt, um sein Textverständnis zu akzentuieren.

Theaterinszenierungen sind also immer Textdeutungen, an denen außer dem Regisseur viele andere beteiligt sind: Schauspieler, Maskenbildner, Kostümentwerfer, Bühnenbildner mit den entsprechenden Handwerkern, Beleuchter und viele andere, die „hinter den Kulissen“ wirken. Eine fertige Inszenierung ist immer das Ergebnis einer Vielzahl von Ideen und Gesprächen, von Proben, von Überlegungen, was technisch „machbar“ und vor allem, was finanzierbar ist. Ein Theater kann grundsätzlich ohne staatliche Subventionen nicht existieren.

Theater und Film

Erschwert wird die Situation der Theater durch die Konkurrenz von Film und Fernsehen. In einer Theateraufführung bleibt der räumliche Abstand zwischen Zuschauer und Bühne und damit die Perspektive des Zuschauers immer gleich: Zwar können die Schauspieler einmal quer durch die Zuschauerreihen auf die Bühne gelangen, aber grundsätzlich ist der Blickwinkel vorgegeben, die Zuschauer sitzen frontal vor der Bühne und sehen die Schauspieler aus der gleichen Distanz. Nur das Bühnenbild mit den Kulissen und Requisiten kann verändert werden.

Im Vergleich dazu hat der Film ganz andere Möglichkeiten: Die Einstellungen können wechseln, verschiedene Handlungsorte und Zeitpunkte können unmittelbar verknüpft werden, es gibt unterschiedliche Kameraeinstellungen mit ganz verschiedenen Wirkungen und unterschiedlichen Perspektiven. Was der Film allerdings nicht bieten kann, ist die Live-Situation: Im Theater können die Zuschauer wie gefesselt sein durch das unmittelbare Erleben des gesprochenen Wortes und der Ausdrucksmöglichkeiten der Schauspieler, durch originelle Einfälle, durch all das, was „Theaterspiel" ausmacht.

Tipp

Ein Drama lässt sich nur besprechen, wenn man eine Theateraufführung gesehen hat! Nutzen Sie die Chance, während der Ausbildung immer wieder mit anderen über eine Aufführung ins (fächerübergreifende) Gespräch zu kommen.

Aufgabe

Lesen Sie ein Drama, das in einem Theater in Ihrer Nähe aufgeführt wird, und sehen Sie es sich an.

- *Beschäftigen Sie sich im Vorfeld mit einzelnen Textfiguren: Wie könnten diese aussehen, sich anziehen, sich bewegen, wohnen? Was könnte in einer Figur in einer bestimmten Szene innerlich vorgehen, was aber im Text nicht ausgesprochen wird? Führen Sie diese von Ihnen „ausgemalte" Figur real vor, indem Sie sie spielen (Kostüme entwerfen, sich schminken, Bewegungen probieren, Requisiten herstellen etc.). Beziehen Sie die Lehrkräfte der musischen Fächer mit ein.*
- *Einzelne von Ihnen führen ein Interview mit den zuvor aufgetretenen Figuren.*
- *Stellen Sie nach der Lektüre einer Szene „Standbilder" auf. Feilen Sie an den Details (räumlicher Abstand, Körperhaltung usw.).*

Standbild

Bei einem „Standbild" stellen die Schauspieler ein Schnappschussfoto einer Szene dar. Jeder steht unbeweglich, mitten in der Bewegung erstarrt. So wird der aktuelle Moment einer Szene eingefroren. Wichtig ist dabei, dass das Charakteristische einer Figur oder Szene verdeutlicht wird.

7 Materialien zur literarischen Textanalyse

Worum geht es?
Literarische Texte zu verstehen ist nicht allein eine Frage der Intuition, sondern auch das Ergebnis genauer Analyse. Das dafür notwendige Handwerkszeug kennen Sie, zumindest teilweise, aus dem Deutschunterricht. Im Folgenden geht es darum,

- *vorhandene Kenntnisse der Fachbegriffe für die Bearbeitung von erzählenden Texten, Gedichten und dramatischen Texten zu sichern und eventuell zu erweitern.*

An welches Vorwissen/welche Vorerfahrungen können Sie anknüpfen?

Literatur präsentiert sich in unterschiedlichsten Ausprägungen. Klassisch ist die Unterscheidung von lyrischen, epischen und dramatischen Texten. Diese drei Grundformen oder Textarten lassen sich folgendermaßen beschreiben: Wird erzählt, handelt es sich um **Epik**, stellen Menschen auf einem Schauplatz etwas dar, handelt es sich um **Dramatik**. Geht es um Bedeutungsintensität, um Verdichtung, also um Gedichte, handelt es sich um **Lyrik**. Allerdings ist diese Unterscheidung nicht trennscharf: Es gibt erzählende Texte, die Dialoge (Merkmal des Dramas) enthalten, Dramen, die eine erzählende Struktur (episches Theater) haben, und Gedichte mit epischen und dramatischen Elementen (Ballade).

Lyrik, Epik und Dramatik sind Sammelbegriffe, d. h., dass die drei literarischen Grundformen in verschiedenen „Spielarten" vorkommen. Spielarten des Epischen sind z. B. Roman und Kurzgeschichte, aber auch Parabel und Satire. Erzählgedichte (Balladen), feierliche Lob- und Preislieder (Hymne), moderne Poesie u. a. sind Formen der Lyrik. Unter Dramatik werden sowohl ernste (Drama) als auch lustige (Komödie) Texte zusammengefasst.

Fachbegriffe für die Bearbeitung erzählender Texte:

***Analyse**, d. h. Untersuchung von Einzelelementen eines Textes (wie Wortwahl, Satzbau) im Hinblick auf deren Bedeutung.*

*Der **Aufbau** einer Erzählung kann untersucht werden nach*

- *Sinnabschnitten, Gliederung des Geschehens,*
- *Spannungsentwicklung,*
- *Höhe- und Wendepunkten und*
- *Gestaltung von Einleitung und Schluss (offen – geschlossen; vermittelt – unvermittelt).*

***Erzählperspektive**, d. h. die Perspektive, aus der heraus erzählt wird. Die folgende Unterscheidung der Erzählperspektiven ist ein Konstrukt, um die Struktur von Texten genauer zu verstehen. Erzählt werden kann*

*– aus der Perspektive der allwissenden Überschau **(auktoriales Erzählen):***

- *Der Erzähler weiß alles, kennt auch die Gefühle und Gedanken der am Geschehen Beteiligten.*

- *Der Erzähler mischt sich ein, kommentiert, spricht auch mit dem Leser.*

  ***Beispiele:** vgl. Ostermaier, Made love (siehe Kap. XII 3) oder*

  „Aber ist es dem Leser nicht auch schon begegnet, dass …?“
  (Schneider, 1995, S. 160.)

*– aus der Perspektive eines eingeschränkten Blickwinkels **(personales Erzählen):***

- *Das Geschehen wird aus einer in eine Person der Handlung verlegten Perspektive erzählt.*

  ***Beispiele:** vgl. Goethe, Die Leiden des jungen Werther (siehe Kap. XII 2) oder*

  „Nun würde also Hildegard heimkommen, um halb zehn. Es war jetzt neun Uhr. Sie läse seine Mitteilung, erschräke dabei, glaubte wohl das mit Südamerika nicht, würde dennoch die Hemden im Kasten zählen, etwas müsste ja geschehen sein.“
  (Bichsel, 1989, S. 43–44.)

*– aus der **neutralen Erzählperspektive:***

- *Der Erzähler mischt sich nicht ein, er bleibt unsichtbar („camera-eye“).*
- *Typisch sind Passagen mit wörtlicher Rede, die fast szenisch wirken.*

  ***Beispiele:** vgl. Foer, Extrem laut und unglaublich nah (s. Kap. XII 2, S. 276, Z. 6–17) oder*

  „Kleine Kneipe am Rosenthaler Platz. Vorn spielen sie Billard, hinten in einer Ecke qualmen zwei Männer und trinken Tee. Der eine hat ein schlaffes Gesicht und graues Haar, er sitzt in der Pelerine: ‚Nun schießen Se los […].‘“
  (Döblin, 1977, S. 55.)

***Interpretation:** Textarbeit erfordert, die beiden Schritte Beobachtung und Deutung auseinanderzuhalten. Interpretation ist die zusammenfassende Deutung von sprachlichen Beobachtungen. Die reflektierte Unterscheidung dieser Arbeitsschritte entspricht der Unterscheidung von Beobachtung und Deutung im Bericht.*

***Sprachliche Mittel** zu analysieren heißt, Satzbau, Wortwahl, rhetorische Mittel und Satzzeichen zu erfassen und ihre mögliche Bedeutung im Text zu ermitteln (deuten!).*

***Verfasserintention:** Diese muss im literarischen Text nicht mit der (reflektierten) Bedeutung, die ein Leser einem Text zuweist, übereinstimmen (s. auch Kap. XI 1).*

Fachbegriffe für die Bearbeitung von Gedichten

Form	*ist gekennzeichnet durch die äußere Gestalt(ung) eines Gedichtes (Aufbau, Strophenform, Reim, Metrum)*
Lyrisches Ich	*Gedichte sind oft in der Ich-Form geschrieben. Dieses „Ich" kann, muss aber nicht mit der Person des Autors identisch sein.*
Metrum	*Versmaß; ist abhängig von der regelmäßigen Folge betonter und unbetonter Silben*
Reim	*Verse, deren Endsilben gleich klingen, gereimt sind; moderne Gedichte sind meist reimlos (Ausnahme: Stabreim, s. Alliteration)*
Rhythmus	*vor allem durch Betonung und Sprachtempo bestimmte (innere) Bewegung des Gedichts*
Strophe	*aus Versen gebildete Einheit in einem Gedicht; moderne Gedichte, die auf Strophen verzichten, weisen Einheiten mit unterschiedlicher Zeilenanzahl und -länge auf*
Vers	*Zeile in einem Gedicht*

Fachbegriffe für die Bearbeitung dramatischer Texte

Dialog	*Zwiegespräch; Grundbaustein der dramatischen Form*
Monolog	*Selbstgespräch einer Textfigur mit der Funktion, dem Zuschauer deren Gedanken, Gefühle und innere Stimmungen mitzuteilen*
Botenbericht	*Was nicht dargestellt werden kann, weil es an einem ganz anderen Ort spielt oder zu einer ganz anderen Zeit, kann durch Boten und deren Berichte in das Geschehen auf der Bühne hineingenommen werden.*
Prolog	*Eröffnungsworte im Drama*
Epilog	*der letzte Text, der ein Bühnenstück abschließt, mit der Funktion, zu erklären, zu ermahnen oder dem Zuschauer zu Distanz zu verhelfen*

Literarische Textsorten (Beispiele zu den einzelnen Textsorten s. Internet)

Ballade	*„Erzähllied"; verbindet epische (Bericht über Geschehen) und lyrische (Strophen, oft düster stimmungsvoll) sowie dramatische Elemente (Dialog)*
Comic	*Form der Bildergeschichte, in der der Text in die Bilder – meist als Sprechblasen – eingefügt wird; in USA entstanden („comic strips")*

Drama	*Auf eine Bühnendarstellung hin angelegter Text, in dem die Figuren mit sich selbst oder mit anderen sprechen und handeln. Ein Drama kann in Akte, Auftritte und/oder Szenen eingeteilt sein.*
Erzählung	*Sammelbegriff für erzählende Texte von unterschiedlichem Umfang (in der Mitte zwischen Kurzgeschichte und Roman).*
Fernsehspiel	*In der Frühzeit des Fernsehens bereitete man medienfremde Bühnenstücke fernsehgerecht auf, später wurden eigene Stücke für das Fernsehen geschrieben.*
Gleichnis	*kurze Erzählung, die mit einem Vergleich arbeitet, um einen Sachverhalt zu verdeutlichen*
Hörspiel	*Für den Rundfunk nach dem Modell eines Theaterstücks angelegtes Spiel, bei dem für die Vermittlung von Inhalten nur akustische Wege zur Verfügung stehen. Alles Optische fällt weg.*
Komödie	*Theaterstück, in dem gelacht werden darf: über (vertraute) menschliche Schwächen, über Verwechslungen, über Situationskomik etc.*
Kurzgeschichte	*Sie ist kurz und knapp, weil ursprünglich zunächst in Zeitschriften veröffentlicht; realitätsnah, konzentriert sich auf die Darstellung konflikthaften menschlichen Handelns; unmittelbarer Einstieg, offener Schluss.*
Parodie	*„Gegengesang"; verzerrende Nachahmung eines bekannten Werkes mit dem Ziel, dieses oder den Verfasser zu kritisieren, indem Schwächen aufgedeckt und lächerlich gemacht werden. Eine Parodie versteht nur, wer das parodierte Werk/die parodierte Person kennt.*
Roman	*Umfangreicher erzählender (epischer) Text mit unterschiedlichsten Themen (z. B. historischer Roman, Heimatroman) und verschiedenen Erzählperspektiven.*
Satire	*Sie kommt in allen literarischen Gattungen vor; durch Verspotten, Tadeln, Verhöhnen, Zeitkritik üben.*
Schauspiel	*Bühnenstück mit ernster Grundstimmung. Im Gegensatz zur Tragödie zeichnet sich eine Lösung des dargestellten Konfliktes ab oder wird im Stück noch dargestellt.*
Tragödie	*Bühnenstück mit einem tragischen Handlungsverlauf. Die handelnden Textfiguren geraten in einen Konflikt, der unauflösbar ist. Egal, was sie auch tun, welche Entscheidung sie treffen, sie machen sich schuldig, weil sie es nicht vermeiden können, gegen einen hohen Wert zu verstoßen.*

Anhang

1 Sich sprachlich korrekt ausdrücken (Grammatik, Rechtschreibung und Zeichensetzung)

Grammatische Grundbegriffe

Grammatik ist ein weites Feld. Sie umfasst Laut-, Wort- und Satzlehre (Syntax). Die folgende alphabetisch angeordnete Auswahl ist weder vollständig noch systematisch, sondern orientiert sich an Fragen aus Ausbildung und beruflicher Praxis.
(zum Folgenden vgl. Duden Bd. 4: Die Grammatik, 2016)

Adjektiv (Eigenschaftswort) → das *neue* Buch; das *einfallsreiche* Kind
Adjektive können gesteigert werden → *gut* (Grundstufe/Positiv)
→ *besser* (Vergleichsstufe/Komparativ)
→ *am besten* (Höchststufe/Superlativ)

Adverb (Umstandswort) präzisiert das Verb → Ihr spielt *hier*. Du singst *schön*.
Präzisiert werden kann das Verb durch ein:
- Umstandswort der Zeit (Temporaladverb) → *Gestern* war es schön.
- Umstandswort des Ortes (Lokaladverb) → Das Haus ist *dort*.
- Umstandswort der Art und Weise (Modaladverb) → *Vielleicht* kommen wir.
- Umstandswort des Grundes (Kausaladverb) → *Dadurch* hat sie Angst.

Adverbiale Bestimmungen (Umstandsbestimmungen) präzisieren die Umstände eines Sachverhaltes:
- Ort → Die Jugendlichen gehen *zum Gruppenraum*.
- Zeit → Der Hort öffnet *nach Schulschluss*.
- Art und Weise → Sie spielen *mit Ausdauer*.
- Grund → Das Kind weint *aus Trotz*.

Aktiv („Tatform“) schreibt die Sichtweise des Geschehens fest: Das Subjekt (Erzieher) macht etwas. → *Der Erzieher fordert den Jugendlichen.*

Artikel (Geschlechtswort) → *der, die, das* usw. (bestimmter Artikel)
→ *ein, eine, einer* usw. (unbestimmter Artikel)

Deklination („Beugung“/Flexion von Substantiv, Artikel, Adjektiv und Pronomen; beim Verb spricht man von Konjugation):

das Kind	1. Fall oder Nominativ (*Das Kind* ist hier.)
des Kindes	2. Fall oder Genitiv (Die Mütze *des Kindes* liegt dort.)
dem Kind	3. Fall oder Dativ (Die Mütze gehört *dem Kind*.)
das Kind	4. Fall oder Akkusativ (Ich sehe *das Kind*.)

Diphthong (Doppellaut) → *ai, au, ei, äu, eu*

Fall s. Deklination

Futur (Zukunft, s. Verb) → *Ich werde* aufräumen.

Flexion („Beugung") von Wörtern, s. Deklination bzw. Konjugation

Hauptsatz (HS): kann allein stehen → *Ich bin sauer.*

Hilfsverb → *haben, sein, werden;*
- in Verbindung mit Vollverb „hilft" es, bestimmte Zeiten und Passiv zu bilden → Die Erzieherin *hat* gelacht. Susi *wird* beobachtet.
- kann wie ein Vollverb benutzt werden → Susi *wurde* rot.

Imperativ (Befehlsform, s. Verb) → *Zieh dich an!*

Infinitiv (Grundform, s. Verb) → *beobachten, schreiben;* kann substantiviert werden. → *Das Schreiben* fiel ihm schwer.

Komparativ s. Adjektiv

Konjugation („Beugung"/Flexion des Verbs): Bildung aller Personal- und Zeitformen des Verbs → Sie *spielte* Fußball, *ihr habt* perfekt *aufgeräumt.*

Konjunktion (Bindewort):
- Unterordnende K. → *weil, dass, nachdem* u. a., sie verbinden HS und NS → Ich freue mich, *dass* du kommst.
- Nebenordnende K. → z. B. *und, oder, entweder … oder*; sie verbinden HS + HS → *Entweder* ihr spielt draußen *oder* wir lesen euch vor.

Konjunktiv („Möglichkeitsform"), drückt Nichtwirklichkeit aus:
- Konjunktiv 1 → Er sagte, *sie komme* morgen. Man *nehme* ...
- Konjunktiv 2 → Sie behauptete, *sie hätte* Kopfweh. *Dürfte* ich Sie um etwas *bitten*?

Konsonant (Mitlaut) → *b, d, d, f* usw.

Laut: kleinste Einheit der gesprochenen (was man hört!) Sprache (s. Vokale, Konsonanten)

Modalverb → *dürfen, können, mögen müssen, sollen, wollen;* bestimmt näher, wie ein Vollverb zu verstehen ist → Sie *wollten* helfen. *Dürfen* wir rutschen?

Nomen (Dingwort, Namenwort, Substantiv) → *der Becher*

Nebensatz (NS): braucht einen Hauptsatz, kann nicht allein stehen → Ich bin sauer, *weil ich nicht raus darf.*

Numerale (Zahlwort): Wörter, die eine bestimmte Zahl oder Menge angeben, z. B.
- Grundzahlen (Kardinalzahlen) → *eins, zwei, drei …*
- Ordnungszahlen (Ordinalzahlen) → *der erste, der zweite …*
- Unbestimmte Zahlwörter → *einige, mehrere, viele …*
- Wiederholungszahlwörter → *einmal, zweimal, das erste Mal, das dritte Mal*
- Bruchzahlen → *ein halbes* Pfund, ein *Viertelliter*

Objekt (Satzergänzung): Im Satz brauchen die meisten Verben eine Ergänzung für eine sinnvolle Mitteilung → Die Jugendlichen fordern *einen Fußballplatz*; Objekte unterscheiden sich nach ihrem Fall bzw. der Präposition, z. B.
- Dativobjekt → Die Erzieherin hört *den Kindern* zu.
- Akkusativobjekt → Die Kinder suchen *die Bälle.*

- Genitivobjekt → Wir gedenken *unserer verstorbenen Kollegin.*
- Präpositionalobjekt → Wir rechnen *mit deiner Hilfe.*

Partizip (Mittelwort):
Mittelwort der Gegenwart → *blühender* Unsinn, *wachsendes* Selbstbewusstsein
Mittelwort der Vergangenheit → *geschenkt* (schwaches Verb!), *gerufen* (starkes Verb!)

Passiv („Leideform") schreibt die Sichtweise des Geschehens fest → Der Jugendliche *wird vom Erzieher gefordert.* Das Subjekt *(der Jugendliche)* „erleidet" etwas.

Perfekt (vollendete Gegenwart, s. Verb) → Das *haben* wir *erlebt.*

Plural (Mehrzahl) → *die Mützen*

Prädikat (Satzaussage): Jeder Satz hat ein Prädikat. Nach seiner Wortart ist das Prädikat ein Verb. Das Prädikat kann einfach oder zusammengesetzt sein → Die Sonne *scheint.* Die Sonne *hat geschienen.*

Präposition (Verhältniswort) kennzeichnet die Art, wie einzelne Teile einer Aussage sich aufeinander beziehen, z. B.
- Präposition des Ortes → Der Stuhl steht *vor* der Tür.
- Präposition der Zeit → *Seit* gestern regnet es.
- Präposition des Grundes → Ich komme *anlässlich* der Ausstellung.

Präsens (Gegenwart, s. Verb) → Ihr setzt euch.

Pronomen (Fürwort) ist Stellvertreter oder Begleiter des Substantivs → *Eure* Mäntel hängen im Flur, *meiner* in der Küche.
- Personalpronomen (persönliches Fürwort) → *ich, du …*
- Reflexivpronomen (rückbezügliches Fürwort) → Er ärgert *sich.*
- Demonstrativpronomen (hinweisendes Fürwort) → An *dieser* Stelle ist es.
- Possessivpronomen (besitzanzeigendes Fürwort) → *Dein* Rock hängt hier.
- Interrogativpronomen (fragendes Fürwort) → *Wer* ruft?
- Relativpronomen (bezügliches Fürwort) → Die Frage, *die* du stellst …

Silben sind kleinste Lautgruppen, aus denen sich ein Wort aufbaut → *kind|lich*

Singular (Einzahl) → *die Mütze, der Kindergarten*

Subjekt (Satzgegenstand): steht im Nominativ und wird durch die Frage „Wer oder was tut/ist/hat?" erschlossen. → *Der Vogel* singt.

Substantiv (Hauptwort/Namenwort/Dingwort/Nomen) bezeichnet Dinge, die man sehen und anfassen kann, und was man nur fühlen oder sich in Gedanken vorstellen kann; am Artikel erkennt man, welches Geschlecht ein Substantiv hat. → *der Junge, das Herz, die Neugier*

Substantivierung: ein Wort aus einer anderen Wortart wird zum Substantiv
→ Etwas *Blaues* liegt dort. Mir fällt *das Beobachten* der Kinder heute schwer.

Superlativ s. Adjektiv

Umlaut ist die Veränderung eines Vokals (a → ä, o → ö, u → ü, au → äu); wird vor allem benutzt zur Pluralbildung → *Nacht – Nächte*

Verb (Tu-, Tätigkeits- oder Zeitwort): Wort, das konjugiert wird → *ich lache, du lachst* usw. Die „Beugung"/Flexion des Verbs wird Konjugation genannt (s. Deklination):

- **Vollverb** → *lachen, beobachten;* kann ohne weitere Hilfe einen Satz bilden → Die Erzieherin *lacht.* Sie *beobachtet* Susi.
  - **Starke Verben** bilden die Zeiten durch Vokaländerung → *rufen, rief, gerufen*
  - **Schwache Verben** bilden Zeiten durch Konsonant -t → *necken, neckte, geneckt*
- **Hilfsverb** → s. o.
- **Modalverb** → s. o.

Verbbeugung (Konjugation) → *du rennst, ihr ranntet usw.*

> **Tipp**
>
> *Kontrollieren Sie Ihr Grammatikwissen: Notieren Sie Begriffe, die Sie nicht kennen, auf Karteikarten, dazu jeweils ein Beispiel, und lernen Sie diese wie Englischvokabeln. So werden Sie auch fit für Schülerfragen bei der Hausaufgabenbetreuung.*

Häufige Fehlerquellen in der Rechtschreibung

Rechtschreibung ist trotz der Existenz von PC-Korrekturprogrammen eine Herausforderung für viele, die schreiben. Die folgende Auswahl von „häufigen" Fehlern ist subjektiv und orientiert sich an der Unterrichtspraxis.

(zum Folgenden vgl. Duden Bd. 1: Die deutsche Rechtschreibung, 2013)

… bzgl. <s>, <ss> , <ß>, <z>?

- **„das" und „dass":**

> **Grundregel**
> Relativpronomen oder Artikel → *das* (Das Projekt, *das* wir gemeinsam geplant haben, kann starten.)
> Konjunktion → *dass* (*Dass* ihr aufräumt, ist super.)

> **Tipp**
>
> *Kann dieser (diese, dieses), jener (jene, jenes) oder welcher (welche, welches) eingesetzt werden, handelt es sich um das Relativpronomen „das".*

- **<s, ss>:**
  <ss>: nach kurzem Vokal → *dass, nass, Kuss*
  aber: → *Rasen, rasend* wegen langem Vokal
- Wörter auf **-nis:** im Singular mit **-s** → *Zeugnis* (aber *Zeugnisse*), *Geheimnis* (aber *Geheimnisse*)
- **<ß>:** nach langem Vokal oder Doppellaut → *Gruß, grüßen, außer*

- **<z>:** immer wenn in verwandten Wörtern vorhanden → *existenziell* (vgl. *Existenz*), *Differenzial* (vgl. *Differenz*), *Potenzial* (vgl. *Potenz*)

… wenn drei gleiche Buchstaben zusammentreffen
Es darf kein Buchstabe „unter den Tisch" fallen → *Betttuch, Schritttempo* (zur besseren Lesbarkeit auch mit Bindestrich → *Schritt-Tempo*)

… bzgl. der Pluralbildung in Fremdwörtern
-s wird einfach angehängt → *Ladys, Partys, Storys, Lobbys*

… bzgl. Großschreibung
Neben den Substantiven (Hauptwörtern) werden großgeschrieben

- als Substantiv gebrauchte Adjektive (→ das *Gute*), Partizipien (→ das *Folgende*), Infinitive (→ das *Rechnen*)

> **Tipp**
>
> *Vorangehende Wörter wie alles, etwas, nichts, viel, wenig zeigen die Substantivierung an.*

- substantivierte Adjektive + Zahlwörter → Der *Einzelne* gewinnt. Die *Erste* siegt. Es kommen *Unzählige*.
  aber: *viele, wenige, der eine, der andere*
- die Höflichkeitsanrede „Sie"/„Ihr" → Wie geht es *Ihnen* und *Ihren* Kindern?
- nach einem Doppelpunkt → Alles war kaputt: *Die* Fenster ...

… bzgl. Getrenntschreibung

- fast alle zusammengesetzten Verben getrennt schreiben → *abwärts gehen, klein beigeben, spazieren gehen, Schlittschuh laufen, Auto fahren*
  aber: *krankschreiben, lahmlegen, eislaufen, kopfstehen*
- alle Verbindungen mit dem Verb „sein" getrennt schreiben → *da sein, dabei sein, beisammen sein*
- getrennt geschrieben werden auch → *wie viel, so viel, zu viel, zu wenig*

… bzgl. Zusammenschreibung

- Unbestimmte Pronomen werden zusammengeschrieben → *irgendetwas, irgendjemand*
- Ist der erste Bestandteil eines zusammengesetzten Verbs als eigenständiges Wort ungebräuchlich oder nicht mehr eindeutig einer Wortart zuzuordnen, wird zusammengeschrieben → *abhandenkommen, einhergehen, heimkommen, wettmachen*
- Ergibt die Verbindung von Adjektiv und Verb eine neue verfestigte Gesamtbedeutung, wird zusammengeschrieben → *krankschreiben, lahmlegen*
- Hat das Substantiv in Verbindung mit dem Verb seine Eigenständigkeit verloren, schreibt man zusammen → *eislaufen, kopfstehen*

… bzgl. Worttrennung

- Bei mehreren Konsonanten zwischen zwei Vokalen wird der letzte abgetrennt
  → *sechs-te, ras-ten, hus-ten, …*

- <ck> ist untrennbar → *bli-cken, Zu-cker, Rü-cken*

Grundregel für die Worttrennung
1. einfache Wörter nach Sprechsilben trennen, wie sie sich beim Vorlesen ergeben → *Freun-de, aber-mals, Grup-pe*
2. zusammengesetzte Wörter und Wörter mit Vorsilben nach ihren erkennbaren Bestandteilen trennen → *vor-lesen, an-sprechen*

… bei Zusammensetzungen mit Ziffern
Richtig ist → *2-silbig, 8-mal, 3-Tonner, …*
Aber nicht bei Endsilben: → *68er, 32stel, 25%ig*

… bei der Verwendung von Eigennamen als Adjektiv auf <-sch>
- Großschreibung, wenn **mit** Apostroph → *Rilke'sche Lyrik, Ohm'sches Gesetz, …*
- Kleinschreibung, wenn **ohne** Apostroph → *rilkesche Lyrik, ohmsches Gesetz, …*

Wichtige Kommaregeln

1. Komma ist freigestellt bei Hauptsätzen, die mit *und/oder* verbunden sind → *Wir arbeiten* **(,)** *und dann spielen wir.*

2. Komma muss vor einem Bindewort (Konjunktion) zwischen Haupt- und Nebensatz stehen → *Ich gehe schwimmen,* ***weil*** *mich das entspannt.* (ebenso: *Weil … entspannt, gehe* ...)
   Beachte: Vor der Konjunktion „dass" steht immer ein Komma.

3. Vor Relativsätzen immer Komma setzen bzw. Relativsätze in Komma einschließen.
   → *Ich meine den,* ***der*** *eine rote Mütze aufhat.*
   → *Jannie,* ***die*** *schon lesen kann, bekommt das Buch.*

4. Komma steht
   a) zwingend, wenn satzwertige Infinitiv- und Partizipialgruppen aus dem Satzverband herausgelöst sind und von einem Verweiswort abhängen → *Ein Lied pfeifend,* ***so*** *kam er die Treppe herunter.*
   ohne Komma: *Ein Lied pfeifend kam er die Treppe herunter.*
   b) nach einer mit Satzzeichen abgeschlossenen direkten Rede
   → *„Kommst du morgen?",* fragte sie.

Tipp

Analysieren Sie eigene typische Fehler anhand von Schulaufgaben. Stellen Sie fest, welche Fehler am häufigsten vorkommen, und erarbeiten Sie sich die entsprechenden Regeln.

2 Verständlich schreiben

Verständlich zu schreiben ist erlernbar: Es basiert auf folgenden vier Forderungen: einfach zu schreiben, Strukturen im Gedankengang zu verdeutlichen, Sachverhalte kurz und bündig zu benennen und bestimmte Anreize (Stimulantien) einzusetzen, um die Aufmerksamkeit des Lesers aufrechtzuerhalten.

Einfach schreiben

- **Verben bevorzugen**
  Benutzen Sie Vorgangs-, Tätigkeits- und Zustandsverben, um einfach und dynamisch zu formulieren:
  - *„Wir freuen uns, wenn Sie zahlreich erscheinen …"* statt: *„… über Ihr zahlreiches Erscheinen."*
  - *„Wer leitet heute das Gespräch?"* statt: *„Wer stellt heute die Gesprächsleitung?"*

Tipp

Die Empfehlung „Verben zu bevorzugen" gilt allerdings nicht für alle Verben. Vermeiden Sie
- *„tote Verben", d. h. wenig aussagekräftige Verben, wie z. B. befinden, liegen, und*
- *„Streckverben" (Funktionsverben), wie z. B. Abhilfe schaffen, von etwas Gebrauch machen u. a. m.*

- **Fremdwortgebrauch einschränken**
  Für viele Fremdworte, wie z. B. *Effizienz/effizient, gravierend und relevant,* gibt es deutsche Begriffe, die nicht weniger genau sind, warum also das Fremdwort benutzen? Dies schließt allerdings eine überlegte Nutzung von Fachbegriffe nicht kategorisch aus.
- **Einfache Sätze bilden**
  Einfache, überschaubare Sätze sind leichter zu verstehen als lange Satzreihen, Schachtelsätze oder Satzbrocken. Letztere können in literarischen Texten dem künstlerischen Ausdruck dienen, in berufsbezogenen Schreiben sind sie nicht funktional, weil sie wenig „lesefreundlich" sind. Konkret geht es bei der Überarbeitung darum, darauf zu achten,
  - dass die Sätze vollständig sind,
  - dass die Sätze nicht zu lang sind und
  - dass Hauptsätze nicht über einen ganzen Absatz hinweg aneinandergereiht sind und dort ein Punkt gesetzt wird, wo ein Gedanke zu Ende ist.

Strukturen verdeutlichen (Gliederung/Ordnung)

Wer selbst beruflich viel liest, weiß aus Erfahrung, dass sich nur ein strukturierter Text gut lesen lässt. Die optische und/oder sprachliche Strukturierung ist ein Schlüssel, um den Text vom Aufbau und Inhalt her „durchsichtiger" zu machen, und ist damit unverzichtbar für verständliches Schreiben.

Achten Sie daher darauf,

- ob die im Text hergestellten **gedanklichen Zusammenhänge und Bezüge sprachlich** umgesetzt wurden. Ein wichtiges Argument wird als solches eingeführt *(„Am wichtigsten erscheint mir ...")* ebenso wie ein neuer Gedanke. Logische Bezüge im Text werden durch sogenannte Strukturwörter „versprachlicht".

Strukturwörter zur Kennzeichnung des Gedankengangs

- *einleiten, hinführen, voraussetzen, annehmen*
- *definieren, erläutern, erklären, beschreiben*
- *berichten, (Fakten) nennen*
- *behaupten, vermuten, Meinung äußern, Meinung widerlegen, zurückweisen, fordern*
- *einwenden, einschränken, abschwächen, einräumen, widersprechen, widerlegen*
- *argumentieren, beweisen, belegen, bekräftigen, begründen*
- *verdeutlichen, Beispiele bringen, veranschaulichen, hervorheben, erweitern*
- *Zwischenergebnisse formulieren, folgern, darauf zurückgreifen*
- *zusammenfassen, als Lösung vorschlagen, Fazit/Schlussfolgerung ziehen, empfehlen, appellieren*

- Längere Texte etwa im Elternbrief sollten durch **Zwischenüberschriften** gegliedert werden.
- Daneben ist es wichtig, den Text auch **optisch zu gliedern**, also Sinneinheiten/Abschnitte durch Absätze und Leerzeilen hervorzuheben sowie Zwischenüberschriften vom Text abzusetzen, wichtige Textpassagen fett oder kursiv zu drucken oder farblich zu hinterlegen und Zusammenfassungen in Kästen zu setzen.

Sachverhalte kurz und prägnant benennen

Wenn eine Erzieherin an den Träger schreibt *„In diesem Punkt besteht kein Klärungsbedarf"*, drückt sie sich zwar kurz, aber nicht treffend aus. Der Leser muss rätseln, ob gemeint ist: *„Ich möchte das nicht klären"*, *„Ich kann das nicht klären"*, oder *„Ich habe das längst geklärt"*. Wird nicht genau formuliert, besteht die Gefahr, dass eine verflachte Sprache auch das Denken verflacht und umgekehrt.

Verbreitet sich die Schreiberin darüber, dass eigentlich alles schon geklärt ist, und belegt das mit immer neuen Beispielen und Erläuterungen, macht dies die Ausführungen nicht verständlicher, sondern nur länger. Mit anderen Worten: Verständlich schreibt, wer kurz und prägnant formuliert. Im Detail trägt dazu bei:

- **Füll- oder Flickwörter zu streichen**
  Flickwörter wie *natürlich, wirklich, nämlich, ganz und gar, übrigens, wohl, fast, dann, denn* u. a. m. plustern den Text auf, sind aber inhaltlich bedeutungslos und deshalb überflüssig!

- **nichtssagende Wortkombinationen zu vermeiden**
  - Pleonasmus: z. B. *grausame* Prügel – *konkrete* Praxis, *schrecklicher* Krieg, *etwas kritisch prüfen* usw.
  - Steigerungsformen wie: *grausamste Prügel, sehr abgebrühte Jugendliche* usw.
  - Klischee: d. h. abgegriffenes Wort *(tolles Erlebnis)*
- **Fachbegriffe zu benutzen**
  In Texten mit fachlichem Inhalt geht es um begriffliche Genauigkeit. Da kann es vernünftig sein, Fachbegriffe zu benutzen, statt Sachverhalte zu umschreiben (vgl. Begriff „Motivation").
- **überflüssige Bindewörter zu streichen**
  Das Bindewort „und" ist am Anfang eines Hauptsatzes überflüssig *(„Und dann sagte sie nichts.")*, ebenso wie „denn" in der Verbindung mit „wenn" als Satzbeginn *(„Denn wenn sie sich ärgert ...")*.

Aufgabe

Wie formulieren Sie die folgenden Sätze verständlicher?

- *Die Gesprächsleitung ist sinnvoll ab einer Teamgröße von sechs Personen, damit jeder Teilnehmer sein Rederecht ausüben kann, und der Gesprächsleiter strukturiert das Gespräch, d. h., er sorgt dafür, dass das Gesprächsziel nicht aus dem Blick gerät. Und dass wichtige Themen angesprochen werden. Zusätzlich ist es auch noch seine Aufgabe, immer wieder Gesprächsergebnisse zusammenzufassen, und er sollte auf die Einhaltung der Gesprächsregeln achten. Die wichtig sind.*
- *Es hat seine Gründe, warum der Erzieherberuf vor allem von Frauen gewählt wird, ich glaube, damit hängen die schlechte Bezahlung und die geringen Aufstiegsmöglichkeiten zusammen, und dies allein ist schon für Männer nicht attraktiv, sodass sie sich nach anderen Berufen umsehen und nur ganz wenige die Ausbildung wählen. Dies dann aber ganz bewusst.*

Aufmerksamkeit erhalten – zusätzliche Stimulanz

Sie kennen das vermutlich selbst, dass die Gedanken beim Lesen abschweifen. Zu verständlichem Schreiben gehört auch, Anreize in den Text einzubauen, damit genau dies nicht passiert, z. B. in Form einer rhetorischen Frage. In Kap. VI 2 finden Sie eine Liste solcher wichtigen Aufmerksamkeitsanreize.

Aufgabe

Inwiefern sehen Sie einen Unterschied zwischen Stimulanz im mündlichen und im schriftlichen Sprachgebrauch? Inwiefern unterscheiden sich die eingesetzten Mittel?

Sachwortverzeichnis

Literaturverzeichnis

Barth, Siegfried: Dialog auf gleicher Augenhöhe, unter: http://cms.eigenstaendig.net/wp-content/uploads/2010/11/Dialog-auf-gleicher-Augenh8öhe.pdf [30.04.2015].

Bernitzke, Fred/Schlegel, Peter: Das Handbuch der Elternarbeit, 1. Auflage, korr. Nachdruck, Troisdorf, Bildungsverlag Eins, 2004.

Bichsel, Peter: San Salvador, in: Bichsel, Peter: Eigentlich möchte Frau Blum den Milchmann kennenlernen, 17. Auflage, Olten, Walter, 1989, S. 43–44.

Blaß, Simone: Kinder mit Dialekt, Sprachbegabte oder Dorfdeppen?, 01.11.2016, unter: www.t-online.de/eltern/schulkind/id_47445690/kinder-mit-dialekt-sprachbegabte-oder-dorfdeppen-.html [02.02.2017].

Böhm, Dietmar/Böhm, Regine/Deiss-Niethammer, Birgit: Handbuch Interkulturelles Lernen. Theorie und Praxis für die Arbeit in Kindertageseinrichtungen, Freiburg im Breisgau, Herder, 2004.

Burdorf, Dieter/Fasbender, Christoph/Moennighoff, Burghard (Hrsg.): Metzler Lexikon Literatur. Begriffe und Definitionen. Begründet von Günther Schweikle und Irmgard Schweikle. 3., völlig neu bearbeitete Auflage, Stuttgart, J. B. Metzler, 2007.

Buzan, Tony: Kopftraining. Anleitung zu kreativem Denken, Tests und Übungen, München, Wilhelm Goldmann Verlag, 1993.

Delfos, Martine: „Sag mir mal …" Gesprächsführung mit Kindern (4–12 Jahre), 9. Aufl., Weinheim/Basel, Beltz Verlag, 2013.

Der Bayerische Bildungs- und Erziehungsplan für Kinder in Tageseinrichtungen bis zur Einschulung, 5. erweiterte Auflage, Berlin, Cornelsen Skriptor, 2012, unter: www.ifp.bayern.de/imperia/md/content/stmas/ifp/bildungsplan.pdf [27.07.2016].

Die Bildungsvereinbarung NRW – Fragen und Antworten: Auf Augenhöhe mit dem Kind? Gerd Schäfer im Gespräch mit Erika Berthold, in: klein&groß, Heft 4/2004, S. 7–11.

Dittmann, Jürgen: Der Spracherwerb des Kindes: Verlauf und Störungen, München, Beck, 2002.

Döblin, Alfred: Berlin Alexanderplatz. Die Geschichte von Franz Biberkopf. Jubiläums-Sonderausgabe zum hundertsten Geburtstag des Dichters, Olten und Freiburg im Breisgau, Walter-Verlag, 1977.

Domin, Hilde: Ich setzte meinen Fuß in die Luft, in: Domin, Hilde: Nur eine Rose als Stütze. Gedichte, Frankfurt am Main, S. Fischer, 1959.

Domin, Hilde: Nicht müde werden, in: Domin, Hilde: Gesammelte Gedichte, 11. Aufl., Frankfurt am Main, S. Fischer Verlag, 2006.

Duden Bd.1: Die deutsche Rechtschreibung, 26., völlig neu bearbeitete und erweiterte Auflage, Berlin, Bibliographisches Institut GmbH, 2013.

Duden Bd. 4: Die Grammatik. Unentbehrlich für richtiges Deutsch, 9. Auflage, Berlin, Bibliographisches Institut GmbH, 2016.

Duden online, hrsg. von Bibliographisches Institut GmbH, unter: www.duden.de/woerterbuch [24.08.2016].

Eichler, Wolfgang/Pankau, Johannes: Kommunikation, unter: www.germanistik-kommprojekt.uni-oldenburg.de/sites/0/0_1.html [22.04.2015].

Eichler, Wolfgang/Pankau, Johannes: Gesprächsformen einüben und leben lernen, unter: www.germanistik-kommprojekt.uni-oldenburg.de/sites/2/2_05.htm [03.05.2015].

Esser-Keutmann, Suzette/Esser, Fabian: Bindung und Beziehung in der Kita – Teil 1, in: KiTa aktuell, Fachzeitschrift für Leitungen, Fachkräfte und Träger der Kindertagesbetreuung, Ausgabe Bayern, 27. Jg., 06/2015.

Esser-Keutmann, Suzette/Esser, Fabian: Bindung und Beziehung in der Kita – Teil 2, in: KiTa aktuell, Fachzeitschrift für Leitungen, Fachkräfte und Träger der Kindertagesbetreuung, Ausgabe Bayern, 27. Jg., 07-08/2015.

Fahrer, Sigrid: Viele Väter lesen lieber aus E-Books vor, Der Tagesspiegel, 14.11.2014.

Fedder, Julia: Experten in eigener Sache. Kleinkinder an Entscheidungen beteiligen, in: Kleinstkinder in Kita und Tagespflege. Zeitschrift für die Arbeit mit Kindern unter 3, 6. Jg., 07/2014, S. 6–9.

Foer, Jonathan Safran: Extrem laut und unglaublich nah. Aus dem Amerikanischen von Henning Ahrens. Roman, 4. Aufl., Frankfurt a. M., Fischer-Taschenbuchverlag, 2008.

Frick, René/Mosimann, Werner: Lernen ist lernbar. Eine Anleitung zur Arbeits- und Lerntechnik, 11. Aufl., Oberentfelden, Verlag Sauerländer, 2006.

Fuchs, Ragnhild/Siebers, Christiane: Sprachförderung von Anfang an. Arbeitshilfen für die Fortbildung von pädagogischen Fachkräften in Tageseinrichtungen für Kinder. Sozialpädagogisches Institut des Landes Nordrhein-Westfalen, Köln, SPI, 2002, unter: www.spi.nrw.de/produkt/sprachfoerd.pdf [14.09.2015].

Futscher, Christian: Die süße Miezekatze, in: Futscher, Christian: Die Blumen des Blutes, Wien, Czernin Verlag, 2009.

Geißner, Hellmut: Mit Gründen streiten (Argumentationspraxis), in: Diskussion Deutsch, 82/1985, S. 140–151.

Geißner, Hellmut: Sprecherziehung. Didaktik und Methodik der mündlichen Kommunikation, Königstein, Scriptor Verlag, 1982.

Gernhardt, Robert: Schön und gut und klar und wahr, in: Gernhardt, Robert: Gesammelte Gedichte 1954–2006, Frankfurt am Main, S. Fischer Verlag, 2008.

Goethe, Johann Wolfgang von: Die Leiden des jungen Werther, Erstes Buch, in: Goethes Werke, Hamburger Ausgabe, hrsg. von Erich Trunz, Bd. 6, mit Anm. versehen von Benno v. Wiese und Erich Trunz. Text-Krit. durchges. von Erich Trunz, 6. Auflage, Hamburg, Wegner, 1965.

Goethe, Johann Wolfgang von: Erlkönig, in: Goethes Werke, hrsg. von Erich Trunz, Bd. II, 7. Aufl., Hamburg, Christian Wegner Verlag, 1965.

Gordon, Thomas: Familienkonferenz. Die Lösung von Konflikten zwischen Eltern und Kind, Hamburg, Hoffmann und Campe, 1972.

Gordon Thomas: Lehrer-Schüler-Konferenz. Wie man Konflikte in der Schule löst, Hamburg, Hoffmann und Campe, 1977.

Grimm, Hannelore: Störungen der Sprachentwicklung. Grundlagen – Ursachen – Diagnose – Intervention – Prävention, 3. überarb. Auflage, Göttingen u. a., Hogrefe, 2012.

Hahn, Ulla: That's life, in: Hahn, Ulla: So offen die Welt. Gedichte, München, Deutsche Verlagsanstalt, 2004.

Hartmann, Martin/Jacobs-Strack, Doris: Die gute Darbietung. Lehrkräfte lernen präsentieren, in: Pädagogik 56, Jg. 2004, Heft 3, S. 30–34.

Hergenhan, Anton: Vom Elend der Schimpfwörter. Klimavergiftung im kindlichen Miteinander, helfen und heilen. Aus der Arbeit der katholischen Jugendfürsorge der Erzdiözese, München-Freising e. V., 1/1996.

Hesse, Jürgen/Schrader, Hans Christian: Die erfolgreiche Online-Bewerbung, E-Mail-Bewerbung und Online-Formular, Hallbergmoos, Stark, 2014.

Hofer, Madeleine: Zum Argumentieren in der Schule, in: Beck, Martin (Hrsg.): Klären und Streiten. Gesprächserziehung in Schule und außerschulischer Bildung, Sprechen und Verstehen, Bd. 10, St. Ingberg, Röhrig, 1995.

Hüetlin, Thomas/Oehmke, Philipp/Windmann, Antje: Die besseren Männer, in: Der Spiegel Nr. 15 vom 12.04.2010.

Iven, Claudia: Sprache in der Sozialpädagogik, Bildungsverlag EINS, Köln, 2012.

Jansen, Heiner: Bielefelder Screening zur Früherkennung von Lese-Rechtschreibschwierigkeiten (BISC): Handanweisung, Göttingen, Hogrefe, 1999.

Jaun, Thomas: Angst vor Kindern? Die Notwendigkeit der Kinderpartizipation und Wege dazu, Bern, blmv Verlag für Soziales und Kulturelles, 2001.

JIM 2014, Jugend, Information, (Mutli-)Media, hrsg. vom Medienpädagogischen Forschungsverbund Südwest, unter: www.mpfs.de/index.php?id=631 [08.09.2015].

Kaléko, Mascha: Ich und Du, in: Kaléko, Mascha: In meinen Träumen läutet es Sturm. Gedichte und Epigramme aus dem Nachlaß, hrsg. und eingeleitet von Gisela Hoch-Westphal, 21. Aufl., München, Deutscher Taschenbuch Verlag, 2001.

Kazemi-Veisari, Erika: Zweifeln als Teil von Lernkultur, in: TPS 10, 2008, S. 4–8.

Knauer, Reingard: Löst „Bildung und Erziehung für eine nachhaltige Entwicklung" die Umweltpädagogik ab? Annäherungen an einen Begriff und Konsequenzen für die Aus- und Fortbildung von Pädagoginnen, in: KiTa spezial 3/2003, S. 8–14.

Koeberle-Petzschner, Editha: Grundlagen der Kommunikation, Neue Reihe Bayerische Verwaltungsschule (BVS), Band 11, Bayerische Verwaltungsschule (BVS), München, 2008.

Krenz, Armin/Müller-Timmermann, Eckhart: Kommunizieren und Interagieren, in: Krenz, Armin: Psychologie für Erzieherinnen und Erzieher. Grundlagen für die Praxis, 2. Aufl., Berlin, Cornelsen, 2016.

Küspert, Petra/Schneider, Wolfgang: Hören, lauschen, lernen – Sprachspiele für Kinder im Vorschulalter, 5. Aufl., Göttingen, Vandenhoeck & Ruprecht, 2006.

Lachnit, Petra: Sicher reden – anschaulich präsentieren. Erfolgreiche Vortrags- und Visualisierungstechniken für die KiTa-Praxis, München, Don Bosco Verlag, 2001.

Ladwig, Arndt/Gisbert, Kristin/Wörz, Thomas: Kleine Kinder – starke Kämpfer! Resilienzförderung im Kindergarten, unter: www.kindergartenpaedagogik.de/645.html [22.04.2015].

Langer, Inghard/Schulz von Thun, Friedemann/Tausch, Reinhard: Hamburger Verständlichkeitskonzept, München, Ernst Reinhardt Verlag, 1973.

Langer, Nicole: Protokolle. Mitschrift und Ausarbeitung optimieren, unter: https://www.uni-trier.de/fileadmin/fb1/prof/PAD/WBI/Personen/Meyer/PDF/Protokollarten.pdf [24.08.2016].

Lohr, Michael: Das Internet als Arbeitsmaterial. WWW und E-Mail im Kita-Alltag, in: KiTa aktuell, Sonderausgabe KiTa Impuls, 2. Jg., 1/2009, S. 13–15.

Lüdtke, Ulrike/Stitzinger, Ulrich: Sprachlich-kulturelle Vielfalt in KiTa-Teams, 2013, S. 6, unter: www.erzieherin.de/sprachlich-kulturelle-vielfalt-in-kita-teams [25.05.2015].

Malaguzzi, Loris: Hundert Sprachen hat das Kind, unter: www.reggio-paedagogik.at/pdfs/netzwerk-loris-malaguzzi.pdf [23.08.2016].

Mensing, Jürgen: Wie Kinder sinnvolle Sprache entwickeln, in: Winner, Anna: Sprache und Literacy, Düsseldorf, Cornelsen Scriptor, 2009, S. 6–11.

Merkel, Johannes: Verfahren der Kommunikations- und Spracherziehung, unter: www.kindergartenpaedagogik.de/1627.html [07.05.2015].

Müller, Herta: Atemschaukel, München, Carl Hanser Verlag, 2009.

Müller-Ullrich, Burkhard: Mit 15 bist du waffenreif!, in: Süddeutsche Zeitung, 15./16.06.2002.

Mylo, Ingrid: Indienfahrt, in: Mylo, Ingrid: Das Treppenhaus und andere Landschaften, Berlin, Das Arsenal, Verlag für Kultur und Politik GmbH, 2004.

Ostermaier, Albert: Made love, in: Verlieben Lieben Entlieben, hrsg. von Timm Klotzek u. Rudolf Spindler, 3. Auflage, Köln, Kiepenheuer & Witsch, 2002, S. 256–258.

Pastior, Oskar: „… sage, du habest es rauschen gehört", Werkausg. Bd. 1, hrsg. von Ernest Wichner, München, C. Hanser Verlag, 2006.

Pesch, Ludger/Sommerfeld, Verena: Beschwerdemanagement. Wie Kindergärten TOP werden, Weinheim/Berlin/Basel, Beltz Verlag, 2002.

Plenzdorf, Ulrich: Die neuen Leiden des jungen W., Frankfurt a. M., Suhrkamp, 1976.

Reitmaier, Valentin: Jugendsprache und verbale Gewalt 1/1998, hrsg. v. Bayrischen Staatsministerium für Unterricht, Kultus und Kunst, München, 1998.

Rohnke, Hans-Joachim: Leitung und Teamarbeit – ein Widerspruch?, unter: www.kindergarten paedagogik.de/521html [02.05.2015].

Rosenberg, Marshall B.: Gewaltfreie Kommunikation, 5. überarbeitete und erweiterte Auflage, Paderborn, Junfermann Verlag, 2004.

Rosenberg, Marshall B.: Konflikte lösen durch gewaltfreie Kommunikation. Ein Gespräch mit Gabriele Seils, 2. Aufl., Freiburg im Breisgau, Herder Spektrum, 2004.

Rothe, Friederike: Zwischenmenschliche Kommunikation. Eine interdisziplinäre Grundlegung, Wiesbaden, Deutscher Universitätsverlag, 2006.

Schilling, Michael: Rahmenbedingungen für erfolgreiches Lernen, unter: www.studierenden beratung.at/studienbewaeltigung/lernen_mit_erfolg.html [25.08.2015].

Schneider, Robert: Schlafes Bruder, 12. Aufl., Leipzig, Reclam-Bibliothek, 1995.

Schräder-Naef, Regula: Lerntraining in der Schule. Voraussetzungen – Erfahrungen – Beispiele, Weinheim und Basel, Beltz Verlag, 2002.

Schulz von Thun, Friedemann: Miteinander reden 1: Störungen und Klärungen, Reinbek bei Hamburg, Rowohlt Verlag, 1981.

Stangl, Werner: Präsentations- und Vortragstechnik: Rhetorik, unter: www.tg.og.bw.schule.de/seminar/praes_wie.pdf [08.05.2015].

Stangl, Werner (Verständlichkeit) : Die Verständlichkeit von Texten, unter: http://arbeitsblaetter.stangl-taller.at/PRAESENTATION/VERSTAENDLICHKEIT [08.05.2015].

Strätz, Rainer/Militzer, Renate: Sprachförderung von Kindern mit Migrationshintergrund, in: KiTa spezial, Sonderausgabe 4/2003, S. 20–23.

Studie zum Potenzial von E-Readern in der Leseförderung, hrsg. von der Stiftung Lesen, unter: www.stiftunglesen.de/institut-fuer-lese-und-medienforschung/forschungsprojekte/ereaderstudie [07.09.2015].

Textor, Martin: Im Gespräch mit Kleinkindern, unter: www.ipzf.de/Gespraech_Kleinkinder.html [03.05.2015].

Ulich, Michaela: Sprachförderung von Kindern – Was brauchen deutsche und ausländische Kinder? in: Kompetenzen, Köln, Stam Verlag, 1999.

Ulich, Michaela: Literacy und sprachliche Bildung im Elementarbereich, in: KiTa spezial 4/2003.

Ulich, Michaela: Sprachentwicklung systematisch begleiten, in: Kindergarten heute. Zeitschrift für Erziehung 10/2003.

Ulich, Michaela/Mayr, Toni: SISMIK. Sprachverhalten und Interesse an Sprache bei Migrantenkindern, Kindertageseinrichtungen (Beobachtungsbogen und Begleitheft zu SISMIK), Freiburg im Breisgau, Verlag Herder, 2004.

Ulich, Michaela/Mayr, Toni: SELDAK. Sprachentwicklung und Literacy bei deutschsprachig aufwachsenden Kindern, Freiburg im Breisgau, Verlag Herder, 2006.

Ulich, Michaela/Oberhuemer, Pamela/Soltendiek, Monika: Die Welt trifft sich im Kindergarten, 4. Aufl., Berlin, Cornelsen, 2012.

Watzlawick, Paul/Beavin, Janet/Jackson, Don D.: Menschliche Kommunikation. Formen, Störungen, Paradoxien, 6. unveränderte Aufl., Berlin, Stuttgart, Wien, Verlag Hans Huber, 1982.

WDK-Spezial: Schreibwerkstatt, 4/2001.

Weinberger, Johannes: Deutsch für Deutsche, Sprache im Alltag, Frankfurt am Main, Fischer Verlag, 1973.

Weisbach, Christian/Eber-Götz, Monika/Ehresmann, Simone: Zuhören und Verstehen. Eine praktische Anleitung mit Übungen, Reinbek bei Hamburg, Rowohlt Verlag, 1986.

Werth, Babette: Reisevorbereitung, in: Gedichte für Reisende, hrsg. von Anton G. Leitner und Gabriele Trinckler, München, dtv, 2015.

Winner, Anna (Hrsg.): Sprache & Literacy, 1. Aufl., Berlin, Düsseldorf, Cornelsen Scriptor, 2009.

Winter, Felix: Wege der Portfolioarbeit suchen – Kita, in: Wege der Portfolioarbeit suchen. Individuelle Bildungsdokumentation im Kindergarten, unter: www.portfolio-inp.ch/personen-und-kontakte/i-n-p/mitglieder-deutschland/felix-winter [16.05.2015].

Winter, Felix: Portfolios in der Frühpädagogik. Ein geeignetes Instrument zur Begleitung und Entwicklung der Kinder, 2006, unter: www.portfolio-schule.de/go/doc/doc_download.cfm?EE4D15D7B2054785B8DE5F2AAAB3586A [15.05.2015].